Krisenzonen einer Demokratie

Ludwig-Boltzmann-Institut
für Historische Sozialwissenschaft:
Studien zur Historischen Sozialwissenschaft
Band 9

Herausgegeben von Gerhard Botz

Gerhard Botz, geb. 1941, Professor für österreichische Geschichte mit besonderer Berücksichtigung der Zeitgeschichte an der Universität Salzburg, Leiter des Ludwig-Boltzmann-Instituts für Historische Sozialwissenschaft, Salzburg

Gerhard Botz

Krisenzonen einer Demokratie

Gewalt, Streik und Konfliktunterdrückung
in Österreich seit 1918

Campus Verlag
Frankfurt/New York

Gefördert vom Bundesministerium für Wissenschaft und Forschung, Wien,
von der Kammer für Arbeiter und Angestellte für Wien,
vom Österreichischen Gewerkschaftsbund und
von der Sozialistischen Partei Österreichs, Landesorganisation Salzburg

CIP-Titelaufnahme der Deutschen Bibliothek

Botz, Gerhard:
Krisenzonen einer Demokratie : Gewalt, Streik u.
Konfliktunterdrückung in Österreich seit 1918 / Gerhard Botz. –
Frankfurt/Main ; New York : Campus Verlag, 1987
  (Studien zur historischen Sozialwissenschaft ; Bd. 9)
  ISBN 3-593-33884-X
NE: GT

Copyright © 1987 Campus Verlag GmbH, Frankfurt/Main
Umschlaggestaltung: Atelier Warminski, Büdingen
Satz: LBIHS, Salzburg
Druck und Bindung: KM-Druck, Groß-Umstadt
Printed in Germany

INHALT

ERSTE UND ZWEITE REPUBLIK IM VERGLEICH

Vorwort

Man darf nicht jenen Nährboden schaffen, aus dem heraus eine Radikalisierung entsteht. Wenn man Massenarbeitslosigkeit hinnimmt, mit totaler Verelendung, dann leistet man dieser Radikalisierung Vorschub. Wenn bei uns das eintreten würde, was sich heute in England abspielt, könnte das zu einer neuen Katastrophe führen. Denn so tief ist die Demokratie in Österreich nicht verankert; sie hat sehr dünne Wurzeln, die sich mühsam in den fast vierzig Jahren der Zweiten Republik gefestigt haben. Es gibt heute eine gewisse demokratische Tradition, aber ich bin nicht der Meinung, daß wir im sicheren Besitz der Demokratie sind. Wenn wirklich böse Zeiten kämen, dann erschallt der Ruf wie Donnerhall nach dem starken Mann und nach dem eisernen Besen und ein Hitler muß her – täuschen wir uns nicht darüber.

Bruno Kreisky im Jänner 1984
in einem Interview mit Helene Maimann

Die Politik-Geschichte Österreichs im 20. Jahrhundert gleicht einer Abfolge von tektonischen Schollen und Brüchen: Phasen abrupten oder beschleunigten Wandels der politischen Strukturen wechseln ab mit Perioden scheinbaren Innehaltens der Entwicklung. Dennoch ziehen sich auch vielfältige, insbesondere gesellschaftsgeschichtliche Kontinuitäten über alle Bruchlinien hinweg.

Auf den Zusammenbruch der alten Ordnung und des Habsburgerreiches folgte 1918/19 die Neubildung des Staates Österreich in der "österreichischen Revolution". So konflikthaft die darauffolgende Periode der Ersten Republik auch war, sie bewahrte trotz einer fortschreitenden Erosion ihren demokratischen Charakter bis 1933, als Österreich in ein autoritäres Regime mit mehr oder weniger faschistischen Versatzstücken und einer "christlich-ständestaatlichen" Verbrämung transformiert wurde. Nach mehr als fünf Jahren wich die österreichische Diktatur der noch radikaleren NS-Diktatur. Deren Zusammenbruch und dem Zweiten Weltkrieg folgte 1945 das Wiedererstehen der österreichischen Demokratie, teils unter Fortsetzung von oder Wiederanknüpfung an älteren politischen Strukturen, teils unter bewußter Abhebung hievon und Umkehrung als nun negativ empfundener Entwicklungen der Zwischenkriegszeit.

Einerseits wechselten so Übergangsphasen gesteigerter politisch-gesellschaftlicher Konflikte, zum Ausdruck kommend in Eruptionen politischer Gewalt, ab mit Perioden geringer Konfliktspannung, mit Phasen geregelter gesellschaftlich-wirtschaftlicher Konfliktaustragung, etwa in Form von Streiks, oder Perioden zwanghafter Integration und diktatorischer Konfliktunterdrückung. Andererseits kontrastiert so die gesamte Periode der österreichischen Zwischenkriegszeit mit jener der Zweiten Republik, die den Rhythmus der Krisen und die Konflikte der Ersten Republik – jedenfalls seit den fünfziger Jahren – vollkommen überwunden zu haben scheint.

Doch seit 1975 mehren sich Anzeichen, daß auch unterhalb der so konfliktarmen Decke der letzten 30 Jahre die wirtschaftlichen, sozialen und politischen Spannungen zugenommen haben oder nicht länger mehr zu übersehen sind. Daher stellt sich an eine sich als historische Sozialwissenschaft verstehende Zeitgeschichte die Frage, welcher Art die bisher in Österreich aufgetretenen Konfliktstrukturen in Phasen beschleunigter politisch-gesellschaftlicher Umstrukturierung gewesen sind und welcher Art sie in Zukunft wieder sein könnten. Wenn politisch-gesellschaftliche Grundstrukturen ausgemacht werden können, die aus der Vergangenheit in die Gegenwart hereinreichen, dann ist denkbar, daß sie auch in Zukunft weiterwirken. Geschichte gilt ja unausgesprochen immer noch als "magistra vitae", wenngleich wohl allgemein akzeptiert ist, daß sich Geschichte niemals direkt wiederholt und daß ein direkter "Rückfall" in die Katastrophen der ersten Hälfte des 20. Jahrhunderts nicht in Sicht ist. Dennoch ist gerade seit 1986/87 ein Verblassen der oberflächigen Lehren aus Bürgerkrieg, Autoritarismus und Nazismus festzustellen. Das bisher oft verleugnete Weiterwirken der Voraussetzungen und Grundlagen von Autoritarismus und Nationalsozialismus in den Tiefenstrukturen der Gesellschaft ist offenkundig geworden. Dies scheint nun ein neues Interesse an Konflikten, Gewalt, politischem Systemwandel und an deren gesellschaftlichen Ursachen bewirkt zu haben, wie die nicht ganz undiskutierten Vorgänge um die Bundespräsidentenwahl 1986, die auch Österreich erfassende Historikerkontroverse und das Wissenschaftszeremoniell um das "Anschluß"-Jahr 1988 vermuten lassen.

Die hier zusammengestellten 13 Beiträge sind zum Großteil strukturgeschichtlichen Sichtweisen verpflichtet. Konkret geht es jedoch dabei meist nicht primär um zeitübergreifende Strukturen und anonyme Prozesse, sondern um deren Verknüpfung mit dem Singulären, mit Ereignishaftem und intentionalem Handeln, kurz um sozialhistorische Politikgeschichte.

In diesem Sinne strukturgeschichtlich-quantifizierend verfährt der einleitende Abschnitt (I.) über politische Gewalt in der Zwischenkriegszeit, der auch das Element politisch-kultureller Gewaltmuster und strategisch-politischen Handelns seitens der großen politischen Gruppierungen und Verbände ins Spiel bringt. Der darauffolgende Abschnitt (II.) versucht, die Spielräume der Führungsgruppen der österreichischen Sozialdemokratie innerhalb struktureller Gegebenheiten während der einigermaßen offenen Umbruchsituation der "österreichischen Revolution" nachzuzeichnen. Nicht um Eliten, sondern um empörte Wiener Arbeitermassen geht es im Abschnitt über den Justizpalastbrand von 1927 (III.), der kollektives Handeln zwischen makrohistorischen Strukturen, objektiven Soziallagen, mehr oder weniger bewußten Motiven und dem Ablaufmuster von Konfrontationen mit dem staatlichen Gewaltmonopol nachzeichnet.

Auch in den folgenden Kapiteln geht es vor allem darum, historische "Großereignisse" der österreichischen Zeitgeschichte als Knotenpunkte relativ konstanter politisch-sozialer Strukturen mit mittelfristigen Prozessen und kurzfristigen Ereignisketten erklärbar zu machen. Die Ausschaltung des Nationalrates im Jahre 1933, deren unterschiedliche historiographischen Einschätzungen zunächst in Abhängigkeit von divergierenden Interessenlagen und Demokratievorstellungen analysiert werden (Abschnitt IV.), kann somit als Aktualisierung historisch tief verwurzelter ständischer Elemente der österreichischen Gesellschaft durch kumulierte ökonomische und politische Krisen erklärt werden (Abschnitt V.). Ähnlich verfährt der darauffolgende Abschnitt (VI.) über die Ursachen des Ausbruchs des Schutzbundaufstandes vom 12. Februar 1934 und die politisch-gesellschaftlichen Vorbedingungen seines Scheiterns. Daraus kann erst abgelesen werden, wie gering der Spielraum zielgerichteten politischen Handelns von einzelnen oder kleinen Führungsgruppen der Sozialdemokratie im fortgeschrittenen Stadium der Konflikteskalation der frühen dreißiger Jahre schon war. Nichtsdestoweniger ist im Nachhinein dieses – bei einem Teil der Akteure vom Mut der Verzweiflung getriebene – Handeln als konsequente Strategie mythisiert worden (Abschnitt VII).

Das aus den Bürgerkriegen des Jahres 1934 hervorgehende Dollfuß-Schuschnigg-Regime kann von demselben Ansatz aus als komplementärer Versuch der Stabilisierung der explodierenden gesellschaftlich-politischen Konflikte verstanden werden. Der VIII. Abschnitt erweitert daher die vereinfachende Dichotomie von "Austrofaschismus" versus "Christlicher Ständestaat" um den Eckpunkt des "autoritären Regimes" und bestimmt den phasenweise wechselnden Standort des Regimes innerhalb des typologischen Dreiecks von Faschismus-Korporatismus-Autoritarismus.

Somit wird es auch möglich, für einen systematischen Vergleich (X.) der beiden unterschiedlichen Akte plebiszitärer Legitimation des österreichischen Schuschnigg-Regimes bzw. der NS-Diktatur im März 1938 eine tragfähigere konzeptuelle Grundlage zu gewinnen und die Differenzen und Gemeinsamkeiten der beiden Regime anhand konkreter Politik-Prozesse zu bestimmen. Wie es überhaupt dazu kommen konnte, das heißt, die vielschichtigen Ursachen des "Anschlusses" vom März 1938, skizziert schon der vorhergehende Abschnitt (IX.), wobei wiederum auf die Verknüpfung der Entwicklungslinien unterschiedlicher Zeitdauer und externer mit internen Faktoren besonderes Gewicht gelegt wird.

Am konsequentesten dem strukturgeschichtlichen Paradigma verpflichtet ist das letzte Kapitel, in dem politisch-soziale Konflikte und deren gesellschaftlich-wirtschaftliche Ursachen (wie Wirtschaftswachstum, Arbeitslosigkeit und Organisationsmerkmale) über die Erste und Zweite Republik hin verglichen werden. Konsequenterweise nehmen daher vor allem im XI. und XII. Abschnitt auch statistische Verfahren und quantitative historisch-sozialwissenschaftliche Modellbildung – im Rahmen eines prinzipiellen und praktischen Methodenpluralismus – eine zentrale Position ein. Das Auftreten von Tendenzen zu gesteigerter oder verminderter politischer Gewalt und Streikaktivitäten in der Vergangenheit kann mit (einigen) konkreten längerlebigen Bedingungen verbunden werden. Eine politisch-soziale Retrognose kann somit, wie eingangs schon festgehalten, trotz aller Einschränkungen historischer "Einmaligkeit" zu einem prognostischen Mittel der Voraussetzungen und Grundbedingungen politischer Ereignisse und Prozesse werden.

Das erkenntnisstrukturierende Prinzip dieses Bandes – vielschichtige Kontinuitäten und Diskontinuitäten in der Geschichte – wird im abschließenden Beitrag (XIII.) am Beispiel des Stellenwerts der sogenannten Zäsur der nationalsozialistischen Herrschaftsperiode innerhalb der österreichischen Zeitgeschichte explizit thematisiert. Darin wird versucht,

10

die allzuhäufig nur verschwommene Debatte um das Weiterleben einer (verdrängten) Vergangenheit in Österreich nach 1945 zu präzisieren; inwiefern die Zweite Republik tatsächlich als ein genuiner Neuansatz oder ein Wiederanknüpfen an die Zwischenkriegszeit aufzufassen ist bzw. inwiefern vielfältige Verbindungslinien mit der allzuoft bloß ausgeklammerten Periode der NS-Herrschaft selbst und über diese hinweg mit längerfristigen Erscheinungen der österreichischen Geschichte bestehen.

Die einzelnen Beiträge sind zwischen 1973 und 1984 entstanden und zum Großteil bereits in verschiedenen, manchmal abgelegenen Fachpublikationen erschienen. Sie wenden sich manchmal an ein breites politisch interessiertes, manchmal an ein allgemein-historisches, gelegentlich auch an ein spezialisiert-fachliches Publikum. Daher auch ihre unterschiedliche Ausstattung mit Anmerkungen und methodischer Reflexion. Sie sind zum Teil unverändert oder nur geringfügig revidiert abgedruckt, zum Teil aber auch stärker überarbeitet worden. (In diesem Fall weist der aktuelle Titel Abweichungen von dem ursprünglichen auf.) Ihre ursprüngliche Gegenwartsbezogenheit wurde gelegentlich durch stilistische Eingriffe abgeschwächt, dennoch sollten sie in ihrem jeweiligen Entstehungskontext gelesen werden, weshalb jedem Aufsatz sein Entstehungsbzw. Ersterscheinungsjahr beigegeben ist. Thematische und periodenweise Überlappungen hätten ohne Störung des Argumentationszusammenhangs nicht gänzlich vermieden werden können. Sie wurden daher meist im Text belassen. In der vorliegenden Form können sie vielmehr das Hauptanliegen dieses Buches verstärken: die gesellschaftlichen Voraussetzungen und "Mechanismen" politischer und wirtschaftlicher Konfliktaustragung, sowohl in der Form von Konfliktübersteigerung als auch Konfliktunterdrückung bzw. Konfliktarmut, offenzulegen und Möglichkeiten und Grenzen alternativen politischen Handelns in den historischen Krisen einer relativ jungen europäischen Demokratie herauszuarbeiten.

Den Herausgebern und Verlagen der nachgedruckten Beiträge danke ich für die Erteilung der Druckgenehmigung. – Besonders danke ich für opfervolle Arbeit am Zustandekommen dieses Bandes: Albert Müller, Elisabeth Polndorfer, Andrea Schweighofer und Gerald Sprengnagel, der auch die Graphiken neu gezeichnet hat, sowie William H. Hubbard, Norbert Ortmayr, Renate Pfisterer und Franziska Schneeberger.

Salzburg, Juni 1987

Gerhard Botz

I.

FORMEN POLITISCHER GEWALTANWENDUNG UND GEWALTSTRATEGIEN IN DER ERSTEN REPUBLIK

Die nachfolgenden Ausführungen beschäftigen sich mit dem begrifflichen Kerngehalt von "politischer Gewalt", der sich auf Handlungen bezieht, wodurch sich Menschen (zwangsweise) physischen Schaden – Verletzungen oder Tod – zufügen. (1) Politische Gewaltanwendung wird hierbei als eine Austragungsform politisch-sozialer Konflikte in einer gegebenen Gesellschaft aufgefaßt. Gewalt ist dabei das extremste Mittel in einer je nach Konfliktsystem unterschiedlichen Skala noch nicht gewaltsamer Mittel zur Interessenartikulation und Konfliktaustragung. (2) Gewalt taucht nicht nur in einem einzigen Konfliktbereich auf, etwa in dem politisch-herrschaftsbezogenen, sondern ist systematisch mit vielen Konfliktsystemen wie dem familiären, innerbetrieblichen oder wirtschaftlichen verbunden. Gewalt weist allerdings auch die Eigenheit auf, auf bestimmten Austragungsstufen oder bei Blockierung der "normalen" Eskalationsreihe durch Außeneinwirkungen von einem Konfliktsystem auf ein anderes umzuschlagen, woraus sich ihre schwer greifbare Multidimensionalität ergibt. (3) Ihr Studium erfordert daher auch ein wenigstens partielles Eingehen auf nicht-gewaltsame Stufen der Konfliktaustragung in einem bestimmten Konfliktsystem.

Aus einer solchen Sichtweise ergibt sich, daß Gewalt tendenziell immer auch im Zusammenhang mit ihrem (weniger aktiven) Gegenpart im jeweiligen Konflikt zu untersuchen ist. Politische Gewalt ist also nicht ausschließlich vom Standpunkt des modern-staatlichen Gewaltmonopols aus zu definieren. Sie schließt nicht nur die illegalen Handlungen von staats- und gesellschaftsoppositionellen Personen und Gruppen (4), sondern auch ihre Anwendung seitens der staatlichen Gewaltapparate ein.

Sosehr es also aus diesen Überlegungen notwendig wäre, die folgenden Ausführungen zum Thema – Gewaltanwendung im Kontext des "Strebens nach Machtanteil oder nach Beeinflussung der Machtverteilung ... innerhalb eines Staates" (5) – einzubetten in eine umfassende Konflikt- geschichte der österreichischen Gesellschaft der Zwischenkriegszeit, so wenig ließen arbeitsökonomische und umfangmäßige Beschränkungen, ganz abgesehen von dem Stand einer solchen Konfliktforschung (6), dies zu. Die folgenden Ausführungen versuchen daher einen pragmatischen Mittelweg zwischen isolierender und ausgreifender Sichtweise einzuhal- ten. Sie gliedern sich in Abschnitte über:

1. die quantitativen Veränderungen der politischen Gewaltsamtkeit zwischen 1918 und 1934 sowie den qualitativen Wandel der politischen Konfliktstruktur;
2. die dabei zutage tretenden Formen und Ablaufmuster der politi- schen Gewalt;
3. einige explizite Gewaltstrategien politischer Gruppierungen;
4. den gesellschaftlichen Verursachungszusammenhang von politischer Gewalt.

1

Es gibt keinen praktikableren Indikator für das vorgefallene Ausmaß an Gewalt als die Anzahl ihrer Opfer. Die Gewaltopferzahlen sind auch jenes Äquivalent der Gewalt, das die verschiedenen politischen Gewaltformen hinsichtlich ihres Ausmaßes – nicht allerdings hinsichtlich der öffentli- chen Gewaltperzeption oder ihres Grads an Intentionalität und damit an ethischer Verwerflichkeit – untereinander vergleichbar und somit quanti- fizierbar macht. In der Folge werden nur die Jahressumme der Getöteten und Schwerverletzten, die untereinander ziemlich konstant im Verhält- nis 1:3 stehen (7), betrachtet. Eine separate Analyse dieser Kategorien physischer Beschädigung würde praktisch dasselbe Ergebnis bringen.

Die durchgehend ausgezogene Linie in *Graphik 1* stellt mittels der Gewaltopfersummen (logarithmisch transformiert) den Verlauf der Ge- waltkurve in Österreich von 1919 bis 1934 dar. (8) Zunächst heben sich die Jahre 1919 und 1920 (mit dem letzten Quartal des Jahres 1918) durch Gewaltopferzahlen zwischen 76 und 124 als "österreichische Revo- lution" (9) deutlich von den folgenden sechs Jahren ab. Während dieser halbrevolutionären Periode vollzog sich in dem von den Weltkriegsfol-

gen aufgebrochenen politisch-sozialen Gefüge des ehemaligen Vielvölker-
staates die staatliche und politische Neuformierung Österreichs, zugleich
jedoch nur eine sehr begrenzte wirtschaftliche und soziale Gewichtsverlagerung von den traditionalen Machteliten der Habsburgermonarchie
zur Klasse der Industriearbeiterschaft und zu den selbständigen Bauern,
später auch zum industriellen Bürgertum. (10) Nach einer kurzen Do-
minanzperiode der sozialdemokratischen Arbeiterschaft lief die "österreichische Revolution" in einer Art "Gleichgewicht der Klassenkräfte"
(11) aus.

Graphik 1: Gewaltanwendung, Arbeitslosigkeit
und Volkseinkommen in der Ersten Republik

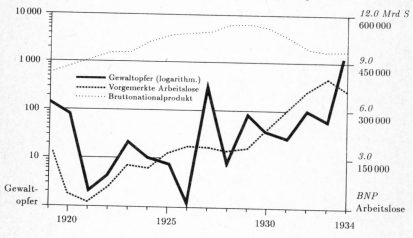

In der darauffolgenden Periode relativer innenpolitischer Stabilität
blieb die 1918/20 geschaffene politisch-soziale Machtverteilung trotz beginnender Gegenwirkungen noch verhältnismäßig intakt. (12) Nur einmal wurden auch in dem Zeitraum bis 1926, und zwar 1923, jährliche
Opferzahlen politischer Gewaltanwendung von mehr als 20 erreicht. Verglichen mit den übrigen Perioden der Ersten Republik erscheinen diese
Jahre als relativ gewaltarm, verglichen mit der Zweiten Republik jedoch
als immer noch stark gewaltsam.

15

Die 89 Toten und mindestens 177 Schwerverletzten der zu einem Polizeimassaker führenden Arbeiterunruhen am 15. Juli 1927 (Justizpalastbrand) (13) markieren das Zuendegehen des Zustands relativer innenpolitischer Stabilität und einer noch halbwegs ausgeglichenen Gewichtsverteilung zwischen den Kräften der Linken und Rechten, noch bevor sich die Weltwirtschaftskrise in Österreich überhaupt abzeichnete.

Obwohl sich 1928 noch einmal die stabilisierenden Kräfte im politischen System durchzusetzen schienen, setzte mit dem ersten Anzeichen des Konjunktureinbruchs 1929 der Prozeß progressiver Destabilisierung, des offenen Vordringens faschistischer Kräfte – zunächst in Form der Heimwehren, ab 1932 in Form des Nationalsozialismus – und der Marginalisierung der sozialdemokratischen Arbeiterbewegung ein. (14) Trotz starker jährlicher Schwankungen der Gewaltopferzahlen (zwischen 27 und 104) sind die Jahre von 1929 bis 1933 von einer deutlichen Tendenz zur Steigerung der politischen Gewaltsamkeit charakterisiert. Diese Periode latenten Bürgerkriegs schlug schließlich 1934 in den zeitweiligen offenen Bürgerkrieg (Schutzbundaufstand vom 12. Februar – insgesamt ca. 320 Tote – und NS-Putsch vom 25. Juli – insgesamt 269 Tote (15)) und in die Ersetzung des parlamentarisch-demokratischen Systems durch einen halbfaschistisch-autoritären Rahmen politischer Herrschaftsübung und Kontrolle (16) um.

Eine Aufgliederung der Gewaltopfer je nach ihrer politischen Zugehörigkeit läßt den Verlauf der dominanten gesamtgesellschaftlichen Konfliktlinien erkennen, an denen überwiegend die politische Gewalt auftrat. (17) Die folgende Aufstellung (*Tabelle 1*) gibt neben den einzelnen Jahren die Gesamtsumme der Gewaltopfer an, sowie jene politischen Gruppierungen, die hauptsächlich an gewaltsamen Konflikten beteiligt waren, gereiht nach ihrem Anteil an den jährlichen Gesamtopferzahlen. Die Opfer der staatlichen Gewaltpapparate sind dabei nach politischer Gewichtung auf die einzelnen politisch-sozialen "Lager" aufgeteilt.

Insgesamt entfielen zwischen 12. November 1918 und 11. Februar 1934 von insgesamt 859 Opfern (217 Getöteten und 642 Schwerverletzten) der politischen Gewalt 16 Prozent auf Kommunisten, 33 Prozent auf Sozialdemokraten, 15 Prozent auf Angehörige der Heimwehr und des katholisch-konservativen "Lagers" und 10 Prozent auf Nationalsozialisten. Die übrigen Opfer verteilten sich auf sonstige Zivilisten (6 Prozent) und Angehörige der staatlichen Exekutive (20 Prozent).

Tabelle 1: Jährliche Gewaltniveaus (Opferzahlen) und Konfliktpartner

Jahr	Zahl der Opfer	"Lager"-Anteil
1918 ab 12.11.	9	1. "Marxisten" (78%) 2. Katholisch-Konservative (22%)
1919	124	1. Linksradikale (52%) 2. Katholisch-Konservative (12%) 3. Sozialdemokraten (11%)
1920	76	1. Sozialdemokraten (47%) 2. Kommunisten (45%) 3. Katholisch-Konservative (6%)
1921	2	*geringe Gewaltkonflikte*
1922	5	*geringe Gewaltkonflikte*
1923	22	1. Sozialdemokraten (36%) 2. Katholisch-Konservative (32%)
1924	10	*geringe Gewaltkonflikte*
1925	8	*geringe Gewaltkonflikte*
1926	0	*geringe Gewaltkonflikte*
1927	274	1. "Marxisten" (54%) 2. Katholisch-Konservative (45%)
1928	8	*geringe Gewaltkonflikte*
1929	77	1. Heimwehr (66%) 2. Sozialdemokraten (25%)
1930	40	1. Heimwehr (40%) 2. Sozialdemokraten (35%)
1931	27	1. Sozialdemokraten (44%) 2. Katholisch-Konservative u. Heimwehr (30%) 3. Nationalsozialisten (26%)
1932	104	1. Nationalsozialisten (42%) 2. Sozialdemokraten (22%) 3. "austrofaschistische" (18) Gruppierung (19%)
1933	69	1. "austrofaschistische" Gruppierung (38%) 2. Nationalsozialisten (32%) 3. Sozialdemokraten (16%)
1934 nur 12.2. u. 25.7. (19)	567 nur Tote	1. "austrofaschistische" Gruppierung (39%) 2. Sozialdemokraten (35%) 3. Nationalsozialisten (25%)

2

Die durch *Tabelle 1* abgesteckten, jährlich wechselnden Felder gewaltsamer Konfliktpotentiale stimmen weitgehend mit den allgemeinen innenpolitischen Konfliktpotentialen überein. (20) In diesem Zusammenhang sind daher auch die Anwendungsformen politischer Gewalt zu stellen.

Die innenpolitische Konfliktkonstellation der "österreichischen Revolution" wird typischerweise durch die drei Eckpunkte Linksradikale – sozialdemokratische Arbeiterschaft – katholisch-konservatives Bürgertum abgesteckt. Die hauptsächliche Gewalt-Kampffront verlief 1919 zwischen Linksradikalen (meist Kommunisten) einerseits und Katholisch-Konservativen und Sozialdemokraten, den Koalitionspartnern in der Bundesregierung, andererseits. 1920 dauerte diese Konfliktstruktur noch an, sie wurde jedoch schon zunehmend von einer Frontstellung des Bürgertums gegen die Sozialdemokratie – und andere linke Kräfte – abgelöst.

Die mit den meisten Opfern assoziierte Form der Gewaltanwendung in der "österreichischen Revolution" sind mehr oder minder spontan ablaufende oder doch beginnende, aus Demonstrationen und Eigentumsverletzungen hervorgehende Unruhen mit wirtschaftlicher oder politischer Zielsetzung, bei denen in der Regel erst der Polizeieinsatz zu dem entscheidenden Gewaltvorfall führte (etwa Hungerkrawalle und Marktrevolten im Winter und Frühjahr 1919 und 1920 in Linz und Graz). Einen Seitenzweig dieses Gewalttypus stellen die in einen spontanen Kontext eingebetteten putschistischen Aktionen von Linksradikalen und Kommunisten dar. (21) Die sozialen Träger dieser Unruhen und spontaneistisch-putschistischen Aktionen sind überwiegend in den großstädtischen Unterschichten, insbesondere unter Arbeitslosen, Invaliden und Kriegsheimkehrern zu suchen. Spontane Unruhen der ländlichen Bevölkerung, sogenannte "Bauernaufstände", verliefen dagegen mit wesentlich weniger Gewaltanwendung. (22) Diese Formen der Gewalt während der "österreichischen Revolution" sind aufs engste gekoppelt mit akuten Mangelerscheinungen auf dem Gebiet der Nahrungs- und Konsumgüterversorgung und der sozialen Sicherungseinrichtungen. Ihr Auftreten häuft sich daher in den Winter- und Frühjahrsquartalen bis 1921.

Zwei weniger blutig verlaufene Gewaltkonfliktformen beschränken sich fast ausnahmslos auf die ersten Monate der "österreichischen Revolution". Nach dem Überschreiten des Gipfelpunktes der revolutionären Bewegung Mitte 1919 sind sie nicht mehr feststellbar. Es handelt sich dabei einerseits um Gewaltakte vom Typus der Offiziersinsultationen, die sich vornehmlich gegen die Angehörigen des k.u.k.Militärapparats, gegen Aristokraten, aber auch gegen Unternehmer richteten, allerdings nur selten einen Gewaltsamkeitsgrad erreichten, der den Tatbestand der schweren Körperverletzung erfüllte. Diese von kleinen Menschenmengen oder Einzelnen ausgeführten, oft eher nur symbolhaft und psychisch verletzenden Handlungen waren besonders häufig während der sonst nahezu gewaltlosen Zusammenbruchphase des österreichisch-ungarischen Staatsapparats im Oktober und November 1918. In der daran anschließenden Periode des Machtvakuums und der Neuformierung staatlicher Ordnungsstrukturen dagegen traten zunehmend schon weniger unblutig verlaufende, gewaltsame Auseinandersetzungen zwischen Angehörigen und Formationen konkurrierender Teile des Staatsapparates auf, sei es im Rahmen des Zerfalls der Habsburgermonarchie, wo bei Schießereien von Truppenteilen der in Bildung begriffenen Nationalstaaten eine Übergangsform zu zwischenstaatlicher Gewaltanwendung vorlag, sei es im Rahmen der "deutschösterreichischen" Staatsneubildung, deren Gewaltapparate durchaus unterschiedliche politische Ausrichtungen zeigten. (23) Der Gegensatz zwischen der weiterhin bürgerlich-konservativ ausgerichteten Gendarmerie und Bundespolizei und der neugebildeteten "marxistischen" Volkswehr äußerte sich direkt in gelegentlichen Schießereien zwischen den beiden Exekutivkörpern, aber er durchzog auch den Gewalttypus massenhafter Unruhen als eine Unterströmung, indem Teile der Volkswehr bei Konflikten mit der Polizei auf seiten der Zivilbevölkerung in Erscheinung traten. Doch selbst innerhalb des Militärapparats kamen die Gegensätze zwischen den kommunistisch dominierten Truppenteilen ("Rote Garde", "Deutschmeister", Bataillon Nr. 41) und der sozialdemokratischen Mehrheit bei linksradikalen putschistischen Aktionen zum offenen, teilweise sehr blutigen Ausbruch. (24)

Gewalttaten vom Typus der Versammlungssprengungen und des gemeinsamen Überfalls auf politische Gegner gehören zwar noch zeitlich, jedoch nicht mehr genetisch in den Zusammenhang der auslaufenden "österreichischen Revolution". Sie gehen zunächst überwiegend auf das Konto sozialdemokratischer und kommunistischer Arbeiter. (25) Daß deren bürgerliche Gegner – vor allem im Zusammenhang mit Wahlkämpfen – durch forcierte "antimarxistische" und antirepublikanische Agitation und Propaganda auftreten und somit die linke Arbeiterschaft herausfordern konnten, war ein Zeichen des Erstarkens der gegenrevolutionären

Kräfte. Daß die Linke dagegen über kein anderes Mittel mehr verfügte als die wenig organisierte, aber gelenkte und von relativ wenigen ausgeführte gewaltsame Einschüchterungsaktion, signalisiert das Ende der basisrevolutionären Mobilisierung. Diese Gewaltaustragungsform wurde die Keimzelle des dominanten Gewalttyps erst in der folgenden Periode, des Zusammenstoßes.

Die wichtigsten Tendenzen der Gewalt in der "österreichischen Revolution" zusammenfassend, kann man feststellen, daß die zunehmende basisrevolutionäre Bewegung bis zu ihrem Höhepunkt im Frühjahr 1919 ihre beachtlichen (jedoch nicht totalen) politischen und sozialen Erfolge mit gewaltfreien oder relativ geringen gewalttätigen Methoden erzielt hatte. Schon wenige Wochen nach Beginn der "österreichischen Revolution" begann die Breitenwirkung revolutionärer Ideen nachzulassen, während gleichzeitig eine Radikalisierung und Verengung der Massenbasis einsetzte. Diesem Trend entsprachen einerseits eine Abnahme der Spontaneität und Massenhaftigkeit, andererseits eine Zunahme von Planungselementen und Organisiertheit der gewaltsamen Auseinandersetzungen bei einer gleichzeitigen Steigerung der Gefährlichkeit der angewandten Waffen. Trotzdem blieben massenhafte, spontane und parteipolitisch nicht eindeutig einzuordnende Gewaltformen – meist "Gewalt gegen Sachen" – eine nur allmählich verschwindende Erscheinung dieser Periode. Gegenläufig dazu nahm die Härte der gewaltsamen Repression von Anti-System-Gewalt durch die staatliche Exekutive zu.

Die Periode relativer Stabilität führte die 1921 feststehende "antimarxistisch"-"marxistische" Konfliktstruktur unverändert, wenngleich bis 1926 auf verhältnismäßig niedrigem Gewaltsamkeitsniveau, fort. Der Linksradikalismus war nach einem nahezu vollständigen Verschwinden vollends in der Sozialdemokratie, die nun in die Rolle der parlamentarischen Opposition eingetreten war, aufgegangen; die faschistische Bedrohung des parlamentarisch-demokratischen Systems war noch nicht zu einer eigenständigen Kraft im Rahmen der beiden bürgerlichen "Lager", von katholischem Konservativismus und antiklerikalem Deutschnationalismus, geworden. Auch der Höhepunkt der Stabilisierungskrise nach der inflationären Erschütterung von 1922 führte im Jahre 1923 nur zu einer quantitativen Steigerung, nicht zu einer qualitativen Verschiebung dieses Konfliktverhältnisses. Dasselbe gilt auch für das Jahr 1927, das ganz von den schon bürgerkriegsähnliche Dimensionen erreichenden Juli-Unruhen überschattet wurde und den Wendepunkt in der innenpolitischen Entwicklung Österreichs in der Zwischenkriegszeit markierte.

Schon bald nach dem Beginn der Periode relativer Stabilität traten völlig neue bzw. aus Gewaltformen der vorigen Periode weiterentwickelte Gewalttypen in Erscheinung. Eine neue Form der politischen Gewalt in der österreichischen Republik stellte zweifelsohne eine Serie individueller Gewaltakte dar, die in dieser Häufung in keiner späteren Periode der österreichischen Geschichte mehr auftraten: etwa 1923 ein nationalsozialistischer Fememord an einem jungen nationalsozialistischen Geheimbündler, 1924 das Attentat eines sozialdemokratischen Arbeiters auf den christlichsozialen Bundeskanzler Ignaz Seipel, 1925 die Ermordung eines liberalen jüdischen Schriftstellers durch einen nationalsozialistischen Fanatiker, 1927 ein Attentat eines unter dem geistigen Einfluß der rechtsradikalen "Frontkämpfervereinigung" stehenden Psychopathen auf den sozialdemokratischen Wiener Bürgermeister Karl Seitz. Alle diese und einige andere weniger folgenschwere Gewalttaten dieses Typus sind eng mit wirtschaftlichen Verzweiflungssituationen und mehr oder weniger starker psychischer Anomalität des Täters verknüpft. Einen direkten Zusammenhang mit politischen Organisationen und Gewaltstrategien weisen nur die nationalsozialistischen Gewalttaten dieses Typus auf.

Eine spezifische Weiterentwicklung jener Gewaltform der ausgehenden "österreichischen Revolution", die oben als Versammlungssprengung und gemeinsamer Überfall bezeichnet und zunächst überwiegend von links her praktiziert worden war, wurde zu der typischen Gewaltaustragungsform aller weiterer Vorbürgerkriegs-Perioden: die Straßenschlägerei unterschiedlich organisierter politischer Gegner oder der bewaffnete Zusammenstoß. Diese Gewaltform resultierte aus folgendem Zusammenhang: die entstehenden "antimarxistisch"-antidemokratischen, radikalen Minderheitsgruppen, gegen die die "marxistische" Arbeiterschaft angesichts einer mit der Rechten immer offener sympathisierenden Staatsgewalt zur "Selbsthilfe"-Gewalt zu greifen sich gezwungen sah, entwickelten ihrerseits straff militärisch organisierte und mit gefährlichen Schußwaffen ausgerüstete Selbstschutzkader, die sich bei Versammlungen und Demonstrationszügen bald nicht mehr bloß defensiv verhielten, sondern offensiv, Angriffe der Linken antizipierend, zu schärfsten Gewaltmitteln – Schußwaffen – griffen. Aus dieser Konstellation ergaben sich vorerst noch mehr zufällig denn planmäßig gewaltsame Auseinandersetzungen der ungleichen Konfliktparteien, deren Todesopfer bis 1927 immer nur auf seiten der Linken zu verzeichnen waren. (26)

Einen anderen Entstehungszusammenhang weist der Einzelfall der Arbeiterunruhen des "15. Juli 1927" in Wien auf. Die komplexen Weiterungen in einen Generalstreik, in Verkehrsblockaden und in drohende Aufmärsche bürgerkriegsbereiter Bundesheer- und Heimwehrformationen in den westlichen und südlichen Bundesländern (27) bleiben hier außer Betracht. Demnach stellen sich die Wiener Anfänge des "15. Juli 1927" als ein Aufeinandertreffen von zwei nicht koordinierten Gewaltdrohungs- und Gewaltunterdrückungsstategien dar, die eine repräsentiert von der Taktik relativ gewaltfreier, massenhafter Straßendemonstrationen der Sozialdemokratie, die andere repräsentiert von einer Polizeitaktik, die infolge der machtpolitischen Gewichtsverlagerung seit 1918/19 forscher, jedoch um nichts besser organisatorisch vorbereitet als damals gegen "linke" Ruhestörungen einschritt. (28) Nach einem beispielhaften Eskalationsprozeß zwischen anfangs gewaltlosen Demonstranten und der Polizei stand Österreich binnen weniger Stunden kurz vor dem Bürgerkrieg, eine Entwicklungsstufe, die hauptsächlich durch das zu ihrer schließlichen innenpolitischen Niederlage führende Zurückweichen der sozialdemokratischen Parteiführung vermieden wurde.

Als Ausnahmefall in der gesamten Geschichte Österreichs seit 1848 ist hier noch die lynchjustizähnliche Ermordung eines jungen christlich-sozialen Turners durch einige Angehörige der Wiener Prater-Subkultur, die aus einer "antifaschistischen" Straßenversammlung ausbrachen, zu nennen, ein Zwischenfall, der das schon 1925 vorhandene, latente innenpolitische Spannungspotential erhellt.

Verglichen mit der "Revolutionsperiode" und dem folgenden latenten Bürgerkrieg weist der dazwischenliegende Zeitraum, von seinen Eckjahren abgesehen, eine bemerkenswerte Konstanz der Gewaltabläufformen auf, ein Faktum, das darauf hindeuten könnte, daß die politischen Gewaltkonflikte noch keine so starke selbstverstärkende Eigendynamik aufwiesen, daß nicht die stabilisierenden Momente in der Gesellschaft – das Ausbleiben äußerer Störungen vorausgesetzt – damit hätten fertig werden können.

Obwohl die gewaltpolitisch relativ ruhige Lage des Jahres 1928 von den die öffentliche Meinung zutiefst polarisierenden Ereignissen des "15. Juli 1927" und von dem beschleunigten Aufstieg der Heimwehrbewegung noch unberührt erschien, setzte eine fast undurchbrechbare Sequenz von

Gewaltereignissen ein, die die Periode von 1928 bis 1933 als latenten Bürgerkrieg kennzeichnet und die schließlich in die offene Bürgerkriegssituation von 1934 einmündete. Schon die ersten Vorzeichen des weltweiten Konjunktureinbruchs von 1929 führten zu einer signifikanten Verschärfung der bereits bestehenden Konfliktstruktur, wobei von nun an die Heimwehr innerhalb des katholisch-konservativen "Lagers" als eine politisch sich teilweise verselbständigende Hilfstruppe dominant wurde. Auch 1930 stand die österreichische Innenpolitik im Banne des gewaltsam ausgetragenen Konflikts Bürgertum versus "Austromarxismus".

Aber schon das Jahr 1931 kündigt den Beginn einer bemerkenswerten Umschichtung der innenpolitischen Fronten an, indem der Nationalsozialismus im "antimarxistischen" Kampf an die Seite der katholisch-konservativ-heimwehrfaschistischen Gruppierung trat. Kurz vor dem Höhepunkt der Weltwirtschaftskrise zeigt das folgende Jahr, 1932, in voller Deutlichkeit eine grundlegend veränderte Konfliktkonstellation: Die stärkste Gegnerschaft bestand nunmehr zwischen NSDAP und den sogenannten "Systemparteien", wobei die Sozialdemokratie noch den Hauptteil des Kampfes gegen die deutsche Version des Faschismus zu tragen hatte, selbst aber noch in ein nicht geringes Konfliktverhältnis zur Heimwehr (und zum übrigen katholisch-konservativen "Lager") verwickelt war. Im Jahr 1933 bestand dieselbe innenpolitische Hauptfront weiter, mit dem Unterschied, daß sich das Schwergewicht des antinazistischen Kampfes auf die Seite des konservativ-halbfaschistischen Regierungslagers verschoben hatte, während die Abwehrkräfte der von Bundeskanzler Dollfuß innenpolitisch in die Enge gedrängten Sozialdemokratie ungenützt blieben.

Auch im Bürgerkriegsjahr 1934 bestand diese Konfliktkonstellation weiter, die durch ein Dreieck symbolisiert wird. Die aus *Tabelle 1* ersichtliche erste Rangstellung des Regierungslagers hinsichtlich der Gewaltbeteiligung ergibt sich durch die zweifache Verwicklung in bürgerkriegsartige Kämpfe vom 12. bis 14. Februar mit Teilen des "marxistischen Lagers" und vom 25. bis 29. Juli mit den österreichischen Nationalsozialisten.

Abgesehen von den weiterhin sporadisch auftretenden individuellen Gewalttaten (wie einem kommunistischen und einem nationalsozialistischen Fememord 1931 bzw. 1932 sowie nationalsozialistischen Attentaten auf Engelbert Dollfuß und den Heimwehrführer Richard Steidle 1933) weist die Periode des latenten Bürgerkriegs wiederum ein typisches Ensemble von Gewaltformen auf. Die bewaffneten Zusammenstöße zeigen nunmehr eine stärkere Symmetrie der Gegner als in der vorhergehenden Periode, da sich die "marxistische" Seite ihren Gegnern auf der Rechten in Organisation, Taktik und Bewaffnung stärker anpaßte. Anstatt relativ spontan agierender Ansammlungen von Arbeitern trat nunmehr verstärkt der durchorganisierte Republikanische Schutzbund (29) auf. Die Zusammenstöße wurden häufiger, da sie nicht selten provoziert waren; sie führten zu schweren körperlichen Beschädigungen und nahmen, wie schon 1929 in dem steirischen Dorf St. Lorenzen, gelegentlich Ausmaße von Straßenschlachten an. Auch die staatlichen Ordnungskräfte wurden darin verstärkt einbezogen wie etwa 1932 anläßlich eines blutigen Zusammenstoßes in Wien-Simmering. (30)

Der Putschversuch des steirischen, deutschnationalen Flügels der Heimwehren am 13. September 1931 (31) stellt eine weitere Gewaltform dar, die in dieser Periode eine bedeutende Rolle spielte, obzwar es nur bei einem einmaligen Versuch blieb. Die Planspiele und Vorbereitungen der Heimwehren, aber auch die Defensivvorbereitungen des Republikanischen Schutzbundes waren jedoch schon seit 1928 stark auf diese Gewaltform abgestellt. Der "Marsch auf Rom" diente dafür als offen eingestandenes Vorbild des österreichischen Heimwehrfaschismus. (32)

Als sich eine Illegalisierung der NSDAP abzeichnete, brachte das Jahr 1933 eine weitere, in der bisherigen österreichischen Geschichte unbekannte Gewaltform auf das innenpolitische Kampffeld: den systematischen Bombenterror. Seine Skala reichte von bloß demonstrativer bis zu gezielt tödlicher Zielsetzung. (33) Diese Gewaltform ersetzte in den Monaten der bevorstehenden Illegalität und nach dem Parteiverbot der NSDAP die bis dahin häufigste Gewaltform, die Zusammenstöße paramilitärisch organisierter Privatarmeen.

Den logischen Abschluß des latenten Bürgerkriegs stellt der zweimalige Ausbruch von mehrtägigen und massenhaften Kämpfen zwischen den drei "Lagern" dar. Unter formalem Aspekt weisen beide Bürgerkriege eine gewisse Ähnlichkeit auf: In beiden Fällen mischten sich Elemente der Spontaneität und langfristigen Planung, von hohem und niedrigem Organisationsgrad. In beiden Fällen stand eine zum Zeitpunkt des Kampfbeginns schon verbotene paramilitärische Formation im Aktionszentrum. Doch gibt es auch beträchtliche Unterschiede. So ist die relativ breite Beteiligung von SA in den Bundesländern im Juli 1934 nur als (nicht eingeplante) Folgeerscheinung eines Unternehmens der SS

24

in Wien, das nach dem klassischen Militärputsch-Muster ablief, zu werten. Die Beteiligung der "marxistischen" Arbeiterbewegung an dem Aufstandsversuch des oberösterreichischen Republikanischen Schutzbundes im Februar 1934, eine notwendige Rückendeckung, erfolgte dagegen bei weitem nicht in jenem Maße, wie es von den Aufständischen erwartet worden war. (34) Typologisch ist der "12. Februar 1934" wohl als defensiver Aufstandsversuch, der "25. Juli 1934" als putschistischer Versuch zur Machtübernahme zu werten.

Die gesamte Periode von 1918 bis 1934 überblickend, kann man feststellen, daß systemoppositionelle Gruppen am stärksten in politische Gewaltkonflikte involviert waren. Denn sie verfügten bei der Durchsetzung ihrer gesellschaftlichen Zielsetzungen über wenig gewaltfreie Alternativmittel. Sie griffen daher – aus einer Position der Schwäche heraus – eher offensiv zur Gewalt, um sodann von den staatskontrollierenden sozialen Gruppen als starke Bedrohung empfunden und umso repressiver niedergeworfen zu werden.

Die folgende tabellarische Übersicht (*Tabelle 2*) stellt die wichtigsten in der Ersten Republik vorkommenden Gewaltformen je nach Anzahl der Beteiligten (oder Dauer der Gewaltanwendung) und Organisationsgrad der Konfliktparteien systematisch dar.

Zeitlich über die ganze Erste Republik, jedoch nicht gleich dicht gestreut sind Gewalttaten einzelner oder weniger, vor allem die nur strukturierten oder amorphen Formen. Die "österreichische Revolution" ist charakterisiert vor allem durch massenhafte Gewaltformen, von wenig oder nicht organisiertem Charakter. In der Periode relativen innenpolitischen Gleichgewichts kommen Gewaltformen aller Beteiligtenzahlen vor; die Gewaltformen sind jedoch umso weniger organisiert, je mehr sich an ihnen beteiligten, und umgekehrt, umso höher organisiert, je kleiner der Kreis der Ausführenden ist. Die Periode des latenten Bürgerkriegs weist typischerweise hochorganisierte Gewaltformen in allen Kategorien der Beteiligtenzahlen auf.

Die Staatsgewalt ist in der Regel nur das direkte Ziel solcher Gewaltformen, an denen sehr viele Menschen beteiligt sind; Arbeiter und städtische Unterschichten, aber auch Bauern sind vor allem aktiv in massenhaften, wenig oder nicht organisierten Gewaltformen. Dagegen sind sehr junge und "mittelständische" Beteiligte, entsprechend der Dominanz von Nationalsozialisten unter dieser Gewaltform, vor allem für alle Varianten der organisierten individuellen Gewalt charakteristisch.

25

Tabelle 2: Formen politischer Gewaltanwendung in Österreich 1918-1934

Anzahl der Beteiligten	wenige (unter 5)	viele (bis 500)	sehr viele (über 500)
Dauer der Gewaltanwendung	*kurz*	*mittel*	*lang*
Organisationsgrad:			
organisiert	Attentat Fememord Bombenterror	Zusammenstoß	Staatsstreich Putsch
strukturiert	Überfall Zusammenstoß	Zusammenstoß	putschistische Aktion Aufstand
amorph	Insultation politische Rauferei	Lynchjustiz	Aufruhr Unruhen

In soziographischer Hinsicht lassen sich die Träger vor allem der organisierten und strukturierten Gewaltformen von wenigen bis sehr vielen Beteiligten in folgender Weise stark komprimiert beschreiben:

Überrepräsentiert verglichen mit der Gesamtgesellschaft, aber auch mit den Nicht-"Militanten" des jeweiligen "Lagers" sind unter den Trägergruppen der politischen Gewalt junge (unter dreißigjährige) städtische und großstädtische Burschen und Männer, ganz besonders stark bei den Nationalsozialisten, weniger stark bei den Sozialdemokraten. Frauen und Mädchen sind gemäß den paramilitärischen Organisationsformen der Konfliktparteien in diese Gewaltformen nur ausnahmsweise involviert.

Besonders für Gewaltanwendung disponiert waren auch Anhänger solcher Gruppen, die im Berufsleben nicht (noch nicht) fest eingebunden sind und daher über den zeitlichen und räumlichen Spielraum verfügen, der zur Beteiligung an politischer Gewalt notwendig ist, das heißt vor allem Arbeitslose, Kriegsheimkehrer, Invalide (und Jugendliche). Ebenso zeigten sich die jeweils "niederen" Schichten fast aller sozialen Klassen und Gruppen, die als "Stellvertreter" für ihre Klasse oder Gruppe insgesamt auftreten als besonders prädisponiert für politische Gewaltanwendung: Studenten und Mittelschüler für freiberufliche Akademiker und Beamte, Söhne von Bauern, Gewerbetreibenden und Händlern für ihre Väter, Hilfsarbeiter und Lehrlinge stellvertretend für Arbeiter und Handwerker dominieren daher in der Statistik der Gewalttäter. Arbeiter sind im allgemeinen unter den "Militanten" stärker repräsentiert als unter den einfachen Mitgliedern des jeweiligen "Lagers".

Auch die Generation der ehemaligen, vergleichsweise jung in den Krieg gezogenen Weltkriegssoldaten, vor allem Unteroffiziere und Offiziere, stellte ein wichtiges Reservoir für Gewaltträger dar. (35)

3

Wie aus dem vorhergehenden Abschnitt hervorgegangen ist, tritt Gewalt häufig mit politischem Radikalismus und sozialen Randgruppen assoziiert auf. Daß Gewalt in größerem Ausmaß zwischen politisch-sozialen "Lagern" überhaupt vorfallen kann, setzt einen vorausgehenden Prozeß der politischen Marginalisierung mindestens eines der beteiligten "Lager" voraus. Dies kann als eine Schlußfolgerung aus den kommunistisch-putschistischen Aktionen am Gründonnerstag 1919 und am 15. Juni 1919, aber ebenso aus den beiden Bürgerkriegen des Jahres 1934 gezogen werden.

Die Ursache dafür sind gemäß den Definitionen der drei Tillys (36) in folgendem Sachverhalt zu suchen: Für eine machtvolle Gruppe, die, wenn sie dieses Attribut verdient, auch in einem Naheverhältnis zum vielfältigen Herrschaftsapparat steht, macht sich aktive Gewaltanwendung kaum bezahlt. Die sozialen Nebenkosten von (direkter) Gewalt übersteigen oft ihren unmittelbaren Nutzen, es sei denn, die Machtträger sehen sich mit einer ernsten Herausforderung ihrer Position konfrontiert. Das Umgekehrte dürfte für machtferne oder machtlose Gruppen zutreffen. Denn zum einen kann der Signaleffekt der Anwendung oder des zum Gewaltopfer-Werdens verborgene Sympathien und Unterstützung von Teilen der etablierten Machtträger hervorrufen. Zum anderen stehen machtarmen Gruppen nur wenige legale Handlungsalternativen zur Verfügung, sodaß die Wahrscheinlichkeit, über die Illegalität zur Gewaltsamkeit zu gelangen, groß ist, was unter der staatlichen Sanktionsdrohung erst recht ein Abgleiten von den gesellschaftlich akzeptierten Spielregeln der Politik bewirkt. Und schließlich kann gezielter und blutiger Terrorismus die Machtposition der machtarmen Gruppen durch Diskreditierung der Regierungsmacht stärken, vor allem dort, wo ohnehin schon ein staatliches Machtvakuum, wie in der österreichischen Ersten Republik, besteht.

Damit ist auch eine wesentliche Rahmenbedingung für die folgende Skizzierung von expliziten Gewaltstrategien der politischen Parteien und Bewegungen in Österreich zwischen 1918 und 1934 vorgegeben.

Zunächst soll auf eine in ihrer Praxis hochentwickelte, jedoch allzuleicht übergangene Gewaltstrategie hingewiesen werden, auf die Strategie und Taktik des Einsatzes der *staatlichen Ordnungskräfte*, insbesondere der Polizei. Die definitionsgemäß dem Agieren von Polizeikräften vorausgehende oder antizipierte Verletzung von "Recht und Ordnung" gibt dem staatlichen Gewaltmonopol eigentlich eine reaktive Strategie vor, die jedoch keineswegs immer eingehalten wurde (und wird). Doch selbst reaktive Polizeieinsatzstrategien, insbesondere die Gewalteinsatzschwelle, weisen eine beachtliche Variationsbreite auf, je nach kulturspezifischen Eigenheiten oder der Zusammensetzung der staatsbeherrschenden Schichten und Klassen. So variierte die Strategie des Polizeieinsatzes gegen linke bzw. rechte Ordnungsstörungen auch in der Ersten Republik beträchtlich. (37)

Solange der Staatsapparat noch schwach, die revolutionäre Bewegung noch unspezifisch, aber breit war, was bis etwa April 1919 zutraf, agierte die staatliche Exekutive bei spontanen Unruhen, aber auch bei politisch zielgerichteten Ordnungsverletzungen (etwa Inbrandsetzung des Parlamentsgebäudes am 17. April 1919) und selbst bei tödlichen Angriffen auf Polizeikräfte mit einer Kombination vorsichtig-defensiver Objektsicherung und besänftigenden Zuredens. Die Einschaltung von sozialdemokratischen Führern und Soldaten- und Arbeiterräten zur Vermittlung und zur Legitimierung der anzuwendenden Gewaltmittel führte dazu, daß selbst kritische Situationen gewaltarm oder völlig gewaltfrei bereinigt wurden. Der Wiener (deutschnationale) Polizeipräsident Schober konnte dennoch mit dieser Strategie seinen Ruf als Mann der "Ordnung", der ihm den späteren Eintritt in höchste politische Ämter ermöglichte, begründen.

Selbst nach dem Ende der "revolutionären" Machtkonstellation übte Schobers Polizeiapparat noch häufig Zurückhaltung bei seinen äußersten Mitteln. Als die revolutionäre Bewegung an Breite verloren, jedoch an bolschewistischer Ausrichtung und systembedrohender Radikalität, die sie auch in Gegensatz zu großen Teilen der Sozialdemokratie brachte, zugenommen hatte, kam sowohl in Wien beim kommunistischen Putsch vom 15. Juni 1919 wie 1920 bei den spontanen Hunger- und Teuerungsunruhen in den Landeshauptstädten eine andere Polizeitaktik zur Anwendung, und zwar wenig abgestufte Räumungs- und Schießbefehle. Auch die Eskalierung der Ereignisse am 15. Juli 1927 bis hin zum Justizpalastbrand und zu hohen Menschenverlusten (fast ausschließlich auf seiten der Zivilisten) ist wenigstens teilweise auf einen zwar unkoordinierten und verzettelten, jedoch vorpreschenden und äußerst gewaltsamen Polizeieinsatz (berittene Polizei, Gewehrbewaffnung) zurückzuführen.

Die Konsequenz aus dieser für die "bürgerliche" Regierungsseite positiv ausgehenden Kraftprobe war, daß die staatliche Exekutive in verstärktem Maße gegen die politische Linke eine Strategie der Härte, gegen Bedrohungen der Verfassung von Rechts eine Strategie, zwar nicht der offenen Kooperation, jedoch der Nachgiebigkeit und Toleranz anwandte. Je nach der politisch-sozialen Herkunft der "Ruhe- und Ordnungs"-Störer kamen unterschiedliche Repressions- und Kontrollstrategien zur Anwendung.

Die Gewaltstrategie der österreichischen *Kommunisten* manifestierte sich bei spontaneistisch-putschistischen Aktionen am 17. April und 15. Juni 1919 in Wien. Schon durch einen Sturm von "Rotgardisten" auf das Parlamentsgebäude während der Ausrufung der Republik am 12. November 1918 ist ein Teil der linksradikalen Bewegung, aus der sich erst in der Folge die bolschewistische Richtung ausgrenzte, mit putschistischen Bestrebungen in Zusammenhang zu bringen.

Dieses gewaltsame Machteroberungskonzept stellt sich folgendermaßen dar: Der Ausgangspunkt war Lenins erfolgreiche Revolutionstheorie, insbesondere das Konzept vom Zusammenwirken objektiver und subjektiver Faktoren in der "revolutionären Situation". Zu den objektiven gesellschaftlichen Momenten (Schwächung der bestehenden Herrschaftsordnung, gesteigertes Massenelend, erhöhte politische Mobilisierung) müßten noch subjektive Faktoren hinzukommen, damit eine Revolution eintrete. Diese subjektiven, vom menschlichen Willen abhängigen Faktoren kämen vor allem in der Fähigkeit zur revolutionären Massenaktion innerhalb einer von der kommunistischen Partei geführten Arbeiterklasse zum Ausdruck. (38) "Richtiges" Bewußtsein und Organisiertheit

29

seien somit ausschlaggebend, damit tatsächlich ein revolutionärer Machtwechsel stattfinde.

Ein großer Teil der österreichischen Kommunisten war 1918/19 mit einigem Grund der Ansicht, daß eine solche "revolutionäre Situation" bestehe und es nur einer geringen agitatorischen und organisatorischen Nachhilfe bedürfe, das Pulverfaß zur Explosion zu bringen. Ein temporärer Zustrom von "Entwurzelten" des Weltkriegs und der Kriegsfolgen ließ die Anhängerschaft der KPÖ im Mai 1919 auf angeblich etwa 40.000, den höchsten Stand während der gesamten Ersten Republik (39), ansteigen. Dies schien eine revolutionäre Perspektive ebenso zu bestätigen wie die Ausrufung von Räterepubliken in Ungarn und Bayern.

Die spontaneistische Version der kommunistischen Putschstrategie bestand nun darin, daß an verschiedenen Orten Wiens zur gleichen Zeit Versammlungen einberufen wurden und daß, wenn diese Versammlungen zahlen- und stimmungsmäßig erfolgreich waren, die Parole ausgegeben wurde, zum Parlamentsgebäude in der Innenstadt zu ziehen, um dort ultimative sozialpolitische Forderungen und die Forderung nach sofortiger Errichtung der Räterepublik zu erheben. Die zusammenströmende Erregung von einigen tausend Demonstranten benötigte aber auch die Unterstützung von Einheiten der Volkswehr, weshalb kommunistische Agitatoren die Kasernen aufsuchten, um eine Gelegenheit zu gewinnen, Teile der sozialdemokratischen Soldaten und Arbeiter mitreißen zu können. Daraus sollte schließlich der Sturz der Regierung oder wenigstens ihre Umbildung und ein Ausscheiden des bürgerlichen Koalitionspartners hervorgehen.

Der mit diktatorischen Vollmachten über die kommunistische Partei ausgestattete und von Ungarn zur Revolutionierung nach Österreich entsandte Ernst Bettelheim sagte zu dieser Strategie nach seiner polizeilichen Festnahme,

"daß die Kommunisten [in – jedem – Zeitpunkt (40)] die Ausrufung der Räteregierung für wünschenswert halten, und daß die Frage, ob irgend eine Demonstration diese Ausrufung zur Folge haben kann, erst während der Demonstration selbst, je nach dem Willen der Massen, die an derselben beteiligt sind, und nach den Kräfteverhältnissen zur Beantwortung gelangt". (41)

In mehreren Ansätzen versuchte die kommunistische Organisation bereits im April 1919 die "Masse des Proletariats" zur Revolution weiterzutreiben. Da sich aber die kommunistischen Funktionäre über die politischen Verhältnisse getäuscht oder sonst organisatorische Fehler gemacht hatten, versagten ihnen wesentliche Teile der Arbeiterschaft im entscheidenden Augenblick die Gefolgschaft. Ein versuchter Sturm auf das Parlament und Schießereien ohne Massenbeteiligung hinterließen den Eindruck eines Putsches. Ein kommunistischer Arbeiterrat hat für diese Strategie eine "klassische" Formulierung gefunden: "Was heute Putsch genannt wird, ist morgen Revolution, wenn er gelingt." (42)

Starke Ähnlichkeit mit dem blanquistischen Aufstandskonzept weist eine andere Form des kommunistischen Putschismus auf: Als der erwähnte Umsturzversuch im April 1919 fehlgeschlagen war und die ungarische Räteregierung unter immer stärkeren Druck von außen geriet, verstärkten ungarische Emissäre ihre Anstrengungen, eine politische Veränderung in Österreich zu erzwingen. Ihre finanziell bestens ausgestattete Kaderorganisation geriet damit selbst in Gegensatz zu einem Teil der einheimischen Kommunisten. Trotzdem und obwohl die Polizei mit sozialdemokratischer Rückendeckung präventive Verhaftungen vornahm, versuchte ein harter Kern um Bettelheim, die an sich nicht ungünstige Stimmung unter den Soldaten wegen einer bevorstehenden Reduzierung ihres Personalstandes auszunützen und das Vorhaben in die Tat umzusetzen. Dieser Versuch, der am 15. Juni 1919 gestartet wurde, fand unter Polizeisalven ein blutiges Ende. Eine zentrale Lenkungsinstanz der ursprünglich vorgesehenen, aber nicht verwirklichten militärischen Operationen durch Teile der Volkswehr war in einer Kaserne eingerichtet gewesen. Dabei dürften auch militärische Planspiele über einen Einsatz der ungarischen Roten Armee gegen Wien eine Rolle gespielt haben.

Mit dem Abebben der revolutionären Welle Mitte 1919 kam es auch zu einem raschen Verfall der Revolutionserwartungen. Eine Zeitlang verlegten sich in dieser Phase kommunistische Splittergruppen auf Versuche, eine Eisenbahnbrücke zu sprengen (sogenannter "Lumpi-Coup") und Geld durch Einbrüche in Geschäfte und Kirchen zu beschaffen (43), skurrile Vorläufer der politisch motivierten Banküberfälle der jüngsten Vergangenheit.

Auch während der folgenden Jahre gelang es der kommunistischen Partei niemals mehr, eine eigenständige Gewaltstrategie zu entwickeln. Ihre Aktivitäten konnte sie realistischerweise nur auf die Mobilisierung anderer, stärker proletarischer Faktoren und auf ein Weitertreiben von bewaffneten Auseinandersetzungen zu einem sozialdemokratischen Aufstand richten, wie dies am 15. Juli 1927 und nach dem Simmeringer Zusammenstoß vom 16. Oktober 1932 versucht wurde. (44)

31

Die Gewaltstrategie der *Sozialdemokratie* ergab sich aus dem attentistischen, jedoch an sozialistischer Umgestaltung orientierten Reformismus dieser Partei. Gewalt als Mittel der Politik wurde zwar von der Parteimehrheit nicht prinzipiell abgelehnt, jedoch auf eine eher defensive Funktion beschränkt. Auch die ominöse Formulierung vom Brechen des "Widerstands der Bourgeoisie mit den Mitteln der Diktatur" im "Linzer Programm" von 1926 war rein defensiv zu verstehen und verfolgte letztlich die Erzwingung der Einhaltung demokratischer Spielregeln durch die bürgerliche Seite für jenen Fall, daß der politische Gegner nach dem erwarteten großen sozialdemokratischen Wahlsieg die Macht nicht friedlich abzugeben bereit wäre. (45)

Dieser Strategie war auch der 1923 gegründete Republikanische Schutzbund untergeordnet. Er sollte eine Art bewaffnetes Exekutivorgan des sozialistischen "Lagers" darstellen. Denn die Sozialdemokratie hatte nach dem Ende der "österreichischen Revolution" gute Gründe, den Staatsapparat nicht mehr für unbedingt zuverlässig bei der Abwehr von gegenrevolutionären Umtrieben, monarchistischen Putschversuchen, Einwirkungen bayerischer und ungarischer Rechtsextremisten usw. zu halten. Unter diesen Umständen sah sich die Parteiführung veranlaßt, die "Wehrhaftmachung des Proletariats" in einem Gegen-Heer Realität werden zu lassen, worauf die weitere Entwicklung des Schutzbundes nach 1927 hinauslief. Strenge militärische Disziplin, Uniformen, Waffenübungen, Planspiele, Waffenlager etc. machten diese Organisation, die ursprünglich gegen jeden Militarismus gerichtet gewesen war, selbst militaristisch, sodaß sich auch ihre Gewaltstrategie der ihrer Gegner annäherte.

Der ehemalige General und sozialdemokratische Wehrexperte Theodor Körner hat diese Entwicklung scharf angeprangert und ihre Konsequenzen frühzeitig vorhergesehen: Einschläferung des Kampfwillens im sozialistischen "Lager", undifferenzierte Kontaminierung aller gegnerischen Kräfte in ein einziges Feindbild, fast ausschließliches Sich-Verlassen auf gewaltsame Mittel, bei deren Anwendung trotz zahlenmäßiger Überlegenheit die Sozialdemokratie ihren Gegnern immer unterlegen sein mußte. Körners Vorschläge, bei der Abwehr des Faschismus die politische Mobilisierbarkeit der gesamten Arbeiterschaft und die Möglichkeiten eines spontanen "passiven" Widerstandes in das militärische Konzept einzubeziehen, gingen ebenso unter wie seine Mahnung, alle Mittel des parlamentarisch-demokratischen Rechtsstaates vor einer defensiven Gewaltanwendung erst auszuschöpfen. (46)

Der Republikanische Schutzbund ließ sich in der Tat immer mehr die Methoden seines Kampfes aufzwingen, vor allem durch die Aufmarsch-strategie der Heimwehren zu Ende der zwanziger Jahre. In der Art großangelegter Manöver und Aufmärsche probten und demonstrierten ab 1928 Tausende Schutzbündler oft allsonntäglich die "Abwehrbereitschaft des Proletariats". Daß es dabei mit der entgegengesetzten Strategie der Heimwehren zu Kollisionen, die in blutigen Zusammenstößen endeten, kommen mußte, lag in der Natur der Sache. Immerhin kann dem Schutz-bund aber nicht die direkte Provokation von Zusammenstößen größeren Umfanges angelastet werden, wie dies für seine Gegner zutraf.

Es war aber nicht zufällig, daß der militaristische Geist im Schutz-bund zu einer Modifikation der Anwendungsbedingungen von Gewalt – bürgerliche Blockierung einer SP-Regierungsübernahme nach einem so-zialdemokratischen Wahlsieg – führte. Die Schutzbundführung um Alex-ander Eifler und Julius Deutsch meinte, der Republikanische Schutzbund müsse, schon bevor die Sozialdemokratie die parlamentarische Mehrheit erlangt habe, gegen rechte Diktaturbestrebungen auftreten. Sie rechnete schon 1928 mit dem jederzeit möglichen, aus beliebigem Anlaß losbre-chenden Bürgerkrieg. (47)

Wenn schon auf der Führungsebene der paramilitärischen Organisa-tion der Sozialdemokratie Abweichungen von der theoretischen Grund-satzformulierung des Parteiprogramms von 1926 vorkamen, um wieviel stärker mußten Vergröberungen unter dem Fußvolk ausfallen. Gerade das, wovor Otto Bauer mit Bezug auf das Linzer Programm gewarnt hatte – "Gewalt heißt nicht eine Straßenrauferei!" (48) –, trat in der tägli-chen Praxis der politischen Auseinandersetzung, beim "Klassenkampf im Heugabelsinn" (K. Renner) (49), ein. Die defensive Gewaltstrategie ent-artete in eine partiell offensive Taktik der Schlägerei. Als Beispiel dafür steht der folgende Bericht aus einer sozialdemokratischen Tageszeitung:

"Unser Republikanischer Schutzbund hat sich selbstverständlich nicht damit begnügt, die angesagte Versammlung der Frontkämpfer zu verhindern, son-dern einmal gründlich Razzia gehalten. So wurde das Frontkämpfernest beim 'Königswieser' ... aufgestöbert und die Frontkämpfergesellschaft verjagt. Eben-so wurde im Lokal der Nationalsozialisten beim 'Grünen Baum' ... Nachschau gehalten ... Die gründliche Säuberung erstreckt sich selbstverständlich auf das ganze Land Oberösterreich". (50)

Mag manches daran bloßer Verbalradikalismus sein, die durch Ver-sammlungssprengung und Übergriffe auf rechtsradikale Parteilokale gekennzeichnete Strategie der Schwächung und Einschüchterung von Gegnern machte auch vor aktiver Gewaltanwendung nicht halt. Daß die Parteiführung von dieser Umkehrung ihrer theoretischen Konzepte nicht nur wußte, sondern sie gelegentlich bewußt im Sinne einer politischen Doppelstrategie einsetzte, belegt das folgenschwere Mißlingen dieser Strategie am 15. Juli 1927: einerseits Basisdruck auf die innenpolitischen Gegner durch stürmische Demonstrationen, "Gewalt gegen Sachen" und strukturierte oder amorphe Formen der personalen Gewalt ausüben zu lassen (51), andererseits eine gemäßigte und vor den eigenen Konsequenzen zurückscheuende Politik der Partei- und Verbandsführungen zu betreiben. So sehr die bürgerliche und faschistische Propaganda auch gegen die "rote Gefahr" polemisierte, Männer wie Seipel und Dollfuß durchschauten dieses Spiel und kalkulierten demgegenüber unnachgiebig und erfolgreich die Risiken ihrer eigenen Politik. (52)

Das bürgerliche, *katholisch-konservative "Lager"* entwickelte lange Zeit keine eigenständige Gewaltstrategie; es stand seit der Gründung der Republik, anfangs noch verschüchtert, dann selbstbewußt, immer in einem Nahverhältnis zum Staatsapparat, die Wiener Landes- und Gemeindeverwaltung ausgenommen. Die staatliche Exekutive stand immer wenigstens zum Teil zu seiner Verfügung. Es scheint also, als wäre dieses "Lager" immer streng legalistisch orientiert gewesen. Zweifelsohne scheuten auch nicht wenige bürgerliche Politiker, als die Vorstellungen von "wahrer Demokratie", "autoritärem Staat", undemokratischen, diktatorischen Regierungsformen unter den Christlichsozialen (und Deutschnationalen) schon stark verbreitet waren, noch zu Beginn der dreißiger Jahre vor einem offenen Bruch der Legalität zurück. Doch bedeutete dies nicht, daß nicht dieselbe Politikergruppe schon 1920 in Zusammenarbeit mit ungarischen Gegenrevolutionären ernsthafte Putschpläne gegen die Koalitionsregierung, die ihnen nur die halbe Macht gab, geschmiedet hätten. (53) Und auch später wieder spielten Staatsstreichpläne in mehr oder minder großen Teilen der bürgerlichen Parteien eine große Rolle. Die Ausschaltung der parlamentarischen Demokratie im März 1933 durch Dollfuß war ja auch eine Art "kalter" Staatsstreich in mehreren Etappen. (54)

Im täglichen politischen "Kleinkrieg" der Zwischenkriegszeit setzte dieses "Lager" jedoch ebenfalls außerlegal und gewaltsam operierende Hilfstruppen ein: die frühen *Heimwehren*, die monarchistische *Ostara*, die *Frontkämpfervereinigung* usw. – samt und sonders früh- und halbfaschistische Organisationen. Wenn es diesen Organisationen wie ab 1927 im Fall des heterogenen Organisationsbündels Heimwehr gelang, sich zu verselbständigen und eine eigene Parteiorganisation aufzubauen, war der Tatbestand des Faschismus im wesentlichen schon erfüllt.

Diese rechtsradikalen und später offen faschistischen Formationen praktizierten schon in den frühen zwanziger Jahren eine offene Version der defensiven Gewaltstrategien der Sozialdemokratie, vor allem in jenen Regionen des Landes, wo sie sozialstrukturell über eine breite Basis verfügten. (55) Die mehrfache Wechselwirkung bei der Weiterentwicklung von linken und rechten Gewaltstrategien ist damit angesprochen. Der Republikanische Schutzbund kopierte später diese Strategien, um nunmehr neuerlich Anlaß zu einem Weitertreiben der inneren Aufrüstung und Eskalierung des Klimas der Gewaltsamkeit zu geben. Daß die rechtsradikalen und faschistischen Formationen dabei mindestens anfangs einen Vorsprung hatten, was Gefährlichkeit der Bewaffnung und Schnelligkeit des Waffengebrauchs anlangt, erklärt die schon erwähnte Tatsache der ungleichen Verteilung der Todesopfer auf die Kampfparteien bei Zusammenstößen bis 1927.

In der weiteren Folge entwickelte die Heimwehr – nicht zuletzt unter italienisch-faschistischem und ungarisch-reaktionärem Einfluß – eine Massenaufmarschstrategie ihrer Formationen, die das "rote Wien" und einige andere sozialdemokratische Hochburgen nach italienischen Vorbildern systematisch einkreisen und sturmreif machen sollten. Die Durchführung einer in provokatorischen Formen aufgezogenen Heerschau der Heimwehrformationen mitten in Industriezentren und Arbeiterwohnvierteln (unter dem Segen des katholischen Klerus und dem Schutz der Staatsgewalt), das Engerziehen konzentrischer Kreise der Heimwehraufmärsche um Wien, bedeutete eine symbolische Brechung des "roten Monopols auf die Straße" und somit eine bewußtseinsmäßige Schwächung der "Austromarxisten". So jedenfalls wurde es von diesen aufgenommen. Wenn die Sozialdemokratie die Herausforderung jedoch annahm und den Schutzbund aufmarschieren ließ, genügte oft nur ein unvorhergesehener Zwischenfall, der sofort blutige Schießereien oder straßenkampfähnliche Gefechte auslöste. Insbesondere im obersteierischen und niederösterreichischen Industriegebiet entwickelte sich Ende der zwanziger Jahre die beinahe sonntägliche Automatik von Aufmarsch-Gegenaufmarsch-Zusammenstoß.

Auf diese Automatik der Gewaltauslösung dürften auch Pläne zur Durchführung eines Heimwehrputsches abgestimmt gewesen sein. Die bürgerlichen Parteien standen zum Teil einer Heimwehrdiktatur, bei aller Sympathie für diese Richtung, ablehnend gegenüber. Daher hofften manche Heimwehrführer und manche ihrer christlichsozialen Hintermänner (etwa Anton Rintelen in der Steiermark) durch die Provozierung von Zusammenstößen mit dem Schutzbund, diesen zu größeren Kampfhandlungen oder zu einem Aufstandsversuch verleiten zu können. Dies wiederum sollte durch einen Gegenschlag der Heimwehr, gemeinsam mit Polizei und Bundesheer, beantwortet werden. Und aus der erwarteten Niederlage der "Roten" sollte eine durch keinerlei verfassungspolitische Rücksichtnahme gebremste Umgestaltung Österreichs im faschistischen Sinne hervorgehen.

Dies war der politische Hintergrund etwa der Straßenschlacht in St. Lorenzen am 18. August 1929 und des Zusammenstoßes in Wien-Simmering am 16. Oktober 1932. Der Schutzbund verhielt sich dabei allerdings zurückhaltend, und auch auf der christlichsozialen Seite fanden sich besonnene Männer, die die Heißsporne in den eigenen Reihen und bei der Heimwehr bremsten. Und ohne aktive Beteiligung der staatlichen Exekutive fühlten sich die meisten Heimwehrführer für einen Putsch eben nicht stark genug. (56) Als am 13. September 1931 der Führer des radikalen pronazistischen Steirischen Heimatschutzes, Walter Pfrimer, den drohenden Niedergang der Heimwehr-Version des österreichischen Faschismus vor Augen, sich dennoch entschloß, den "Marsch auf Wien" aktiv auszulösen, scheiterte sein Putschversuch kläglich an den Gegenmaßnahmen des Republikanischen Schutzbundes und an der Neutralität sowie am schließlich zögernden Einschreiten des Bundesheeres. (57)

Die These, daß die Heimwehr im Februar 1934 den Aufstandsversuch des Schutzbundes geradezu provoziert hätte (58), ist in der österreichischen Geschichtsforschung sehr umstritten, ausgeschlossen ist sie keineswegs. Kampfentscheidend wurde jedenfalls, daß der durch Massenarbeitslosigkeit, politisches Zurückweichen der Parteiführung und fast elfmonatiges Verbot geschwächte Schutzbund gegen das vereinte Vorgehen von staatlicher Exekutive und Heimwehr auch unter weniger ungünstigen Bedingungen hätte unterliegen müssen. (59)

Läßt sich bei der Heimwehr immer wieder auch ein Zurückscheuen vor dem brutalsten Einsatz von Gewaltmitteln beobachten, so verkündeten und praktizierten die *Nationalsozialisten* "rücksichtslose Gewalt gegen viehischen Terror" (60), gegenüber "Marxisten" und Juden. Der Nationalsozialismus brachte denn auch die größte Vielfalt an Gewaltformen und -strategien hervor.

Er war auch die einzige politische Richtung, die sich uneingeschränkt – unbeschadet der Deklarationen der Parteiführer im In- und Ausland – zur individuellen Gewaltanwendung bei der Erreichung politischer Ziele bekannte. Das personenbezogene Politikverständnis der nationalsozialistischen Richtung erhoffte sich tatsächlich einschneidende politisch-gesellschaftliche Veränderungen, wenn in kaum verhüllter Form zum Mord an sozialdemokratischen Parteiführern, jüdischen Schriftstellern und Politikern oder auch an den christlichsozialen Bundeskanzlern aufgefordert wurde. Ein Einzelgänger sollte sich schon im März 1925 dieser Aufforderung annehmen und den Anschlag ausführen, ohne durch direkte Mitwisser- oder Mittäterschaften die Partei zu belasten. So lief seit 1924 eine regelrechte, teils als Faschingsscherz oder Anekdote getarnte Mordkampagne des Wiener nationalsozialistischen Turnlehrers Kaspar Hellering gegen Seipel, einige sozialdemokratische Politiker und den jüdischen Schriftsteller Hugo Bettauer durch die gesamte "völkische" Presse. Der letztgenannte wurde dann auch das Opfer eines jungen Nationalsozialisten, der diesen Aufforderungen folgte. Ähnlich liefen auch andere Attentate, wie jene gegen Dollfuß und Steidle zu Beginn der dreißiger Jahre, ab.

Wesentlich weiterreichend war die nationalsozialistische Strategie des "Stoßtruppterrors". Sie trat schon unmittelbar, nachdem sich der Einfluß Hitlers im österreichischen Nationalsozialismus durchzusetzen begonnen hatte, 1923 mit voller Deutlichkeit in Erscheinung. Der äußere Anlaß dabei waren meist nationalsozialistische Werbeversammlungen inmitten von Arbeiterwohngebieten, die durch bewaffnete, teils uniformierte und behördlich nicht angemeldete Schlägertrupps gegen die losbrechende Empörung der "marxistischen" Arbeiterschaft geschützt werden sollten. Die (ungleichen) Zusammenstöße waren damit vorprogrammiert. So berichtete die bürgerliche Neue Freie Presse darüber:

"Die besondere Eigenart der Vorfälle in den äußeren Bezirken [Wiens] besteht darin, daß die Nationalsozialisten in das Hauptquartier der Sozialdemokraten einzudringen suchen... Diese Taktik äußerster Kühnheit mußte naturgemäß als Provokation erscheinen, und es ist daher kaum anders zu erwarten gewesen, als daß derartige halsbrecherische Kunststücke umso schärfere Abwehr auslösen und daß angesichts der Offensive die Gegenoffensive ergriffen wird." (61)

37

Mit welchen Instruktionen die Ordnertruppe, der Vaterländische Schutzbund, später die SA, auf ihre Aufgaben vorbereitet wurden, erhellen
nationalsozialistische Zeitungsartikel, die auf eine kaum verhüllte Aufforderung zum Mord hinausliefen:

*"Ehe ich zuwarte, bis mir gedungene Judenknechte im Schutze der Nacht mit
einem Knüppel den Schädel einschlagen oder ein Messer zwischen die Rippen
bohren, lieber schieße ich, und zwar so oft, wie ich Kugeln habe. Leben um Leben. Wenn ich enden soll, so müssen so und so viel Angreifer mitgehen". (62)*

Die Funktion dieser Gewaltstrategie im Rahmen des nationalsozialistischen Weges an die Macht läßt sich – wie auch für andere rechtsextreme
Organisationen der zwanziger Jahre – in folgender Weise zusammenfas-
sen:

Die demonstrative Abhaltung von Werbeversammlungen und Auf-
märschen paramilitärischer Organisationen der Rechten in bekannten
Wohnbezirken der "marxistischen" Arbeiterschaft unter Eingehung eines
bewußt kalkulierten Risikos blutiger bewaffneter Auseinandersetzungen
diente nicht primär der Zerschlagung und Unterdrückung gegnerischer
Organisationen, wie dies beim Stoßtruppterror des italienischen Faschismus der Fall ist, wo faschistische Milizen aus der ganzen Umgebung über-
fallsartig an einem einzigen Ort zusammengezogen wurden und einen
tatsächlichen Machtfaktor gegenüber Sozialdemokraten und Kommunisten darstellten. (63) Dazu reichte einerseits die Macht der "antimarxistischen" Wehrformationen insbesondere im Osten Österreichs nicht
aus, andererseits war auch der Staatsapparat nicht in jenem Ausmaß
korrumpiert und geschwächt wie 1921/22 in Italien. Die Strategie der
frühfaschistischen und reaktionären Gruppen war daher insbesondere in
Wien mehrschichtig.

Wenn die demonstrative Veranstaltung in der "roten Hochburg" un-
gestört verlief, ließ sich dies als Erfolg der eigenen Stärke gegenüber der
Anhängerschaft und dem gesamten Bürgertum, das die außerparlamen-
tarische Macht einer für revolutionär gehaltenen Sozialdemokratie immer
noch fürchtete, propagandistisch (und finanziell) ausnutzen.

Wenn die demonstrative Aktion die "marxistische" Arbeiterschaft aber
zu Versammlungsstörungen und tätlichen Angriffen provozierte und diese
schließlich blutig, und zwar mit größeren Opfern auf seiten der Linken,
endeten, worauf die faschistischen Schlägertrupps in jeder Hinsicht vorbereitet waren, dann sollte das Ergebnis zweifach sein: einerseits schwan-

kende Gruppen der Sozialdemokratie durch die massive Gewaltanwendung einzuschüchtern; andererseits den bürgerlichen Machteliten und Wählerschichten die Gefährlichkeit des "Marxismus", dem gegenüber die faschistischen Kader nur in Notwehr gehandelt hätten, aufs Neue zu beweisen, und sich auch so als bestes Instrument gegen die Linke anzutragen.

Im Jahre 1933, als der Nationalsozialismus seine offene Hauptangriffsrichtung vom "Marxismus" auf das katholisch-konservativ-heimwehrfaschistische "autoritäre System" richtete, erfuhren alle Teilstrategien nationalsozialistischer Propaganda und Gewalt eine Zusammenfassung in einer einzigen gewaltsamen Machteroberungsstrategie. Das Losbrechen von wochenlang dauernden, von Deutschland aus gesteuerten und unterhaltenen Terrorwellen (durch Bombenanschläge, Attentate, Böllerexplosionen, Zusammenstöße) signalisierte die letzte Phase vor dem putschistischen Umsturzversuch. Ein am 6. Dezember 1932 bei einer Geheimbesprechung von nationalsozialistischen Parteiführern in Linz festgelegter Stufenplan sah folgende Punkte vor:

"a) Kleiner Straßenterror gegen alles Schwarzgelbe in Wort, Schrift und Bild.
b) Sprengung aller Versammlungen und Besprechungen in dieser Richtung.
c) Steigerung der seelischen Aufwühlung bis zur Reife für 'Alles'.
d) Aufforderung an alle Selbstmörder, sie sollen sich doch, wenn sie abfahren wollen, einen Heldentod suchen und immer ein paar Schuldige ihrer Not mitnehmen. Bei geschickter Aufmachung dieser Propaganda kann man die Personen, die drankommen sollen, schon richtig in den Vordergrund stellen.
e) Sprengung von Gütertransporten mit zum Beispiel Wein und Industrieartikeln usw." (64)

Das Ziel dieser Gewaltmaßnahmen war es, das von der Weltwirtschaftskrise angeschlagene Österreich im Verein mit den außenwirtschaftlichen Maßnahmen des Deutschen Reiches (1000-Mark-Sperre) tödlich zu treffen: "Die derzeitige Regierung darf nicht zur Ruhe kommen." (65)

Dieser Strategie blieb aber letzten Endes ebenso ein voller Erfolg versagt wie dem Putschversuch vom 25. Juli 1934. Erst die Kombination von drei ganz anderen Machteroberungsstrategien, die Unterwanderung der Regierungs- und Verwaltungsstellen von innen, die Erzeugung von Druck von unten durch relativ gewaltfreie Straßendemonstrationen und vor allem die militärische Intervention von außen, brachte den Nationalsozialismus im März 1938 an die Macht. (66)

39

4

Die Betonung des Moments der Strategie und Taktik in den vorhergehenden Ausführungen könnte zu der Annahme verleiten, die politischen Gewalttaten in der Ersten Republik ließen sich hinreichend mit politisch-strategischen Entscheidungsprozessen innerhalb der gewaltfähigen Organisationen und Gruppen erklären. Um diesem Eindruck entgegenzuwirken, stellt die abschließende Analyse der Gewaltursachen wieder auf die makrohistorische Betrachtungsebene ab.

Im globalen Prozeß des Übergangs von einer überwiegend agrarischen zu einer überwiegend industriellen Gesellschaft nimmt die Erste Republik eine Zwischenstellung ein. (67) Solche Übergangspositionen sind allgemein durch ein ungleichmäßiges Wachstum (oder Schrumpfen) verschiedener Wirtschaftssektoren, durch Konzentrationen in der Eigentumsstruktur und Veränderungen der Einkommensverteilung, oft auch durch starke soziale Spannungen, politische Instabilität und hohe Gewaltsamkeit gekennzeichnet. Hochentwickelte wie ganz traditionale Staaten tendieren dagegen zu politischer Stabilität und niedriger Gewaltsamkeit. (68) Gesellschaftlicher Wandel, insbesondere wenn er sich abrupt vollzieht oder unterbrochen wird, was in den meisten Gesellschaften auf einer mittleren Entwicklungsstufe der Fall ist, kann starke sozialpsychologische und politische Spannungen hervorrufen, wobei der "relativen Deprivation" die vermittelnde Rolle zum politischen Verhalten zugeschrieben wird. (69) Der im Vergleich mit den letzten Dezennien der Habsburgermonarchie und mit der Zweiten Republik überaus hohe Gewaltpegel der österreichischen Zwischenkriegszeit kann also mit dem beschleunigten Modernisierungsprozeß, in den das Land schon um die Jahrhundertwende eintrat, in Beziehung gebracht werden.

Sind schon die national- und sozial-revolutionären Veränderungen von 1918/19 auf dem Gebiet der Donaumonarchie unter anderem auch eine Erscheinung einer kritischen Übergangsphase im Modernisierungsprozeß, so wurde die "österreichische Revolution" ihrerseits ein zusätzliches Element der Konfliktverschärfung. Insbesondere der (natürlicherweise) fehlende Konsens über die Staats- und Gesellschaftsform führte dazu, daß das erst junge politisch-soziale System von verschiedenen Seiten in Frage gestellt wurde, seitens der Linken, denen der revolutionär-evolutionäre Wandel nach dem Ersten Weltkrieg nicht radikal genug gewesen war, und von den verschiedenen Spielarten der Rechten, denen die Veränderungen schon viel zu weit gingen. Daher auch die frühzeitig einsetzenden Versuche der großen politisch- gesellschaftlichen Gruppen, eigene Wehrformationen aufzubauen und das Recht der Gewaltanwendung für sich in Anspruch zu nehmen. Daß ihnen dies in einem verhängnisvoll hohen Maße gelang, ist Ausdruck der Schwäche des zusätzlich durch die Friedensverträge eingeschränkten neuen Staates. So konnten und wollten dessen Vertreter, sowohl bürgerliche wie sozialdemokratische Politiker, auch die Lagerung und Weiterverbreitung der Waffen aus den Beständen des Ersten Weltkriegs nicht unterbinden.

Ein weiterer gewaltfördernder Faktor, der aus dem Ersten Weltkrieg hervorging, war wohl auch die Gewöhnung an den Gebrauch der Gewalt bei den Kriegsteilnehmern wie bei der heranwachsenden Generation. Die erhöhte Bereitschaft zur Anwendung gewaltsamer Mittel (70), der "Frontgeist", spielte bei der gewaltsamen Artikulierung politisch-sozialer Unzufriedenheit und Spannungen während der gesamten Zwischenkriegszeit eine bedeutende Rolle.

Neben diesen langfristigen oder konstanten Gewaltursachen, deren Liste noch erweitert werden könnte, haben die mittelfristigen Ursachen von politischer Gewaltanwendung für die historische Betrachtungsweise einen eher höheren Erklärungswert. Es handelt sich dabei um Verschlechterungen in den ökonomischen oder sozialen Bedingungen von einigen Monaten oder wenigen Jahren Dauer. So haben zweifelsohne konjunkturelle Abschwünge kurzfristig die soziale Unzufriedenheit und die Bereitschaft zur Gewaltanwendung erhöht. Anders als bei Streiks (71) geht in der demokratischen Periode der Ersten Republik – nur von dieser ist hier strenggenommen die Rede – das Wirtschaftswachstum mit niedrigen jährlichen Gewaltopferzahlen einher. Umgekehrt ist ein Sinken des BNP von einem Ansteigen der politischen Gewaltsamkeit begleitet. Dabei ist der Arbeitslosigkeit eine Schlüsselrolle als Transformationsinstanz vom betrieblich-wirtschaftlichen Konfliktbereich in die außerparlamentarisch-politische Konfliktebene zuzuschreiben. Langdauernde und hoffnungslose Arbeitslosigkeit war für viele Hunderttausende direkt oder indirekt eine prägende Erfahrung, welche die noch nicht von diesem Los Betroffenen politisch mobilisieren und zur Gewaltanwendung eher bereit machen konnte, die Arbeitslosen selbst aber im allgemeinen entpolitisierte und den traditionellen, gewaltfeindlichen Arbeiterorganisationen der Sozialdemokratie entfremdete. (72) Dies erklärt wiederum den hohen Anteil von Arbeitslosen in den paramilitärischen Formationen aller politischen Richtungen.

Wichtig erscheint das Bindeglied Arbeitslosigkeit auch unter folgendem Aspekt: Ihre negative Auswirkung auf das Streikverhalten und die gewerkschaftlichen Interessensorganisationen können eine Austragung primär ökonomischer Konflikte in den geregelten Bahnen der Arbeitsbeziehungen blockiert und somit auf der wirtschaftlichen Ebene ein Konfliktpotential angestaut haben, das dann auf der politischen Ebene zur Wirkung gekommen ist. Und eben dies ist für die besondere Schärfe gewaltsam ausgetragener politischer Konflikte in der Ersten Republik anzunehmen.

Das Moment der langen Dauer in der Arbeitslosigkeit der Ersten Republik, das dadurch besonders zugespitzt wurde, daß die Weltwirtschaftskrise eine langdauernde, ohnehin schon hohe strukturelle Arbeitslosigkeit durch einen katastrophalen Konjunktureinbruch überlagerte (73), spielt bei der Erklärung der Gewaltopfer eine zusätzliche Rolle. (74)

Es ist von vornherein zu erwarten, daß politische Gewaltanwendung nicht ausschließlich mit ökonomisch-sozialen Kategorien erfaßt werden kann. Eine Einbeziehung der Organisationsstärke der Konfliktparteien in ein quantitatives Erklärungsmodell könnte in mancher Beziehung zum Bereich der politischen Erklärungsmöglichkeiten überleiten. Allein der zahlenmäßigen Stärke von politischen Organisationen, die als gewaltsam agierende Gegner auftreten, ist eine wichtige, bisher jedoch nicht quantitativ erfaßbare Rolle zuzuschreiben. Mit dem Moment der organisatorischen Stärkeverhältnisse hängt auch die Erklärung der Tatsache zusammen, daß starke Ausbrüche von politischer Gewalt das materielle und organisatorische Gewaltpotential mindestens einer der Konfliktparteien, das der unterlegenen Seite, so sehr schwächten, daß in der unmittelbaren Folgezeit die Vermeidung von politischer Gewalt wahrscheinlich wurde.

Vielleicht noch wichtiger bei der Ausübung politischer Gewalt in der Ersten Republik ist das Wirken der staatlichen Repressionskräfte. Wie schon mehrfach erwähnt, gehen auf die durchschlagender wirkende Bewaffnung von Polizei und Militär und ihre bessere Organisation und Führung, wenn die staatliche Exekutive in gewaltsame Konflikte verwickelt war, was sich bei Ereignissen größeren Umfangs mit einer gewissen Automatik ergab, ein großer Teil der Opfer politischer Gewalt zurück. (75)

Jahr	1	2	3	4	5
1919	124	2.097	0.1	9.2	1
1920	76	1.886	6.9	2.0	1
1921	2	0.477	10.7	1.4	0
1922	5	0.778	9.0	3.4	0
1923	22	1.362	−1.1	6.6	0
1924	10	1.041	11.7	5.8	0
1925	8	0.954	6.8	7.9	0
1926	0	0.000	1.6	9.4	0
1927	274	2.439	3.1	9.2	1
1928	8	0.954	4.6	8.5	0
1929	77	1.892	1.5	8.9	0
1930	40	1.613	−2.8	11.2	0
1931	27	1.447	−8.0	14.2	0
1932	104	2.021	−10.3	18.3	0
1933	69	1.845	−3.3	20.3	0
1934	1932	3.286	0.8	18.8	1

1 Gewaltopfer: Getötete u. Schwerverletzte
2 Logarithmus der um 1 vermehrten Gewaltopfer
3 Wachstumsrate des realen BNP in % gegenüber dem Vorjahr
4 Arbeitslosenrate (Arbeitslose in % des Arbeitskräftepotentials)
5 Exekutivbeteiligung: 1 = mehr als ein Toter auf seiten der Staatsgewalt; 0 = sonst

Die wohl stärkste Ursache von politischer Gewalt war aber in einem mittleren Bereich die Gewalt selbst. Sie ist es, die in gewaltsamen innenpolitischen Auseinandersetzungen den staatlichen Gewaltapparat in den Konflikt hineinzog, auch wenn die Exekutive ursprünglich nicht involviert war. Sie hatte die Tendenz, sich im Wechselspiel von Gewalt und Gegengewalt zu bürgerkriegsähnlichen Dimensionen aufzuschaukeln, sofern nur genügend gesellschaftliches Konfliktpotential und die organisatorischen Voraussetzungen bereit standen. (s. *Tabelle 3* (76))

Ein gewiß noch unvollständiges quantitatives Modell, das die Faktoren Wirtschaftswachstum (W_{t-1}), Arbeitslosigkeit (A_{t-1}) und vorgefallene

Gewalt (O_{t-1}) jeweils des Vorjahrs sowie Exekutiveinsatz (E_t) einbezieht, erklärt 82 Prozent der gesamten Schwankung der Gewaltopferzahlen (O_t) eines bestimmten Jahres (77):

$$O_t = 0.78 - 0.007\,W_{t-1} + 0.104\,A_{t-1} - 0.316\,O_{t-1} + 0.86\,E_t$$

Während die Veränderung des Wirtschaftswachstums gegenüber dem Vorjahr keinen direkten Effekt – wohl jedoch einen durch Arbeitslosigkeit vermittelten – ausübt, ist die Arbeitslosigkeit des Vorjahres die weitaus stärkste Einzelursache von Gewalt. Etwa eine halb so starke positive Kausalwirkung auf das Gewaltausmaß eines bestimmten Jahres geht von dem Umstand aus, ob die staatliche Exekutive massiv an einem gewaltsamen Konflikt beteiligt ist oder nicht. Zugleich jedoch hemmt hohe Gewaltsamkeit im Vorjahr, vermittelt über die Schwächung der Gewaltpotentiale, tendenziell einen neuerlichen ebenso starken Gewaltausbruch.

(1982)

ANMERKUNGEN

(1) Vgl. K.-D. Knodel, Der Begriff der Gewalt im Strafrecht, München 1962, 3; W. Fuchs u. a. (Hg.), Lexikon zur Soziologie, Opladen 1973, 247.

(2) Vgl. etwa L. A. Coser, Theorie sozialer Konflikte, Neuwied 1972, 142 ff., 178 ff.; A. L. Nieburg, Political Violence: The Behavioral Process, New York 1969, 13; H. Davis Graham und T.R. Gurr (Hg.), The History of Violence in America: Historical and Comparative Perspectives, New York 1969; E. Zimmermann, Soziologie der politischen Gewalt, Stuttgart 1977.

(3) Ausführlicher dazu in meinem Beitrag: Formen und Intensität politisch-sozialer Konflikte in der Ersten und Zweiten Republik, in: Austriaca, Sondernummer 3, 1979, 428 ff.; siehe auch Kapitel XII in diesem Band.

(4) T. Nardin, Violence and the State: A Critique of Empirical Political Theory, Beverly Hills-London 1971, 66.

(5) M. Weber, Wirtschaft und Gesellschaft. Studienausgabe, hg. v. J. Winkelmann, Köln 1964, 1042 f.

(6) Umfassendste Veröffentlichung über Österreich: B. Marin (Hg.), Wachstumskrisen in Österreich, Bd. 2: Szenarios, Wien 1979; vgl. allg. auch Ch. Tilly, Hauptformen kollektiver Aktion in Westeuropa 1500-1975, in: Geschichte und Gesellschaft 8, 1977, 153-163; H. Volkmann, Kategorien des sozialen Protests im Vormärz, in ebd., 164-189.

(7) Siehe G. Botz, Gewalt in der Politik. Attentate, Zusammenstöße, Putschversuche. Unruhen in Österreich 1918-1938, 2. Aufl. München 1983, 304 ff.

(8) Siehe Anhang zum Kapitel III dieses Bandes.

(9) O. Bauer, Die österreichische Revolution (1923), in: ders., Werksausgabe, Bd. 2, Wien 1976, 489-865.

(10) Ebd., 743 ff.; F. L. Carsten, Revolutionen in Mitteleuropa 1918/19, Köln 1973, 23 ff., 261 ff. – Einen umfassenden Literaturüberblick dazu und zur ganzen Ersten Republik gibt neuerdings U. Kluge, Das Dilemma der Demokratie, in: Neue Politische Literatur 23, 1978, 219-247; vgl. allg. auch D. Lehnert, Die Epoche der Revolution am Ende des Ersten Weltkrieges 1917-1920, in: Internationale Tagung der Historiker der Arbeiterbewegung, 15. Linzer Konferenz, Linz, 11.-15. Sept. 1979. Wien 1981, 70-107.

(11) O. Bauer, Das Gleichgewicht der Klassenkräfte, in: ders., Werkausgabe, Bd. 9, Wien 1980, 55-71.

(12) Vgl. allg. H. Hautmann und R. Kropf, Die österreichische Arbeiterbewegung vom Vormärz bis 1945, 3. Aufl., Wien 1978, 125 ff.

(13) Siehe R. Neck und A. Wandruszka (Hg.), Die Ereignisse des 15. Juli 1927, Wien 1979. Daneben waren im selben Jahr acht weitere Gewaltopfer zu verzeichnen.

(14) Vgl. N. Leser, Zwischen Reformismus und Bolschewismus, Wien 1968, 449 ff.; H. Mommsen, Arbeiterbewegung und Nationale Frage, Göttingen 1979, 345 ff.

(15) K.R. Stadler, Opfer verlorener Zeiten, Wien 1974, 44; G. Jagschitz, Der Putsch. Die Nationalsozialisten in Österreich, Graz 1976, 167; vgl. auch L. Jedlicka und R. Neck (Hg.), Das Jahr 1934: 12. Februar, Wien 1975; dies. (Hg.), Das Jahr 1934: 25. Juli, Wien 1975.

(16) Siehe: E. Holtmann, Zwischen Unterdrückung und Befreiung. Sozialistische Arbeiterbewegung und autoritäres Regime in Österreich 1933-1938, Wien 1978, 42 ff.

(17) Zum Aufteilungsmodus siehe: G. Botz, Gewalt und politisch-gesellschaftlicher Konflikt in der Ersten Republik (1918 bis 1933), in: Österreichische Zeitschrift für Politikwissenschaft 4, 1975, 526.

(18) "Austrofaschistisch" ist hier zu verstehen als eine Sammelbezeichnung für jene politische Gruppierung, die hinter der Regierung Dollfuß stand. Zum Begriff des Austrofaschismus siehe vor allem: W. Holzer, Faschismus in Österreich 1918-1938, in: Austriaca, Cahiers universitaires d'information sur l'Autriche, numéro spécial 1, Rouen 1978, 69-170; F.L. Carsten, Faschismus in Österreich, München 1977, 211 ff.

(19) Hierzu liegen nur grobe Schätzungen über die Zahl der (Schwer-)Verletzten vor (s. Anm. 15).

(20) Wegen des Fehlens einer Sozialgeschichte der österreichischen Politik in der Zwischenkriegszeit siehe Ch.A. Gulick, Österreich von Habsburg zu Hitler (gekürzte Ausgabe), Wien 1976; H. Benedikt (Hg.), Geschichte der Republik Österreich (unveränderter Nachdruck), Wien 1977; K.R. Stadler, Austria, London 1971; ferner G. Otruba, "Bauer" und "Arbeiter" in der Ersten Republik, in: Geschichte und Gesellschaft. Festschrift für Karl R. Stadler zu 60. Geburtstag, Wien 1974, 57-98; O. Leichter, Glanz und Elend der Ersten Republik, Wien 1964; B. Skotsberg, Der österreichische Parlamentarismus, Göteborg 1940; K. Ausch, Als die Banken fielen, Wien 1968; siehe weitere Literatur auch in: P. Malina und G. Spann, Bibliographie zur österreichischen Zeitgeschichte 1918-1978, Wien 1978. Nunmehr jedoch: E. Bruckmüller, Sozialgeschichte Österreichs, Wien 1985, 459-514.

(21) Botz, Gewalt, 44 ff.; H. Hautmann, Die verlorene Räterepublik, 2. erg. Aufl., Wien 1971, 145 ff., 179 ff.; J. Deutsch, Aus Österreichs Revolution, Wien 1921, 54 ff.

(22) Carsten, Revolutionen, 252 ff.; vgl. auch A. Staudinger, Die Ereignisse in den Ländern Deutschösterreichs im Herbst 1919, in: L. Jedlicka, Ende und Anfang, Salzburg 1969, 78; E.R. Starhemberg, Memoiren, Wien 1971, 37f.; A. Rintelen, Erinnerungen an Österreichs Weg, München 1941, 40 f.; K. Schuschnigg, Dreimal Öster-

reich. Wien 1937, 67; zum Ganzen siehe auch Botz, Gewalt, 22-86 (zum Folgenden auch ebd., 87-378).

(23) L. Jedlicka, Ein Heer im Schatten der Parteien, Graz 1955, 16.

(24) Deutsch, Revolution, 33 ff., 47 ff., 110 ff.

(25) Vgl. etwa J. Deutsch, Die Faschistengefahr, Wien 1923, 12 ff.; L. Kunschak, Steinchen vom Wege, Wien 1952, 78 f.; Rintelen, Erinnerungen, 106, 110 ff.

(26) G. Botz, Bewaffnete Zusammenstöße und Strategie des frühfaschistischen Terrors in Österreich, Teil I und II, in: Archiv. Mitteilungsblatt des Vereins der Geschichte für Arbeiterbewegung, 1973, 41-50 und 85-68.

(27) Kriegsarchiv Wien, Bundesheer, 1927: Assistenzberichte; L. Jedlicka u. R. Neck (Hg.), Österreich 1927 bis 1938, Wien 1973, 31 ff.

(28) Akten der Untersuchungskommission des Wiener Gemeinderates. Allg. Verwaltungsarchiv Wien, Christl.-soz. Partei Wien, Karton 16; R. Danneberg, Die Wahrheit über die "Polizeiaktion" am 15. Juli, Wien 1927; Ausschreitungen in Wien am 15. und 16. Juli 1927, Weißbuch, hg. v.d. Polizeidirektion in Wien, Wien 1927.

(29) E.C. Kollman, Theodor Körner, München 1973, 191 ff.; I. Duczynska, Der demokratische Bolschewik, München 1975, 109.

(30) R. Neck, Simmering, 16. Oktober 1932 – Vorspiel zum Bürgerkrieg, in: L. Jedlicka u. R. Neck (Hg.), Vom Justizpalast zum Heldenplatz, Wien 1975, 94-102.

(31) J. Hoffmann, Der Pfrimerputsch, Wien 1965, B.F. Pauley, Hahnenschwanz und Hakenkreuz, Wien 1972.

(32) L. Kerekes, Abenddämmerung einer Demokratie, Wien 1966.

(33) Das Braunbuch. Hakenkreuz gegen Österreich, hg. v. Bundeskanzleramt, Wien 1933; Jagschitz, Putsch, 31 ff.

(34) Vgl. etwa K. Peball, Die Kämpfe in Wien im Februar 1934, Wien 1974; H. Fiereder, Der Republikanische Schutzbund in Linz und die Kampfhandlungen im Februar 1934, in: Historisches Jahrbuch der Stadt Linz 1978, Linz 1979, 201-248; A. Reisberg, Februar 1934, Wien 1974; K. Haas, Der "12. Februar 1934" als historiographisches Problem, in: Jedlicka u. Neck (Hg.), Justizpalast, 156-167.

(35) Botz, Gewalt, 238 ff. Siehe Kapitel III in diesem Band.

(36) Ch. Tilly, L. Tilly u. R. Tilly, The Rebellious Century 1830-1939, Cambridge/Mass. 1975, 283.

(37) P. Waldmann, Strategien politischer Gewalt, Stuttgart 1977, 78 ff.; die weiteren Ausführungen stützen sich, wo nicht anders angegeben, auf G. Botz, Gewalt.

(38) W.I. Lenin, Der Zusammenbruch der II. Internationale, in: ders., Werke, Bd. 21, Berlin (DDR) 1968, 206 f.; ders., Was tun? in: ebd., Berlin (DDR) 1955, 467 f.

(39) H. Hautmann, Die Anfänge der linksradikalen Bewegung und der Kommunistischen Partei Deutschösterreichs 1916 bis 1919, phil. Diss., Wien 1968, 48 u. 225.

(40) Bettelheim widerrief den in Klammern gesetzten Teil des Protokolls bei der Unterzeichnung.

(41) Allg. Verwaltungsarchiv Wien, BKA, Inneres, 22/gen, Aktenzahl 29653/19.

(42) In: Der Abend, 14. Juni 1919, 2.

(43) Allg. Verwaltungsarchiv Wien, BKA, Inneres 22/gen, Aktenzahl 27612/19.

(44) Bericht der Bundespolizeidirektion in Wien vom 20. Oktober 1932, ebenda, Aktenzahl 100001/33; Strafsache gegen Johann Koplenig, Vr.4472/27, Landesgericht für Strafsachen Wien; Ausschreitungen in Wien, 33 ff.

(45) K. Berchtold (Hg.), Österreichische Parteiprogramme 1868-1966, Wien 1967, 251 ff.; H. Feichter, Das Linzer Programm (1926) der österreichishen Sozialdemokratie, in: Historisches Jahrbuch der Stadt Linz, 1975, 233-239; A. Schunck u. H.-J. Steinberg, Mit Wahlen und Waffen, in: W. Huber u. J. Schwerdtfeger (Hg.), Frieden, Gewalt, Sozialismus, Stuttgart 1976, 464 ff.

(46) Kollman, Körner, 208 f.; Duczynska, Bolschewik, 117 ff.

(47) Kollman, Körner, 204 f.

(48) In: Protokoll des sozialdemokratischen Parteitages 1926, abgehalten in Linz vom 30. Oktober bis 3. November 1926, Wien 1926, 265.

(49) In: Parteitag 1927. Protokoll des sozialdemokratischen Parteitages, abgehalten vom 29. Oktober bis 1. November 1927 im Ottakringer Arbeiterheim in Wien, Wien 1927, 132 f., 139.

(50) Tagblatt (Linz), 13. Sept. 1925, Tagblatt-Archiv, Mappe "Sd-Gewalt", Arbeiterkammer Wien, Dokumentationsabteilung.

(51) Siehe: Allg. Verwaltungsarchiv Wien, SD. Parteistellen, Karton 6, Mappe "Sitzungsprotokolle 1921-1928", Protokoll der Vorstandsitzung (der Vereinigung der sozialdemokratisch organisierten Angestellten und Bediensteten der Stadt Wien) vom 26. Juli 1927, Aufnahmeschrift mit Karl Reder; ferner Ausschreitungen in Wien, 141 f.

(52) Leser, Reformismus, 413 f.

(53) L. Kerekes, Die "Weiße Allianz", in: Österreichische Osthefte 7, 1965, 360 ff.; siehe auch: H.G.W. Nusser, Konservative Wehrverbände in Bayern, Preußen und Österreich 1918-1933, München 1973; L. Rape, Die österreichischen Heimwehren und die bayerische Rechte 1920-1923, Wien 1977.

(54) P. Huemer, Sektionschef Robert Hecht und die Zerstörung der Demokratie in Österreich, Wien 1975.

(55) Carsten, Faschismus, 63 ff.; Rape, Heimwehren, 116 ff.

(56) F. Winkler, Die Diktatur in Österreich, Zürich 1953, 27 f.; E. Ludwig, Österreichs Sendung im Donauraum, Wien 1954, 68.

(57) Hofmann, Pfrimerputsch. 69 ff.; Jedlicka, Heer, 90.

(58) R. Neck, Thesen zum Februar, in: Jedlicka u. Neck (Hg.), Justizpalast, 154 f.; auch in: Jedlicka u. Neck (Hg.), 12. Februar, 21 f.

(59) Peball, Kämpfe, 19 f., 37 ff.

(60) Grobian (Salzburg), 1. Aug. 1923, 4.

(61) Neue Freie Presse, 5. Mai 1923, 1.

(62) Grobian, 15. Aug. 1923, 3 f.

(63) R. De Felice, Mussolini il fascista. I. La conquista del potere, Turin 1966, 34 ff.; A. Tasca, Glauben, gehorchen, kämpfen. Aufstieg des Faschismus, Wien 1969, 129 ff.

(64) Dokumentationsarchiv des österreichischen Widerstandes, Wien Dok. Nr. 2162; Braunbuch, 23.

(65) Braunbuch, 15; Jagschitz, Putsch 34 ff.

(66) Näheres bei G. Botz, Wien vom "Anschluß" zum Krieg. Nationalsozialistische Machtübernahme und politisch-soziale Umgestaltung am Beispiel der Stadt Wien 1938/39, Wien 1978, 107 ff.

(67) K.W. Rothschild, Wurzeln und Triebkräfte der Entwicklung der österreichischen Wirtschaftsstruktur, in: W. Weber (Hg.), Österreichs Wirtschaftsstruktur gestern – heute – morgen, Bd. 1, 16 ff.

(68) I.K. Feierabend und R.L. Feierabend, Aggressive Behaviour within Politics, 1948 bis 1962, in: J. Chowming Davis (Hg.), When Men Revolt and Why, New York 1971, 236 ff.; dies. u. B.A. Nesvold, Social Change and Political Violence. in: H.D. Graham u. T.R. Gurr (Hg.), The History of Violence in America: Historical and Comparative Perspectives, New York 1969, 653 ff.; T.R. Gurr, A Comparative Study of Civil Strife, in: ebd., 572 ff.

(69) Siehe T.R. Gurr, Rebellion. Eine Motivationsanalyse von Aufruhr, Konspiration und innerem Krieg, Düsseldorf 1972, 33 ff.

(70) P.H. Merkl, Political Violence under the Swastika, New Jersey 1975, 154 ff.; K. Renner, Österreich von der Ersten zur Zweiten Republik, Wien 1953, 117 ff.

(71) Siehe dazu die Kapitel XI und XII in diesem Band.

(72) M. Jahoda, P.F. Lazarsfeld u. H. Zeisel, Die Arbeitslosen von Marienthal, Frankfurt/M 1978, 42 ff., 83 f.

(73) D. Stiefel, Arbeitslosigkeit. Soziale, politische und wirtschaftliche Auswirkungen. Am Beispiel Österreichs 1918-1938, Berlin 1979; siehe allg. auch : K.W. Rothschild, Arbeitslosigkeit in Österreich 1944-1975, Linz 1977, 20 ff.

(74) Dieser Wert ergibt sich aus dem Vergleich der multiplen Bestimmtheitsmaße (R^2) für Regressionsgleichungen von Wirtschaftswachstum und Arbeitslosigkeit einmal mit, einmal ohne Zeitverzögerung bei den Gewaltopfern.

(75) Vgl. auch: Ch. Tilly, Revolution und Collective Violence, in: F.I. Greenstein u. N.W. Polsby (Hg.), Handbook of Political Science, Bd.3, Reading/Mass. 1975, 515.

(76) Die verwendeten quantitativen Werte sind in *Tabelle 3* dargestellt. Quellenangaben dazu bei: Botz, Politische Gewalt, 261 f. (Fußnoten 7 bis 9).

(77) Diese Regressionsgleichung (vgl. demgegenüber die standardisierten Regressionskoeffizienten, ebd., 273) bedeutet, daß etwa für das Jahr 1927 unter den gegebenen Umständen (1,6 Prozent Wirtschaftswachstum, 9,4 Prozent Arbeitslosigkeit und keine Gewaltopfer im Vorjahr) im Falle von massivem Exekutiveinsatz 403 Gewaltopfer zu erwarten waren (gegenüber 274 tatsächlich auftretenden Gewaltopfern). Dieser "Prognose"-Wert ergibt sich aus der Entlogarithmierung der für 1927 aufgelösten Regressionsgleichung und der Subtraktion der Zahl 1.

II.

HANDLUNGSSPIELRÄUME DER SOZIALDEMOKRATIE WÄHREND DER "ÖSTERREICHISCHEN REVOLUTION"

Als der Kollaps der k.u.k. Armee das mühsam aufrechterhaltene innere Gefüge des Habsburgerreiches Ende Oktober 1918 zum Einsturz brachte, war noch keineswegs entschieden, ob der Ausgang des Ersten Weltkriegs in Österreich-Ungarn zu einer bloß beschleunigten politisch-evolutionären Entwicklung oder zur sozialen Revolution (1) führen werde.

Bevor die national- und sozialrevolutionären Bewegungen noch ihren Höhepunkt erreicht hatten, zerfiel der Vielvölkerstaat nach vorgegebenen nationalen Bruchlinien. Für die deutsch-österreichischen Gebiete bedeutete das, daß hier stärker und unmittelbarer, als es der inneren gesellschaftlichen Dynamik entsprach, die vier großen Prozesse der modernen Staats- und Nationsbildung gleichzeitig krisenhaft sich zuspitzten bzw. neu auflebten. Ich meine hier die Probleme der Staatsbildung, der nationalen Identitätsfindung, der Demokratisierung und der Umverteilung der wirtschaftlichen Ressourcen. (2) Nach diesen Dimensionen werde ich auch die Handlungsspielräume zu bestimmen suchen.

Durch den Zusammenbruch Österreich-Ungarns wurden der militärische Zwangsapparat und die Herrschaftsfähigkeit traditionaler Machtträger des Habsburgerreiches aufs schwerste getroffen; zugleich wurde auch ein nahezu gewaltfreier Ablauf (3) jener komplementären Prozesse möglich, die einerseits zu einer Liquidierung der übernationalen Strukturen und des Kriegssystems durch die alten Apparate selbst und andererseits zu einem Einrücken bisher räumlich und gesellschaftlich peripherer Gruppen in die Zentren der politischen Macht führten. Die nichtdeutschen Bourgeoisien in den Nachfolgestaaten, die Vertreter der Bauern in den agrarischen Gebieten der Alpen- und Donaugebiete und die

Funktionäre der sozialistischen Arbeiterschaft – in den industriellen und städtischen Zentren – erfuhren eine deutliche machtpolitische Aufwertung nahezu ohne die äußeren Begleiterscheinungen von revolutionären Umstürzen. Die Hocharistokratie, der Großgrundbesitz, der katholische Klerus, die alte Armeeführung und die konservativen Parteiführer büßten im Verlauf weniger Wochen mehr oder weniger von ihrer bisherigen politisch-gesellschaftlichen Macht ein. (4) Die Stillegung der Kriegswirtschaft und die Nachkriegskrise bewirkten bald auch eine Erschütterung der Stellung der großindustriellen Unternehmerschaft. Daher und unter dem Druck der auch in Österreich sich formierenden sozialrevolutionären und basisdemokratischen Tendenzen (5) fiel der Sozialdemokratischen Arbeiterpartei (SDAP) ohne viel Zutun ihrerseits im Herbst 1918 die politisch-gesellschaftlich dominante Rolle in den deutschsprachigen Gebieten Österreichs zu. Dies sollte sich allerdings als ein nicht irreversibler Prozeß herausstellen.

Insofern ist die "österreichische Revolution" 1918/19 prinzipiell mit der deutschen (6) vergleichbar. Doch in einer Reihe von Merkmalen unterscheidet sich der Handlungsrahmen der pro-revolutionären Kräfte in Österreich deutlich von der Situation in Deutschland. Teils begünstigten, teils bremsten die im folgenden angeführten Momente eine revolutionäre Entwicklung in Deutsch-Österreich. (7)

Trotz Vorhandenseins industriell-kapitalistischer Entwicklungsschwerpunkte auch in den Donau- und Alpenländern war die Habsburgermonarchie verglichen mit dem Deutschen Kaiserreich noch ein agrarisch dominiertes Entwicklungsland (49 Prozent in Land- und Forstwirtschaft Beschäftigte 1910 in Cisleithanien, demgegenüber ca. 31 Prozent im Deutschland von 1907). (8) Es überrascht daher nicht, daß in Österreich auch spontane Massenbewegungen und die revolutionäre Mobilisierung der Arbeiterschaft weniger durchgreifend waren.

Dennoch waren die alten politischen und gesellschaftlichen, teilweise auch wirtschaftlichen Machtstrukturen in Österreich durch den Zusammenbruch des Habsburgerreiches gründlich erschüttert. Den gesellschaftsverändernden, um nicht zu sagen revolutionären Kräften war daher der Zugang zu den Schaltstellen der Macht erleichtert, jedenfalls dort, wo der alte Machtapparat am stärksten geschwächt war: in der Metropole Wien. In den dominant agrarischen westlichen und südlichen Bundesländern, wo der Wegfall der zentralen Staatsmacht die regionalen politischen Strukturen eher verstärkt hervortreten ließ, kamen die verändernden

Kräfte schon zu einer viel bescheideneren Wirkung, auch wenn es hier ebenfalls demokratische Strömungen in der Bauernschaft und im Bürgertum gab. (9) Die sozialstrukturellen und wirtschaftlichen Disparitäten Österreichs traten daher nach 1918 in einem weitaus stärkeren Zentrum-Peripherie-Gegensatz zutage als im Deutschen Reich, ja die Frage des staatlichen Zusammenhalts war lange Zeit nicht gesichert. (10)

Dazu kam eine im Vergleich mit Deutschland weitaus gravierendere Wirtschafts- und Versorgungslage als Folge des Zerfalls eines stark arbeitsteiligen Agrar-, Industrie- und Dienstleistungssystems. (11) Daher auch war Österreich bei vergleichbaren außenpolitischen Rahmenbedingungen, die von den Ententemächten vorgegeben waren, weitaus außenabhängiger als Deutschland.

Auch die Sequenz der Phasen der revolutionären Entwicklung in Österreich war eher umgekehrt, verglichen mit jener der deutschen Revolution: Die "österreichische Revolution" begann gemäßigt mit der Phase des Zerfalls Österreich-Ungarns und des politischen Umsturzes im Herbst und Winter 1918/19. Dabei erreichten, ausgehend von den Soldaten, demokratische und revolutionäre Massenbewegungen ihre breiteste Ausdehnung (u.zw. bis weit in die Mittelschichten und ins Bürgertum hinein). Dies war jedoch noch nicht der Höhepunkt der revolutionären Aktivität.

Diese trat erst im Frühjahr und Frühsommer 1919 in der Phase der partiellen Radikalisierung ein. Schon dabei kam es jedoch zur Verengung der revolutionären Bewegung und zu einer Polarisierung der inneren Situation, in der die Arbeiterräte und links von der Sozialdemokratie stehende Gruppen stärker hervortraten.

Die Phase des Abebbens der revolutionären Tendenzen ab Mitte 1919 muß hier außer Betracht bleiben. Für die weitere Entwicklung der Ersten Republik ist sie wahrscheinlich von nicht geringerer Bedeutung als die eigentliche Revolutionsperiode.

Die SDAP war wie die anderen Parteien der II. Internationale eine auf langfristige Reform eingestellte proletarische Klassenpartei. Ihre orthodox marxistische Programmatik (12) – oberflächlich gesehen, kaum mehr als radikale Phrase – erfüllte vor allem die Funktion eines Drohpotentials, das nicht zur direkten Anwendung, sondern zur Symbolisierung von Konfliktbereitschaft und als Druckmittel im Rahmen einer durchaus beachtlichen sozialreformerischen Praxis bestimmt war. (13) Dabei wäre es falsch, an die österreichische Sozialdemokratie den Maßstab einer revolutionären kommunistischen Partei anzulegen.

Auf diese Weise vermochte es die SDAP besser als ihre deutsche Schwesterpartei, die auch in der österreichischen Organisation während des Ersten Weltkrieges aufbrechenden Links-Rechts-Gegensätze zu integrieren und die organisatorische Einheit zu wahren. Wegen der geringeren Identifikation mit dem Staat hatte sich die ungespaltene Sozialdemokratie Österreichs allmählich seit 1916, seit dem Attentat Friedrich Adlers, immer mehr den Positionen der Parteilinken angenähert. Ende Oktober 1918 schwenkte die Gesamtpartei voll auf die Linie der Linken ein. (14)

Ihre von Otto Bauer formulierten unmittelbaren Gesamtziele waren damals: Nicht mehr in erster Linie Kampf um den Frieden, da dieser praktisch schon erreicht war, sondern Kampf um die Demokratie; vordringlich nicht Kampf um die Macht im Staate, sondern erst Schaffung dieses Staates und "Anschluß" an Deutschland; nicht "soziale Revolution", die erst das Ergebnis eines "viele Jahre, ja wahrscheinlich Jahrzehnte" dauernden Lernprozesses sein sollte, sondern die "politische Revolution"; daher auch Bremsung der revolutionären Ungeduld der Massen und vorerst Festigung des schon Eroberten. (15)

Nicht anders als schon 30 Jahre früher hielt die politische und intellektuelle Führungsgruppe der SDAP von 1918, vor allem Otto Bauer und Friedrich Adler, an der Konzeption des Parteigründers Victor Adler von der "Revolutionierung der Gehirne" fest. Nicht bloß aus der Eroberung der politischen Herrschaft, sondern erst aus einem umfassenden Lern- und Bildungs-, wohl auch Selbstdisziplinierungprozeß der Arbeiterklasse sollte die soziale Revolution hervorgehen. Deutlicher als im Hainfelder Programm von 1889 hatte das Victor Adler im selben Jahr gesagt: es sei bedeutungsvoll, "in welchem Zustand ... der Zusammenbruch der heutigen Gesellschaftsordnung das Proletariat antreffen" werde, "ob es sich ... um die Befreiung von Männern handeln wird, oder um die Entfesselung von Sklaven". (16) Rudolf Ardelt hat auf diesen Sachverhalt aufmerksam gemacht. (17) Nur von hier aus wird die Handlungsweise der dominanten Linie innerhalb der SDAP während der Revolutionsperiode und danach erklärbar.

Trotzdem hat die SDAP wenigstens in Teilen ihres linken Flügels bis Mitte 1919 intensiv darum gerungen, den anders als sowjetrussisch aufgefaßten Rätegedanken (18) nicht nur als Korrektiv zur parlamentarischen Willensbildung, sondern als gesellschaftliches Strukturierungsprinzip aufzugreifen und (schon viel weniger intensiv) in die Praxis umzusetzen. Die Erhaltung ihrer Integrationskraft auch in der zweiten revolutionären Welle im Frühjahr 1919 beruht nicht zuletzt darauf.

Räte in der Form von Arbeiterräten waren in Österreich wie in Deutschland schon in den großen Jännerstreiks von 1918 entstanden, sie waren jedoch von Anfang an und dauerhaft in die Parteiorganisation der SDAP eingebunden worden. (19)

Als sich im Machtvakuum von Ende Oktober 1918 in Wien und in den Industriegebieten spontan Soldatenräte bildeten, gerieten auch sie dank des sozialdemokratischen Vertrauensmännerapparats bald vollständig unter die Kontrolle der SDAP. Nur die "Rote Garde" bzw. das Volkswehrbataillon 41 machten einige Zeit lang linksradikale Schwierigkeiten. (20) Die Soldatenräte, die eine ihrer Hauptaufgaben in der Wiederherstellung der militärischen Disziplin sahen, blieben auch in der ersten Phase der Revolution ein sozialistisch kontrolliertes Machtorgan, wenn sie nicht überhaupt in den meisten überwiegend agrarischen Bundesländern ein Schattendasein führten. Als eigenständiger politischer Faktor traten sie kaum in Erscheinung.

Zu einer Neubelebung der Arbeiterräte kam es in Österreich überraschend spät, im wesentlichen erst im März 1919. Obwohl die Arbeiterräte während der zweiten, radikaleren Phase der Revolutionsperiode zweifelsohne zu einem teilweise selbständigen Machtfaktor aufstiegen, gelang es der SDAP, auch sie zu integrieren, stärker in Wien, wo die Betriebsorganisationen ausgeprägter waren, schwächer im Wiener Neustädter Industriegebiet und in Oberösterreich, wo das kriegswirtschaftliche System die alten Arbeiterorganisationen empfindlicher geschwächt hatte als anderswo. Im agrarischen West- und Südösterreich fiel dieser potentiell revolutionäre Machtfaktor überhaupt weitgehend weg. (21)

Die im November 1918 gegründete Kommunistische Partei Deutsch-Österreichs (KP) fand daher, von einer kurzen Aufschwungsphase im Frühjahr 1919 abgesehen, kaum einen Nährboden. Indem die SDAP den von ihr propagierten Rätegedanken aufgriff und der KP den Zugang in die Rätegremien eröffnete, konnte sie die Kommunisten durch Abstimmungsvorgänge majorisieren und auf weite Strecken von eigenen Aktionen abhalten. (22)

Dies sind die Haupt-Rahmenbedingungen sozialdemokratischen Entscheidungsverhaltens. Welche Handlungsalternativen ergaben sich nun daraus hinsichtlich der eingangs genannten vier Krisenprozesse für die Führungsgruppe der SDAP?

1. Staatsneubildung

Nach dem Zusammenbruch des alten Machtapparats stellte die Bildung der nichtdeutschen Nachfolgestaaten der Donaumonarchie zugleich mit der Frage nach Ausfüllung des staatlichen Gewaltmonopols in Deutsch-Österreich auch die Frage nach dessen territorialer Reichweite. (23) Jeder gesellschaftliche Faktor, der das Machtvakuum ausfüllen konnte, hatte angesichts der rückflutenden kaiserlichen Truppen und der sich abzeichnenden Grenzkonflikte die Chance, die Kontrolle über die Gewaltmittel des sich formierenden Staates zu erlangen. Die SDAP nützte diese Chance in Wien und in den industrialisierten Gebieten. Innerhalb weniger Tage legte sie, gestützt auf ihre Vertrauensmänner, den Grundstock für eine neue militärische Macht, die Volkswehr. (24) Damit erlangte die SDAP in einem großen Teil des Landes sehr früh den dominanten Einfluß über den staatlichen Gewaltapparat. Außerhalb ihrer Kontrolle blieben die konservativ geprägten Polizeikräfte und die Volkswehr in den überwiegend agrarischen Gebieten im Westen und Süden. (25) Hier hatte der Wegfall der habsburgischen Zentralmacht nicht in gleicher Weise einen quasirevolutionären Zustand bewirkt, hier gab es daher auch eine ungebrochene Überführung der alten Kader in das neue Heer. Die SDAP vermied somit wenigstens zum Teil den wehrpolitischen Fehler der SPD, obwohl es auch in ihr einen Flügel gab, der ein gemeinsames Vorgehen mit den traditionellen Exekutivkräften gegen links vorgezogen hätte. Von Anfang an bezog die SDAP vielmehr die Soldatenräte in die Volkswehr und beide in ihr eigenes parteiorganisatorisches Umfeld ein. Dadurch gelang es der SDAP, einerseits ein weiteres Ausgreifen der revolutionären Bewegung unterschiedlichster Art unter den Soldaten und innerhalb der Betriebsarbeiterschaft zu blockieren. Andererseits gelang es ihr, (vorläufig) als der führende gesellschaftliche Faktor auch bei den bürgerlichen Massenparteien – christlichsoziale und deutschnational-liberale Gruppierung – anerkannt zu werden. Daher konnte sie auch eine dominante Rolle in der Allparteienregierung vom Oktober 1918 ausüben. Dasselbe gilt für die sozialdemokratisch-christlichsoziale Koalition 1919/20. (26)

Obwohl die SDAP (gemäß den Wahlergebnissen von 1911) zahlenmäßig erst an dritter Stelle innerhalb der am 21. Oktober 1918 gebildeten "provisorischen Nationalversammlung für Deutschösterreich" rangierte, besetzte sie schon im ersten Kabinett Renner die Schlüsselstellen der inneren und äußeren Macht des Staates. Die ungesicherte Grenzziehung im Norden gegen die ČSR und die bald aufflackernden Kämpfe an der Kärntner Südgrenze haben regional eine weitere sozialrevolutionäre Entwicklung ganz entscheidend gehemmt; ebenso das Sicherungsbedürfnis der Bevölkerung gegen die im allgemeinen friedlich durchziehenden fremdnationalen Truppen.

Die Frage der Koalitionsbildung wurde in Österreich von folgendem Umstand bestimmt: Die von außen auferlegte Vordringlichkeit der Staatsneubildung und Machtformierung bedingte ein Zurücktreten der wirtschaftlich-sozialen Gegensätze zwischen den politischen "Lagern" gegenüber der nationalen Gemeinsamkeit (Deutschsprachigkeit). Das nationale Kriterium bestimmte daher die Zusammensetzung der provisorischen Nationalversammlung und die Bildung der anfänglichen Dreiparteienkoalition in der Regierung vom Oktober/November 1918. Damit war auch die Entscheidung der Frage der nationalen Identität im Sinne deutschen Selbstverständnisses vorweggenommen. (27)

2. NATIONALE IDENTITÄTSFINDUNG

In der Frage des Anschlusses an Deutschland (und der Republikausrufung) bestand in den ersten Wochen des neuen österreichischen Staates bedeutend größere Übereinstimmung der SDAP mit den Deutschnationalen als mit den Christlichsozialen. Mit Vehemenz forcierten die sozialdemokratischen Führungsgruppen, insbesondere der linke Flügel, den Anschluß an Deutschland. (28) Nicht zufällig stammten sie ja selbst sozial überwiegend aus dem deutschnationalen Kleinbürgertum. Dagegen war an der Basis der Arbeiterbewegung vermutlich wenig von einer gleichgerichteten Stimmung zu bemerken. Diese sozialdemokratische Anschlußbegeisterung scheint jedoch eher aus einer Art stiller Kooperation mit den deutschnationalen Strömungen resultiert zu sein und umgekehrt wieder den Durchsetzungsdruck in Zielrichtung Republik erhöht zu haben.

Die unter den historisch-kulturellen Gegebenheiten kaum infragestellbare Selbstverständlichkeit, mit der die Option für den Anschluß getroffen wurde, hat jedoch m.M. nach ganz entscheidend den weiteren Verlauf der "österreichischen Revolution" bestimmt. Gerade weil die Herstellung eines engen staatlichen Zusammenschlusses mit Deutschland als so vordringlich galt und dennoch an den angedrohten Sanktionen der Siegermächte und ihrer Verbündeten, aber auch am lauen Interesse des deutschen Partners scheiterte, deshalb wurde auch der Handlungsimpuls der SDAP in Richtung auf eine tiefgreifende Gesellschaftsumgestaltung und auf einen verstärkten eigenen Machtausbau paralysiert.

Wenn der Anschluß vorrangig war, dann mußte jeder Schritt in Richtung auf die "soziale Revolution", der über die deutschen Verhältnisse hinausging, zu einer Belastung des österreichisch-deutschen Verhältnisses werden. Die Revolutionsperspektive, wie sie von der deutschen und der österreichischen Sozialdemokratie vertreten wurde, geriet allerdings durch das Postulat einer unüberwindbaren Sequenz von der bürgerlich-nationalen zur "sozialen Revolution" zur sich selbst erfüllenden pessimistischen Prophetie. Das Steckenbleiben der "Revolution" auf halbem Weg, retrospektiv eine eher schlechte Lösung, war dann eingeplant.

3. Demokratisierung

Die Kehrseite der vorgezogenen deutschen Option in der nationalen Frage war der Prozeß der Ausdehnung der politischen Partizipationsrechte, nicht im Sinne einer durchgreifenden Demokratisierung, wohl jedoch im Sinne der Beseitigung ständischer Privilegien und der Etablierung einer konsequenten parlamentarischen Demokratie, wie sie am Ende des Weges zur Verfassung von 1920 realisiert wurde. (29)

Dieses demokratisch unanfechtbare, von den bürgerlichen Gegnern jedoch nichtsdestoweniger honorierte Ergebnis sozialdemokratischer Politik war unbeschadet der Frage, ob es eine realistische und wünschenswerte Alternative überhaupt gab, auf mittlere Sicht zunächst noch keine tragfähige Lösung. Zu weit und in zu vielen Belangen waren die aus der "österreichischen Revolution" hervorgehenden Eckpunkte des Systems der Ersten Republik von einem Basiskonsens entfernt. Indem die sozialdemokratische Führung auf demokratische Weise prinzipiell den gesellschaftlichen und politischen Pluralismus anerkannte, überließ sie auch den Gegnern der Demokratie günstige Startpositionen. Wegen dieser pluralistischen (oder korporatistisch geprägten) Einstellung verzichtete sie möglicherweise auch auf eine stärkere Verankerung demokratischer Institutionen und Verfahrenweisen in der staatlichen Bürokratie und in den Exekutivkörpern.

Eine andere Handlungsalternative liegt der (enttäuschten) Erwartung der kommunistischen Splitterpartei zugrunde, Friedrich Adler werde nach seiner Haftentlassung im November 1918 zu ihr übertreten. (30) Doch dies war nicht nur wegen der intensiv gepflegten Gruppenkohäsion der jüngeren Parteilinken illusorisch. Überhaupt war höchst ungewiß, ob die Arbeiterbewegung insgesamt hierdurch nach links und nicht vielmehr in die Polarisierung und Spaltung und erst recht auf den Weg der SDAP getrieben worden wäre.

Nahezu ebenso unwahrscheinlich war eine andere, ebenfalls von SP-kritischen Autoren immer wieder vorgebrachte sozialdemokratische Handlungsvariante: die Revolutionierung der Bauernschaft oder doch das Eingehen eines auf Interessenparallelität beruhenden Bündnisses mit ihr. (31) Schon im 19. Jahrhundert war die Mobilisierung und Organisierung der Groß- und Mittelbauern und der besitzarmen Landbevölkerung in deutsch-national-liberaler, dann auch in katholischer Richtung erfolgt. Die Sozialdemokratie hatte dieses Problem allerdings bis 1925 ignoriert. (32) Daher war das Reden von einer "Bauernrevolte" nichts anderes als ein schematischer Imitationsversuch osteuropäischer Verhältnisse. (33)

Eher wäre noch aufgrund der starken korporatistischen Strukturen Österreichs (34) eine Lösung der bündnis- und verfassungspolitischen Frage im Sinne eines proporzdemokratischen Systems denkbar gewesen. Sie hätte theoretisch den scheinbar unüberwindbaren Gegensatz Agrarproduzenten-Konsumenten bzw. Stadt-Land konsensual-korporatistisch etwa nach Art der Schweizer Demokratie oder der Sozialpartnerschaft der Zweiten Republik (35) kanalisieren können. Diese verfassungspolitische Lösung wurde tatsächlich auch in den meisten Bundesländern bis zum Beginn der dreißiger Jahre mit einigem Erfolg praktiziert. In Verbindung mit einer für die Christlichsozialen am wenigsten undenkbaren außenpolitischen Umorientierung, in Verbindung mit einer Absage an die Anschlußpolitik und mit verfassungspolitischen Konzessionen hätte sich daraus die gelegentlich von habsburgischen Anhängern vorgestellte sozialmonarchistische Ablaufvariante ergeben. Ganz abgesehen von der Wünschbarkeit einer solchen Entwicklung war sie unter Beteiligung der Sozialdemokratie jedoch sehr unrealistisch.

4. Umverteilung der wirtschaftlichen Ressourcen

Indem die SDAP konsequent den Weg der parlamentarischen Demokratie beschritt, mußte sie auch die Frage der wirtschaftlichen Umverteilung mindestens bis nach den Parlamentswahlen vertagen. Da die Wahlen vom Februar 1919 (wie erwartet) nur eine relative sozialdemokratische Mehrheit in der Konstituierenden Nationalversammlung erbrachten, waren einer sozialistischen Sozial- und Wirtschaftspolitik die Fesseln des christlichsozialen Koalitionspartners angelegt. Es ist in der Tat fraglich, ob die Erlassung jener bahnbrechenden sozialpolitischen Gesetze, die Österreich in vieler Hinsicht eine Zeitlang an die europäische Spitze brachten, überhaupt möglich gewesen wäre ohne die zweite revolutionäre Welle vom Frühjahr 1919. (36)

Im Frühjahr 1919 vertiefte sich zunächst der Konflikt zwischen der sozialdemokratischen Mehrheitsbewegung und der kommunistischen Partei, die, gestützt auf proletarische Randgruppen, zeitweise zu einer nicht unbeachtlichen Minderheit anwachsen konnte. Selbst linksputschistische Aktionen im April und Juni 1919 signalisierten die latente Entwicklungsmöglichkeit in den deutschen Ablaufbahnen. Daneben öffnete aber die erneute revolutionäre Dynamik der Rätebewegung, nunmehr hauptsächlich getragen von der Industriearbeiterschaft, erst die Möglichkeit einer gesamtösterreichischen (de facto allerdings auf den Osten und Norden beschränkten) Organisierung der Räte. Für kurze Zeit erlangten die Räte, wie schon gesagt, einen gewissen außerparlamentarischen Einfluß, vor allem in Wirtschaft, Ernährungspolitik, Sozialvorsorge und Verwaltung. (37) Dies führte weniger zu einer Doppelherrschaft als zu der Übernahme der Kontrolle von Staatsfunktionen, die ohnehin darniederlagen oder nur schlecht von den existierenden Organen erfüllt wurden.

Die Sozialdemokratie grenzte jedoch, wie schon erwähnt, auch in diesem Fall die Rätebewegung nicht aus. Obwohl die Räte prinzipiell die Ziel- und Organisationsstruktur, aber auch das Führungspersonal der SDAP in Frage stellten, kam ihnen die SDAP assimilatorisch entgegen, ja die Sozialdemokratie stellte sich mit ihren mittleren und führenden Funktionären an die Spitze der Bewegung. Zwar erfuhren gerade im Spätwinter und Frühling 1919 die Versorgungs- und Wirtschaftslage eine katastrophale Zuspitzung, auch das ernüchternde Hervortreten der Konturen des kommenden Friedensvertrages zerstörte nationale Illusionen und ließ bis weit ins Bürgerliche hinein, vergleichbar der ungarischen Situation, eine auch sozialrevolutionäre Proteststimmung aufkommen. (38) Dennoch gelang es der sozialdemokratischen Parteiführung, die eigene Anhängerschaft und die Arbeiterräte aus der merkbaren Sogwirkung der Räteregierung in Ungarn und Bayern herauszuhalten.

Andernfalls wäre die Argumentation, mit der die SP-Führung immer wieder das kommunistische Drängen auf Errichtung einer Räteherrschaft zurückwies, auf die historische Probe gestellt worden. Die in diesem Zusammenhang vorgebrachte Argumentation etwa Otto Bauers lautete: Eine Diktatur des Proletariats sei aufgrund der gesellschaftlich-politischen Gesamtlage nur in Wien und in einigen Industriegebieten möglich, die konservativ dominierten Bundesländer würden sich vom österreichischen Staat losreißen und einen blutigen Bürgerkrieg herbeiführen; zudem würden die Entente und die mit ihr verbundenen Nachbarstaaten Österreichs militärisch intervenieren, sofern nicht eine bloße Blockade der Rohstoff- und Nahrungsmittelzufuhr, von der Österreich drückend abhängig war, genüge, ein solches sozialrevolutionäres Experiment zum Erliegen zu bringen; solange auch in den Siegerstaaten keine proletarische Revolution gesiegt habe, sei ein Alleingang in Mitteleuropa zum Scheitern verurteilt. (39)

Angesichts der aktuellen innen- und außenpolitischen Lage und ihrer Einschätzung durch die historischen Akteure ist es schwierig zu entscheiden, wo die Grenzen zwischen richtigem Kalkül der objektiven Gegebenheiten und dem Aussetzen des revolutionären "Wollens" lag. Die sozialdemokratische Argumentation konnte bis heute Linksradikale und Kommunisten ebensowenig überzeugen, wie die österreichischen Sozialdemokraten in Wirklichkeit Bolschewiken waren.

Auf der einen Seite war die Integrationspolitik der SDAP-Führung nach links genügend flexibel, auf der anderen Seite lehnte sie dennoch kommunistische Abenteuer klar ab. Damit vermochte sie jedoch, mit dem revolutionären Druck im Rücken, dem bürgerlichen Koalitionspartner eine Anzahl von Konzessionen abzuringen. Die Sozialpolitik der Ära Hanusch ist in diesem Zusammenhang wieder zu nennen. Sie ist zweifelsohne mehr als der bloße Versuch, der sozialrevolutionären Bewegung, wie von kommunistischer Seite immer wieder behauptet, den Wind aus den Segeln zu nehmen, obwohl sie auch diesen Effekt hatte.

Auch in der Frage der Sozialisierung fehlte es der SDAP keineswegs an weitgehenden Absichten. (40) Doch blieben die ausgefeilten Konzepte Otto Bauers von einer gemeinwirtschaftlichen Umgestaltung der

Großunternehmen und der generellen Einführung einer wirtschaftsdemokratischen Betriebsorganisation, die die privatkapitalistische Verfügungsmacht beschränken sollte (41), in Grundsatzgesetzen stecken. Die SDAP unternahm zwar einen ernsthaften Sozialisierungsversuch, doch gelang es den bürgerlichen Parteien, die vereinzelt selbst sozialisierungsartige Wirtschaftskonzepte hervorbrachten, durch vorsichtiges Nachgeben in der "Sozialisierungskommission" und durch entschlossenen Einsatz ihrer Mehrheit im Parlament, die Aushöhlung ihrer wirtschaftlichen Machtstellung solange hinauszuzögern, bis die "revolutionäre Flut" abzuebben begann. Nicht im Ob, sondern im Wie der Sozialisierungsbestrebungen liegt also im Fall der österreichischen Sozialdemokratie die Handlungsalternative. Damit sind jedoch wiederum die schon erörterte Bündnisfrage und die vorgegebene Entscheidung für den Weg der parlamentarischen Demokratie berührt.

Zusammenfassung

Die Selbstbindung der revolutionären Tendenzen, die frühe Formierung der gegenrevolutionären Kräfte in den Bundesländern und der gesamtgesellschaftliche Umschwung in Mitteleuropa ab Mitte 1919 überstiegen und erschöpften die Möglichkeiten einer stärker demokratisch und sozialistisch geprägten Neuordnung in Österreich. Damit war aber keineswegs der Weg in Autoritarismus und Faschismus mit Unentrinnbarkeit vorgezeichnet. (42) Der Ausgang der "österreichischen Revolution" blieb allerdings eine schwere "Hypothek auf die Zukunft" der Republik. (43) Bedeutungsvoll für unser Thema hier ist, daß die österreichische Sozialdemokratie, zum Teil unter günstigeren, zum Teil unter erschwerten Voraussetzungen, verglichen mit Deutschland, einige Handlungsvarianten vermied, die der SPD als Fehlentscheidungen angelastet werden. Dennoch nahm die historische Entwicklung in Österreich keinen grundsätzlich anderen Weg als in Deutschland. Entweder waren die österreichischen Handlungsvarianten nicht unterschiedlich genug oder die grundlegenden Weichenstellungen der gesellschaftlich-politischen Modernisierung waren schon viel früher als erst 1918/19 erfolgt. Oder die Einzelheiten des Ausgangs der Revolution waren für die spätere Beseitigung der Demokratie relativ bedeutungslos. Dies relativiert das Problem der Handlungsspielräume sozialdemokratischer Politik überhaupt. Das

Warum des letzten Endes parallelen Wegs Deutschlands und Österreichs in die Diktatur der dreißiger Jahre bleibt also weiterhin offen.

(1984)

ANMERKUNGEN

(1) Dies ist das nur geringfügig bearbeitete Manuskript eines Vortrages beim 34. Deutschen Historikertag in Münster am 7. Oktober 1982. Ich danke Franziska Schneeberger für ihre Unterstützung bei der Anfertigung dieser Fassung. Vgl. auch Zbynek A. Zeman, Der Zusammenbruch des Habsburgerreiches 1914-1918, Wien 1963, bes. Kap. VI-VIII.

(2) Ich folge hier der Konzeption von Stein Rokkan und Talcott Parsons: Talcott Parsons, Das System moderner Gesellschaften, München 1972, 96 ff.; Talcott Parsons u. Eward A. Shils (Hg.), Toward a General Theory of Action, Cambridge, Mass.; siehe dagegen die Erweiterung seiner Theorie: Talcott Parsons, Grundzüge des Sozialsystems, in: ders., Zur Theorie sozialer Systeme , hg. und eingeleitet von Stefan Jensen, Opladen 1976, 243 ff.; Stein Rokkan u. Shmuel N. Eisenstadt (Hg.), Building States and Nations. Models and Data Resources, Bd. 1, Beverly Hills-London 1973; ders., Dimensions of State Formation and Nation-Building: A Possible Paradigm for Research on Variations within Europe, in: Charles Tilly (Hg.), The Formation of National States in Western Europe, Princeton 1975, 562-600; Gabriel A. Almond, Scott C. Flanagan u. Robert J. Mundt (Hg.), Crisis, Choice and Change. Historical Studies of Political Development, Boston 1973; Charles Tilly, From Mobilization to Revolution, Reading, Mass. 1978.

(3) Belege hierzu bei Richard G. Plaschka, Horst Haselsteiner u. Arnold Suppan, Innere Front. Militärassistenz, Widerstand und Umsturz in der Donaumonarchie 1918, Bd. 2, Wien 1974.

(4) Siehe vor allem: Otto Bauer, Die österreichische Revolution, in: ders., Werkausgabe, Bd. 2, Wien 1976, 489-845, Abschnitt 3-5. Zahlreiche wertvolle Hinweise bei: Felix Kreissler, Von der Revolution zur Annexion, Wien 1970; Fritz Klenner, Die Österreichischen Gewerkschaften. Vergangenheit und Gegenwartsprobleme, 2 Bde., Wien 1951 u. 1953; Brita Skottsberg, Der österreichische Parlamentarismus, Göteborg 1940, besonders 149 ff. und 234; allgemein: Rudolf Schlesinger, Central European Democracy and its Background. Economic and Political Group Organization, London 1953; Alfred Diamant, The Group Basis of Austrian Politics, in: Journal of Central European Affairs 18, 1958, Nr. 2.

(5) Anders in Deutschland, siehe: Ulrich Kluge, Soldatenräte und Revolution. Studien zur Militärpolitik in Deutschland 1918-1919, Göttingen 1975, 20 ff.

(6) Gerhard A. Ritter u. Susanne Miller (Hg.), Die deutsche Revolution 1918-1919. Dokumente, 2. Aufl., Hamburg 1975; Eberhard Kolb, Die Arbeiterräte in der deutschen Innenpolitik 1918/19, Frankfurt a.M. 1978; Reinhard Rürup, Probleme der Revolution in Deutschland 1918/19, Wiesbaden 1968; Wolfgang Mommsen, Die deutsche Revolution 1918-1920. Politische Revolution und Soziale Protestbewegung, in: Geschichte und Gesellschaft 14, 1978, 362-391; Susanne Miller, Die Bürde der Macht. Die deutsche Sozialdemokratie 1918-1920, Düsseldorf 1978; Eberhard Kolb, Internationale Rahmenbedingungen einer demokratischen Neuordnung in Deutsch-

land 1918/19, in: Lothar Albertin u. Werner Link (Hg.), Politische Parteien auf dem Weg zur parlamentarischen Demokratie in Deutschland, Düsseldorf 1981, 147-176; Ulrich Kluge, Die deutsche Revolution 1918/19, Frankfurt a.M. 1985.

(7) Ich beziehe mich hier vor allem auf die grundlegenden Arbeiten von Otto Bauer und Francis L. Carsten, aber auch auf die Studien von Eberhard Kolb, Rudolf Neck, Richard Saage und Susanne Miller. Bauer, Die österreichische Revolution, 489-845; Francis L. Carsten, Revolution in Mitteleuropa 1918-1919, Köln 1973; Rudolf Neck, Österreich in der revolutionären Epoche von 1917-1920, in: Erich Zöllner (Hg.), Revolutionäre Bewegungen in Österreich, Wien 1981, 129; Kolb, Rahmenbedingungen; Susanne Miller, Das Ringen um "die einzige großdeutsche Republik". Sozialdemokratie in Österreich und im Deutschen Reich zur Anschlußfrage 1918/1919, in: Archiv für Sozialgeschichte 11, 1971, 1-67; Hans Mommsen, Victor Adler und die Politik der österreichischen Sozialdemokratie im Ersten Weltkrieg, in: Isabella Ackerl, Walter Hummelberger u. Hans Mommsen (Hg.), Politik und Gesellschaft im alten und neuen Österreich. Festschrift für Rudolf Neck zum 60. Geburtstag, Wien 1981, Bd. 1, 378-408.

(8) Statistisches Handbuch für die Republik Österreich, hg. v. Bundesamt für Statistik, Wien 1927, 16; Jürgen Kocka, Gerhard A. Ritter u. Gerd Hohorst (Hg.), Sozialgeschichtliches Arbeitsbuch II: Materialien zur Statistik des Kaiserreichs 1870-1914, 2. Aufl., München 1978, 57.

(9) Vgl. Gottfried Köfner, Hunger, Not und Korruption. Der Übergang Österreichs von der Monarchie zur Republik am Beispiel Salzburgs. Eine sozial- und wirtschaftsgeschichtliche Studie, Salzburg 1980, insbes. 65 und 215 ff.; Siegfried Mattl, Agrarstruktur, Bauernbewegung und Agrarpolitik in Österreich 1919-1929, Wien 1981, 42-45; Gerhard Botz, Gewalt in der Politik. Attentate, Zusammenstöße, Putschversuche, Unruhen in Österreich 1918-1938, 2. erw. Aufl., München 1983, 42-43.

(10) Vgl. hiezu auch die wissenschaftlich-politisch so verdienstvollen Symposien und Veröffentlichungen (Bd. 1 bis 7) der wissenschaftlichen Kommission, hg. v. Ludwig Jedlicka bzw. Adam Wandruszka und Rudolf Neck, Wien 1973 bis 1981. Vgl. insbes. Rudolf Neck u. Adam Wandruszka (Hg.), Die österreichische Verfassung von 1918 bis 1938, Wien 1980. Siehe auch: Carsten, Revolution in Mitteleuropa, 218 ff.; Friedrich G. Kleinwächter, Von Schönbrunn bis St. Germain. Die Entstehung der Republik Österreich, Graz-Wien 1964.

(11) Eduard März: Österreichische Bankenpolitik in der Zeit der großen Wende 1919-1923 am Beispiel der Creditanstalt für Handel und Gewerbe, Wien 1981, 175 ff., 275 ff.; Kurt W. Rothschild, Austria's Economic Development between the Two Wars, London 1947; ders., Wurzeln und Triebkräfte der österreichischen Wirtschaftsstruktur, in: Wilhelm Weber (Hg.), Österreichs Wirtschaftsstruktur gestern – heute – morgen, Bd. 1, Berlin 1961, 51 ff.; Walter T. Layton u. Charles Rist, Die wirtschaftliche Lage Österreichs. Bericht an den Völkerbund, Wien 1925.

(12) Norbert Leser, Zwischen Reformismus und Bolschewismus. Der Austromarxismus als Theorie und Praxis, Wien 1968, 289-328; Peter Kulemann, Am Beispiel des Austromarxismus. Sozialdemokratische Arbeiterbewegung in Österreich von Hainfeld bis zur Dollfuß-Diktatur, Hamburg 1979, 216 ff.

(13) Ernst Wangermann, Die Auseinandersetzungen über das Verhältnis von Reform in der deutschen und österreichischen Sozialdemokratie, in: Gerhard Botz, Hans Hautmann u. Helmut Konrad (Hg.), Geschichte und Gesellschaft. Festschrift für Karl R. Stadler zum 60. Geburtstag, Linz 1974, 249-265.

(14) Friedrich Adler, Vor dem Ausnahmegericht, 2. Aufl., Jena 1923, 71 ff.; Hans Mommsen, Victor Adler und die Politik der österreichischen Sozialdemokratie, 380; Rudolf G. Ardelt, Friedrich Adler. Probleme der Identitätsbildung, in: Gerhard Botz u.a. (Hg.), Bewegung und Klasse. Studien zur österreichischen Arbeitergeschichte, Wien 1979, 63-87; Rudolf Ardelt, Der Austromarxismus als Theorie und Praxis, in: Zeitgeschichte, 8, 1980, 30-40.

(15) Bauer, Revolution, 654; Botz, Gewalt 24 f.; siehe auch: Leser, Reformismus, 347 ff.

(16) Victor Adler, Aufsätze, Reden und Briefe, Heft 6, Wien 1922, 77.

(17) Rudolf G. Ardelt, Friedrich Adler. Probleme einer Persönlichkeitsentwicklung um die Jahrhundertwende, Wien 1984, 40.

(18) Hans Hautmann, Die verlorene Räterepublik. Am Beispiel der kommunistischen Partei Deutschösterreichs, Wien-Frankfurt-Zürich 1971; Rolf Reventlow, Zwischen Alliierten und Bolschewiken. Arbeiterräte in Österreich 1919 bis 1923, Wien-Frankfurt-Zürich 1969, 67 ff.

(19) Hans Hautmann, Geschichte der Rätebewegung in Österreich 1918-1920 (ungedruckte Habilitationsschrift), 3 Bde., Linz 1981.

(20) Julius Deutsch, Aus Österreichs Revolution. Militärpolitische Erinnerungen, Wien 1921, 33 ff.; Julius Braunthal, Kommunisten und Sozialdemokraten (Sozialistische Bücherei, H. 16), Wien 1920, 14 f.

(21) Hautmann, Rätebewegung, Bd. 2, 358 ff.

(22) Hautmann, Räterepublik, 133-136; Bauer, Revolution, 669 ff.; Deutsch, Revolution, 47 ff.

(23) Karl R. Stadler, Hypothek auf die Zukunft. Die Entstehung der österreichischen Republik 1918-1921, Wien 1968.

(24) Deutsch, Revolution, 25 ff.

(25) Carsten, Revolution, 63-86.

(26) Allg.: Neck u. Wandruszka, Verfassung; dies. (Hg.), Koalitionsregierungen in Österreich. Ihr Ende 1920 und 1966, Wien 1985; Deutsch, Revolution, 80 ff.

(27) Dagegen: Kreissler, Revolution; ders., Der Österreicher und seine Nation. Ein Lernprozeß mit Hindernissen, Wien 1984, 15 f.

(28) Miller, Ringen; Alfred Low, The First Austrian Republic and Soviet Hungary, in: Journal of Central European Affairs 20, 1960, 182 f.; Leser, Reformismus, 323 ff.; Alfred D. Low, Die Anschlußbewegung in Österreich und Deutschland und die Pariser Friedenskonferenz, Wien 1975.

(29) Norbert Leser (Hg.), Hans Kelsen, Sozialismus und Staat, Wien 1965; Hans Kelsen, Demokratie und Sozialismus. Ausgewählte Aufsätze, hg. v. Norbert Leser, Wien 1967; Hans Kelsen (Hg.), Die Verfassungsgesetze der Republik Deutschösterreich. Mit einer historischen Übersicht und kritischen Erläuterungen, Bd. 1-4, Wien-Leipzig 1919-1920; Skottsberg, Der österreichische Parlamentarismus; Neck u. Wandruszka, Verfassung.

(30) Hautmann, Räterepublik, 78.

(31) Michael Genner, Mein Vater Laurenz Genner. Ein Sozialist im Dorf, Wien 1979, 31 f.

(32) Siehe jedoch: Otto Bauer, Der Kampf um Wald und Weide, in: ders., Werkausgabe, Bd. 3, Wien 1976, 31-248.

(33) Roman Rosdolsky, Studien über revolutionäre Taktik. Zwei unveröffentlichte Arbeiten über die II. Internationale und die österreichische Sozialdemokratie, Berlin

1973; Raimund Löw, Otto Bauer und die russische Revolution, Wien 1980.

(34) Emmerich Talos, Sozialpartnerschaft und Neokorporatismustheorien, in: Österreichische Zeitschrift für Politikwissenschaft 11, 1982, 263-285.

(35) Bernd Marin, Die paritätische Kommission. Aufgeklärter Technokorporatismus in Österreich, Wien 1982; A. Lijphart, Typologies of Democratic Systems, in: Corporative Political Studies 1/1, 3-44; ders., Consociational democracy, in: World Politics 21, 207-225. Emmerich Talos, Sozialpolitik und Austrofaschismus. Beiträge über Politik,Ökonomie und Kultur 1934-1938, Wien 1984.

(36) Karl Pribram, Die Sozialpolitik im neuen Österreich, in: Archiv für Sozialwissenschaft und Sozialpolitik 48, 1921/22; Otto Staininger (Hg.), Ferdinand Hanusch. Ein Leben für den sozialen Aufstieg (1866-1923), Wien 1973, insbes. 75-104; Kurt Ebert, Die Anfänge der modernen Sozialpolitik in Österreich, Wien 1975; Emmerich Talos, Staatliche Sozialpolitik in Österreich, Wien 1981; Max Lederer, Grundriß des österreichischen Sozialrechtes, Wien 1929; Felix Czeike, Wirtschafts- und Sozialpolitik der Gemeinde Wien in der Ersten Republik (1914-1934), 2 Bde., Wien 1958.

(37) Hautmann, Rätebewegung, Bd. 2, 474 ff.

(38) Carsten, Revolution, 241-260.

(39) Bauer, Revolution, 654; Löw, Bauer; grundlegend nunmehr: Anson Rabinbach, The Crisis of Austrian Socialism. From Red Vienna to Civil War 1927-1934, Chicago 1983, 24 ff.

(40) Erwin Weissel, Die Ohnmacht des Sieges. Arbeiterschaft und Sozialisierung nach dem Ersten Weltkrieg in Österreich, Wien 1976; Eduard März u. Fritz Weber, Verstaatlichung und Sozialisierung nach dem Ersten und Zweiten Weltkrieg. Eine vergleichende Studie, in: Wirtschaft und Gesellschaft 4, 1978, 115-141.

(41) Otto Bauer, Die Sozialisierungsaktion im ersten Jahr der Republik, in: ders., Werkausgabe, Bd. 2, Wien 1976, 199-219.

(42) Erich Fröschl u. Helge Zoitl (Hg.), Der 4. März 1933. Vom Verfassungsbruch zur Diktatur. Beiträge zum Wissenschaftlichen Symposium des Dr.-Karl-Renner-Instituts, Wien 1984.

(43) Vgl. Stadler, Hypothek.

III.

DIE "JULI-DEMONSTRANTEN", IHRE MOTIVE UND DIE QUANTIFIZIERBAREN URSACHEN DES JUSTIZPALASTBRANDES 1927

Den hier zur Diskussion stehenden blutigen Unruhen in Wien am 15. und 16. Juli, dem Justizpalastbrand und der damit zusammenhängenden, ganz Österreich erfassenden Streikaktion vom 15. bis 18. Juli 1927 werden von den österreichischen Historikern nahezu einhellig weitreichende Bedeutung beigemessen. Man spricht in Hinblick darauf oft von einem Wendepunkt in der politischen Geschichte der Ersten Republik (1), der das beginnende Umkippen des bis dahin halbwegs ausgewogenen innenpolitischen Kräftegleichgewichts und seines institutionellen Ausdrucks, der parlamentarischen Demokratie, damit auch den Anfang des Weges in Diktatur und Faschismus markiere. Schon aus diesem Grund verdient der "15. Juli 1927" auch als historisches Einzelereignis gesteigertes Interesse. Aber auch gerade weil von diesem Orientierungspunkt aus Einblick in eine größere Periode der österreichischen Zeitgeschichte gewonnen werden kann, kann der "15. Juli 1927" ein lohnendes Forschungsobjekt sein. Auf diese beiden Betrachtungsmöglichkeiten, als Einzelereignis und als Glied in einer langen Entwicklungskette, ist im Zusammenhang mit der methodischen Verfahrensweise (Abschnitt F, Anhang) noch zurückzukommen.

Wegen der hier unvermeidlichen umfangmäßigen Beschränkung kann die vorliegende Untersuchung nicht näher auf den äußeren Ablauf der Ereignisse eingehen, auch wenn diese in vielen Einzelheiten noch nicht hinreichend erforscht und, soweit erforscht, noch nicht genügend bekannt sind. (2) Worum es in diesem Beitrag vielmehr geht, ist die Beantwortung einer Reihe von Fragen nach den lang- und kurzfristigen Ursachen des "15. Juli 1927". Daß die historische Erforschung eines Massenphänomens (3) ohne Beachtung der Ergebnisse soziologischer, politologischer, psychologischer, theoretischer und empirischer Arbeiten nicht mehr auskommen kann, bedarf wohl keiner näheren Begründung. Der "15. Juli 1927" wird also als ein wenn auch von manchen Besonderheiten gekennzeichneter Fall der Austragung eines politisch-sozialen Konflikts, der zur Anwendung schärfster Gewaltmittel führte, aufgefaßt. Denn nur in einem weiteren Kontext kann – meiner Meinung nach – versucht werden, ein historisches Einzelereignis hinreichend zu erklären.

Als grundlegend bei der Verursachung von Protestverhalten und massenhaften Gewaltausbrüchen sind in Anlehung an die Theorie kollektiven Verhaltens von Neil Smelser (4) und neuere konflikttheoretische Modelle (5) vereinfacht die folgenden Voraussetzungen anzusehen:

1. langfristige strukturelle Ungleichheit und Spannungen im wirtschaftlichen, sozialen und politischen Sektor einer Gesellschaft ("strukturelle Gewalt" (6)), die

2. zu einem starken Gefühl der Benachteiligung, zur sogenannten "relativen Deprivation" (7), führen – "relative Deprivation" ergibt sich durch ein Auseinanderklaffen von stärker steigenden ökonomischen, sozialen und politischen Ansprüchen einerseits und dem nur mäßig nachziehenden oder gar kurzfristig sinkenden Erfüllungsgrad (und den Zukunftseinschätzungen dieses Erfüllungsgrads) andererseits (Massenarbeitslosigkeit ist eine solche Hauptursache von "relativer Deprivation");

3. Bewußtwerden und Politisierung dieses Spannungszustands, indem er mit einer konkreten Ursache oder einem Urheber in Verbindung gebracht wird, was etwa durch Gerüchte, politische Propaganda, rassistische und andere Vorurteile, Ideologien und religiöse Überzeugungen geschehen kann, wobei Protestverhalten und Gewalt fördernde Traditionen (8) eine wichtige Rolle spielen können;

4. kurzfristiges Auftreten von sogenannten "Beschleunigungsfaktoren", die die längerfristigen Ursachen und politischen Vorstellungen bestätigen und radikalisieren, die solidarisierend wirken und den Prozeß gewaltsamer Handlungen, wenn er einmal in Gang gekommen ist, weitertreiben und verstärken (plötzliche Preiserhöhungen, Lohnkürzungen, Akte offensichtlichen Unrechts, insbesondere auch Gerichtsurteile, militärische Niederlagen, Gewalttaten, die somit selbst wiederum zum verursachenden Faktor werden, etc.);

5. Faktoren gesellschaftlicher Kontrolle, die ein Wirksamwerden der genannten Gewaltursachen vorbeugend verhindern oder nach dem Einsetzen von Gewalthandlungen eindämmend wirken durch Kontrollinstan-

zen wie Gerichte, Polizei, politische und religiöse Autoritäten, Gewerkschaftsorganisationen, Verbände.

Erst im Zusammenwirken all dieser verursachenden bzw. bremsenden Faktoren kann das Entstehen von spontanen Protestäußerungen, Unruhen, Aufständen erklärt werden. Eindimensionale Erklärungen, die Gewalt etwa auf steigende Verelendung der Massen, Frustration, Ideologien oder die Tätigkeit politischer Agenten zurückzuführen suchen, halten einer empirischen Überprüfung nicht stand.

Wenn auch der hier skizzierte theoretische Rahmen für das Auftreten gewaltsamen kollektiven Verhaltens von sozialwissenschaftlicher Seite in unterschiedlicher Weise ausgestaltet und modifiziert werden kann, für eine historische Erklärung des Ausbruchs und Ablaufs des "15. Juli 1927" muß er genügen. Von zwei verschiedenen Forschungsansätzen aus, die sich aus dem eingangs erwähnten doppelten Interesse am "15. Juli 1927" ergeben, soll dabei vorgegangen werden:

Eine mikroanalytischen Untersuchung des Ereignisablaufs in allen Einzelheiten – eine solche Untersuchung liegt diesem Beitrag zugrunde, ohne daß sie hier wiedergegeben wird – kann zunächst sondieren, worauf sich das Augenmerk des Historikers konkret zu richten hat und welche Konzepte und theoretischen Ansätze verwendet werden können. Die Orientierung am Einzelereignis ermöglicht und verlangt auch eine Aufspaltung des "15. Juli 1927" in einzelne kleinere Ablaufschritte. Nur so lassen sich die genannten "Beschleunigungsfaktoren" überhaupt erst erfassen. Auch für eine Untersuchung der bewußten Motive und der politischen Zielrichtung des Protests ist dies beim derzeitigen Aufbereitungsstand der Quellen die einzige Möglichkeit, an die subjektive Seite des Ursachenkomplexes heranzukommen.

Im Gegensatz dazu gestattet das makroanalytische Herangehen an den historischen Gegenstand Aussagen über einen längeren Zeitraum und erfordert die Einordnung des als Ganzes betrachteten "15. Juli 1927" in den weiteren Zusammenhang der Ersten Republik. Was dabei an Genauigkeit im einzelnen verlorengeht, kann an generalisierenden Aussagen gewonnen werden. (9)

Beide Methoden sollen einander ergänzend verwendet werden, wenn zunächst die beschleunigenden und bremsenden Faktoren im Ablauf des "15. Juli 1927" skizziert werden (A). Sodann sollen die soziale Zusammensetzung der Teilnehmer an den Demonstrationen (B) sowie ihre Motive (C) und die längerfristigen wirtschaftlich-sozialen und politisch-psychologischen Ursachen (D mit Anhang F zur Datenbasis und Methode) untersucht werden. Abschließend (E) wird die Frage nach den Erfolgschancen eines revolutionären Umsturzes am 15. Juli 1927 gestellt, doch nicht erschöpfend beantwortet.

A. AUSLÖSENDE UND EINDÄMMENDE MOMENTE IM ABLAUF DES "15. JULI 1927"

Bevor in einem späteren Abschnitt einige längerfristige, strukturelle Vorbedingungen gewaltsamer Ausbrüche beschrieben werden, sollen hier jene auslösenden und hemmenden Faktoren skizziert werden, die zu den konkreten Ereignissen des "15. Juli 1927" hinführten. Beide Arten von Ursachen sind als notwendige Voraussetzungen politischer Gewalt zu betrachten. Während die Verallgemeinerungsfähigkeit der strukturellen Ursachen diese für die Sozialwissenschaften zu einem lohnenderen Untersuchungsgegenstand machen (10), muß die politische Geschichte auch auf das jeweils singuläre Zusammentreffen verschiedener Beschleunigungsfaktoren mit deren Gegenkräften besonderes Augenmerk legen. Eine besondere Schwierigkeit liegt aber darin, daß die letztgenannten Ursachen (Anlässe) zahlenmäßig kaum begrenzt sind und jeweils ganz andere Umstände die Funktion des Katalysators der Gewalt übernehmen können. Dem Detail ist hier keine Untergrenze gesetzt. Dennoch sei auf begrenztem Raum versucht, die Wirkung solcher kurzfristiger Radikalisierungs- und Auslösefaktoren und der bremsenden Momente in den wichtigsten Phasen des Ereignislaufs des "15. Juli 1927" zu umreißen.

1. Die *Ausgangslage* des "15. Juli 1927" war jener innenpolitische Zustand relativer Ruhe, der sich nach dem Ende der "österreichischen Revolution", der Inflation von 1921/22 und der Währungssanierung einpendelte. Er bewahrte die verfassungsmäßigen und sozialpolitischen Errungenschaften aus der "revolutionären" Periode des neuen Staates, der unter führender Beteiligung der sozialdemokratischen Arbeiterbewegung entstanden war, hatte aber die gesellschaftlichen Reformtendenzen nicht nur zum Stehen gebracht, sondern auch zum Teil in ihr Gegenteil verkehrt und sowohl die wirtschaftliche und gesellschaftliche Position der bürgerlichen Schichten gefestigt, wie ihre Parteien zum alleinigen Träger

der staatlichen Macht auf Bundesebene werden lassen. Die meist von Seipel geführten christlichsozial-großdeutschen, später um den Landbund erweiterten Koalitionsregierungen dieser Periode waren die stabilsten der Ersten Republik überhaupt.

Auf der anderen Seite stand die Sozialdemokratische Arbeiterpartei mit einem gesellschaftspolitischen Alternativprogramm in prononcierter Opposition zur kapitalistischen Gesellschaft und zur bürgerlichen Regierung. Dennoch war sie auf vielfältige Weise am Funktionieren des bestehenden politisch-sozialen Systems beteiligt, um nicht zu sagen, darin integriert. Etwa in den parlamentarischen Ausschüssen hatten sozialdemokratische Abgeordnete ein gewichtiges Wort mitzureden, in Interessenverbänden wie in Arbeiterkammern und Gewerkschaften kamen Arbeiterfunktionäre in ein Nahverhältnis zu staatlichen Funktionen, und ein Drittel der österreichischen Bevölkerung lebte im "roten Wien", in dem seit Mitte der zwanziger Jahre die sozialdemokratische Gegenvorstellung von einer neuen Gesellschaft Konturen anzunehmen begann. Einerseits spitzte der Kampf um die parlamentarische Mehrheit, die immer näher rückte, die sozialdemokratische Propaganda oft zur "radikalen Phrase" zu, andererseits war insbesondere die Wiener Arbeiterschaft von einem starken Selbstbewußtsein und Stolz auf "ihr" Wien erfüllt. Charles A. Gulick trifft das Wesen der sozialdemokratischen Bewußtseinslage, wenn er schreibt:

"Die österreichische Arbeiterklasse litt in den Jahren vor 1927 an einer Überschätzung ihrer Macht. Diese Geisteshaltung war teilweise ein Überrest aus den frühen Jahren der Revolution und teilweise eine Vorwegnahme des erwarteten sozialistischen Wahlsieges. Das Vermächtnis der Revolution schloß auch den Glauben ein, daß der Generalstreik unbesiegbar sei, daß die bewaffnete Macht des Staates wegen der großen sozialistischen Mehrheit im Heer, [in] der Polizei und [in der] Gendarmerie gegen die Arbeiter nicht verwendet werden könne ..." (11)

Insbesondere seit Herbst 1926 war es der Sozialdemokratischen Partei gelungen, dieses gewiß nur zum Teil berechtigte Selbstgefühl noch zu steigern und die vorhandene und vermutlich zunehmende soziale Unzufriedenheit zu politisieren. Wie im vorigen Abschnitt ausgeführt, muß für dieses verbreitete Gefühl "relativer Deprivation" hauptsächlich die bei guter Wirtschaftslage dennoch zunehmende Rationalisierungsarbeitslosigkeit, von der die Beamten und Angestellten wie die Industriearbeiterschaft betroffen waren, verantwortlich gemacht werden. Das Linzer

Programm, das nicht nur ein imposantes theoretisches Gesellschaftsbild entwarf, sondern auch "die nächsten Aufgaben der sozialdemokratischen Arbeiterpartei" festlegte, gab den unbestimmten Zukunftserwartungen der unzufriedenen lohnabhängigen Schichten ein konkretes Ziel.

Mindestens ebenso stark wie als Prognose langfristiger gesellschaftlicher Entwicklung wurde dieses Parteiprogramm bei der breiten Anhängerschaft als Wahlprogramm für den entscheidenden Sieg, beinahe als eine Art kommender sozialdemokratischer Regierungserklärung, aufgenommen. Der Wahlkampf steigerte diese Erwartungen nur noch. Das Ergebnis der Nationalratswahlen vom 24. April 1927, das den Stimmenanteil der Sozialdemokratischen Partei durch einen Gewinn von 2,4 Prozent auf 42 Prozent erhöhte (12), war mindestens zum Teil ein Effekt der wachsenden Politisierung der Arbeiterschaft, insbesondere in Ostösterreich.

Daß der Sozialdemokratischen Partei jedoch der volle Erfolg versagt blieb und die Regierung Seipel trotz eines Mandatsverlusts durch Einbeziehung des Landbundes ihre Basis noch erweitern konnte, war eine schwere Enttäuschung der gesteigerten Hoffnungen der Arbeiterschaft. Dem waren schon Anfang März und Mitte Mai wiederholte Zugriffe der Regierung auf die bisher von ihr hingenommenen sozialdemokratischen Waffenbestände im Wiener Arsenal vorausgegangen, was vorübergehend zu einer recht kritischen Situation, dann aber zu einem sozialdemokratischen Zurückweichen führte. (13) Beide Ereignisse hatten dazu geführt, daß die Erwartungen der sozialdemokratischen Arbeiterschaft hinsichtlich der Verwirklichung ihrer sozialen und politischen Hoffnungen jäh konfrontiert wurden mit dem, was die politisch-gesellschaftliche Realität bei ernüchterter Einschätzung zeigte, einen immer konservativer regierten Staat.

Diese aus politischen Ursachen erwachsene kurzfristige "relative Deprivation" überschnitt sich, wie schon beschrieben, im Frühjahr 1927 mit einem ähnlichen, längerfristigen Frustrationsgefühl auf der wirtschaftlichen Ebene (steigende Konjuktur bei steigender Arbeitslosigkeit). Es ist daher nicht überraschend, daß sich im Juni 1927 die Anzeichen einer innenpolitischen Unruhe so sehr vermehrten, daß die Wiener Polizeidirektion in einem Bericht an das Bundeskanzleramt Warnungen vor einem "Überhandnehmen von Straßenkundgebungen", die sie schon im Vorjahr und im Februar 1927 ausgesprochen hatte, eindringlich wiederholte. (14)

Der am 5. Juli beginnende ("große") "Schattendorfer Prozeß" rief durch die heftigen Pressepolemiken der Linken wie der Rechten der Arbeiterschaft neuerlich in Erinnerung, daß am 31. Jänner 1927, wie schon mehrmals 1923 und 1925, bei einem Zusammenstoß sozialdemokratische Anhänger den Tod gefunden hatten und die Bestrafung der offenkundig Schuldigen einer zu milden Urteilen neigenden Gerichtsbarkeit überlassen war. In der zweiten Juliwoche deuteten neuerliche Zusammenstöße in Wien-Favoriten und Klosterneuburg (15) darauf hin, daß der Schwellenwert politischer Unzufriedenheit bei der Wiener Arbeiterschaft nahezu erreicht war. Unter diesen Umständen erfolgte am 14. Juli gegen halb zehn Uhr abends der Freispruch der Angeklagten im "Schattendorfer Prozeß".

2. Damit begann die *Phase des Massenprotests*. Der "Schattendorfer Freispruch" wirkte nun, unterstützt von dem ihm gewidmeten Leitartikel der "Arbeiter-Zeitung" vom 15. Juli 1927, als typischer "Beschleunigungsfaktor" bei der Artikulierung massenhaften Protestverhaltens. Gerade Verstöße gegen das Rechtsempfinden breiter, von der direkten politischen und gesellschaftlichen Mitgestaltung ausgeschlossener sozialer Gruppen wirken auch dort ungeheuer erregend, wo eine mächtige Partei mit einer klassenkämpferischen Ideologie fehlt. Um so deutlicher machte der Freispruch den Wiener Arbeitern, was "Klassenstaat" und "Klassenjustiz", zentrale Bestandteile der austromarxistischen Theorie, konkret bedeuten konnten. Schon nach dem Schattendorfer Zusammenstoß war es Anfang Februar unter der Leitung der Sozialdemokratischen Partei zu allgemeinen und zum Teil erregten Demonstrationen und Streiks in Wien und in den niederösterreichischen Industriegebieten gekommen. Wie immer bei ähnlichen Anlässen erwartete die sozialdemokratische Arbeiterschaft auch auf den "Schattendorfer Freispruch" hin die Abhaltung von Protestdemonstrationen unter Führung ihrer Parteiorganisation.

Die soziale Funktion solcher Protestaktionen war es, durch einen Aufmarsch im Parlamentsviertel den Regierenden die vorhandene Unzufriedenheit vor Augen zu führen und durch die Masse der Erschienenen einen eher psychologischen denn realen politischen Druck auszuüben. Dadurch und durch drohende Reden und Gebärden, auch allein durch die marschierende Bewegung ("expressive Masse") (16) wurden die angestauten Aggressionen im Normalfall abgebaut, und die Demonstranten kehrten nach einer Arbeitsunterbrechung von wenigen Stunden wieder ruhiger in die Betriebe zurück. Auch am 15. Juli 1927 begann das Protestverhalten ganz in diesen Bahnen abzulaufen, auch wenn eine einheitliche Leitung durch die Sozialdemokratische Partei (aus den in Teil C noch angeführten Gründen) diesmal unterblieb.

Die Absicht, beim Parlament zu demonstrieren, hätte sich am Morgen des 15. Juli aber nicht so rasch und weit ausgebreitet, wäre nicht von den Städtischen Elektrizitätswerken das überall verstandene Signal der Stromabschaltung ausgegangen. Stärker als die offenkundige Ermunterung zu Protestdemonstrationen seitens mittlerer und einzelner höherer Partei- und Gewerkschaftsfunktionäre wirkte dieses Zeichen beschleunigend, da es den Betriebsbelegschaften die Gewißheit gab, daß auch anderswo die Arbeiter über das Gerichtsurteil empört und zu Streik bereit waren. Andere Möglichkeiten der Kommunikation wie Telefonate und Radfahrerboten, die der Parteileitung rechtzeitig auch Informationen über die Breite der Empörung vermitteln hätten können, spielten daneben eine untergeordnete Rolle. So ist auch zu erklären, daß sich schon bald das Gerücht bildete, in der Innenstadt sei heute etwas "los". Da sich die Aktivierung zum Streik und Demonstrationsmarsch am leichtesten in den öffentlichen und privaten Großbetrieben vollzog, waren es gerade diese Betriebe, von denen die ersten Demonstrationszüge ausgingen und die die meisten "Juli-Demonstranten" stellten.

Wenn sich auch einzelne Demonstranten schon beim Anmarsch mit Steinen und Eisenstücken ausrüsteten und sehr erregt gebärdeten, die intakte und selbständig arbeitende sozialdemokratische Partei- und Gewerkschaftsorganisation auf Betriebsebene hielt mit ihren Ordnern einzelne "Hitzköpfe" im Zaum. Daß dieses kontrollierende, eine Steigerung des Protest- und Drohverhaltens verhindernde Moment noch beim Eintreffen der ersten Demonstrantenzüge auf der Ringstraße durchwegs funktionierte, belegt die Episode vor der Universtiät, als beginnende Ausschreitungen der E-Werk-Arbeiter zum größten Teil durch die eigenen Funktionäre und Ordner eingedämmt werden konnten. Auch der Demonstrationszug der Rathausbediensteten verhielt sich diszipliniert, als er beim Burgtheater gegen halb zehn Uhr auf einen Sperriegel der Polizei traf und seine Anführer über einen Weitermarsch mit der Polizei verhandelten. (17)

Das Bekanntwerden des "Schattendorfer Urteils", der Leitartikel Austerlitz' und die Abschaltung des elektrischen Stromes waren die auslösenden Momente des Massenprotests, der sich auf der Grundlage der bestehenden kollektiven und politisierten Unzufriedenheit entwickeln konnte.

Das selbständige Funktionieren der sozialdemokratischen Betriebsorganisation wirkte in dieser Phase kontrollierend auf den Ablauf der Demonstration. Die sozialdemokratische Parteiführung brauchte dabei noch nicht direkt in Aktion zu treten.

3. Die *Eskalationsphase* begann jedoch schon um etwa 9.30 Uhr mit dem Einsatz von berittener Polizei. Die Wiener Polizeidirektion war durch das sich um diese Zeit schon abzeichnende Ausmaß der Demonstrationen ebenso überrascht worden wie die politischen Parteien und die Pressebeobachter. Die im Parlamentsviertel aufgebotenen 67 Polizisten reichten gerade zu einer Bedeckung des Parlamentsgebäudes, jedoch nicht zu einer Absperrung der Straßen davor aus. Man hätte es in der Polizeidirektion dabei bewenden lassen und den demonstrierenden Arbeitern die Straße freigeben können. So war es noch am 1. Dezember 1921 geschehen, als Zehntausende von Arbeitern zu spontanen Kundgebungen in die Innenstadt zogen und durch das Zerschlagen von Glasscheiben einen gewaltigen Sachschaden anrichteten. (18) Doch dies geschah in einer trotz des Auseinanderbrechens der sozialdemokratisch-christlichsozialen Koalition noch wesentlich anderen gesellschaftlichen – nicht parlamentarischen – Konstellation, in der das Gewicht der sozialdemokratischen Arbeiterbewegung die Entscheidungen des Polizeipräsidiums wesentlich mitbestimmte. Die Logik der einleitend skizzierten geänderten innenpolitischen Machtlage verhinderte aber 1927 einen solchen Ausgang des 15. Juli und ließ Schober sofort zu einem seiner stärksten Mittel greifen, über das er überhaupt verfügte, zu der berittenen Polizei. Überdies erschien eine bloße Verstärkung der Wache zu Fuß, die in den nächsten Stunden versucht wurde, als nicht rasch genug wirksam, da der Elektrizitätsstreik auch eine Unterbrechung des öffentlichen Telephonnetzes zur Folge hatte und die Wiener Polizei nur über ein unzureichendes unabhängiges Kommunikationsnetz (Fernschreiber, Motorradboten) verfügte.

Mit dem Reiten der ersten Attacke kam ein ganz entscheidender neuer "Beschleunigungsfaktor" in die Ereignisse. Einerseits zerschlug die etwa 200 Mann starke berittene Sicherheitswache die bisher noch funktionierenden Mechanismen der Selbstkontrolle in den geschlossenen Demonstrationszügen, ein empfindlicher Nachteil, der von dem Augenblickserfolg, daß die Demonstranten zersprengt wurden und in die Parkanlagen des Parlamentsviertels flüchteten, nicht wirklich aufgewogen wurde. Andererseits erhielt nun die von Anfang an schon hohe politische Erregung der Demonstranten ein konkretes Ziel, gegen das sich ihre Aggressivität entlud. Was die Erregung der Demonstrierenden noch besonders gesteigert haben muß, war die Tatsache, daß ihnen die Reiterattacken – angeblich die ersten nach einer blutig endenden Demonstration am 17. September 1911 (19) – noch einmal mit besonderer Deutlichkeit ins Bewußtsein brachten, was sie die Ereignisse seit dem Frühjahr 1927 und noch am Morgen diese Tages gelehrt hatten: daß die Macht der sozialdemokratischen Arbeiterschaft auch in ihrem "roten Wien" schon eng begrenzt war.

Die logische Abfolge der einzelnen Eskalationsschritte in den nächsten zwei bis drei Stunden ist quellenmäßig klar belegbar:
– auf die Reiterattacken hin verbreitete Selbstbewaffnung der Demonstranten mit Steinen, Holzlatten, Eisenstäben, Klampfen etc., die Straßenbaustellen und Gerüste an Häusern in unmittelbarer Nähe des Parlaments reichlich lieferten, und damit Ausführung von Angriffen auf die Wachleute (nicht jedoch auf die Wachmannschaft des Parlaments);
– immer häufiger werdender Gebrauch der Schußwaffe von bedrängten Polizisten, dadurch erhebliche Verletzungen von Demonstranten gegen zehn Uhr, und Versuche der Polizei, durch Abführung einzelner Verhafteter die Ausschreitungen einzudämmen;
– die Absicht der Demonstranten, zuerst durch lautstarke Kundgebungen, dann durch tätliche Angriffe eine Befreiung der Arrestanten zu bewirken, verschob etwa zu dieser Zeit einen Teil des Angriffsziels auf das Wachzimmer Lichtenfelsgasse, das belagert, gegen halb zwölf Uhr erstürmt und in Brand gesteckt wurde, dabei Tötung der ersten Demonstranten und Verletzung vieler Polizeibeamter;
– in ähnlicher Weise Hinlenkung der Aufmerksamkeit der Demonstranten auf Gebäude, in denen verfolgte Polizisten Schutz suchten, wie im Fall der um 10.45 Uhr verwüsteten Redaktion der "Wiener Neuesten Nachrichten";
– etwa zur gleichen Zeit, ab halb elf Uhr, erste Angriffe von Demonstranten, die vor den Reiterattacken in die Parkanlagen des Schmerlingplatzes geflüchtet waren, auf eine vor dem Justizpalast aufgestellte Polizistenkette und in der weiteren Folge auch auf das Gebäude, das sich als Symbol der "Klassenjustiz" als Zielscheibe des Protests geradezu anbot;
– gegen zwölf Uhr Eindringen der Demonstranten in das Gebäude, was weder von der Wache noch von den allmählich zum Ordnungsdienst eintreffenden kleinen Schutzbundeinheiten verhindert werden konnte, und Brandlegung im Justizpalast kurz vor 12.30 Uhr;

– erst gegen Mittag beginnender, aber umfangmäßig begrenzter Einfluß von linksradikalen und kommunistischen Gruppen, auf deren Wirkung um 13 Uhr die Verhinderung der Löscharbeiten beim Justizpalast und die Erstürmung und Inbrandsetzung des "Reichspost"-Gebäudes zurückgeht, zugleich auch Anzeichen eines Entgleitens der immer mehr anwachsenden Menschenmenge (mittags etwa 200000 Personen!) aus der sozialdemokratischen Beeinflußbarkeit (Angriffe auf Schutzbund-Ordner und Beschimpfungen von sozialdemokratischen Spitzenfunktionären). (20)

Nachdem die Polizeidirektion die Aussichtslosigkeit ihres bisherigen Einsatzes eingesehen hatte, kam es gegen Mittag zu einem Rückzug der Wache aus der Umgebung des Justizpalastes, während kleine Einheiten des Republikanischen Schutzbundes die in dem brennenden Gebäude eingeschlossenen Polizisten in Sicherheit brachten. Die Aufrührer schienen die Herrschaft auf der Straße übernommen zu haben, doch zeigten sich keine wesentlichen Anzeichen einer Ausweitung der Unruhen auf das Parlamentsgebäude oder andere politische Schlüsselpositionen in der Wiener Innenstadt. Manche Berichte sprechen sogar von einer beginnenden Beruhigung der Menge zwischen 13 und 14 Uhr.

Ein Teil der im Parlament anwesenden sozialdemokratischen Parteiführung, vor allem Otto Bauer, scheinen eine Zeit lang an den Ausbruch einer echten Revolution geglaubt zu haben. (21) Auch Seipel scheint die Ereignisse, die er in seinen Tagebuchaufzeichnungen als Revolution (22) bezeichnete, so ernst eingeschätzt zu haben, daß er und andere Mitglieder des seit 10 Uhr tagenden Ministerrates zögerten, das Standrecht zu verhängen, weil nicht als sicher galt, ob das Militär die Todesurteile tatsächlich vollstrecken würde. (23) Daher auch bemühte sich Polizeipräsident Schober, vom Wiener Bürgermeister (und Landeshauptmann) Seitz die Zustimmung zur Heranziehung des Bundesheeres zu gewinnen, wodurch er sich offensichtlich eine Erhöhung der als zweifelhaft geltenden Verläßlichkeit der Wiener Garnison erhoffte, die seit 11 Uhr mit einer geheimen Bereitstellung begann und um 13.45 Uhr offiziell konsigniert wurde. (24) Doch Seitz lehnte eine solche, möglicherweise zahlreiche Todesopfer fordernde Maßnahme ab. Da die Wiener Sicherheitswache, vor allem die jungen oder erst in Ausbildung stehenden Polizisten, das einzige zuverlässige Machtinstrument zu sein schien, rüstete Schober etwa 600 Wachleute mit Bundesheerkarabinern aus und ließ sie nach 13 Uhr in drei Kolonnen in das Parlamentsviertel marschieren. – Bis zu diesem Zeitpunkt hatte sich der Ablauf der Ereignisse fast automatisch vollzogen, nachdem die Reiterattacken einmal begonnen hatten. Die Polizei, schlecht bewaffnet, zahlenmäßig zu schwach, doch umso heftiger agierend, war in dieser Phase selbst zu einem Faktor der Radikalisierung des Konflikts geworden, der in Interaktion mit den immer aggressiver vorgehenden Demonstranten dazu beigetragen hatte, daß um die Mittagszeit in Wien tatsächlich eine revolutionäre Situation zu bestehen schien.

Die sozialdemokratische Parteiführung, die einerseits nicht ernsthaft daran dachte, sich an die Spitze der erregten Massen zu stellen, wäre ihrerseits wahrscheinlich durch das rechtzeitige volle Aufgebot des Republikanischen Schutzbundes imstande gewesen, den Aufruhr unblutig unter Kontrolle zu bringen. Sie hatte jedoch aus denselben Gründen, die sie schon am Morgen abgehalten hatten, die Abhaltung von Protestkundgebungen selbst zu organisieren, so lange gezögert, bis die Schutzbündler selbst schon als Demonstranten in die Innenstadt gezogen waren. Wäre dies der Sozialdemokratischen Partei dennoch gelungen oder hätte die Regierung die "Herrschaft der Straße" ohne Gegenmaßnahmen hingenommen, so wäre es zweifelsohne zu einer nicht unbedeutenden innenpolitischen Machtverschiebung gekommen.

4. Als die mit Gewehren ausgerüsteten Polizeieinheiten kurz nach 14 Uhr in die Nähe des schon voll in Flammen stehenden Justizpalastes kamen und teils blinde, teils auf die Menge gezielte Salven abgaben, wobei auch furchtbare Wunden verursachene Scheibenschußmunition zum Einsatz kam (25), begann ein neuer Abschnitt des "15. Juli 1927", die *Phase der Repression und partiellen Radikalisierung*. Die Demonstranten waren der schonungslos vorgehenden Polizei nun hoffnungslos unterlegen und flüchteten, wo die Polizei auftauchte, in panischer Angst. Das allgemeine Chaos selbst vermehrte noch die Opfer, da die Menschenmenge auf der Flucht wiederholt ins Feuer der Polizei kam oder neuerlich hinter den Polizeitrupps her aus Neugierde zum Brandplatz strömte.

Der Exekutiv-Einsatz war nunmehr das schärfste eindämmende Mittel geworden, sodaß nach einigen Stunden das Parlamentsviertel "gesäubert" und einigen am späten Nachmittag zu bloßen Sicherungsaufgaben herangezogenen Bundesheereinheiten überlassen werden konnte, sodaß die Polizei am Abend und am nächsten Tag auch in den äußeren Arbeiterbezirken die volle Ruhe wiederherstellen konnte.

Zur gleichen Zeit steigerte aber der in vielen Fällen unnötig blutige Polizeieinsatz die Erregung in einem Teil der Arbeiterschaft noch mehr. Den

Linksradikalen und Teilen des Schutzbundes, die nun bei der sozialdemokratischen Parteiorganisation auf die Ausgabe von Waffen drängten, ging es nicht mehr bloß um eine Abwehr der Polizei, sondern um einen gewaltsamen Umsturz. Die Plünderung einzelner Waffenhandlungen und die Angriffe auf mehrere Polizeiwachzimmer in Hernals und Ottakring weisen in diese Richtung.

Das Führungsgremium der Sozialdemokratischen Partei, das keinen der im Linzer Programm niedergelegten Fälle zur Anwendung von defensiver Gewalt vorliegen sah, erkannte nun ernsthaft die Gefahr einerseits eines Bürgerkriegs, andererseits des Verlustes der Loyalität eines Teils ihrer Anhängerschaft. Otto Bauer und Seitz forderten daher Seipel schroff und taktisch nicht ganz überlegt zum Rücktritt auf. Der Erfolg, der ein echter politischer Erfolg der Sozialdemokratischen Partei und vor ihren Anhängern die Rechtfertigung (und die psychologische Voraussetzung) zu einer offenen Eindämmung der Unruhen gewesen wäre, blieb jedoch aus, umso eher, als die Regierung seit dem Nachmittag wieder vollständig Herr der Lage war. In dieser Situation war es wahrscheinlich Otto Bauer, der auf die Idee der Proklamierung eines Massenstreiks kam. (26) Damit trat der "15. Juli 1927" in sein letztes Stadium.

5. Die *Phase der räumlichen Ausweitung des Konflikts und des Gegenschlags der Rechten* verlief weitgehend unblutig und als eine Angelegenheit der politischen Entscheidungsinstanzen. Sie ist daher hier nur der Vollständigkeit halber zu erwähnen.

Als der organisierte 24-stündige Generalstreik, der schon am Nachmittag am Wiener Süd- und Westbahnhof "wild" begonnen hatte, im ganzen Land einsetzte, bedeutete das in den Bundesländern, in denen es bisher, von wenigen Orten abgesehen, ruhig geblieben war, einen Schritt der Konfliktverschärfung. In Wien aber waren dieser Generalstreik am Samstag und der folgende, unbefristet geplante Streik der Verkehrsbetriebe Kernstück der sozialdemokratischen Strategie zur Beendigung der Unruhen. Seipel als scharfer Beobachter seiner politischen Gegner, die wiederholt in diesen Tagen bei ihm zu Verhandlungen erschienen, sah den Plan Otto Bauers so:

"Um die Leute [von der Straße] wegzubringen, hat man einen 24-stündigen Streik verkündet. Um diesen zu beenden, hat man einen unbefristeten Verkehrsstreik ausgerufen mit der Begründung, die eigentlichen Kämpfer sind die Verkehrsarbeiter, die den Sieg erringen werden. Man hat aber nicht daran ge-

*dacht, wie man diesen ... Verkehrsstreik wieder wegbringen werde. Man hatte
eben die Hoffnung auf den Erfolg mit der Regierung gesetzt."* (27)

Den sozialdemokratischen Parteiführern war es jedoch unmöglich, "von
Seipel eine Erklärung zu bekommen, mit der man vor die Massen tre-
ten könne". (28) Von geringen Zugeständnissen formloser Art abgese-
hen, war Seipel zu keinerlei Konzessionen bereit. Dies und ein anderer
Umstand trugen mit dazu bei, daß die Sozialdemokratische Partei den
Verkehrsstreik am Abend des 18. Juli schließlich bedingungslos abbrach.

In den Bundesländern wurde zwar der Verkehrsstreik anfangs überall lückenlos durchgeführt. Doch hier herrschten andere politisch-soziale
Kräfteverhältnisse als in Wien. Einer, von wenigen Gebieten abgesehen, schwachen und wenig kämpferischen sozialdemokratischen Arbeiterschaft standen starke bürgerliche und "mittelständische" Gruppen
entgegen. So gab es schon innerhalb der Sozialdemokratischen Partei
eine zurückhaltende Strömung gegen den von Wien ausgehenden Streik.
(29) Entscheidend wurde jedoch, daß die Vorarlberger und Tiroler Landesregierungen am 18. Juli Bundesheer, Gendarmerie und eine aus Heimwehr, Frontkämpfern und Nationalsozialisten zusammengesetzte "Hilfs-
polizei" aufboten und durch eine Besetzung der Bahnhöfe und Kraft-
werke der ÖBB einen privaten "Notverkehr" auch auf den Eisenbahnen – der Autobus- und Postverkehr funktionierte hier meist reibungslos – in Gang setzen konnten. (30) In der Steiermark und in Salzburg
kündigte sich ein ähnlicher Vorstoß der Rechten an. Da es sowohl die
Bundesländer-Sozialdemokraten wie die Parteiführung in Wien nicht auf
eine Verschärfung des Streiks und die Heraufbeschwörung des Bürgerkriegs und einer ausländischen Intervention, die sich in italienischen
und ungarischen Truppenalarmierungen sowie in zahllosen Gerüchten
anzukündigen schien, ankommen lassen wollten, fügte sich die österreichische Sozialdemokratie bewußt in die Niederlage (31), was selbst
wiederum ungeahnte weitreichende sozialpsychologische und politische
Folgen hatte.

B. DIE SOZIALE ZUSAMMENSETZUNG DER "JULI-DEMONSTRANTEN"

Die soziale Zusammensetzung der demonstrierenden und später aufrührerischen Menschenmenge läßt Schlüsse auf die Zielrichtung ihres Pro-

Tabelle 4: Soziale Gliederung der "Juli-Demonstranten"
im Vergleich mit den Berufstätigen und den
sozialdemokratischen Parteimitgliedern in Wien.

	1	2	3	4	5
Hilfsarbeiter[a]			76	28	
	54.5	65.4			137
qualifizierte Arbeiter			128	47	
Angestellte, Beamte	25.6	24.8	57	21	81
Selbständige[b]	17.5	7.1	10	3	19
Sonstige[c]	2.4	2.7	3	1	(62)
N	945 233	341 768	274		

1 Berufstätige 1934: Berufsträger und Hauspersonal (in Prozent)
2 SDAP-Mitglieder (1930): ohne Hausfrauen und Berufslose (in Prozent)
3 (erfaßte) Juli-Demonstranten (absolut)
4 (erfaßte) Juli-Demonstranten (in Prozent)
5 Beteiligungsquote $= \dfrac{Juli-Demonstranten \times 100}{Berufstätige}$

[a] einschließlich Hauspersonal
[b] einschließlich mithelfender Familienmitglieder; in Spalte 2 bis 4: einschließlich Studenten
[c] nur eingeschränkt vergleichbar

Berechnet nach: Die Ergebnisse der österreichischen Volkszählung vom 22. März 1934, Wien 1935, Heft 3;
Jahrbuch der österreichischen Arbeiterbewegung 1930, Wien 1931, 113;
G. Botz, Gewalt in der Politik, München 1976, 157.

tests zu. Die Lebensumstände ihrer Mitglieder ermöglichen ein Verständnis ihrer Motive. Zwar erfüllt das zur Verfügung stehende Quellenmaterial, Berufs- und Altersangaben von 74 Getöteten, 62 Verletzten und 136 Angeklagten, nicht die Kriterien einer strengen Stichprobenuntersuchung. Auch muß als Mangel verbucht werden, daß es noch nicht möglich ist, die Analyse getrennt nach Ort und Zeit, etwa die Menschenmenge am Vormittag des 15. Juli beim Parlamentsviertel oder die aufrührerischen Ansammlungen am Abend des 16. Juli, durchzuführen. Doch kann dieses Material immerhin zu einem Hinausgehen über eine bloße Bestätigung der bekannten Tatsache, daß es sich am 15. Juli 1927 um einen Aufruhr der Arbeiterschaft handelte, und zu einer umrißhaften Beschreibung der sozialen, beruflichen und altersmäßigen Struktur der Menschen herangezogen werden, die entweder als Opfer oder vermutliche Exzedenten an den massenhaften Ereignissen des 15. und 16. Juli beteiligt waren, was wiederum vorsichtige Schlußfolgerungen auf die Gesamtheit der "Juli-Demonstranten" zuläßt. (32)

Tabelle 4 stellt die arbeitsrechtlich-soziale Gliederung der (quellenmäßig erfaßten) "Juli-Demonstranten" (33) der Sozialstruktur aller Berufstätigen und der Mitglieder der Sozialdemokratischen Partei in Wien gegenüber. Drei Viertel der "Juli-Demonstranten", 28 Prozent Ungelernte und 47 Prozent Gelernte, waren Arbeiter. Verglichen mit dem Anteil der Arbeiter unter den Berufstätigen Wiens, aber auch verglichen mit dem Arbeiteranteil innerhalb der sozialdemokratischen Mitgliedschaft waren sie eindeutig überrepräsentiert, wie die Beteiligungsquote in der äußeren rechten Spalte der Tabelle angibt. (34)

Andererseits erreichten die Angestellten in Privat- und öffentlichen Betrieben mit etwas einem Fünftel der "Juli-Demonstranten" einen geringeren Anteil als an den Vergleichsgruppen, doch ist nicht auszuschließen, daß dieser Unterschied zufällig ist.

Zum Unterschied davon sind die Selbständigen, Inhaber freier Berufe und Hochschulstudenten, also die Vertreter des kleinen und mittleren Wiener Bürgertums, unter den "Juli-Demonstranten" besonders signifikant unterrepräsentiert, und zwar fünfmal weniger als in der vergleichbaren Gesamtbevölkerung und etwa im halben Ausmaß wie in der sozialdemokratischen Mitgliedschaft. (35)

Abgesehen von der Eindeutigkeit, mit der die Lohnabhängigen den einen Konfliktteil am "15. Juli 1927" dominierten (96 Prozent), ist dieses Ergebnis noch nicht besonders überraschend. Auf den ebenfalls unerwartet hohen Anteil der Hilfsarbeiter, 28 Prozent der "Juli-Demonstranten" oder mehr als ein Drittel der demonstrierenden Arbeiter, ist noch im Zusammenhang mit *Tabelle 6* zurückzukommen.

Die soziale Gliederung der "Juli-Demonstranten" unterscheidet sich also nicht nur in typischer Weise von jener der Gesamtbevölkerung, sondern auch von der der Sozialdemokratischen Partei. Zwar ist anzunehmen, daß die "Demonstranten" überwiegend sozialdemokratische Anhänger (Mitglieder oder Sympathisanten) waren. Allein unter den 85 getöteten Zivilisten befanden sich elf Republikanische Schutzbündler, die bei der Ausübung des Ordnerdienstes, wie die Zeitschrift "Schutzbund" berichtete, oder die, was aus anderen Quellen geschlossen werden kann, zum Teil auch inmitten der demonstrierenden und exzedierenden Menge den Tod fanden. Aber das Charakteristische an dieser Menschenmenge ist, daß sie nicht identisch war mit jener, die von den sozialdemokratischen Organisationen bei Veranstaltungen wie am 1. Mai oder 12. November (Tag der Republikgründung) auf die Straßen gebracht worden sein dürfte. Sonst wäre wohl die soziale Herkunft der "Demonstranten" ähnlicher jener der sozialdemokratischen Partei gewesen, auch wenn anzunehmen ist, daß auch in diesen Fällen "Parteiöffentlichkeit" und "Demonstrationsöffentlichkeit" nicht identisch waren. Vielmehr ist das entscheidene Merkmal der "Juli-Demonstranten", daß es sich bei ihnen überwiegend um die (sozialdemokratischen) Betriebsarbeiter, einschließlich der städtischen Bediensteten, handelte. Die Protestbewegung kann also allein aus diesem Grund kaum direkt von der wohngebietsmäßig aufgebauten Parteiorganisation, sie muß eher von der betrieblichen Basis der Gewerkschaften ausgegangen sein. (36)

In ähnlicher Weise kann auch *Tabelle 5*, die das Alter der "Juli-Demonstranten" mit der Gesamtbevölkerung und der sozialdemokratischen Parteimitgliedschaft Wiens vergleicht, interpretiert werden. Die Altersgliederung der "Demonstranten" weist eine starke Asymmetrie auf. Zwei Drittel der "Demonstranten" waren jünger als 30 Jahre. Die unter 20-jährigen waren, verglichen mit der Gesamtgesellschaft, mehr als dreifach, die 20- bis 29jährigen mehr als zweifach überrepräsentiert, wie aus der Beteiligungsquote in der äußerst rechten Spalte der Tabelle abgelesen werden kann. Dementsprechend sind die Dreißig- und Vierzigjährigen, die in der Sozialdemokratischen Partei, verglichen mit allen Wienern, noch immer etwas überrepräsentiert waren, und die noch höheren Altersgruppen unter den "Juli-Demonstranten" in zunehmendem Maße unterrepräsentiert.

Dies läßt den "15. Juli 1927" beinahe als einen Protest der Jugend Wiens erscheinen. Inwiefern dieser Befund aber von dem zur Verfügung stehenden Quellenmaterial überzeichnet wurde, kann nicht entschieden werden. Sicher ist er aber nicht bloß vorgetäuscht. Gewiß hat bei der Entstehung des Quellenmaterials eine Rolle gespielt, daß jüngere Menschen beim "15. Juli 1927" wie bei fast allen politischen Gewalttaten in der Zwischenkriegszeit angriffslustiger und waghalsiger auftraten als ältere Teilnehmer, die sich mehr im Hintergrund hielten und daher auch weniger häufig zu Opfern und Tätern wurden. So stellt das Weißbuch der

Polizeidirektion fest: "An diesen Ausschreitungen nahmen in besonders exzessiver Weise auch Jugendliche beiderlei Geschlechts teil." (37) Die Jungen handelten unter dem Schirm der wohlwollenden Passivität der Alten.

Tabelle 5: Altersgliederung der "Juli-Demonstranten"
im Vergleich mit der über 14jährigen Bevölkerung
und den sozialdemokratischen Parteimitgliedern Wiens
(Altersgruppen in Prozent)

Altersgruppen	1	2	3^a	4
15-19 Jahre	5.6	2.6	19	345
20-29 Jahre	21.0	28.2	47	222
30-39 Jahre	22.2	28.1	18	82
40-49 Jahre	19.2	21.2	11	58
50-59 Jahre	16.5	13.6	4	24
über 60 Jahre	15.5	6.3	1	5
N	1 597 733	415 170	272	

1 über 14jährige (1934)
2 SDAP-Mitglieder (1930)
3 (erfaßte) Juli-Demonstranten (1927)
4 Beteiligungsquote $= \frac{Juli-Demonstranten \times 100}{Bevölkerung}$

a Nur eingeschränkt vergleichbar: 13- bis 19jährige

Berechnet nach: Die Ergebnisse der österreichischen Volkszählung vom 22. März 1934, Wien 1935, Heft 1, 35;
Jahrbuch der österreichischen Arbeiterbewegung 1930, Wien 1931, 112;
G. Botz, Gewalt in der Politik, München 1976, 155.

Ob beim Zustandekommen dieses jugendlichen Aktivismus das durchschnittliche Heiratsalter und ein damit einhergehendes Nachlassen der Aggressivitätsspannung im Sinne psychoanalytischer Theorien (38) eine Rolle spielten, muß hier ebenso offenbleiben wie die nicht unwahrscheinliche Annahme, daß die während und unmittelbar nach dem Ersten Weltkrieg aufwachsenden Generationen einen für Gewalttätigkeit anfälliger machenden Sozialisationsprozeß durchgemacht hatten (39).

	1	2	3	4	5
Eisen und Metallindustrie	14.9	25	47	23.5	158
Bauindustrie	6.6	23	9	4.5	68
Holzindustrie	4.4	23	7	3.5	80
Textil-, Bekleidungs- und Lederindustrie	17.4	11	21	10.5	60
Lebensmittelindustrie	7.1	13	11	5.5	77
Graphische Industrie	2.6	16	6	3.0	115
Verkehr[a]	8.3		23	11.5	139
Sonstige		10			
Wirtschaftsgruppen[b]	38.7		76	38.0	98
N	476	144	200	200	

1 Arbeiter (1934) in Prozent
2 Arbeitslosenrate nach Wirtschaftsgruppen (Juni 1927) in Prozent
3 Juli-Demonstranten mit Arbeiterberufen (absolut)
4 Juli-Demonstranten mit Arbeiterberufen in Prozent
5 Beteiligungsquote $= \frac{Juli-Demonstranten \times 100}{Arbeiter}$

[a] nur bedingt vergleichbar
[b] nur bedingt vergleichbar: in Spalte 2 einschließlich der Hilfsarbeiter aus allen Wirtschaftsgruppen, in den Spalten 3 und 4 nur Hilfsarbeiter

Berechnet nach: Die Ergebnisse der österreichischen Volkszählung vom 22. März 1934, Wien 1935, Heft 3, Tabelle 9, und Heft 1, Übersicht IV-5; Wirtschaftsstatistisches Jahrbuch 1927, Wien 1928, 504 f.; G. Botz, Gewalt in der Politik, München 1976, 156.

Tabelle 6 stellt dar, in welcher Weise sich die am "15. Juli 1927" beteiligten Arbeiter auf verschiedene Wirtschaftsgruppen verteilten (zweite und dritte Spalte von rechts). Zum Vergleich ist dieselbe Verteilung für alle Arbeiter und die Arbeitslosenrate in jeder Wirtschaftsgruppe beigegeben (erste und zweite Spalte von links). Obwohl die Vergleichbarkeit der einzelnen Spalten dieser Tabelle auf Grund des unzulänglichen Quellenmaterials nur beschränkt möglich ist, lassen sich daraus einige

Rückschlüsse auf die Lebensumstände der "Juli-Demonstranten", soweit sie aus der Arbeiterschaft stammen, ziehen. (40)

Fast ein Viertel aller demonstrierenden Arbeiter (23,5 Prozent) hatte Berufe, die überwiegend (41) in der Eisen- und Metallindustrie vorkommen. Dies ist signifikant höher als der entsprechende Anteil an der gesamten Arbeiterschaft, über eineinhalbmal, wie aus der Spalte ganz rechts in der *Tabelle 6* (Beteiligungsquote) hervorgeht. Zugleich auch hatten Metallarbeiter die stärkste Arbeitslosigkeit unter allen Wirtschaftsgruppen. In abgeschwächter Form könnte dasselbe auch für die graphische Industrie gelten, wenn nicht die bekanntermaßen oft höhere Politisierung von Druckereiarbeitern deren leichte Überrepräsentierung unter den "Juli-Demonstranten" erklärt. Das Umgekehrte ist der Fall bei den Arbeitern in der Textil-, Bekleidungs- und Lebensmittelindustrie. Eine niedrige Arbeitslosenrate geht bei dieser Arbeitergruppe einher mit einer unterdurchschnittlichen, wenn auch in absoluten Zahlen immer noch recht starken Beteiligung am "15. Juli 1927". Ähnliches gilt auch für die Arbeiter in lebensmittelerzeugenden Betrieben.

Unter Berücksichtigung des Folgenden läßt dies den Schluß zu, daß die Arbeitslosigkeit einen merklichen Einfluß auf die Beteiligung von Arbeitern am "15. Juli 1927" ausgeübt hat. Dies wird im übrigen auch von der hohen Beteiligungsrate der Hilfsarbeiter (42) und teilweise auch von jener der Angestellten bestätigt. Diese beiden Gruppen litten Mitte 1927, neben den Metallarbeitern, am stärksten unter der Arbeitslosigkeit. (43) Von der Eisen- und Metallindustrie wird überdies berichtet, daß es Anfang Sommer 1927 in den Wiener Warchalowski-Werken zu Massenentlassungen gekommen war. (44)

Drei Wirtschaftsgruppen weichen von dieser Regel ab. Dies kann zumindest teilweise auf folgende Weise erklärt werden. Bauarbeiter scheinen trotz ihrer ebenfalls beträchtlichen Arbeitslosenrate nur stark unterrepräsentiert unter den "Juli-Demonstranten" auf. Wenn man jedoch annimmt, daß in der Bauwirtschaft die Anzahl der Hilfsarbeiter besonders hoch ist, diese aber nicht einer bestimmten Wirtschaftsgruppe zuzuordnen waren, dann dürften auch die Bauarbeiter, gelernte und ungelernte zusammen, an den Demonstrationen und Ausschreitungen stärker beteiligt gewesen sein, als es in der Statistik zum Vorschein tritt. In der Holzindustrie überschneiden sich ebenfalls hohe Arbeitslosenrate mit geringer Beteiligungsrate. Doch war die Wiener Holzindustrie jener Zeit durch eine ausgesprochenen kleinbetriebliche Struktur gekennzeichnet, was einen zusätzlichen Erklärungsfaktor ins Spiel bringt, den der Betriebsgröße. Andererseits ist die Eisen- und Metallindustrie durch die stärkste betriebliche Konzentration gekennzeichnet (45).

Ebenfalls in *Tabelle 6* enthalten sind die Arbeiter in öffentlichen und privaten Verkehrsbetrieben. Gerade diesen im allgemeinen politisch sehr bewußten Gruppen wurde auf Grund ihrer Tätigkeit die Teilnahme an Straßenkundgebungen sehr erleichtert. Zwar scheinen Straßenbahner nicht wesentlich stärker unter den "Juli-Demonstranten" auf, als es ihrem Anteil an der Arbeiterschaft entspricht, Eisenbahner waren überhaupt nicht beteiligt. Die einen begannen erst am Nachmittag des 15. Juli in den Streik zu treten, die anderen, vor allem Straßenbahnführer und -schaffner, konnten auch nach der Einstellung des öffentlichen Verkehrs im Laufe des Vormittags nicht ohne weiteres ihre Fahrzeuge und Betriebsstätten verlassen. Um so stärker waren aber Chauffeure und Kutscher in die Ereignisse verwickelt (5 bzw. 4 Prozent aller Arbeiter-"Demonstranten"), und zwar erstere fast doppelt so stark, letztere über viermal so stark, wie es ihrem Anteil an der gesamten Arbeiterschaft entsprach. Diese so überaus hohe Beteiligung der Kutscher (46) ist zusätzlich auch vor dem Hintergrund der von der beginnenden Motorisierung ausgehenden Bedrohung des Arbeitsplatzes und einer erhöhten Arbeitslosigkeit dieses Berufes zu erklären.

Erwähnt seien hier auch die Frauen, denen vor allem in Einvernahmeprotokollen von Polizisten und bürgerlich orientierten Juristen eine Schlüsselrolle zugeschrieben wird (47), während die offiziellen Polizeidarstellungen selbst ihre Rolle stark relativieren. (48) Unter 85 getöteten und 236 gerichtlich verfolgten "Juli-Demonstranten" befanden sich insgesamt nur 16 Frauen und Mädchen. Ihr Anteil machte somit kaum 5 Prozent aus. Damit ist zwar nicht auszuschließen, daß sich einzelne Frauen besonders hervortraten (49), doch auf die Gruppe als Ganzes und für alle Situationen kann keinesfalls die Aussage Vizekanzler Hartlebs zutreffen: "Die Ärgsten waren die Frauen, weitaus die Fanatischsten." (50)

Zusammenfassend kann man also festhalten: Die "Juli-Demonstranten" waren überwiegend junge Menschen (unter 30) aus der Arbeiterschaft. Dennoch waren sie keine homogene Gruppe. Einerseits befanden sich unter ihnen sehr viele qualifizierte Arbeiter, und zwar überwiegend solche aus Großbetrieben (Metallarbeiter). Auch der Beteiligungsgrad der Angestellten und Beamten ist höher, als man es auf Grund allgemein stärkerer Zurückhaltung bei typischen Arbeiterdemonstrationen erwarten könnte. Andererseits waren auch die Hilfsarbeiter besonders stark beteiligt. Status- oder Lohnunterschiede können also am 15. Juli 1927 nicht entscheidend gewesen sein; sicher dagegen die Betriebsgröße, indem in Großbetrieben, wie nicht anders zu erwarten, eine breitere Politisierung erfolgte und eine stärkere Umsetzung des Protestwillens in die Tat stattfand. So wird auch von wiederholten Berichten bestätigt, daß die Belegschaften großer Unternehmungen wie der Städtischen Elektrizitätswerke, von Siemens und Halske, Gräf und Stift und von den Großbaustellen der Gemeindebauten, insbesondere am "Karl-Marx-Hof", geschlossen in die Innenstadt marschierten. (51)

In stärkerem Maße kann jedoch als verursachender Faktor die Arbeitslosigkeit gelten. Metall- und Hilfsarbeiter, zum Teil die öffentlichen und privaten Angestellten und die Kutscher sind dafür die deutlichsten Beispiele. Doch da die hier ausgewerteten Quellen nur ausnahmsweise Angaben darüber enthalten, ob ein bestimmter "Juli-Demonstrant" gerade arbeitslos war oder in Beschäftigung stand, soll noch nicht endgültig entschieden werden, ob Arbeitslosigkeit direkt oder nur indirekt Arbeiter zum Protest tendieren ließ. Die Rolle der großbetrieblichen Arbeiterschaft beim "15. Juli 1927" läßt jedoch vermuten, daß Arbeitslosigkeit über den Umweg von beruflicher Verunsicherung stark politisierend gewirkt hat. Einmal eingetretene Arbeitslosigkeit scheint dagegen, vermutlich wegen der sich bald bei einem Teil der Betroffenen einstellenden politischen Apathie (52), am 15. Juli 1927 nur in geringem Umfang als motivierender Faktor in Frage zu kommen.

Quantitativ betrachtet waren die Unruhen am 15. Juli 1927 in Wien also nicht ein Verzweiflungsausbruch von aktuell verelendeten Proletariern, sondern der Massenprotest von jüngeren Arbeitern mit unterschiedlichem Ausbildungsniveau in Großbetrieben, deren Arbeitsplatz jedoch ganz allgemein von der stürmischen Rationalisierungswelle seit Mitte der zwanziger Jahre gefährdet war. Gerade diese Gruppe war einerseits durch die großbetriebliche Arbeitsplatzsituation von vornherein stärker politisierbar, ihr Politisierungsgrad war andererseits auch durch die im Laufe der zwanziger Jahre insbesondere in Wien ausgebaute Schulungstätigkeit der Sozialdemokratischen Partei tatsächlich sehr hoch. (53)

C. Zielrichtung und Motivation des Protests

Als Anführer und "Hetzer" können allerdings Angehörige aus den untersten, verelendsten Schichten der Gesellschaft bei den sich verschärfenden Ausschreitungen seit dem späten Vormittag des 15. Juli eine größer werdende Rolle gespielt haben. Auch wenn bei kollektiven Gewalttaten von der Öffentlichkeit fast immer der "Ruaß", "lichtscheues Gesindel" etc. verantwortlich gemacht werden, sodaß solchen Behauptungen gegenüber prinzipiell besondere Vorsicht geboten erscheint, und obwohl solche subproletarischen Gruppen in dem quantifizierbaren Material nicht aufscheinen, lassen doch Augenzeugenberichte ihre aktive Beteiligung am Geschehen des 15. Juli vermuten. Die Brandlegung und Plünderung des Justizpalastes und die Plünderung mehrerer Waffenhandlungen gehen wahrscheinlich zum Großteil auf ihr Konto. So beschrieb Theodor Körner die Situation, als er sich mit einer Gruppe von Schutzbündlern in dem brennenden Justizpalast um die Rettung von eingeschlossenen Polizisten kümmerte:

"Es waren auch Lumpen im Hause drin, die die Kästen aufgebrochen haben. Wie wir sie angeschrien haben: Ihr Lumpen, Ihr Diebe! sind sie weggelaufen, und daß [Polizei-]Vize-Präsident Pamer ... an der einen Stelle gelöscht hat, beweist, daß auch Brandstifter drinnen waren. Es war eine aufgeregte Menge, die Mehrzahl waren neugierige Zuschauer, wie bei jedem Brand. Im ganzen kann ich sagen: es waren verhungerte Leute, einzelne, die mit dem Ruf gehetzt haben: Frauen und Kinder sind erschossen worden. Lumpen waren auch darunter." (54)

Auch das "Mitteilungsblatt der Sozialdemokratie Deutschösterreichs", Nr. 1 vom 16. Juli 1927, das an Stelle der "Arbeiter-Zeitung" während des Streiks erschien, schrieb: "Wir können allerdings nicht bestreiten, daß sich in die große Menge der Demonstranten auch einige hundert undisziplinierte Elemente gemengt haben, die zu diesem großen Unglück viel beigetragen haben." Allerdings ist bei der Aussage Körners und dem Bericht des "Mitteilungsblattes" zu bedenken, daß beide von der (bewußten oder unbewußten) Absicht geleitet sein können, die sozialdemokratisch organisierte Arbeiterschaft von dem Vorwurf von Aufruhr und Brandstiftung zu entlasten. Inwiefern sich die "drei- oder vierhundert undisziplinierten Burschen", die "unter dem Protektorate der zahlreich anwesenden und zusehenden Arbeiter und Schutzbündler" (55) an den Zentren des Geschehens seit dem späten Vormittag agierten, von bewußten politischen Absichten leiten ließen, kann nicht mit Sicherheit entschieden werden. Aus der Tatsache, daß auch Schutzbündler bei Versuchen, die Wachleute in Sicherheit zu bringen und der Feuerwehr den Beginn der Löscharbeiten beim brennenden Justizpalast zu ermöglichen, beschimpft und tätlich angegriffen wurden, ist auf eine mindestens allgemein anti-sozialdemokratische Haltung mancher Aktivisten in der Menge zu schließen.

Wenn jedoch die als linksradikal beschriebene "Besatzung" einer Barrikade den populären Bürgermeister Karl Seitz, der, auf einem Feuerwehrauto stehend, die Weiterfahrt zu erreichen suchte, beschimpfte und bespuckte, dann handelte es sich um ein eindeutig politisch motiviertes Verhalten. In dieser Episode wie in relativ organisierten Aktionen kleiner Gruppen, wie im Sturm auf das "Reichspost"-Gebäude, wird die Tätigkeit kommunistischer Agitatoren spürbar. (56) Damit stimmen Meldungen der Wiener Polizeidirektion überein, daß

"an der Inszenierung der Exzesse vom 15. bzw. 16. Juli 1927 auch kommunistische Agitatoren in hervorragender Weise mitgewirkt haben, indem sie die Menge durch Aneiferung mit Worten und durch Verbreitung von Flugzettel zu Gewalttaten aufforderten. Insbesondere scheint es, daß auch ausländische Agitatoren, die Automobile benützten, an verschiedenen Stellen die Menge haranguierten. Hiebei sollen sogar Geldbeträge unter die Demonstranten verteilt worden sein." (57)

Zwar gibt es keine näheren Belege für die Sache mit den Automobilen und Geldbeträgen, doch standen die Kommunisten gewiß, "als die Arbeiterschaft auf die Straße ging, Seite an Seite mit der kämpfenden Arbeiterschaft und suchten ihr eine Richtung zu geben", wie die "Rote Fahne" nachträglich schrieb. Doch waren auch sie von dem Umfang des ausbrechenden Protests überrascht. Noch am Abend des 14. Juli hatte eine Vertrauensmännerkonferenz der kommunistischen Gewerkschafter die Lage diskutiert, "es wurde auch die Frage des Generalstreiks ventiliert, und diese Lösung wurde abgelehnt. Beschlossen wurde, die Genossen sollen in den Betrieben versuchen, Protestkundgebungen auf dem Ring vor dem Parlament gegen die Klassenjustiz zu veranstalten." (58) Erst für den Abend des 15. Juli bereiteten sie ernsthaft eine Protestversammlung beim "Bachlehner" vor. (59) Daher versäumte die Kommunistische Partei auch den für sie günstigsten Zeitpunkt. Sie konnte durch die Herausgabe eines Flugblattes und durch die Versendung von Telegrammen an ihre Provinzorganisationen auf eine zielgerichtete Fortsetzung der gewaltsamen Auseinandersetzungen erst einzuwirken versuchen, als die Menschenmenge in der Wiener Innenstadt von den Salven der Polizei bereits zerstreut worden war. (60)

Eine merkbare Einflußnahme ausländischer kommunistischer Agitatoren auf den Beginn und Verlauf der Ereignisse am 15. Juli 1927 ist dagegen überhaupt nicht quellenmäßig nachweisbar. Der preußische Landtagsabgeordnete und führende deutsche Kommunist, Wilhelm Pieck, kam erst in der Nacht auf den 17. Juli über Bratislava nach Wien, und die spätere polizeiliche Überwachung und Ausweisung zweier sowjetischer Staatsangehöriger, die offiziell zu Wirtschaftsverhandlungen mit der Gemeinde Wien in der Stadt weilten, erfolgte eher aus einem innenpolitischen Schachzug gegen die sozialdemokratische Stadtverwaltung denn wegen des Vorliegens ernsthafter Verdachtsmomente. (61)

Bundeskanzler Seipel hat, wie auch aus seinen Ausführungen in der christlichsozialen Klubsitzung vom 25. Juli hervorgeht, am 26. Juli 1927 vor dem Nationalrat die Lage richtig wiedergegeben, als er sagte:

"Nach allem was wir wissen, ist die Bewegung nicht von irgendwem von draußen angeregt oder durchgeführt worden ... Allerdings, als hier einmal Häuser in Brand gesteckt, als Todesopfer gefallen waren, da hat man sich ... von seiten der Kommunisten der Sache zu bemächtigen versucht, auswärtige Führer ins Land gesendet und aufreizende Telegramme geschickt ..." (62)

"Festgestellt muß werden, daß anfangs die Kommunisten dabei waren und auf die Soz. Führer gehetzt haben ... Aber von ihnen allein hätte niemals eine solche Bewegung ausgehen können." (63)

Aber auch bezüglich der sozialdemokratischen Parteiführung war Seipel der Meinung, daß sie von dem Ausmaß der Ereignisse überrascht worden sei. Zwar sei es den Sozialdemokraten nach dem Schattendorfer Freispruch "um einen Wirbel, wenn auch relativ klein", gegangen, der "zur Einschüchterung der Regierung und der Mehrheitsparteien verwendet werden" sollte.

"Wir sehen die Linie, bis zu welcher man gehen wollte: Demolierung der Reichspost, der Wr. Neuesten Nachrichten. An eine Erstürmung des Parlaments, Anzünden von Sicherheitswachstuben und des Justizpalastes hat niemand gedacht." (64)

Zwar gibt es keine Belege, daß tatsächlich ein Sturm auf die Redaktionen der christlichsozialen und großdeutschen Presseorgane im vorhinein geplant gewesen sei – eine stürmische Demonstration der Arbeiterschaft vor diesen Gebäuden war nach früheren Erfahrungen und der Stellungnahme der Regierungspresse wie der "Arbeiter-Zeitung" zum Schattendorfer Prozeß jedoch im Bereich des Möglichen –, doch stimmt diese Beobachtung Seipels ansonsten mit jenem Befund überein, der sich auch aus sozialdemokratischen Äußerungen ergibt. Einerseits sahen Otto Bauer und die führenden Funktionäre der Sozialdemokratischen Partei die Empörung der Arbeiterschaft über den Freispruch bis zu einem gewissen Ausmaß voraus und wirkten durch den Leitartikel Austerlitz' in der "Arbeiter-Zeitung" noch zusätzlich anfachend (65), andererseits wollten sie aber nicht direkt parteioffizielle Protestveranstaltungen abhalten oder ihre Mitglieder zu Demonstrationszügen in die Innenstadt auffordern, da dies von der Christlichsozialen Partei als weiteres Argument in ihrem Bestreben nach einer Einschränkung der Schwurgerichtsbarkeit verwendet worden wäre.

Bauer, Seitz und Deutsch hatten daher, als ihnen die Streikabsicht aus einem Schlüsselbetrieb bei allen Massendemonstrationen, den Städtischen Elektrizitätswerken, gemeldet wurde (66), nichts dagegen einzuwenden, und sie wollten, selbst wenn sie tatsächlich imstande gewesen wären, die elementare Wucht des losbrechenden Protests durch Resolutionen und Vertröstung auf Kundgebungen am folgenden Tag, einen Samstag, aufzufangen, wie es Karl Renner und Adolf Schärf nachträglich für möglich hielten (67), nichts dagegen unternehmen. Wie Bauer auf dem sozialdemokratischen Parteitag im Herbst desselben Jahres sagte, ließ man es "auf eine unorganisierte, unvorbereitete und daher undisziplinierte Kundgebung ankommen". (68)

Wenn "die Massen ... bewußt sich selbst überlassen" wurden, so bedeutet dies natürlich noch keineswegs, daß die beginnenden Demonstrationen völlig unorganisiert waren. Ein so durchgebildeter Parteiapparat wie der sozialdemokratische hörte nicht einfach auf, durch das Nicht-Handeln der Parteiführung in der gewohnten Weise auf den mittleren und unteren Ebenen zu funktionieren. Es ist daher eigentlich nicht überraschend, daß einzelne Berichte darüber vorliegen, wonach sozialdemokratische Funktionäre direkt zu Demonstrationen aufforderten. Selbst aus dem Parteihaus an der Wienzeile erging unter Berufung auf Deutsch ein solcher Auftrag an die Rathausbeamten. (69) Neben der Spontaneität der "Basis" gab es am Morgen des 15. Juli also auch die Spontaneität der Organisation. Und der sozialdemokratische Partei- und Gewerkschaftsapparat selbst wirkte sich wiederum auf den Ablauf der Demonstration kontrollierend aus. Diese kanalisierende Wirkung ging erst im Laufe des Vormittags verloren, als die Polizei scharf und, auch nach dem Urteil ausländischer "Polizeifachleute", unzweckmäßig gegen die Demonstranten operierte. (70)

Die Demonstrationen am 15. Juli hatten also bei ihrem Beginn viel vom Charakter einer, allerdings unvollständig organisierten, sozialdemokratischen Protestveranstaltung. Es ist daher nur logisch, daß auch die Richtung des Protests und die Motive der Teilnehmer zunächst in dem von der Sozialdemokratie abgesteckten Rahmen blieben. Die Rufe und Parolen der Menschenmenge lassen aber im Laufe des Tages einen Wandel der Haltung der Demonstrationsteilnehmer erkennen.

Schon die Aufschrift eines improvisierten Transparents der E-Werk-Arbeiter am frühen Morgen des 15. Juli lautete: "Protest! dem Schandurteil. Wir greifen zur Selbsthilfe." (71) Unter ähnlichen Parolen erfolgten auch die Angriffe auf Personen und Objekte, die mit dem Schattendorfer Freispruch in Beziehung gebracht wurden. Ein tätlicher Angriff auf einen Baumeister, der aus dem Justizpalast kam, wurde von den Worten begleitet: "Du Hund von einem Richter, das hast du für Schattendorf!" Als der Justizpalast schon erstürmt war und Plünderer ein Bild, das Kaiser Franz Josef darzustellen schien, aus dem Gebäude warfen, wurde es mit empörten Rufen empfangen: "Pfui, das ist unsere republikanische Justiz!" In der Menge vor dem brennenden Justizpalast hörte man immer wieder die Drohung, "alles müsse zertrümmert und verbrannt werden, das sei eine Klassen-, eine Schandjustiz, seit fünf Jahren werde jeder Hakenkreuzler freigesprochen, jeder Arbeiter verurteilt". Die Arbeiter ließen sich das nicht mehr länger gefallen. Doch nur selten wurde auch eine justizpolitische Alternative erkennbar: "Wir brauchen keine Richter, wir machen uns selbst den Richter." (72)

Im Protest gegen das Schattendorfer Urteil liegt die hauptsächlich motivierende Komponente zu Beginn der Unruhen bis zum Mittag des 15. Juli. Im Inhalt gingen solche Parolen zweifellos auf ein zutiefst verletztes Rechtsgefühl und die aus der austromarxistischen Einschätzung der Justiz in der "Bourgeoisierepublik" hervorgehende Schulungstätigkeit und Propaganda zurück. In der Form erinnerten sie stark an den Leitartikel Austerlitz' vom selben Tag.

In solchen Parolen dominierte die Absicht einer Protestäußerung, während erst vor dem belagerten Justizpalast die Komponente der Durchsetzung bestimmter politischer Vorstellungen stärker wurde. Denn "Appell" und "Drohung" sind als die in unterschiedlichem Mischungsverhältnis bei jeder Art von Demonstration und Aufruhr vorkommenden sozialen Funktionen von Protestverhalten anzusehen. Und Protest heißt "im wesentlichen nichts anderes, als mangels eigener Handlungspotenz andere, mächtigere Gruppen auf bestimmte Mißstände hinzuweisen, um deren Beseitigung zu erreichen". (73)

Direkte Parolen gegen die bestehende Gesellschaftsordnung tauchten aber unter den Demonstranten, solange der Aufruhr spontane Züge trug, überhaupt nicht auf. Erst nach den Salven der Polizei wurden auch sie erhoben, überwiegend aber von kommunistischer Seite. Dagegen lag der Sturz der Regierung Seipel schon vom frühen Morgen an im Denkbereich der Demonstranten. Schon in der Nacht vom 14. auf den 15. Juli meinten die E-Werk-Arbeiter, die in der Redaktion der "Arbeiter-Zeitung" vorsprachen, um Weisungen einzuholen: Wenn man die Regierung wegjage, brauche man nicht zu argumentieren, warum Sozialdemokraten gegen ein Geschworenenurteil protestierten, die Geschworenengerichtsbarkeit selbst aber verteidigten. (74) Auch am Vormittag riefen anmarschierende Demonstranten: "Nieder mit Seipel!" und "Der Seipel gehört auf den Galgen!" (75) Aber auch diese Parolen waren nichts Neues bei Massenversammlungen der Arbeiterschaft. Sie verraten zwar durchaus eine ernst zu nehmende Stimmung, die schon 1924 einen verzweifelten Arbeiter zu seinem Attentat auf Seipel motiviert hatte, sie hatten aber seither viel von einer bloßen Phrase der Machtlosigkeit gegen die parlamentarisch gut abgesicherte bürgerliche Koalitionsregierung angenommen. Daß sich keine wesentlichen Angriffe gegen das Parlamentsgebäude selbst richteten, bedeutet, daß die parlamentarischen Einrichtungen und ihre Mehrheitsverhältnisse, anders als bei den linksradikalen Putschversuchen von 1919, außer Streit standen.

Natürlich richtete sich die Wut der Demonstranten, als die Polizei einmal Reiterattacken geritten und von der Schußwaffe Gebrauch gemacht hatte, in besonderem Maße gegen ihren unmittelbaren Gegner auf der Straße. Ausdrücke wie "Schobergardisten", "Mistelbacher", "Bluthunde", "Schoberbanditen" bezeugen die hohe Emotionalität der gewaltsamen Auseinandersetzungen im Parlamentsviertel. Weitere Ziele verbaler (und tätlicher) Angriffe waren die Nationalsozialisten und klerikale und "völkische" Studenten, auf die auch die Bezeichnung "Arbeitermörder" gemünzt war, bevor sie sich nach dem blutigen Polizeieinsatz am 15. Juli durch Jahre hindurch auf die staatliche Exekutive bezog.

Auf das Vorhandensein auch einer wirtschaftlichen Komponente in den bewußten Motiven läßt eine Diskussion mit Demonstranten schließen, die Körner im brennenden Justizpalast führte. Er berichtete:

"Bald habe ich Zurufe bekommen. Es waren so verhungerte Gesichter. Einer sagte, ich bin zwei Jahre arbeitslos, soll ich so darauf gehen! Ich habe gesagt, da wird ein Unglück geschehen. Einige haben gesagt, die Kinder hungern zu Hause." (76)

Auch damit im Zusammenhang stehende fremdenfeindliche Äußerungen wurden berichtet. Seipel zufolge haben sich einzelne Demonstranten, wie er vermutete, kommunistischer Orientierung vor Wiener Nobelhotels gegen die "Fremden, welche den Einheimischen das Brot wegfressen", ausgesprochen. (77)

Obwohl Arbeitslosigkeit und Hunger als direktes Motiv sonst nicht aufscheinen, ist auf diesen wichtigen verursachenden Faktor beim Ausburch des "15. Juli 1927" noch zurückzukommen. Die Angst davor nährte ein Potential sozialer Unzufriedenheit, das am 15. Juli 1927 in politisierter Form als verbale und symbolische Angriffe auf die Justiz, die Regierung, den Staatsapparat und die Presse der Regierungsparteien handlungsbestimmend wurde.

Verallgemeinernd kann man also den "15. Juli 1927" als einen spontan entstehenden Massenprotest charakterisieren, der sich am "Schattendorfer Freispruch" entzündete und sich zunächst nur gegen die Rechtssprechung richtete, infolge der Mechanik der Konfliktverschärfung bald ein zusätzliches Ziel in der Polizei fand, schließlich in die Infragestellung der Legitimität der Regierung und die von kommunistischer Seite inspirierte, von manchen Gruppen erhobene Forderung nach bewaffnetem Kampf einmündete. Die Sozialdemokratische Partei hatte dafür durch ihre Bildungsarbeit und Propagandatätigkeit in der Anfangsphase den allgemeinen Hintergrund abgegeben, um im weiteren Verlauf zu einem Faktor zu werden, der den Aufruhr einzudämmen und ihm seine gesellschaftliche und politische Seite zu nehmen bestrebt war.

D. LÄNGERFRISTIGE URSACHEN POLITISCHER GEWALT IN DER ERSTEN REPUBLIK UND BEIM JUSTIZPALASTBRAND

In diesem Abschnitt geht es nicht unmittelbar darum, aus einer differenzierten und in die Tiefe gehenden Analyse der Ereignisse des "15. Juli

1927" selbst Aufschluß über seine Ursachen zu gewinnen, sondern um die Erklärung des weiter nicht aufgeschlüsselten Einzelereignisses aus dem Gesamtzusammenhang heraus. So unterschiedlich die Erscheinungsformen politischer Gewalt in der Ersten Republik auch sind, angefangen von individuellen Gewalttaten und bewaffneten Zusammenstößen paramilitärisch organisierte Formationen bis zu mehr oder minder gut vorbereiteten Putschversuchen und weitgehend spontanen Massenunruhen, immer handelt es sich um das Zufügen physischen Schadens von Menschen. Und unter dem Aspekt der Opfer der Gewalt ist ihre Vielfalt prinzipiell vergleichbar, wird die Anzahl der Getöteten und Verletzten zum Maßstab der vorgefallenen Gewalt und indirekt auch zum Indikator der Häufigkeit und Stärke von solchen politisch-sozialen Konflikten (78), die mit gewaltsamen Mitteln ausgetragen wurden. Gesellschaftliche Konflikte sind nicht etwa von kurzer Dauer, Konfliktstrukturen wandeln sich, von revolutionären Entscheidungsjahren abgesehen, im allgemeinen nur langsam, auch wenn politische Konstellationen etwas rascher wechseln mögen. Dann müssen aber auch den gewaltsamen Einzelereignissen einer bestimmten Periode, so unterschiedlich ihre Austragungsformen und die äußeren Umstände ihrer Auslösung auch sein mögen, jedenfalls bis zu einem bestimmten Ausmaß dieselben Konflikte und deren soziale (und politische) Ursachen zugrunde liegen. Es ist daher auch für die politische Geschichte selbstverständlich, Einzelereignisse nur in einem weiteren sozialen Zusammenhang zu erklären.

Was allgemein über den Zusammenhang von Gewalt und politisch-sozialem Konflikt in einer längeren Periode gilt, muß auch für kürzere Zeitabschnitte, einzelne Jahre, gelten, wenngleich das erklärende Moment, das den kurzfristigen – auslösenden – Faktoren, den sogenannten "historischen Zufällen", zweifellos auch zukommt, immer stärker ins Gewicht fällt, je kürzer der beobachtete Zeitabschnitt wird. Trotz dieser Einschränkung erscheint es möglich, die jährlichen Gewaltopferzahlen als Indikator über Schwankungen im Ausmaß gewaltsamer politisch-sozialer Konflikte heranzuziehen. (79) Kürzere Zeiträume erscheinen nicht zweckmäßig, da die vierteljährlich oder gar nur monatlich anfallenden Gewaltopfer statistisch zu stark streuen würden und es überdies einen ausgeprägten Jahreszeitenrhythmus der politischen Gewalt mit Spitzen vom Frühling bis Frühsommer und im Herbst und mit Tiefpunkt im Hochsommer und Winter gibt. Aber auch das Untersuchungsziel, die lang- und mittelfristigen, allgemeinen Ursachen zu identifizieren, rechtfertigt diese

Entscheidung, da sozialökonomische und sozialpsychologische Faktoren nur im Sinne eines gewaltverursachenden Trends wirksam sein können. Der vorliegend Versuch basiert daher auf einer Zeitreihe von 1919 bis 1934 mit jährlich wechselnden Gewaltopferzahlen. (80)

Was die Entstehung politischer Gewalt in diesen 16 Jahren allgemein beeinflußt hat, muß auch im "15. Juli 1927" als Ursache vorhanden sein, ist die Grundannahme dieses makroanalytischen Zugangs zum Problem. Die singulären Komponenten im Ursachengeflecht des "15. Juli 1927" sind bereits im Abschnitt A berücksichtigt worden.

Doch auch ein makroanalytisches Verfahren kann, abgesehen von der Beschränkung durch die zur Verfügung stehenden quantifizierbaren Daten, nur solche längerfristig wirkenden Ursachen erfassen, die innerhalb der beobachteten Zeitreihe ein gewisses Ausmaß an Schwankungen aufweisen. Konstante Gewaltursachen innerhalb der ganzen Ersten Republik – etwa deren Übergangscharakter (81) von einer traditionalen zu einer modernen Gesellschaft (82), die Nachwirkungen des Ersten Weltkriegs ("Frontgeist") (83) und die destabilisierenden Nachwirkungen der "österreichischen Revolution" (84) – müssen aus quanitifizierenden Untersuchungen wie dieser ausgeklammert bleiben, solange nicht auch die Zweite Republik oder die Zeit vor 1918 als Vergleichsperioden dienen können. Dies konnte im Rahmen dieses Beitrags nicht erfolgen.

Mittelfristige politisch-gesellschaftliche Veränderungen, insbesondere Verschlechterungen in den ökonomischen oder politischen Bedingungen von einigen Monaten oder wenigen Jahren Dauer haben für unsere Fragestellung einen noch höheren Erklärungswert. So können konjunkturelle Einbrüche die soziale Unzufriedenheit und das Auftreten von politischer Gewalt erhöhen. Der Arbeitslosigkeit muß in der Ersten Republik eine besonders starke gewaltverursachende Wirkung zugeschrieben werden. Nicht zufällig ist daher dieses Problem auch bei der Beschreibung der Teilnehmer am "15. Juli 1927" schon wiederholt aufgetaucht.

Während bis zum Jahre 1924 ein besonders deutlicher positiver Zusammenhang zwischen Gewaltopfern und Arbeitslosigkeit besteht – die Kurven verlaufen weitgehend parallel –, sind die darauffolgenden Jahre von einem stark schwankenden Verlauf der Gewaltkurve gekennzeichnet, die zwischen 1925 und 1929 den bisher gleichgerichteten Trend teilweise zu einer Scherenbewegung werden lassen, der in der Wirtschaftskrise wiederum in eine Tendenz zur Gleichentwicklung übergeht. (85)

Ohne Heranziehung zusätzlicher Erklärungsfaktoren bleibt dieser zweimalige Trendwechsel unverständlich. Hier bietet sich nun die Entwicklung des Volkseinkommens an. (86) (Siehe *Graphik 1*in Kapitel I dieses Bandes). Hier zeigt sich, daß die Jahre, in denen die sonst beobachtbare Parallelität der Gewalt- und Arbeitslosenkurven nicht gilt, die Jahre der Hochkonjuktur sind. (87) Somit scheint rapides Wirtschaftswachstum imstande gewesen zu sein, den gewaltfördernden Effekt gleichzeitiger hoher struktureller Arbeitslosigkeit zu kompensieren. Aus dem Verlauf der Kurve des Bruttonationalprodukts kann man aber auch ablesen, daß das Jahr 1927 auf eine kurze Periode verlangsamten BNP-Anstiegs folgte, was die These vom kompensierenden Effekt des Wirtschaftswachstums bestätigen dürfte. Im Laufe der Forschungen zu dieser Arbeit wurde daher auch untersucht, inwiefern die absolute Höhe und die Veränderung des Volkseinkommens einen Einfluß ausüben. Dabei stellte sich jedoch heraus, daß über den gesamten Untersuchungszeitraum hinweg von dieser wirtschaftlichen Datenreihe nur wenig mehr an Gewalt erklärt wird, als dies schon durch die Arbeitslosenzahlen geschieht. Daher wurde das Bruttonationalprodukt in die quantitative Auswertung nicht weiter einbezogen. (88)

Man kann daher in der weiteren Folge davon ausgehen, daß Arbeitslosigkeit (89), die ihrerseits teilweise und besonders in konjunkturellen Krisen (90) von der Entwicklung des Volkseinkommens bestimmt wird, stark gewaltverursachend wirkte. Da diese Wirkung jedoch durch andere Faktoren (BNP) kompensiert werden kann, können auch nicht die Arbeitslosenzahlen direkt die Gewalt verursacht haben. Auch aus diesem Grund ist die Einführung des Konzepts der "relativen Deprivation" notwendig gewesen. Konkret erklärt es hier, warum die gewaltfördernde Wirkung der Arbeitslosigkeit aufgehoben werden konnte. Erst die soziale Unzufriedenheit, nicht die Arbeitslosigkeit selbst, führte zur Gewalt.

Wie in Abschnitt A schon festgestellt, ist Arbeitslosigkeit für jeden einzelnen Unselbständigen eine einschneidende Erfahrung, die in der Ersten Republik offenkundig die noch nicht von der Arbeitslosigkeit unmittelbar Betroffenen unter Umständen zur Gewaltanwendung aktivierte, die Arbeitslosen, wie der Fall des Industriedorfes Marienthal während der Weltwirtschaftskrise zeigt, aber im allgemeinen von ihren gewohnten politischen Organisationen (und sozialen Netzwerken) entfremdete und apathisch werden ließ (91) und somit auch dem Einfluß des Faschismus leichter zugänglich machte. Nur eine optimistische Einschätzung der zukünftigen Chancen etwa infolge einer allgemein günstigen Wirtschaftsentwicklung, die die Hoffnung nährte, bei einem eventuellen Verlust des Arbeitsplatzes könne anderswo wieder Beschäftigung gefunden werden, scheint in der Ersten Republik den Arbeitslosigkeit-Unzufriedenheit-Gewalt"Mechanismus" vorübergehend durchbrochen zu haben.

Nur nebenbei sei erwähnt, daß Arbeitslosigkeit in einem noch stärkeren Ausmaß als die Gewaltkurve den Verlauf der jährlichen Streikhäufigkeit bestimmt. Niedrige Arbeitslosigkeit ermöglicht ausgedehnte und zahlreiche wirtschaftliche Streiks, je höher die Arbeitslosigkeit aber steigt, um so niedriger sinkt die Streikaktivität. Wiederum hat hier die Entwicklung des Volkseinkommens eine untergeordnete Bedeutung. (92) Die von der Arbeitslosigkeit erzeugte allgemeine Unsicherheit läßt der Arbeiterschaft Streiks risikoreicher erscheinen.

Aber politische Gewalt kann nicht ausschließlich, nicht einmal überwiegend, aus dem Einwirken sozialwirtschaftlicher Faktoren auf das gewaltfördernde Potential sozialer Unzufriedenheit erklärt werden. (93) Dazu müssen Ursachen aus dem vermittelnden Bereich der Sozialpsychologie und Politik herangezogen werden. Als Indikatoren dafür haben sich unter anderem die Organisationsstärke von Parteien oder Gewerkschaften, die Stabilität des Parteiensystems oder auch die Kriminalitäts- und die Selbstmordrate als brauchbar erwiesen. (94) Da bei der vorliegenden Untersuchung keine ausreichenden Datenreihen zur Verfügung standen, mußte, von einer Ausnahme abgesehen, auf eine genaue Erfassung der politisch-sozialpsychologischen Ursachenkomponente verzichtet werden. Diese eine Ausnahme war die Regierungsdauer, doch erwies sich ihr direkter Einfluß auf die Gewalt in der Ersten Republik als so gering, daß sie als verursachender Faktor vernachlässigt werden kann. (95)

Eine der wichtigsten Gewaltursachen ist jedoch die Beteiligung der staatlichen Exekutive (96) an gewaltsamen Konflikten. So stellt Charles Tilly in einer Untersuchung über Revolution und Gewalt fest, es gebe in der neueren Geschichte Europas eine Art konstanter Arbeitsteilung bei der Anwendung kollektiver Gewalt: auf die staatlichen Repressionskräfte gingen die meisten Toten und Verletzten zurück, wogegen die Gruppen, die sie unter Kontrolle zu halten suchten, den Großteil der Verwüstungen von Eigentum bewirkten. (97) Die durchgehende Organisation, die taktische Führung und vor allem die bessere Bewaffnung von Polizei und Militär lassen dies auch für die Erste Republik als evident erscheinen. Zum Teil hängt "Exekutiv-Beteiligung" (98), wie sie hier als Gewaltursache betrachtet wird, wiederum ab von der wirtschaftlichen Entwicklung und vom Ausmaß der nichtstaatlichen Gewaltsamkeit. Zum Teil fließen hier aber auch politische und sozialpsychologische Momente ein, wie Regierungspolitik, innenpolitische Machtverteilung oder gewalthemmende oder -fördernde Wertsysteme.

Den höchsten Ausschlag erreichte in der Ersten Republik die Gewaltkurve tatsächlich in den Jahren, in denen die gewaltsamen Konflikte zwischen solchen sozialen und politischen Gruppen, die von der Einflußnahme auf Staat und Gesellschaft weitgehend ausgeschlossen waren, und der Staatsgewalt selbst stattfanden (1919, 1920, 1927, 1934).

Wohl die stärkste Ursache von Gewalt, vor allem wenn sie noch nicht extreme Ausmaße erreicht, ist aber Gewalt selbst. Einerseits tendieren gewaltsame innenpolitische Konflikte, wenn sie eine gewisse Stärke erreichen, zu Verwicklungen mit dem staatlichen Gewaltapparat, auch wenn dieser anfangs nicht involviert ist. (99) Andererseits birgt auch Gewalt, gleichgültig zwischen welchen Konfliktparteien, die Gefahr in sich, (bis zu einer bestimmten, hier nicht näher angebbaren Grenze) im Wechselspiel von Aktion und Gegenaktion sich selbst zu verstärken. Aus diesem Grund wurden nicht die Rohwerte in der Analyse verwendet, sondern die Gewaltopferzahlen logarithmisch transformiert. Erst gewaltsame Ereignisse vom Ausmaß der Bürgerkriege des Jahres 1934 – stark eingeschränkt gilt dies auch vom "15. Juli 1927" – scheinen die Bedingungen der Gewalt durch die vollkommene Niederlage eines (oder mehrerer) Konflikpartner(s) und durch die Erhöhung der gesellschaftlichen Kontrolle, auch unter permanentem Einsatz gewaltsamer Mittel für eine längere Dauer, grundsätzlich zu ändern, so daß die Vergleichbarkeit von Nach-Bürgerkriegs-Systemen mit demokratischen Staaten zweifelhaft wird.

Aus diesen Ausführungen ergibt sich, daß eine quantitative Analyse der Gewaltursachen mindestens die Arbeitslosigkeit, die Beteiligung staatlicher Exekutivkräfte und die selbstverstärkende Wirkung von Gewalt zu berücksichtigen hatte. (Methodische Einzelheiten des angewandten Analyseverfahrens gibt der Anhang F wider.)

In Form einer multiplen Regressionsgleichung läßt sich der Zusammenhang von Gewalt (Y) einerseits und Zahl der Arbeitslosen (X) und Exekutiv-Beteiligung (Z) andererseits in folgender Weise darstellen (100):

$$(1) \quad Y = 0.417 + 0.00379 \, X + 1{,}223 \, Z$$

Diese Formel erklärt immerhin drei Viertel (74,5 Prozent) der insgesamt von 1919 bis 1934 vorgefallenen Gewalt, genauer: der jährlichen Schwankungen der Gewaltopferzahlen. (101) Das Verhältnis, in dem die beiden unabhängigen Variablen, Arbeitslosigkeit und Exekutivbeteiligung, die abhängige Variable, Gewalt, beeinflussen, beträgt etwa 4:5. "Exekutiv-Beteiligung" ist also eine etwas stärkere Ursache als Arbeitslosigkeit.

Im einzelnen bedeutet diese Formel, daß über einem Sockelbetrag von 0.417, das sind umgerechnet etwa 2 Gewaltopfer pro Jahr, mit denen ständig gerechnet werden muß, ein Ansteigen der Arbeitslosigkeit von 0 auf 100 000 ein Steigen der Gewalt von 2 auf nur 5 jährliche Gewaltopfer verursacht, solang die Exekutive nicht beteiligt ist. Beim weiteren Steigen der Arbeitslosen (im Jahresdurchschnitt) von 100 000 auf 200 000 und weiter auf 300 000 erhöht sich die Jahressumme der Gewaltopfer von 5 auf 14 bzw. 35. Einer Arbeitslosigkeit von 400 000 Personen entsprechen schon 85 Gewaltopfer. Lineares Ansteigen der Arbeitslosigkeit ruft ein wesentlich rascheres Steigen der Gewalt hervor.

Dieser Zusammenhang gilt nur unter der Voraussetzung, daß die Exekutive nicht oder nur schwach an den gewaltsamen Auseinandersetzungen beteiligt war, was sich in deren jährlichen Verlustzahlen (Tote oder Schwerverletzte) von maximal 5 ausdrückte. Überschritten die Opfer der staatlichen Exekutive diese Schwelle beträchtlich, wie in den Jahren 1919 (1920), 1927 und 1934, so kam damit ein neuer Faktor ins Spiel. Aus der oben angegebenen Regressionsgleichung läßt sich errechnen, daß auf einem ganz niedrigen Konfliktniveau, wie es der Vollbeschäftigung entsprach, durch bloßen Einsatz des staatlichen Gewaltapparats 43 Gewaltopfer jährlich zu erwarten waren. Für das Konfliktniveau von 100 000 Arbeitslosen prognostiziert diese Gleichung bei gewaltsamen Auseinandersetzungen mit der staatlichen Exekutive schon 103 Opfer (gegenüber nur 5 Opfern ohne "Exekutiv-Beteiligung") und bei der doppelt hohen Arbeitslosigkeit, wie sie etwa im Jahre 1927 bestand, die Zahl von 249 Getöteten und Schwerverletzten (gegenüber nur 14 Opfern bei staatlicher Nicht-Beteiligung).

Wie aus den in *Graphik 2* in Anhang F wiedergegebenen Abweichungen der "prognostizierten" von den tatsächlich beobachteten Gewaltopferwerten abgelesen werden kann, ergibt die Regressionsgleichung für die meisten Jahre der Ersten Republik ziemlich nahe an die tatsächlich beobachteten Gewaltopferzahlen herankommende Schätzwerte. Deren statistische Verläßlichkeit ist allerdings durch breite Vertrauensintervalle beeinträchtigt, die sich aus der geringen Erstreckung der Zeitreihe ergeben. Dennoch überrascht es, daß die statistischen Schätzwerte in den Jahren 1920, 1921, 1922 und 1927 so nahe an das historische Ergebnis herankommen, daß die Opferzahlen nur mit einem Fehler von höchstens 20 Prozent "vorhergesagt" werden. (102) Beim Jahr 1927 betragen die geschätzten und tatsächlich beobachteten Zahlen der Gewaltopfer 257 und 274. Nur für 1926 und 1929 liegen ganz grobe Fehlschätzungen vor. Man kann also sagen, daß das aufgestellte statistische Modell die historische Wirklichkeit im allgemeinen recht gut beschreibt.

Was erbringen die bisherigen Ausführungen über die Gewaltursachen in der Ersten Republik für die Frage nach den mittelfristigen Ursachen des "15. Juli 1927"? Ihre Relevanz liegt nun darin, daß die bisherige, vom Einzelnen auf das Allgemeine zielende Verfahrensweise umgekehrt werden kann und das aufgestellte Erklärungsmodell der Gewalt-Ursachen in der gesamten Ersten Republik auf den "15. Juli 1927" rückgewendet wird. Die Regressionsgleichung wird daher nochmals berechnet, jedoch unter Ausklammerung des Jahres 1927. Somit kann rückschauend durch Interpolation eine "Retrognose" abgegeben werden, wieviele Gewaltopfer das Jahr 1927 bei der gegebenen Arbeitslosenzahl von 203 000 und bei intensiver Beteiligung der staatlichen Exekutive hätte fordern müssen, wären in diesem Jahr nur jene Ursachen wirksam gewesen, die für die übrigen 15 Jahre des Untersuchungszeitraumes nachgewiesen wurden. Die Gegenüberstellung dieses nachträglichen Prognosewertes mit den tatsächlichen Opfern kann dann als Hinweis dienen, inwiefern im Jahre 1927 spezifische Gewaltursachen wirksam waren. Und da die Opfer des Jahres 1927 zu 97 Prozent auf den "15. Juli 1927" zurückgehen, kann weiters auch auf dessen Ursachengefüge geschlossen werden.

Die im Anhang F wiedergegebene Regressionsgleichung 2 dient diesem Zweck. Aus ihr ergibt sich ein "Retrognose"-Wert von 250 Opfern gegenüber 274 tatsächlichen Gewaltopfern. Der Unterschied beträgt kaum 10 Prozent, so daß man davon ausgehen kann, daß sich das Gewaltausmaß des Jahres 1927 und des "15. Juli 1927" tatsächlich aus der für die gesamt Erste Republik typischen Ursachenkombination ableiten läßt. Spezifische Ursachen müssen dabei eine eher verschwindende Rolle gespielt haben.

Es wäre falsch, auch ein differenzierteres statistisches Modell als das hier gebotene hinsichtlich seiner quantitativen Aussagen wörtlich zu nehmen und zu meinen, die historische Wirklichkeit wäre damit "objektiv" beschrieben. Abgesehen von der Erprobung eines in der historischen Forschung nicht allzu üblichen methodischen Weges, ging es hier in erster Linie um eine zusätzliche Untermauerung von Hypothesen, die auch von einem anderen Quellenmaterial und einem anderen Ansatz her nahegelegt wurden, und zwar:

– der "15. Juli 1927" ist kein atypisches Ereignis in der Ersten Republik, was seine Ursachen anlangt;
– als seine wichtigste Ursache ist der Polizeieinsatz und alles, was diesen ermöglichte, zu werten;
– Arbeitslosigkeit, vermittelt durch einige Zwischenschritte wie "relative Deprivation" und Politisierung sozialer Unzufriedenheit, ist eine andere Hauptursache;
– der nach oben hin nicht unbegrenzt wirksame Mechanismus der Selbstverstärkung von Gewalt war auch am "15. Juli 1927" vorhanden.

Was diese Forschungsmethode nicht geben kann, ist eine vollständige Erklärung der Ursachen des zur Diskussion stehenden Einzelereignisses oder gar die deterministische Behauptung, es hätte gerade 1927 oder im Juli 1927 dazu kommen müssen. Schon die unmittelbar vorausgehenden und nachfolgenden Jahre 1926 und 1928 zeigen, daß auch 1927 hätte ähnlich gewaltarm verlaufen können. Nur im Sinne von notwendigen Vorbedingungen können die oben genannten Ursachen interpretiert werden, die zu dem gegebenen Zeitpunkt durch andere Momente aktualisiert wurden.

In einem Satz zusammengefaßt, können also Ausbruch und Verlauf des Aufruhrs der Wiener Arbeiterschaft erklärt werden aus dem Zusammentreffen einer aus den innenpolitischen Bedingungen der Jahre 1926/27 entstandenen Politisierung langfristiger sozialer Unzufriedenheit (innerhalb eines nicht konsolidierten politischen Systems) und einer fast schlagartigen Desillusionierung der sozialdemokratischen Anhängerschaft über die reale politische und ökonomische Situation mit einer Reihe radikalisierender Faktoren (beim Ausfallen sonst bei ähnlichen Anlässen vorhandener Momente sozialer Kontrolle).

E. Schlussbetrachtung: Kontrafaktische Frage nach den Chancen eines revolutionären Machtwechsels

Da sich ein Zugang zum Verständnis und zur Erklärung des Geschehens auch aus der (meist nicht explizit durchgeführten) Gegenüberstellung mit historisch als möglich gedachten Alternativen ergeben kann, sei abschließend noch die Frage gestellt: Welche Voraussetzungen für eine Übernahme der Regierungsverantworung durch die Sozialdemokratische Partei im Zuge des "15. Juli 1927" wären tatsächlich vorhanden gewesen? Welche Chancen hätte eine solche Regierung gehabt, die sich durchaus als ein auch die gesellschaftlichen Verhältnissen entscheidend verändernder, also revolutionärer Machtwechsel herausstellen hätte können, was jedenfalls im zeitgenössischen sozialdemokratischen wie gegnerischen Denkbereich lag?

Daß es sich beim "15. Juli 1927" de facto nicht um eine Revolution, nicht einmal um einen Revolutionsversuch gehandelt hat, ist selbstverständlich. "Revolution" bezieht sich ja auf eine ganz andere begriffliche Ebene als Aufruhr und Demonstration. Die Bezugnahme auf das politisch-gesellschaftliche System und nicht die Beschränkung auf das Massenverhalten sind daran das Wesentliche. Wie wären aber die Chancen eines wenigstens teilweise revolutionären Umschwungs gewesen, wenn sich - hypothetisch gesprochen – die Mehrheit der sozialdemokratischen Partei- und Gewerkschaftsführung, die dieses Problem eine Zeitlang erörterte, an die Spitze des Aufruhrs gestellt und ihm ein klares politisches und gesellschaftliches Ziel, organisatorische Führung und Bewaffnung gegeben hätte?

Für Otto Bauer war es nachträglich gewiß, daß eine solche Ausweitung des Konflikts zum Beginn des Bürgerkriegs geführt hätte, "daß der Bürgerkrieg unter den gegebenen Bedingungen das blutige Ende des Roten Wien, der Untergang des österreichischen Proletariats gewesen wäre". (103) Ähnlich beurteilten auch Julius Braunthal und Wilhelm Ellenbogen die Lage. (104) Auf der anderen Seite beantworteten die Kommunisten diese Frage fast einhellig positiv. (105) Auch linke Kritiker innerhalb der Sozialdemokratischen Partei hielten mit Otto Leichter der Bauerschen These vom "sicheren Selbstmord" die Frage entgegen:

"Aber wäre es Selbstmord gewesen, damals auf dem Höhepunkt der österreichischen Arbeiterbewegung, den Kampf aufzunehmen, wenn die Partei später, 1934, eingekeilt zwischen einem gefestigten faschistischen Italien und Hitler-

Deutschland, nach vier Jahren Massenarbeitslosigkeit den letzten Entschei-
dungskampf wagen mußte?" (106)

Aber auch aus der Sicht der Zweiten Republik kam Norbert Leser zu
dem Schluß:

"In der Tat, es ist durchaus nicht so ausgemacht, wie es Bauer und Braunthal
hinstellten, daß eine bewaffnete Erhebung zur Niederlage der Arbeiterschaft
geführt hätte." (107)

Die grundsätzliche politisch-ethische Problematik einer solchen schwer-
wiegenden Handlungsalternative, die Gewaltanwendung ins politische
Kalkül einsetzte – ebenso wie die polizeiliche Niederwerfung der Unruhen durch die Regierung –, kann hier nicht erörtert werden. Die meisten derer, die damals die Frage nach der "Revolution" stellten, waren
sich offensichtlich dieses Problems bewußt. Von einem geschichtswissenschaftlichen Zugang aus scheinen jedoch solche Antworten zu sehr vom
konkreten Verlauf der österreichischen Geschichte im darauffolgenden
Jahrzehnt auszugehen; sie scheinen diesen Verlauf als durch den "15.
Juli 1927" allein determiniert anzusehen.

Hier kann die Frage nach den Erfolgsaussichten einer aus dem bewaffneten Kampf der Wiener Arbeiterschaft hervorgehenden sozialdemokratischen Regierung und wenigstens teilweise revolutionären Veränderung
der politischen und gesellschaftlichen Machtverhältnisses nicht weiter
erörtert werden. Die Frage war jedoch aufzuwerfen. Eine ernsthafte Diskussion darüber sollte davon ausgehen, ob folgende drei (oder mögliche
andere) Grundbedingungen einer erfolgreichen politischen Revolution gegeben waren:

1. Gab es im Kampf um die Regierungsmacht einen politischen Machtfaktor, der eine wirkliche gesellschaftliche Alternative vertrat?
2. Fanden diese alternativen Zielsetzungen die bedingungslose Unterstützung eines zahlenmäßig bedeutenden, im wesentlichen von der Beteiligung am politischen Prozeß ausgeschalteten Sektors der Bevölkerung?
3. Waren die Träger der Staatsgewalt unfähig (etwa infolge des Bestehens von engen formellen politischen oder informellen gesellschaftlichen
Beziehungen mit ihren machtpolitischen Gegnern), den Machtapparat
zu rücksichtsloser Unterdrückung einzusetzen?

Das Zusammentreffen aller drei Bedingungen hat die empirische Re-
volutionsforschung bei den großen historischen sozialen wie bei den in
die Gegenwart heraufreichenden politisch-nationalen Revolutionen fest-

gestellt (108). Mindestens die Erfüllung der dritten Voraussetzung war aus historischer Sicht nicht gegeben. Daher wäre die abschließende Frage wohl negativ zu beantworten.

F. Anhang: Datengewinnung und Auswertungsmethode

Zwei Momente beschränkten die Auswahl der Variablen, von denen Gewalt abhängig gemacht werden kann, von vornherein. Das eine war die Tatsache, daß ohne tiefgreifende sozialgeschichtliche Grundlagenarbeit nur ein kleiner Teil der möglichen Gewaltursachen in quantifizierbarer Form zur Verfügung stand, insbesondere wo es um den sozialpsychologischen und politischen Bereich ging. Die andere Einschränkung ergab sich aus der relativ kurzen Dauer der Ersten Republik – oder genauer: der demokratischen Periode – von nur 15 Jahren. Um diese Zahl etwas zu erhöhen, wurde auch das Jahr 1934 mit Februaraufstand und Juliputsch berücksichtigt, wenn auch die Vergleichbarkeit im Hinblick auf politisch-soziale Machtverteilung und politisches System im strengen Sinn nicht mehr gegeben war. Die Beschränkung der Analyse auf insgesamt nur 16 "Fälle", die Jahre zwischen 1919 und 1934, schloß auch differenziertere Verarbeitungsverfahren aus, sie gab aber auch einer Auswertung der Daten durch Korrelations- und Regressionsanalyse unüberwindliche Grenzen vor (durch die Höhe des Zufallshöchstwertes etwa der Pearsonschen Maßkorrelationskoeffizienten auf dem 5 Prozent-Signifikanzniveau von $r = 0.48$ und durch die Weite der Vertrauensintervalle von Regressionskoeffizienten). Nur die Beschränkung auf wenige und die wirksamsten Variablen erschien daher von Anfang an erfolgversprechend.

Bewußt wurde daher der Untersuchung ein grobmaschiges Netz zugrunde gelegt, wie es eigene Vorarbeiten schon als brauchbar erscheinen hatten lassen. (109) Aber auch derart verfeinerte Analysen wie die Ted Robert Gurrs sind gegen den Einwand nicht gefeit, ein multipler Korrelationskoeffizient von $R = 0.8$ sei ohne weiteres konstruierbar und die verwendeten Indikatoren seien nur begrenzt aussagekräftig. (110) Diese Kritik erscheint umso berechtigter, wenn schon ein begrenztes Unternehmen wie dieses zu einer multiplen Korrelation von $R = 0.86$ kommen kann, bei Verwendung ganz weniger unabhängiger Variablen. Dennoch sei hier ausdrücklich betont, daß die Heranziehung von Arbeitslosigkeit und "Exekutiv-Beteiligung" zur Erklärung des Gewaltausmaßes in der Ersten Republik und beim "15. Juli 1927" nur ein ungenügender Versuch eines quantitativen Wegs zu historischer Erkenntnis bleibt, und daß deshalb versucht wurde, ihn durch andere, "qualitative" Forschungsansätze zu ergänzen. (111)

104

Als zu erklärende Variable wurde die Summe der jährlich bei politischen Auseinandersetzungen getöteten und schwerverletzten Personen (*Gewaltopfer*) herangezogen. Daß es sich dabei um einen brauchbaren Indikator für das Ausmaß an Gewaltsamkeit eines sozialen Konflikts und für dessen Schärfe selbst handelt, ist die allgemeine, im einzelnen vielfach belegte Grundannahme aller neueren Studien zu sozialem Konflikt und politischer Gewalt. Die Summierung von Toten und Verletzten ist zwar aus theoretischen (und menschlichen) Gründen problematisch, statistisch jedoch durchaus zulässig. Die Korrelation der Zahlenreihen der Toten und Schwerverletzten beträgt $r = 0.997$. Dies kann auch als Beweis dafür gelten, daß die Datensammlung ziemlich vollständig erfolgte und die Tendenz des wirklichen Gewaltverlaufs nicht wesentlich verfälscht haben dürfte. Denn bestanden bei der Erfassung der Schwerverletzten ursprünglich sowohl quellenmäßig wie definitionsgemäß Zweifel an der Vollständigkeit, so wurde bei den Zahlen der Toten politischer Gewalt von vornherein Anspruch auf weitgehende Vollständigkeit erhoben. Wären nur die Toten der politischen Gewalt vollständig und die Verletztenzahlen zeitlich verzerrt, dann hätte sich wahrscheinlich keine so hohe Korrelation ergeben.

Als Quelle zur Erhebung der Gewaltopfer diente überwiegend eine systematische Auswertung von drei überregionalen, in Wien erscheinenden Zeitungen, der "Neuen Freien Presse", der "Arbeiter-Zeitung" und der "Reichspost", die noch ergänzt wurden durch die Heranziehung zusätzlicher offizieller und wissenschaftlicher Publikationen. (112) Es wurde mit Bezug auf die Gewaltopferzahlen eingewendet, "daß die geringe Durchschnittszahl politisch motivierter Gewalttaten letztlich keine sehr geeignete Basis für eine tragfähige empirisch-statistische Untersuchung" abgeben könnte. (113) Aber nicht die jährliche Anzahl der Gewaltopfer in der Ersten Republik oder ihr Durchschnittswert ist hier das eigentliche Problem, sondern, wie oben erwähnt, die geringe Zahl der "Fälle", die die "Stichprobe" der Zeitreihe bilden ($n = 16$ Jahre von 1919 bis 1934). Bei den jährlichen Opfern handelt es sich statistisch gesprochen um die Häufigkeit des intervall-skalierten Merkmals "Gewaltopfer", bei den 16 Jahren aber um die Grundgesamtheit "Erste Republik". Die Zahl der untersuchten Jahre, nicht der der Gewaltopfer ist ja die Grundgesamtheit. Probleme der Repräsentativität spielen hier keine Rolle, da es sich um eine "Totalerhebung" handelt.

Ein weiterer Einwand kann die Entscheidung betreffen, die Opfer aller Arten politischer Gewaltanwendung zu summieren. Gewiß sind Attentate und sonstige individuelle politische Gewaltakte, bewaffnete Zusammenstöße paramilitärischer Organisationen, spontane Massenunruhen und organisierte Putschversuche nicht ohne weiteres auf dieselbe Ebene zu stellen. Doch gerade die Annahme, daß sich ihre unterschiedliche Größenordnung in entsprechenden Opferzahlen auswirkt, läßt die Summe der Opfer als Indikator für das gesamte

Ausmaß an politischer Gewaltsamkeit geeignet erscheinen. Wohl ist die innenpolitische Wirkung der gleichen Anzahl von Opfern etwa bei Attentaten und Unruhen nicht dieselbe - so erregt ein politischer Einzelmord meist stärker die Öffentlichkeit als ein Getöteter inmitten einer Mehrzahl von Opfern bei Massenunruhen –, doch für eine logarithmische Umwandlung der jährlichen Gewaltopfer in jene Form, die schließlich in die statistische Auswertung eingegangen ist, waren andere Gründe maßgebend.

Die Gewaltopfer wurden also nicht als Rohdaten statistisch ausgewertet, sondern zuerst umgeformt. Zunächst wurde zur Gewaltopferzahl jeden Jahres die Zahl 1 addiert (um eine Logarithmierung von Null-Werten zu ermöglichen), sodann wurde daraus der Logarithmus auf der Basis 10 gebildet. Bei der Interpretation der Regressionsanalyse erfolgte dieser Vorgang natürlich in der umgekehrten Weise. Der Grund dafür war, daß die jährliche Gewalthäufigkeit mit den meisten in Frage kommenden unabhängigen Variablen nicht durch ein lineares, sondern durch ein progressives (exponentielles) Ansteigen oder Absinken verknüpft erschien. Und das Regressionsverfahren selbst setzt definitionsgemäß die Linearität des untersuchten Zusammenhangs voraus. (114) Aber auch inhaltlich kann eine Transformation der beobachtbaren Gewaltopferwerte mit dem Selbstverstärkungseffekt von Gewalt, wie in Teil D skizziert, sehr gut gerechtfertigt werden.

Bei international vergleichenden Studien und längeren Zeitreihenanalysen ist es weiters meist notwendig, die zur Verfügung stehenden Daten mit der Gesamtbevölkerung in Beziehung zu setzen. Da die Bevölkerung Österreichs zwischen 1920 und 1934 nur von 6,426 Millionen auf 6,760 Millionen Personen oder um etwa 5 Prozent zunahm (115), konnte die jährliche Bezugsbasis für die Gewaltopfer wie auch für die anderen Varaiblen praktisch konstant gesetzt werden, eine Bereinigung der beobachtbaren Werte entsprechend dem Bevölkerungswachstum war somit nicht unbedingt erforderlich.

Die unabhängige Variable *Arbeitslosigkeit* (X) wird absolut in den Jahresdurchschnittszahlen der zur Vermittlung vorgemerkten Arbeitslosen (in 1000) angegeben. Da diese Zahlen auch die "Ausgesteuerten" (jedenfalls teilweise) einschließen, wurde die Gesamt-Arbeitslosigkeit den Zahlen der unterstützten Arbeitslosen vorgezogen, auch wenn für die Jahre 1919 und 1920 keine direkten Beobachtungen zur Verfügung standen. Für diese beiden Jahre wurden die Zahlen der vorgemerkten Arbeitslosen aus den vorhandenen Angaben über die unterstützten Arbeitslosen unter Zugrundelegung eines Verhältnisses von 100:69, wie es von 1921 bis 1924 bestand, geschätzt. (116)

Die Einführung des Faktors *Exekutiv-Beteiligung* (Z) ergab sich aus den in Teil D angeführten Vorüberlegungen zur Gewalt-Verursachung. Aber auch der historische Einzelbefund und die Betrachtung des Polygonzugs in Graphik 1 Kapitel I dieses Bandes macht auf vier "Ausreißer", die Jahre 1919, 1920, 1927 und 1934 aufmerksam, die alle durch eine starke Beteiligung von Polizei und Militär an gewaltsamen Auseinandersetzungen gekennzeichnet sind.

Tabelle 7: Gewaltopfer, Arbeitslosigkeit und Exekutivbeteiligung 1919-1934

Jahr	Gewaltopfer (Rohwerte) Y_0	Gewaltopfer transformiert: $\log(Y_0 + 1)$ Y	vorgemerkte Arbeitslose in 1000 X	Exekutiv-beteiligung Z
1919	124	2.097	210	1
1920	76	1.886	46	1
1921	2	0.477	32	0
1922	5	0.778	76	0
1923	22	1.362	145	0
1924	10	1.041	127	0
1925	8	0.954	173	0
1926	0	0.000	204	0
1927	*274*	*2.439*	*203*	*1*
1928	8	0.954	187	0
1929	77	1.892	196	0
1930	40	1.613	244	0
1931	27	1.447	303	0
1932	104	2.021	379	0
1933	69	1.845	406	0
1934	1932	3.286	370	1

Alle diese Jahre weisen mindestens sechs Gewaltopfer auf seiten der Exekutive auf. In diesem Fall wurde in *Tabelle 7* der Wert 1 eingetragen, andernfalls 0. Der Erklärungswert dieser Variable für die politische Gewalt sollte sich erwartungsgemäß als hoch herausstellen. In ihr sind unter anderem nicht näher identifizierbare politische Faktoren wie Entschlossenheit der Regierung zum Gewalteinsatz und ihre Entscheidung, gegen welche Gruppen Gewalt angewendet werden soll, sowie die materielle und organisatorische Stärke des staatlichen Apparats enthalten, aber auch die subjektive Einschätzung der Gefährlichkeit eines Aufruhrs und der eigenen Stärke mögen darin eingeflossen sein. (117) Insofern enthält diese Variable aber auch ein Element der Rückkoppelung des Gewaltausmaßes selbst. Prognostisch ist "Exekutiv-Beteiligung" daher nur eingeschränkt verwendbar.

Die verwendeten Daten sind in *Tabelle 7* zusammengefaßt. Weitere Datenreihen, etwa über Volkseinkommen, Streikhäufigkeit, Regierungsdauer und Verurteilte wegen Mordes, die sich bei der Analyse der Gewaltursachen als nicht relevant erwiesen, können hier wie in der Darstellung vernachlässigt werden.

Die Fragestellung des Teils D dieser Arbeit – inwiefern läßt sich das Ausmaß der Gewalt im Jahre 1927 ("15. Juli 1927") aus denselben mittelfristigen Ursachen erklären, die für die anderen Gewalttaten der Ersten Republik gelten? – erforderte die auch sonst für Zeitreihenanalysen geeignete Regressionsanalyse. Anders als Korrelationskoeffizienten geben Regressionskoeffizienten nicht nur die Stärke eines Zusammenhangs zweier Variablen an (genauer: wie stark sie gemeinsam variieren), sondern sie weisen auch auf, in welcher Richtung sie variieren.

Y_0	Y	X	Z	
1	*0.677*	0.417	*0.538*	Y_0 = Gewaltopfer (Rohwerte)
	1	*0.535*	*0.680*	Y = log. transformierte Opfer
		1	0.005	X = vorgem. Arbeitslose
			1	Z = "Exekutiv-Beteiligung"

Die verwendeten Variablen (einschließlich der hier nicht verwendeten Rohwerte der Gewalt) weisen zueinander folgende Produkt-Moment-Korrelationskoeffizienten auf (Koeffizienten über der 5 Prozent-Signifikanzschwelle ($r = 0.48$) sind kursiv gesetzt).

Wie daraus, aus *Graphik 2* und aus dem geringen Schwanken des Regressionskoeffizienten für Z bei Einführung von X in einer stufenweisen Regression abgelesen werden kann, dürften Heteroskedastizität, Multikollinearität und Autokorrelation nicht im wesentlichen Maße vorliegen. Somit sind die wesentlichen Voraussetzungen für eine Regressionsanalyse gegeben.

Die multiple Regressionsgleichung für die abhängige Variable Y und die unabhängigen Variablen Arbeitslosenzahlen (X) und Exekutiv-Beteiligung (Z) für den ganzen Zeitraum 1918 bis 1934 lautet (unter den einzelnen Regressionskoeffizienten sind die entsprechenden Wahrscheinlichkeitswerte und Vertrauensintervalle angegeben):

```
(1)   Y = 0.417       +      0.00379 X      +      1.233  Z
Wahrscheinlichkeit von Ho:    0.5 Prozent          < 0.1 Prozent
Vertrauensintervall
(p = 95 Prozent):             ± 0.00216            ± 0.516
```

Aus dem Wahrscheinlichkeitswert läßt sich ablesen, daß die Null-Hypothese – Arbeitslosigkeit scheint nur zufällig einen Effekt auf Gewalt auszuüben, obwohl sie tatsächlich keinen hat – nur eine Chance von 0,5 Prozent besitzt zutreffend zu sein. Dies ist aber umgekehrt ein sehr starkes Argument, daß Arbeitslosigkeit tatsächlich den Gewaltverlauf beeinflußt. In noch stärkerem Maße gilt dies für den Einfluß von "Exekutiv-Beteiligung".

Dasselbe folgt aus den bei 95prozentiger Sicherheit sich ergebenden Vertrauensintervallen der Regressionskoeffizienten, die ebenfalls die Null-Hypothese testen. Sie lassen den Null-Wert deutlich außerhalb des Zufallsbereichs. Beide Koeffizienten unterscheiden sich mit 95 Prozent Sicherheit von 0.

Beide unabhängige Variablen (X und Z) beeinflussen also statistisch mit fast 100prozentiger Sicherheit den Verlauf der Gewaltopfer; in welcher Weise, ist in der Interpretation der Regressiongleichung in Teil D ausgeführt.

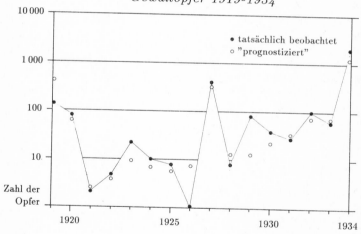

Graphik 2: Von der Regressionsgleichung (1) "prognostizierte" und tatsächlich beobachtete Gewaltopfer 1919-1934

Das Ausmaß, in dem die angegebene Gleichung die tatsächlich beobachtbare Varianz von Gewalt erklärt, beträgt (bei einem multiplen Korrelationskoeffizienten von r = 0,86) 74,5 Prozent. (Die Wahrscheinlichkeit, daß dieser Effekt zufällig entsteht, ist wiederum äußerst gering: 0,02 Prozent!) Nur ein Viertel des Gewaltvorfalls in der Ersten Republik bleibt also durch Arbeitslosigkeit und "Exekutiv-Beteiligung" unerklärt.

Das Verhältnis, in dem Arbeitslosigkeit und "Exekutiv-Beteiligung" an der gesamten, durch die Regressionsgleichung gebotenen Erklärung beteiligt sind, ergibt sich aus den standardisierten Regressionskoeffizienten (für X: 0.532, für Z : 0.678). Es beträgt somit etwa 4:5.

Wie viele Gewaltopfer es der Regressiongleichung zufolge in den einzelnen Jahren der Ersten Republik hätte geben müssen, ist in Graphik 2 durch "o" symbolisiert. Die tatsächliche Anzahl der Opfer ist in Form von "•" eingetragen. Anschaulich ist somit auch dargestellt, in welchem Maße statistisches Modell und historische Wirklichkeit voneinander abweichen. Die weitere Interpretation erfolgt wiederum in Teil D.

Zur nachträglichen "Prognose" der Gewaltopfer des Jahres 1927 wurde die Regressionsgleichung mit denselben Variablen noch einmal, jedoch ohne das Jahr 1927 berechnet. Sie lautet:

$$(2) \quad Y \text{ (ohne 1927)} = 0.417 + 0.00379 \, X + 1.214 \, Z$$

Wahrscheinlichkeit Ho:	0.5 Prozent	< 0.1 Prozent
(p = 95 Prozent):	± 0.00227	± 0.641

Die Unterschiede zur erstberechneten Regressionsgleichung (1) über den gesamten Zeitraum sind nur gering. Die Interpretation kann also in derselben Weise erfolgen.

Aus der Gleichung 2 ergibt sich unter Einsetzen der Arbeitslosigkeit und der "Exekutiv-Beteiligung" des Jahres 1927 (X = 203000, Z = 1) die Prognose der Gewaltopfer von Y=2,40037. Entlogarithmiert und um 1 vermindert bedeutet dies, daß 250 Gewaltopfer für 1927 prognostiziert werden, gegenüber 274 tatsächlich verzeichneten!

(1977)

ANMERKUNGEN:

(1) Vgl. etwa Charles A. Gulick, Österreich von Habsburg zu Hitler, Bd. 2, Wien 1950, 465-536.

(2) Zu einem Überblick siehe etwa Gulick, Österreich, Bd. 2, 394 ff.; Ausschreitungen in Wien am 15. und 16. Juli 1927. Polizeidirektion in Wien (Hg.), Weißbuch, Wien 1927 (in Hinkunft zit. als Weißbuch), sowie meine ungedruckte Dissertation: Beiträge zur Geschichte der politischen Gewalttaten in Österreich von 1918 bis 1933, Bd. 2 und 3, Wien 1967 (stark gekürzt auch in meinem Buch: Gewalt in der Politik. Attentate, Zusammenstöße, Putschversuche, Unruhen in Österreich 1918-1938, 2. Aufl. München 1983, 141-160.)

(3) Es braucht nicht ausdrücklich betont zu werden, daß die Massenpsychologien vom Stil Le Bons und Ortega y Gassets eine sehr unheilvolle Wirkung auf historische Untersuchungen des "15. Juli 1927" und ähnliche Ereignisse ausgeübt haben.

Elias Canettis "Masse und Macht" (Hamburg 1960) ist jedoch von Historikern kaum rezipiert worden.

(4) Neil J. Smelser, Theorie des kollektiven Verhaltens, Köln 1972.

(5) Harry Eckstein, On the Etiology of Internal Wars, in: Ivo K. Feierabend, Rosalind L. Feierabend u. Ted Gurr (Hg.), Anger Violence and Politics, New York 1972; ähnlich auch Ted Robert Gurr, Rebellion. Eine Motivationsanalyse von Aufruhr, Konspiration und innerem Krieg, Düsseldorf 1972, und Peter Waldmann, Strategien politischer Gewalt, Stuttgart 1977. Siehe allg. Richard Tilly und Gerd Hohorst, Sozialer Protest in Deutschland im 19. Jahrhundert, in: Konrad Jarausch (Hg.) Quantifizierung in der Geschichtswissenschaft, Düsseldorf 1976, 249.

(6) Siehe Johan Galtung, Gewalt, Frieden und Friedensforschung, in: Dieter Senghaas (Hg.), Kritische Friedensforschung, Frankfurt a.M. 1971, 57 ff.

(7) Gurr, Rebellion, 33. Ein ähnliches, jedoch weniger differenziertes Konzept ist die sogenannte "systemische Frustration" bei Ivo K. Feierabend, Rosalind L. Feierabend u. Betty A. Nesvold, Social Change and Political Violence: Cross- National Patterns, in: Hugh David Graham und Ted Robert Gurr (Hg.), The History of Violence in America: Historical and Comparative Perspectives, New York 1969, 635 ff.

(8) Besonders gewaltfördernd in der Ersten Republik erwies sich die Erfahrung des Weltkrieges und der Grenzkämpfe seit 1918; vgl. auch Gurr, Rebellion, 161-237, und Peter H. Merkl, Modern Comparative Politics, New York 1970, 185 ff.

(9) Vgl. Heinrich Volkmann, Wirtschaftlicher Strukturwandel und sozialer Konflikt in der Frühindustrialisierung. Eine Fallstudie zum Aachener Aufruhr von 1830, in: Soziologie und Sozialgeschichte (Kölner Zeitschrift für Soziologie und Sozialpsychologie, Sonderheft 16) Opladen 1972, 551 ff.

(10) Waldmann, Strategien, 28 f.

(11) Gulick, Habsburg, Bd. 2, 474; ähnlich auch Norbert Leser, Zwischen Reformismus und Bolschewismus. Der Austromarxismus als Theorie und Praxis, Wien 1985, 248 ff.

(12) Rudolf Stiefbold u.a. (Hg.), Wahlen und Parteien in Österreich, Österreichisches Wahlhandbuch, Bd. 3, Wien 1966, C 35.

(13) Josef Gerdenitsch, Das Wiener Arsenal in der Ersten Republik. Die politische, wirtschaftliche und militärische Bedeutung in den Jahren 1918-1927, phil. Diss., Wien 1967, 70 ff.; vgl. auch Bericht der Polizeidirektion Wien (= PDW) vom 20. Mai 1927, Zl. 124.810/27, Allg. Verwaltungsarchiv (= AVA), BKA-Inneres, und Persönlicher Bericht Wiesinger vom 21. Juli 1927, Kriegsarchiv, Bundesheer, 1927: Assistenzberichte Subfasz. 19.

(14) Bericht der PDW vom 12. Juni 1927, Zl. 131.757/27 aus Sammelakt Zl. 145.811/27, AVA, BKA-Inneres; vgl. auch die Berichte des Bundes-Polizeikommissariats Wiener Neustadt vom Oktober 1926 und Mai 1927, ebd.

(15) St.-Zl. 798/1928, Niederösterreichisches Landesarchiv, Landesamtsdirektion.

(16) Friedrich Fürstenberg, Soziologie. Hauptfragen und Grundbegriffe, 2. Aufl., Berlin 1971, 65.

(17) Quellenmäßige Belege hiezu und zum Folgenden in: Botz, Beiträge, Bd. 2, 275 ff.; vgl. auch G. Botz, Der "15. Juli 1927", seine Ursachen und Folgen, in: Ludwig Jedlicka u. Rudolf Neck (Hg.), Österreich 1927 bis 1938, Wien 1973, 35 ff., 64 f.

(18) Näheres in: Botz, Gewalt, 79 f.

(19) Robert Danneberg, Die Wahrheit über die "Polizeiaktion" am 15. Juli, Wien 1927, 14.

(20) Die objektive zeitliche Datierung der Ereignisse erfolgte durch auf 10 Minuten genaue Bestimmung des Schlagschattens auf zahlreichen Bilddokumenten und Photographien.

(21) Wilhelm Ellenbogen, Menschen und Prinzipien, Wien 1981, 75 f.

(22) Rudolf Blüml, Prälat Dr. Ignaz Seipel. Ein großes Leben in kleinen Bildern, Klagenfurt 1933, 284.

(23) AVA, Ministerratsprotokoll Nr. 502 vom 15. Juli 1927, 16 Uhr (Stenogramm).

(24) Tagebuch der 2. Brigade, Kriegsarchiv, Bundesheer, 1927: Assistenzberichte, Subfasz. 14.

(25) So wurde unter 30 obduzierten Leichen von den Gerichtsärzten mit Sicherheit in 2 Fällen die Verwendung von Scheibenschußmunition festgestellt! (Bericht der Staatsanwaltschaft Wien I vom 15. Dezember 1927 an die Oberstaatsanwaltschaft Wien AVA, BMJ, VI, Juli-Akten 1927-1929.)

(26) Ellenbogen, Menschen, 76.

(27) Protokoll über die 5. Klubsitzung vom 25. Juli 1927, AVA, Christlichsozialer Parlamentsklub, 5.

(28) Notizen Adolf Schärfs über den 15. Juli 1927, 6, Verein für Geschichte der Arbeiterbewegung, Wien, Bestand Adolf Schärf, polit. Material 44-46.

(29) Vgl. etwa die Erklärung des sozialdemokratischen Landeshauptmannstellvertreters Josef Gruber in der 20. Sitzung der oberösterreichischen Landesregierung vom 16. Juli 1927, Oberösterreichisches Landesarchiv, Sitzungsprotokolle II-73-1927.

(30) Siehe allg.: Vorarlberger Landesarchiv, Bregenz, Präsidialakten, St.-Zl. 562 (1927); Tiroler Landesarchiv, Innsbruck, Präsidialakten, A.-Zl. 1709/1929; Kriegsarchiv, Bundesheer, 1927: Assistenzberichte, insbesonders Subfasz. 10-13, 18, 20.

(31) Otto Bauer bei der Sitzung des sozialdemokratischen Parteivorstands vom 18. Juli 1927, 10,30 Uhr, Protokoll, 7 f.; Verein für Geschichte der Arbeiterbewegung, Wien.

(32) Viele sozialgeschichtliche Untersuchungen von Massenereignissen müssen sich dieses Verfahrens bedienen, siehe Volkmann, Strukturwandel, 554 ff.; und George Rude, Die Massen in der Französischen Revolution, München 1961, 235 ff., sowie ders., The Crowd in History. A Study of Popular Disturbances in France and England 1730-1848, New York 1964, Teil 2.

(33) Bei der Einordnung der Berufsbezeichnung in die gegebenen sozialen Gruppen tauchten im vorliegenden Fall kaum Schwierigkeiten auf, da die Berufsangaben in behördlichen Quellen sehr genau waren und oft nach der Stellung im Betrieb gefragt war.

(34) Wie aus den in der zweiten Spalte von rechts angegebenen Vertrauensgrenzen (70 bis 80 Prozent bei einem Wahrscheinlichkeitsniveau von 95 Prozent) hervorgeht, unterscheiden sich "Juli-Demonstranten" von den sozialdemokratischen Parteimitgliedern und den Berufstätigen Wiens auch statistisch in signifikanter Weise.

(35) Nähere Angaben über die bezirksweise Herkunft der Demonstranten aus typischen Arbeitsbezirken wie Favoriten und Hernals in meiner Arbeit: Gewalt in der Politik, 157 f.

(36) Vgl. dagegen AVA, Wien, Soz.-dem. Parteistellen, Karton 6, Mappe "Sitzungsprotokolle 1921-28".

(37) Weißbuch, 20, vgl. auch 121, 141, 146, 151.

(38) Vgl. etwa David Mark Mantell, Familie und Aggression. Zur Einübung von Gewalt und Gewaltlosigkeit. Eine empirische Untersuchung, Frankfurt a.M. 1972,

203-250, 283.

(39) Siehe dazu Karl Renner, Österreich von der Ersten zur Zweiten Republik. (Nachgelassene Werke, Bd. 2), Wien 1953, 119.

(40) Zusätzlich zu der schon in Tabelle 4 und 5 bestehenden Problematik des Vergleichs der "Juli-Demonstranten" mit einer durch Rationalisierung und Wirtschaftskrise gegenüber 1927 nicht unbeträchtlich veränderten Bevölkerung (Arbeiterschaft) bei der Volkszählung von 1934 erfolgte die Verteilung der Arbeitslosen auf die einzelnen Wirtschaftszweige in dem zur Verfügung stehenden Quellenmaterial nach etwas anderen Gesichtspunkten als die der Arbeiter von 1934.

(41) Siehe die Berufe Mechaniker, Maschinenschlosser, Schlosser, Installateure und Monteure, die zu 84 bis 66 Prozent in der Eisen- und Metallindustrie beschäftigt waren, siehe: Bundesamt für Statistik (Hg.), Die Ergebnisse der österreichischen Volkszählung vom 23.3.1934, Heft 1, Wien 1935, 182 f.

(42) Da es auf Grund der österreichischen Berufsstatistik (Volkszählung 1934, Heft 3) nicht möglich ist, die Hilfsarbeiter unter den "Juli-Demonstranten" mit ihrem Anteil unter der gesamten Arbeiterschaft zu vergleichen, ist man hier auf die Befunde aus anderen Industriestaaten angewiesen, in denen nie mehr als ein Drittel aller Arbeiter Ungelernte waren (Ralf Dahrendorf, Industriesoziologie III, Darmstadt 1975, 239). Der Anteil der Hilfsarbeiter an den Arbeitern unter den "Juli- Demonstranten" beträgt jedoch 38 Prozent (Vertrauensintervall bei $p = 0,95$: $\pm$ 6 Prozent).

(43) Wirtschaftsstatistisches Jahrbuch 1927, Wien 1928, 500.

(44) Reichspost, 19. Dezember 1928.

(45) Vgl. dazu: Wirtschaftsstatistisches Jahrbuch 1928, Wien 1929, 123 ff., und Volkszählung 1934, Heft 3, Tabelle 9c.

(46) Berechnung nach Volkszählung 1934, Heft 3, Tabelle 9c.

(47) Vor allem in: Weißbuch, Anhang A, 53 ff.; vgl. aber auch die Aussagen vor der Untersuchungskommission des Wiener Gemeinderates, AVA, Christlichsoziale Partei Wien, Karton 26.

(48) Siehe Weißbuch, Darstellungsteil, 5-51, und die zusammenfassenden Darstellungen der Polizeidirektion in Wien (PDW) vom 24. Juli 1927, AVA, BKA-Inneres, Zl. 138.922/27, und vom 2. August 1927, Archiv der Bundespolizeidirektion in Wien (AdBPDW), Schober-Archiv, Karton 87 (auch gedruckt unter dem Titel: "Ausschreitungen in Wien am 15. und 16. Juli 1927"); ferner: "Bericht über die Unruhen in Wien im Juli 1927, dargestellt von Polizeioberst Poten vom Polizeiinstitut Berlin", ebd.

(49) Siehe die häufigen Polizeiberichte in: Weißbuch, 111, 121 f., 142, 144.

(50) Tonbandaufnahme einer Befragung Hartlebs durch Ludwig Jedlicka am 24. und 25. September 1961, Österreichisches Institut für Zeitgeschichte, Wien.

(51) Vgl. Weißbuch, 10, und passim.

(52) Vgl. Maria Jahoda, Paul F. Lazarsfeld u. Hans Zeisel, Die Arbeitslosen von Marienthal, Allensbach 1978, 58 ff.; 93 f.

(53) Vgl. Josef Weidenholzer, Auf dem Weg zum "Neuen Menschen". Bildungs- und Kulturarbeit der österreichischen Sozialdemokratie in der Ersten Republik, Wien 1983.

(54) Aussage Körners, 4. Sitzung der Untersuchungskommission des Wiener Gemeinderates, 68, AVA, Chr.-Soz. Partei Wien, Karton 26.

(55) Weißbuch, 146.

(56) Ähnliches trifft auch für die Angriffe auf einige Waffenhandlungen und die Ausschreitungen in Hernals am 16. Juli zu (Bericht der PDW vom 16. Juli 1927,

AdBPDW, Schober-Archiv, Karton 87). Die Brandlegung im Justizpalast sowie die Erstürmung der Wachstube Lichtenfelsgasse und der Redaktion der "Wiener Neuesten Nachrichten" sind jedoch eher reaktiv und spontan zu erklären. Die polizeiliche Meldung, daß sich "der bekannte kommunistische Parteigänger Franz Fiala" bei der Erstürmung des Wachzimmers Lichtenfelsgasse besonders hervorgetan und Revolverschüsse gegen die Polizei abgegeben habe, erwies sich als nicht richtig. "Die Namensgleichheit mit Gotthilf Fiala dürfte ihm dabei verhängnisvoll geworden sein." (International Press Correspondence, 7. Jg., Nr. 50, Wien 1927, 1117). Wenige Zeit später mußte der Beschuldigte als unschuldig enthaftet und das Verfahren eingestellt werden (siehe Vr 4425/27 gegen Franz Fiala, Landesgericht Wien I, Mikrofilm im österreichischen Institut für Zeitgeschichte, Wien, und Bericht der PDW vom 1. Dezember 1927, (Pr.-Zl. IV-5845/27), AVA, BKA-Inneres, Zl. 138.922/1927).

(57) Bericht der PDW vom 16. Juli 1927 (Pr.- Zl. IV-1-788/27), AdBPDW, Schober-Archiv, Karton 87.

(58) Die rote Fahne, 26. Jänner 1929, 5 f.

(59) Ebd., 15. Juli 1927, 1 f.

(60) Bericht der PDW vom 16. Juli (Pr.-Zl. IV-1-1788/27) und 3. August 1927 (Pr.-Zl. IV-3601/27), AdBPDW, Schober-Archiv, Karton 87.

(61) Situation der PDW vom 19. Juli 1927 (Zl. 140955/27) und Bericht vom 21. Juli 1927 (142.376/27), AVA, BKA-Inneres, Zl. 138-922/27); Protokoll über die 5. Klubsitzung vom 25. Juli 1927, AVA, Chr.-soz. Parlamentsklub, 7 f.

(62) Stenographische Protokolle über die Sitzung des Nationalrates (III. Gesetzgebungsperiode) der Republik Österreich, Wien 1927, 132.

(63) Protokoll über die 5. Klubsitzung vom 25. Juli 1927, AVA, Chr.-soz. Parlamentsklub, 7.

(64) Ebd., 1. Ähnlich auch der persönliche Bericht von Stadtkommandant Wiesinger vom 21. Juli 1927 an das Heeresministerium, Kriegsarchiv, Bundesheer, 1927: Assistenzberichte, Subfasz. 19.

(65) Vgl. auch Ellenbogen, Menschen, 75 ff.

(66) Näheres bei Botz, Gewalt, 144 ff.,

(67) Renner, in: Parteitag 1927. Protokoll des sozialdemokratischen Parteitages, abgehalten vom 29. Oktober bis 1. November 1927 ..., Wien 1927, 134 f.; vgl. auch Adolf Schärf, Österreichs Erneuerung 1945-1955. Das erste Jahrzehnt der Zweiten Republik, Wien 1955, 367.

(68) Otto Bauer, in: Parteitag 1927, 106 f.

(69) Protokoll der Vorstandssitzung (der Vereinigung der sozialdemokratisch organisierten Angestellten und Bediensteten der Stadt Wien) vom 26. Juli 1927. Aufnahmeschrift mit Karl Reder, AVA, Soz.-dem. Parteistellen, Mappe "Sitzungsprotokolle 1921-28". Vgl. ferner: Weißbuch, 141.

(70) Bericht Potens (siehe Anm. 48).

(71) Weißbuch, 217.

(72) Ebd., 142, 151 f.

(73) Waldmann, Strategien, 43 f.

(74) Vladimir M. Turok, Otscherki istorii Avstrii (Beiträge zur Geschichte Österreichs) 1918-1929, Moskau 1955, 424 f., unter Berufung auf Ernst Fischer; vgl auch Ernst Fischer, Erinnerungen und Reflexionen, Reinbek b. Hamburg 1969, 168 f.)

(75) Weißbuch, 59.

(76) Aussage Körners, 4. Sitzung der Untersuchungskommission des Wiener Gemeinderates, 68, AVA, Chr.-soz. Partei Wiens, Karton 26.

(77) Protokoll über die 5. Klubsitzung vom 25. Juli 1927, AVA, Chr.-soz. Parlamentsklub, 7.

(78) Vgl. auch Richard Tilly, Popular Disorders in Nineteenth- Century Germany. A Preliminary Survey in: Journal of Social History 4, 1970, 2.

(79) Von der Möglichkeit einer Glättung der jährlichen Schwankungen durch gleitende Dreierdurchschnitte wurde nicht Gebrauch gemacht. Auf die Ergebnisse der Untersuchung hätte sie, abgesehen von einer noch stärkeren Hervorhebung der Bedeutung der Arbeitslosigkeit, keinen wesentlichen Einfluß gehabt.

(80) Als zu erklärende Variable wurde die Summe der jährlich bei politischen Auseinandersetzungen getöteten und schwerverletzten Personen (=Gewaltopfer) herangezogen. Zu der hier verwendeten Bestimmung von "Gewalt" und "politisch" siehe Botz, Gewalt, 10-21.

(81) Ted Robert Gurr, A Comparative Study of Civil Strife, in: Hugh Davis Graham u. Ted Robert Gurr (Hg.), The History of Violence in America: Historical and Comparative Perspectives, New York 1969, 572-632; Ivo K. Feierabend u. Rosalind Feierabend, Aggressive Behaviours within Politics, 1948-1962, in: James Chownming Davies (Hg.), When Men Revolt and Why, New York 1971, 228-249. Vgl. auch Kurt W. Rothschild, Wurzeln und Triebkräfte der Entwicklung der österreichischen Wirtschaftsstruktur in: Wilhelm Weber (Hg.), Österreichs Wirtschaftsstruktur gestern – heute – morgen, Bd. 1, Berlin 1961, 16 ff.

(82) Dies schließt nicht aus, daß die Weichen für eine mehr gewaltsame oder eher gewaltarme politische Modernisierung schon in der vorindustriellen Periôde gestellt wurden. Vgl. etwa Barrington Moore, Soziale Ursprünge von Diktatur und Demokratie, Frankfurt a.M. 1969, vor allem Kap. 7; Stein Rokkan, Dimensions of State Formation and Nation Building, in: Charles Tilly (Hg.), The Formation of National States in Western Europe, New Jersey 1975, 589. Einzelheiten über den inneren Zusammenhang dieser Phänomene bei Ivo K. Feierabend u. Rosalind L. Feierabend, Aggressive Behaviours, 236 ff.; ausführlicher noch bei denselben und Betty A. Nesvold, Social Change and Political Violence, in: Graham u. Gurr (Hg.), History of Violence, 653 ff.

(83) Vgl. etwa Adam Wandruszka, Die Erbschaft von Krieg und Nachkrieg, in: Jedlicka u. Neck, Österreich, 20 ff.

(84) Vgl. Peter H. Merkl, Political Violence under the Swastika, New Jersey 1975, 154 ff.; dazu vom Vorigen allgemein auch: Otto Bauer, Die österreichische Revolution, in: ders., Werkausgabe, Bd. 2, Wien 1976, 743 ff.; Renner, Österreich, 117 ff.

(85) Besonders deutlich wird dieser Trend bei Glättung der Gewaltkurve durch gleitende Dreierdurchschnitte, siehe Graphik 2 in meinem Aufsatz: Gewalt und politischgesellschaftlicher Konflikt in der Ersten Republik (1918-1933), in: Österreichische Zeitschrift für Politikwissenschaft 4, 1975, 530.

(86) Anton Kausel, Sandor Nemeth u. Hans Seidel, Österreichs Volkseinkommen 1913 bis 1963, (Monatsberichte des Österreichischen Instituts für Wirtschaftsforschung, Sonderheft 14), Wien 1965, 38.

(87) Vgl. etwa Gustav Otruba, Österreichs Wirtschaft im 20. Jahrhundert, Wien 1968, 18 ff.; Hans Hautmann u. Rudolf Kropf, Die österreichische Arbeiterbewegung vom Vormärz bis 1945. Sozialökonomische Ursprünge ihrer Ideologie und Politik, Wien 1974, 144 ff.

(88) Siehe den Anhang zu diesem Bericht.

(89) Die unabhängige Variable "Arbeitslosigkeit" (X) wird absolut in den Jahresdurchschnittszahlen der zur Vermittlung vorgemerkten Arbeitslosen (in 1000) angegeben.

(90) Vgl. auch Heinz-Gerhard Haupt, Zur historischen Analyse von Gewalt, in: Geschichte und Gesellschaft 3, 1977, 244.

(91) Jahoda, Lazarsfeld u. Zeisel, Marienthal, 58 ff. u. 64 ff.

(92) Siehe die zit. Arbeiten Gurrs und der Feierabends; auch Charles Tilly, Louise Tilly u. Richard Tilly, The Rebellious Century 1830-1930, Cambridge/Mass. 1975, 273 ff.

(93) Vgl. auch Heinrich Volkmann, Kategorien des sozialen Protests im Vormärz, in: Geschichte und Gesellschaft 3, 2, 1977, 174 ff.

(94) Die differenziertesten Analysen in dieser Hinsicht siehe bei Ted Robert Gurr, A Causal Model of Civil Strife : A Comparative Analysis Using New Indices, in: The American Political Science Review 62, 1962, 1113 ff.

(95) Das hiebei angewandte Verfahren war eine stufenweise Regressionsanalyse. Vgl. auch Gerhard Botz, Formen und Intensität politisch-sozialer Konflikte in der Ersten und Zweiten Republik. Ein komparativer Versuch zu Streik und politischer Gewalt in Österreich 1919 bis 1975, in: Austriaca. Cahiers universitaires d'information sur l'Autriche, numéro spécial 3, Rouen 1979, 437-468.

(96) Die Einführung des Faktors "Exekutiv-Beteiligung" (Z) ergab sich aus den in Teil D angeführten Vorüberlegungen zur Gewalt-Verursachung.

(97) Charles Tilly, Revolution and Collective Violence, in: Fred I. Greenstein, Nelson W. Polsby (Hg.), Handbook of Political Science, Bd. 3: Macropolitical Theory, Reading/Mass. 1975, 515.

(98) Die "Exekutiv-Beteiligung" entspricht in der Wirkung etwa dem genaueren Indikator Gurrs: "Coercive potential and size of coercive forces" (Gurr, Causal Model of Civil Strife, 1112 f.)

(99) Siehe etwa: Gurr, Causal Model of Civil Strife, 1124.

(100) Das Ausmaß, in dem die angegebene Gleichung die tatsächlich beobachtete Varianz von Gewalt erklärt, beträgt (bei einem multiplen Korrelationskoeffizienten von $R = 0{,}86$) 74,5 Prozent. (Die Wahrscheinlichkeit, daß dieser Effekt zufällig entsteht, ist wiederum äußerst gering: 0,02 Prozent!) Nur ein Viertel des Gewaltverlaufs in der Ersten Republik bleibt also durch Arbeitslosigkeit und "Exekutiv-Beteiligung" unerklärt.

(101) Diese Prozentwerte sind errechnet aus dem multiplen Korrelationskoeffizienten R, dessen Quadrat (R^2) als Prozentsatz interpretiert werden kann.

(102) Diese Angaben beruhen auf den Restwerten der beobachteten zu den geschätzten Y-Werten (siehe Anhang).

(103) Otto Bauer, Kritiker links und rechts, in: ders., Werkausgabe, Bd. 9, Wien 1980, 153.

(104) Julius Braunthal, Die Wiener Julitage. Ein Gedenkbuch, Wien 1927, 41; Ellenbogen, Menschen, 76.

(105) Vgl. etwa Arnold Reisberg, Februar 1934. Hintergründe und Folgen, Wien 1974, 124 ff.; dagegen Jakob Riehs, War der 15. Juli ein Aufstand?, in: Die Rote Fahne, 26. Jänner 1929, 3.

(106) Otto Leichter, Glanz und Elend der Ersten Republik. Wie es zum österreichischen Bürgerkrieg kam, Wien 1946, 55.

(107) Leser, Reformismus, 407; ähnlich auch: Almut Schunck u. Hans-Josef Steinberg, Mit Wahlen und Waffen, in: Wolfgang Huber u. Johannes Schwerdtfeger (Hg.), Frieden, Gewalt, Sozialismus. Studien zur Geschichte der sozialistischen Arbeiterbewegung, Stuttgart 1976, 471 ff.

(108) Vgl. Tilly, Revolutions and Collective Violence, 520 ff.

(109) Botz, Gewalt und politisch-gesellschaftlicher Konflikt, 528 ff; auch eine differenzierte Analyse mittels multipler Regression "latenter Variablen" hat 1984 kein wesentlich besseres Modell ergeben.

(110) Charles Tilly, Revolutions and Collective Violence, 494, 529 f.

(111) Konrad H. Jarausch, Möglichkeiten und Probleme der Quantifizierung in der Geschichtswissenschaft, in: ders. (Hg.): Quantifizierung in der Geschichtswissenschaft, Düsseldorf 1976, 11 ff.

(112) Vor allem die einschlägigen Mappen des "Tagblatt-Archivs", Abteilung Dokumentation der Kammer für Arbeiter und Angestellte für Wien, und: Braunbuch. Hakenkreuz gegen Österreich, Wien 1933. Zum Jahr 1934: Karl R. Stadler, Opfer verlorener Zeiten. Geschichte der Schutzbund-Emigration 1934, Wien 1974, 43 f. und Gerhard Jagschitz, Der Putsch. Die Nationalsozialisten 1934 in Österreich, Graz 1967, 167.

(113) Robert Hoffmann: Neuere Literatur zur Geschichte Österreichs 1927-1938, in: Zeitgeschichte 3, 1976, 382.

(114) Hubert M. Ballock (Jr.), Social Statistics, 2. Aufl., Tokio 1972, 408 ff.; Ted Robert Gurr: Politometrie. Einführung in die quantitative Makropolitik, Frankfurt a.M. (1974), 182 ff.

(115) Volkszählung vom 22. März 1934, Heft 1 (Textheft), 13.

(116) Daten aus: Wirtschaftsstatistisches Jahrbuch 1924 ff., Wien 1925 ff.

(117) Vgl. Richard Tilly u. Gerd Hohorst, Sozialer Protest in Deutschland im 19. Jahrhundert, in: Jarausch, Quantifizierung.

IV.

DIE AUSSCHALTUNG DES NATIONALRATS IM URTEIL VON ZEITGENOSSEN UND HISTORIKERN

Das sogenannte "Faktische" jener Ereignisse, in denen die Beseitigung der Demokratie und der Beginn der diktatorischen Regierung kulminierten, ist in großen Zügen seit dem Jahre 1933 aus der Tagespresse bekannt. Früh einsetzende Untersuchungen von Staatsrechtlern über die Rechtswidrigkeit des Vorgehens der Regierung Dollfuß, deren öffentliche Rechtfertigungsversuche und die bald erscheinenden Erinnerungsbücher von Politikern und journalistische Arbeiten ergaben jene Basis von Wissen, die bis in die sechziger Jahre keine wesentliche Erweiterung erfuhr und auf der bis heute (1) der überwiegende Teil der Einschätzungen der Ereignisse im März 1933 in historischen Handbüchern und wissenschaftlichen Spezialuntersuchungen, im Geschichtsunterricht und im Bewußtsein der Politiker beruht.

Erst durch die Untersuchungen des ungarischen Historikers Lajos Kerekes (2) sind, wie schon oft in der österreichischen Geschichtsforschung, neue Forschungsimpulse vom Ausland her wirksam geworden, die im Zusammentreffen mit liberalen Archivbenützungsbestimmungen gegen Ende der sechziger Jahre zu einer Reihe bemerkenswerter Ergebnisse von Historikern und Politologen führten: 1968 erschien Norbert Lesers grundsätzliche, kritische Auseinandersetzung mit der sozialdemokratischen Theorie und Praxis (3), 1972 erschien eine Art Gegenstück dazu über die "Christliche Arbeiterbewegung" von Anton Pelinka. (4) Innerhalb dieses fünfjährigen Zeitraumes wurden am Institut für Zeitgeschichte der Universität Wien (Prof. Ludwig Jedlicka) zum selben Themenkreis unter anderem die Dissertationen (5) von Peter Huemer, Anton Staudinger und Hilde Verena Lang verfaßt. (6) Zusammen mit den älteren, aber noch keineswegs vollständig überholten Arbeiten von

Otto Leichter, Brita Skottsberg, Charles A. Gulick und dem von Heinrich Benedikt herausgegebenen Handbuch (7) sowie zwei ideologiegeschichtlichen Untersuchungen des österreichischen Katholizismus und des Dollfuß-Regimes (8) liegen, allerdings nicht immer im Druck veröffentlichte, Forschungsergebnisse vor, die den Hintergrund der bekannten "Fakten" erhellen und ein vertieftes, historisches Urteil zulassen. Bevor einige Aspekte dieser Arbeiten referiert werden, soll jedoch die allgemeine historische Einschätzung der Ausschaltung des Nationalrates dargelegt werden.

Die im folgenden angewandte Typologie (mit einer Ausnahme nach chronologisch-politischen Kriterien) soll eine Orientierung über die Fülle der angeführten und verarbeiteten Literatur erleichtern. Sie bezieht sich, was ausdrücklich betont werden soll, nicht auf das politische, publizistische oder wissenschaftliche Gesamtwerk der zitierten Autoren, sondern nur auf deren Sichtweise eines einzigen, wenn auch wichtigen Kapitels der österreichischen Zeitgeschichte. Manche Historiker der jüngsten Vergangenheit, von denen der Autor keine relevanten Belegstellen auffinden konnte, fehlen daher. Wie bei jeder Verallgemeinerung müssen manche Besonderheiten unberücksichtigt bleiben, um vielleicht bei einem weiteren (hier nicht unternommenen) Arbeitsgang umso deutlicher hervorzutreten.

1. Die "vaterländischen" Erklärungsversuche

Dollfuß selbst begründete und propagierte eine Version zur Erklärung der Vorgänge seit März 1933, die nicht nur in die Propaganda des "christlichen Ständestaates", sondern sogar in "ernsthafte" Geschichtsdarstellungen Eingang gefunden hat. Schon am Tag nach dem Rücktritt der Nationalratspräsidenten erklärte er in einer Rede in Villach:

"Wenn das Parlament sich selbst unmöglich macht, dann darf man nicht der Regierung die Schuld daran geben. Wir haben die Entwicklung nicht gewünscht, wir betonen aber, daß uns das Interesse und das Wohl des österreichischen Staates und des österreichischen Volkes über alles geht". (9)

Diese offizielle "Erklärung" begründete die Geschichtslegende von der "Selbstausschaltung des Parlaments" – richtig: des Nationalrates –, die dem von äußeren Feinden und "Parteienhader", vom "Marxismus" oder schlicht von der "Diktatur der Parteien" (10) bedrohten Staat keinen anderen Ausweg aus der "Sackgasse" des Parlamentarismus gelassen hätte als die "Anwendung des Notrechts". (11) Als markantes Beispiel für die offizielle Geschichtsschreibung sei noch die Version des katholischen Theologen und Universitätsprofessors *Johannes Messner* zitiert:

"Ohne daß jemand den Finger zu rühren brauchte, brachte ein winziger Anlaß den ganzen Mechanismus zum Stillstand ... Der Nationalrat hatte sich am 4. März 1933 selbst ausgeschaltet ... In seiner eigenen Krise ist der Parteienparlamentarismus versunken, kaum daß sich's seine leidenschaftlichen Verfechter versahen. Nun konnte der Staat leben ... Denn nun war der Weg offen für eine wirkliche Staatsführung, welche sich in dem von Parteiinteressen und Parteileidenschaft beherrschten Parlamentarismus nie entfalten konnte und deren das Gemeinwesen gerade im Augenblick der Not und Bedrängnis doppelt bedurfte." (12)

Während sich ehemalige Mitglieder der Regierung Dollfuß wie der Landbündler Franz Winkler und der pro-nazistische Christlichsoziale Anton Rintelen schon bald von dieser offiziellen Theorie distanzierten (13) und selbst Kurt Schuschnigg in seinem letzten Erinnerungsbuch vorsichtig davon abrückte (14), hielten der Generalsekretär der "Vaterländischen Front" Guido Zernatto, der "geistige Führer des ... nur wenig getarnten austrofaschistischen Systems" (15), Friedrich Funder, der Heimwehrführer Ernst Rüdiger Starhemberg, der in den Kabinetten Dollfuß' und Schuschniggs zeitweise Vizekanzler war, und der englische Biograph Dollfuß', Gordon Brook Shepherd, über 1938 und 1945 hinaus mehr oder weniger deutlich an dieser Geschichtslegende fest. (16) Ebenso ist das Nachwirken dieses Erklärungsmusters noch bei einigen katholisch-konservativen Politikern und Historikern in Aussagen, wie das Parlament sei manövrierunfähig gewesen und der Nationalrat habe Selbstmord begangen, oder in der schlichten Feststellung der (nicht einmal unter Anführungszeichen gesetzten) Selbstausschaltung des Nationalrates nachweisbar. (17) Erst in den siebziger Jahren erschien von dem Verfassungshistoriker Friedrich Walter eine Interpretation, die sich immer noch in den Bahnen des faschistischen Antiparlamentarismus zu bewegen scheint. (18)

Auch die "Christliche Arbeiterbewegung", nach der Ansicht des Politologen Anton Pelinka das "demokratische Gewissen" der einen diktatorischen Kurs steuernden Christlichsozialen, machte die angeblich immanente Unfähigkeit des Parlamentarismus für die Beseitigung der, abfällig so genannten, "Formaldemokratie" verantwortlich. "Dem Parlamentarismus wurde ganz allgemein Unfähigkeit bescheinigt. Die Diktatoren waren nicht die Mörder des Parlamentarismus, sondern die Nachfolger der sich scheinbar selbst mordenden parlamentarischen Maschinerie." (19) Selbst einer der am wenigsten antidemokratisch eingestellten Führer der Christlichsozialen Partei, *Leopold Kunschak*, der von sich behauptet, den Parlamentarismus "verabscheuen gelernt" zu haben, legte dieselbe "eigenartige, doppelbödige Haltung des Sowohl-Als-auch" (Pelinka) an den Tag. (20) Unter Berufung auf alle Ahnherren des österreichischen politischen Katholizismus von Vogelsang bis Seipel begrüßte er das "Werden und Reifen der ständischen Idee", wobei er jedoch im nachhinein kritisierte, daß das berufständische Prinzip, so wie es von Papst Pius XI. in der Enzyklika "Quadragesimo Anno" verkündet worden war, nicht ganz verwirklicht worden sei. (21)

Nur ganz wenige innerhalb der katholisch-konservativen Gruppierung gab es in Österreich zwischen 1933 und 1938, die unzweideutig die Verfassungsbrüche Dollfuß' anprangerten und die innen- und außenpolitischen Konsequenzen des diktatorischen Regimes voraussahen. Der bekannteste von ihnen ist der monarchistisch-linkskatholische Publizist und Soziologe *Ernst Karl Winter*. In einem Brief an den österreichischen Bundespräsidenten schrieb er am 1. April 1933:

"Der Angelpunkt der österreichischen Bundesverfassung ist die Souveränität des Volkes, repräsentiert durch ein höchstes Staatsorgan, das Parlament. Von diesem grundlegenden Gesichtspunkt aus ist der Begriff der 'Selbstausschaltung des Parlaments' ein verfassungsrechtlicher Nonsens ... Die Proklamation der Bundesregierung vom 7. März in Verbindung mit den nachfolgenden Akten, vor allem der versuchten Verhinderung des Parlamentszusammentrittes vom 15. März, ist demnach ein Staatsstreich ..." (22)

Winter, von Dollfuß 1934 zur "Versöhnung" der niedergeworfenen Arbeiterschaft als Vizebürgermeister der Stadt Wien eingesetzt, vertrat bis zu seiner vollkommenen politischen Kaltstellung im Jahre 1936 offen einen konsequent demokratischen Standpunkt. (23) Unverändert konnte er daher auch in der Zweiten Republik ein klares Urteil über den "März 1933" abgeben:

"Wenn in der Tat ein parlamentarischer 'Pallawatsch', wie er Dollfuß den Vorwand für die Ausschaltung des Parlaments abgab, die geschworene Verfassungstreue aufheben und den Staatsstreich rechtfertigen kann, dann gibt es

keine Verfassung der Welt, die gegen die reservatio mentalis ihrer katholischen Bürger gefeit ist. Hier liegt offenbar ein entscheidener moralischer Organfehler vor." (24)

2. Das Urteil der Staatsrechtler

Die Fiktion der Selbstlähmung des Parlaments und der Legalität der Regierungsmaßnahmen nach dem 4. März 1933 war sozusagen die "Lebenslüge" des "autoritären Ständestaates". Denn wie bei der Etablierung vollfaschistischer Diktaturen (25) in Italien und Deutschland mußten die treibenden politischen Kräfte, Heimwehrfaschismus und rechter Flügel der Christlichsozialen Partei, auf das starke Legalitätsdenken der weniger rechtsstehenden Teile der Regierung und des Bürgertums, deren Unterstützung jene bei der Aufrichtung ihrer Diktatur benötigten, Rücksicht nehmen und mindestens den Anschein der Gesetzmäßigkeit wahren. So schwer dieser Anschein im Fall Österreichs auch hergestellt werden konnte, so unabdingbar war die erwähnte Fiktion für die Rechtfertigung der im Ergebnis nur halbfaschistischen Diktatur Dollfuß' und Schuschniggs.

Auch im juristischen Gewande findet diese Rechtfertigungsideologie in ihrer extremen Form heute kaum mehr Verteidiger. Im wissenschaftlichen Bereich hat sich weitgehend die Meinung durchgesetzt, daß die Erlassung mancher gesetzesändernder Verordnungen auf Grund des "Kriegswirtschaftlichen Ermächtigungsgesetzes" seit 7. März 1933, die Ausschaltung des Nationalrates, insbesondere die Verhinderung seines Wiederzusammentritts am 15. März, und vor allem die Lahmlegung des Verfassungsgerichtshofes im Mai 1933 einen Staatsstreich in mehreren Akten darstellten, und zwar sowohl im politischen Sinn infolge einer grundlegenden Änderung der Staatsform durch den Übergang von der parlamentarisch-demokratischen zur diktatorisch-autoritären Regierungspraxis, als auch im eng juristisch-technischen Sinn infolge von Verstößen gegen die Verfassung. Schon die Sprecher der sozialdemokratischen und deutschnationalen Opposition (26) und einzelne aufrechte Demokraten im Regierungslager (27), aber auch so unterschiedlich orientierte Staatsrechtler wie *Adolf Merkl* und *Erich Voegelin* (28) haben auf den Bruch der Verfassungskontinuität zu Beginn des "autoritären Regimes" hingewiesen. Der vorerst weiterbestehende Bundesrat, in dem die Oppositionsparteien des Nationalrats die Mehrheit hatten, nahm wiederholt in Anträgen zu der Serie von Verfassungsbrüchen der Regierungen Stellung. Die rechts- und staatswissenschaftlichen Fakultäten der Universitäten Wien, Graz und Innsbruck richteten im Juni 1933 an den Bundespräsidenten einen Appell, seine Autorität dafür einzusetzen, daß "auf einem Wege innegehalten (werde), der zur Zerstörung (der) wertvollsten Verfassungsgüter und zur Vernichtung des Rechtsstaates führen" (29) müsse.

Hat schon ein großer Teil der österreichischen Staatsrechtler, darunter international anerkannte Kapazitäten wie *Hans Kelsen*, der letzte Justizminister des "Ständestaates", Ludwig Adamovich, Adolf Merkl, Max Layer, Karl Gottfried Hugelmann, Hans Frisch, einer ganzen Anzahl von "Notverordnungen" auf Grund des "Kriegswirtschaftlichen Ermächtigungsgetzes" die Verfassungsmäßigkeit abgesprochen (30), so verließ die Regierung, wie der Historiker *Walter Goldinger*, dessen Studien offenkundig auf genauester Kenntnis der Archivquellen beruhen, urteilt, "mit der Ausschaltung des Verfassungsgerichtshofes ... vollends den Boden des Rechtsstaates". (31) Juristisch war dieser Schritt, wie selbst innerhalb des Kabinetts von seinen Urhebern insgeheim zugegeben wurde (32), nicht zu rechtfertigen. (33.) Der bekannte Rechtslehrer *Alfred Verdroß*, der immerhin am 14. Mai 1933 der Christlichsozialen Partei den Rat gegeben hatte, sie solle "nötigenfalls auch diktatorisch weiterregieren" (34), urteilte später darüber:

"Die praktische Ausschaltung der demokratischen Verfassung, insbesondere die Aufhebung des Verfassungsgerichtshofes, konnte ein Jurist nicht billigen, auch wenn er von der patriotischen Absicht der damaligen Machthaber in ihrem Kampf gegen den Nationalsozialismus überzeugt war."

Bezeichnend ist auch, wie derselbe Universitätslehrer berichtet, daß von einem Mitglied der Diktatur-Regierung der Vorwurf erhoben wurde, "daß sich unter den österreichischen Rechtslehrern kein Carl Schmitt gefunden habe, der bereit gewesen wäre, eine juristische Rechtfertigung des autoritären Regimes zu liefern." (35)

In der Tat ist es geradezu grotesk, wie die regierenden Kreise annehmen konnten, sie könnten auch nur den Anschein von Legalität durch folgende Vorgangsweise wahren: zuerst von einem in seiner Geltung unsicheren Gesetz einen mehr als zweifelhaften Gebrauch zu machen und dann, als dieses Gesetz aus dem Jahre 1917 von dem dazu berufenen Verfassungsgerichtshof überprüft und, wie in Fachkreisen allgemein angenommen wurde, mit großer Wahrscheinlichkeit bezüglich seiner Anwendung in den meisten Fällen als verfassungswidrig enthüllt zu werden drohte, mit Hilfe eben dieses Gesetzes (Verordnung vom 23. Mai 1933) und durch politischen Druck und Korruption (Rücktritt von drei Mitgliedern dieses Gerichtshofes, die von der Christlichsozialen Partei ernannt worden waren, und von vier weiteren Verfassungsrichtern zwischen 18. und 28. Mai 1933) den Verfassungsgerichtshof lahmzulegen. (36)

Es ist daher nicht verwunderlich, daß *Schuschnigg*, der als Justizminister Dollfuß' diesen Verfassungsbruch zu verantworten hatte, 1969 auf eine juristische Argumentation verzichtete und im Zusammenhang mit der Anwendung des "Kriegswirtschaftlichen Ermächtigungsgesetzes" bei der Oktroyierung der Ständeverfassung vom 1. Mai 1934 zugab, "daß das Bemühen, den formalrechtlichen Anschein der Rechtskontinuität zu wahren, heute in anderer Perspektive erscheint als vor 35 Jahren." (37)

3. "KOALITIONSGESCHICHTSSCHREIBUNG"

1964 konnte der von den "christlichen Gewerkschaften" gestellte Vizepräsident des Österreichischen Gewerkschaftsbundes, *Erwin Altenburger*, mit Recht feststellen:

"Es gibt auf nichtsozialistischer Seite kaum eine Literatur zum Thema 'autoritärer Staat'. Im besten Fall existieren Zeitungsartikel, die jeweils zum 12. Februar 1934 geschrieben wurden, ihrer Natur nach aber nicht geeignet sind, auf die verwickelte Problematik dieser Zeit näher einzugehen. Das Beste, was über diese Zeit an Büchern vorliegt, stammt von ausländischen Schriftstellern oder Historikern, die ihrem Gegenstand jedoch notwendigerweise neutral gegenüberstehen. Aber gerade in diesem Fall kommt es darauf an, Farbe zu bekennen ..." (38)

Dasselbe gilt auch für das Thema der vorliegenden Untersuchung. Auch in der wissenschaftlichen Literatur der Zweiten Republik bis in die Mitte der sechziger Jahre zeigte sich die Tendenz, "Wertfreiheit" in der Geschichte, die sich nur auf die Methode beziehen kann, gleichzusetzen mit einem Ausklammern fast aller politisch "heißen Eisen". Es braucht nicht eigens betont zu werden, daß sich solche Tendenzen meist ohne das Bewußtsein der jeweiligen Autoren, entsprechend ihrer politischen und sozialen Verankerung und der gesamtgesellschaftlichen Konstellation durchsetzen. Diese mit dem Bestehen der großen Regierungskoalition (1945 bis 1966) eng zusammenhängende Sichtweise der Geschichte Österreichs im 20. Jahrhundert hat man treffend "Koalitionsgeschichte" genannt. (39)

"*Koalitionsgeschichtsschreibung*" besteht nicht darin, daß von engagierten Historikern der jeweilige politische Gegner "angeschwärzt" wird, wie manchmal unrichtig behauptet wurde, sondern darin, daß in direkter oder mehrfach vermittelter Abhängigkeit von den koalierten politisch-gesellschaftlichen Kräften alle irgendwo anstößigen Aussagen vermieden werden und die "historische Wahrheit" einfach in der Mitte zwischen den gegensätzlichen Standpunkten gesucht wird. Selbst die Wahl bestimmter Fragestellungen und teilweise auch die der Methode wird dadurch über die allgemeine gesellschaftliche Bedingtheit hinaus noch zusätzlich beeinflußt. Aufgrund der Kräfteverhältnisse im Staat ergibt sich der Tenor dieser Geschichtsinterpretation sowohl bei Politikern und Publizisten wie bei den Lehrern und Fachwissenschaftlern.

Einerseits dürfen auch die positiven Funktionen dieser spezifisch österreichischen Historiographie und die für Staat und Gesellschaft der Zweiten Republik grundlegenden Leistungen des ihr zugrundeliegenden Regierungssystems nicht geringgeschätzt werden. Die "Koalitionsgeschichtsschreibung" war zu ihrer Zeit ein bedeutender Fortschritt gegenüber den bis dahin dominierenden klerikal-konservativen oder extrem deutsch-nationalistischen Geschichtsinterpretationen. Insbesondere in der Gründungsphase der Zeitgeschichte als wissenschaftliche Disziplin mußten vielerlei politische und fachinterne Widerstände und Schwierigkeiten überwunden werden, was nicht zuletzt in dem verspäteten Einsetzen dieser Disziplin in Österreich, wenn der Vergleich mit deutschen Verhältnissen statthaft ist, seinen Ausdruck fand. Erst ein Stillstand auf dieser Stufe des wissenschaftlichen Entwicklungsprozesses mußte bedenklich erscheinen. Andererseits aber müssen die lange Dauer der Großen Koalition und die ihr entsprechende Geschichtsschreibung für einen großen Teil der auch heute kaum gemilderten Misere des historisch-politischen Bewußtseins in unserem Lande mitverantwortlich gemacht werden.

Abgesehen von den wenigen, die den "März 1933" auch in der Zweiten Republik noch im Banne der "austrofaschistischen" Denkstrukturen darstellten, und einem Teil der sozialdemokratisch-sozialistischen Autoren, kamen bis 1973 die meisten Untersuchungen und Darstellungen der sich gegen große Widerstände dennoch entwickelnden österreichischen Zeitgeschichte zu dem einhelligen Ergebnis: Dollfuß, der bis Anfang 1933 keine antiparlamentarischen, regierungsdiktatorischen Pläne gehabt habe, benützte die durch den Rücktritt der drei Parlamentspräsidenten ausgelöste Geschäftsordnungskrise des Nationalrates dazu, diesen auszuschalten und "autoritär" zu regieren. Weder die Fehler des parlamentarischen Systems noch eine vorgegebene Absicht der führenden Männer in der Regierung seien dafür verantwortlich. Man spricht zwar nicht von einer Ausschaltung des Nationalrates, setzt jedoch die Chiffre "Selbstausschaltung des Parlaments" unter Anführungszeichen, wobei nicht immer ganz klar wird, ob sich die Distanzierung auf das erste oder das zweite (es müßte richtig heißen: "Selbstausschaltung des Nationalrates") Substantiv bezieht. Auf die kürzeste Formel gebracht, die freilich alle vorkommenden Schattierungen ausschließt, entspricht solchen, oft nur einige Zeilen, manchmal aber mehrere Seiten umfassenden Textstellen, das Sprichwort "Gelegenheit macht Diebe": Diebe der Demokratie. Im Rahmen dieses Modells erklärt ein Teil der Autoren die Handlungen Dollfuß' im März 1933 mit eher subjektiven Kategorien, ein anderer Teil aus den objektiven Verhältnissen. Ohne daß sich dabei Parallelen mit politischen Präferenzen der Autoren herstellen ließen, ergibt sich aus der einen Erklärung eine kritischere, aus der anderen eine eher wohlwollende Haltung Dollfuß und dem "autoritären Ständestaat" gegenüber.

a) Die erstgenannte, *kritische "Koalitionstheorie"* weist fast immer ausdrücklich auf den Verfassungsbruch hin und scheut vom demokratischen Standpunkt ausgehend auch, wertende Worte im Zusammenhang mit den Anfängen der Diktatur Dollfuß' und Schuschniggs nicht. In manchem steht sie sogar der unten erörterten "sozialistischen" Beurteilung näher als der anderen Form der "Koalitionsgeschichte". Als Beispiel sei das allseits anerkannte, schon 1961 erstmals erschienene Handbuch *Erich Zöllners* zitiert:

"Die Ausnützung eines parlamentarischen Zufalls ... ermöglichte es der Regierung, den Nationalrat, dessen Mehrheit ihr entglitt, auszuschalten ... Die österreichische Regierung verhinderte seit dem 4. März 1933 die Wiedereinberufung des Nationalrates durch den zuletzt zurückgetretenen Präsidenten ... Als nun die Wiener Landesregierung gegen die von der Bundesregierung erlassenen Notverordnungen beim Verfassungsgerichtshof Klage führte, veranlaßte Dollfuß den Rücktritt der von der Christlichsozialen Partei für diesen Gerichtshof vorgeschlagenen Mitglieder und nahm dann deren Rücktritt zum Vorwand, diese oberste Instanz in Verfassungsfragen als beschlußunfähig zu erklären und aus-

zuschalten. Mit dieser Handlungsweise, die auf Ratschläge des Sektionschefs Dr. Robert Hecht zurückging, hatte die Regierung Dollfuß wieder ein Hindernis aus dem Wege geräumt, aber selbst ausgiebigst gegen den Geist der österreichischen Verfassung verstoßen und stark an moralischer Autorität eingebüßt." (40)

Abgesehen von einigen ausländischen Historikern (41), zeichnet sich dieses Erklärungsmodell auch bei dem ehemaligen Chefredakteur der christlichsozialen "Österreichischen Arbeiter-Zeitung" (1934-1938) *Ludwig Reichhold* ab, der zum Schluß kommt: "Der Austrofaschismus war eine Improvisation." So kritisch Reichhold einerseits die Schritte der ihm nahestehenden christlichsozialen Regierung zur Aufhebung der Demokratie und Vernichtung der Sozialdemokratie im Laufe des Jahres 1933 beurteilt ("Die Regierung hatte damit selbst den Boden verlassen, auf dem sie eine Verständigung mit der Sozialdemokratischen Partei erwarten konnte"), so setzt er anderseits, entsprechend dem Koalitionsdenken, dazu wieder ein Gegengewicht, indem er der Sozialdemokratie nach dem März 1933 Verkennung der gefährlichen Situation des Staates und "Obstruktionspraktiken" vorwirft. (42) Während ein anderer "christlicher Gewerkschafter", der ebenfalls die Tradition Leopold Kunschaks fortzusetzen versucht, in einer Biographie dieses "christlichen Arbeiterführers" zu eindeutigen Worten der Verurteilung des Staatsstreichs Dollfuß' findet und den Begriff "quasi-autoritär" als Verschleierung des wahren Charakters dieser ungesetzlichen, antidemokratischen Regierung ablehnt (43), hat Reichhold in seinem 1968 erschienenen historischen Überblick die Tradition Kunschaks offensichtlich aufgegeben und schwerwiegende Konzessionen an die apologetische Interpretation des Wirkens Dollfuß' gemacht. (44)

b) Die zweite Form der "Koalitionstheorie" wurde lange Zeit von der *akademischen Zeitgeschichte* (45), aber auch von manchen sozialistischen Politikern und Journalisten vertreten. Allen gemeinsam ist, daß diese Erklärungsmodelle über die Ausschaltung des Parlaments im weiteren innen- oder außenpolitischen Zusammenhang urteilen. Daher heißt es etwa:

"Dollfuß, Gefangener in der außenpolitischen Situation des Frühjahres 1933, zwischen Heimwehr, Sozialdemokratie und dem vordrängenden Nationalsozialismus eingekeilt, empfand die Ereignisse des 4. März 1933 mit der sogenannten Selbstausschaltung des Nationalrates als einen Ausweg zu einer autoritären Regierungsform ..." (46)

Ohne daß den Auswirkungen der zunehmenden gegenrevolutionären und faschistischen Strömungen innerhalb der Christlichsozialen Partei größeres Gewicht zugemessen wird, werden der Druck des italienischen Faschismus, der Heimwehren, des Nationalsozialismus, die kritische wirtschaftliche Lage Österreichs und die mangelnde Koalitionsbereitschaft der "Sozialdemokratischen Arbeiterpartei Österreichs" als Ursachen dafür angeführt, daß Dollfuß in dem "Selbstbehauptungskampf" des Staates gezwungen gewesen sei, "außergewöhnliche" Mittel und Wege zu suchen. Die innerhalb des katholischen Bürgertums und der christlichen Arbeiterbewegung auch historisch verankerte Ablehnung der Demokratie bleibt unterbelichtet. (47)

Der linksliberale englische Journalist *G.E.R. Gedye* gibt den "größten Schuldanteil" England und Frankreich, da beide Großmächte nichts zur Stärkung der österreichischen Demokratie unternommen haben. (48) *Karl Renner*, getreu seinen Ermahnungen zur Koalition in der Zwischenkriegszeit, leitet den aussichtslosen Zweifrontenkrieg Dollfuß' gegen Nationalsozialismus und sozialdemokratische Arbeiterschaft daraus ab, daß "jede Verständigung zwischen den beiden Fronten, jegliche Kooperation ausgeschlossen war". (49) Einzelne andere Sozialisten der Zweiten Republik sind ihm in dieser Interpretation gefolgt. (50) Ein merkwürdiger Zufall ist es, daß der sozialistische "Verlag der Wiener Voksbuchhandlung" auf dem Höhepunkt des Koalitionsdenkens in zwei Büchern, wo eindeutig von der Ausschaltung der Nationalrates die Rede ist, den Zwischentitel "Das Parlament schaltet sich selber aus" eingefügt hat. (51) Der langjährige christlichsoziale Handelsminister *Eduard Heinl* spricht zwar auch von der "Selbstausschaltung des Nationalrates", fügt jedoch hinzu, daß die Geschäftsordnungskrise formell gelöst hätte werden können. Wegen der Drohung des Nationalsozialismus schien der Regierung dieser Ausweg aber "gänzlich ungangbar". Im Gegensatz zu manchen seiner Parteifreunde hielt Heinl mindestens nach 1945 die "berufsständische Verfassung" nicht für eine brauchbare Lösung gesellschaftlicher Probleme. (52)

Wie später noch ausgeführt werden soll, hat sich nach dem Ende der Koalitionsära in der österreichischen zeitgeschichtlichen Forschung ein anderes Erklärungsmodell durchgesetzt. Lediglich in Randbereichen der wissenschaftlichen Geschichte und in einigen in der Grundtendenz konservativen Gesamtdarstellungen hat sich die zuletzt skizzierte Form der vorsichtig lavierenden Koalitionsgeschichtsschreibung zum Thema "März

1933" erhalten. (53) Bezeichnend für diese Wendung zu einer modernen Dollfuß-Apologetik ist folgendes Zitat:

"In der Klemme zwischen der zahlenmäßigen Majorität einer doktrinären und schwerbewaffneten Sozialdemokratie und einem von Deutschland her mit zugkräftigen Schlagworten versorgten, ebenso selbstlos wie anrüchig gestimmten Idealismus blieb Dollfuß nur mehr die Zuflucht zu einer autoritären Haltung, die weniger im Persönlichkeitsformat als in der Anwendung gewisser politischer Kniffe begründet war." (54)

c) Eine eigentümliche Version dieser "Koalitionstheorie" bietet *Lajos Kerekes*, dessen Archivforschungen, wie schon erwähnt, der österreichischen Zeitgeschichte entscheidende Anstöße geliefert haben. In seinen deutschsprachigen Publikationen zeichnet er zwar den massiven faschistischen und reaktionären Druck aus Richtung Italien, Deutschland und Ungarn auf die österreichischen Innenpolitik mit überzeugender Genauigkeit nach, die Bedeutung der vom Ausland induzierten, aber eigenständigen antidemokratischen Tendenzen im österreichischen Bürgertum, insbesondere auch innerhalb des katholisch-konservativen "Lagers", abgesehen von der Heimwehr, scheint er gering einzuschätzen. Die von ihm verwendeten Quellen und die besondere Beachtung der internationalen Aspekte des europäischen Rechtstrends seit Ende der zwanziger Jahre mögen dafür teilweise ausschlaggebend sein. Nur im allgemeinsten Sinn ist ihm aber angesichts der später noch zu referierenden neuesten Forschungsergebnisse zuzustimmen, wenn er schreibt:

"Es wäre eine ahistorische Verausprojizierung der späteren geschichtlichen Entwicklung, wollte man behaupten, Dollfuß sei mit dem Programm des faschistischen Ständestaates an die Spitze des Kabinetts getreten. Im Frühjahr 1932 hatte Dollfuß überhaupt kein umfassendes Programm, und wenn er seine politischen Vorstellungen auch aus Seipels geistigem Repertoir entlieh, der Gedanke an einen radikalen Umsturz der demokratischen Verhältnisse der Republik war ihm damals noch nicht gekommen. Seine Politik wurde von den Gegebenheiten des Augenblicks diktiert." (55)

Richtig an Kerekes' Ausführungen ist zweifelsohne, daß Dollfuß bei Antritt seiner Regierung kein "Programm des faschistischen Ständestaats" hatte, und zwar einerseits, weil die Einzelheiten dieses Programms nicht absolut festgelegt waren und sich tatsächlich erst im Laufe der nächsten Monate klarer abzeichneten, und andererseits, weil die katholische Ständeideologie und ihr Ziel nicht als faschistisch beziehungsweise als Faschismus bezeichnet werden können, wenn man nicht vor einer undifferenzierten Gleichsetzung aller antidemokratischen, diktatorischen Regierungsformen der Rechten, wie dies etwa auch in der sowjetmarxistischen Faschismus-Definition geschieht, ausgeht.

Unter Bezugnahme auf die Machtübernahme des Nationalsozialismus in Deutschland und die schrittweise Beseitigung der Demokratie in Österreich seit März 1933 schreibt derselbe ungarische Forscher jedoch:

"Die uneingeschränkte Geltung der formalen Demokratie öffnete also der uneingeschränkten Diktatur den Weg. Gerade deshalb läßt sich keine ewig gültige moralische Norm aufstellen, nach der, unabhängig von geschichtlichen Gegebenheiten und Umständen, eine Einschränkung der parlamentarischen Demokratie mit den Interessen der Demokratie unvereinbar wäre. Allerdings gibt es einen allgemeinen Grundsatz: Die Einengung der parlamentarischen Demokratie ist nur dann geschichtlich berechtigt ..., wenn es gelingt, für diesen Vorgang die Mehrheit der Staatsbürger zu gewinnen oder zumindest deren stillschweigende Tolerierung." (56)

Ausgehend von diesen anfechtbaren Sätzen, die auch in sachlicher Hinsicht, mindestens soweit sie sich auf die deutsche Situation von 1933 beziehen, im Lichte der neueren Nationalsozialismus-Forschung zweifelhafte Aussagen enthalten (57), kommt Kerekes allerdings zu folgendem Urteil, das die unmittelbare Vorgeschichte der Ausschaltung des Parlaments zusammenfaßt: Dollfuß "wollte die Einschränkung der Demokratie mit der Hegemonie der nunmehr auf eine verhängisvoll schmale soziale Basis beschränkten Christlichsozialen Partei durchführen. Statt die Demokratie kampfentschlossen zu verteidigen, wählte er den selbstmörderischen Weg eines 'Konkurrenzfaschismus'". (58)

4. Die "sozialistische" Beurteilung

Parallel zu den genannten Erklärungsversuchen verläuft seit 1934 der Faden der sozialdemokratischen Interpretation bis in die Gegenwart. Als die hauptsächlichen Leidtragenden der Diktatur Dollfuß' konnten die österreichischen Sozialdemokraten mit geschärftem Blick den Geschichtsablauf im Jahre 1933 analysieren, wenn nicht politische Rücksichtnahme auf den Koalitionspartner überwog. An sich sind Verfolgung und Unterdrückung noch kein Kriterium für den Wahrheitsgehalt einer daraus hervorgehenden Geschichtsinterpretation, im konkreten Fall bestätigen jedoch die neueren "akademischen" Darstellungen von nichtsozialistischer Seite, und fast alle in jüngster Zeit durchgeführten Spezialuntersuchungen, was manche lange als propagandistisch abgetan haben. Zur Kritik der "sozialistischen" Darstellungen sei jedoch angemerkt, daß sie nicht selten ihre Erklärungsversuche allzu einseitig an den innenpolitischen Verhältnissen orientieren und die internationalen gesellschaftlichen und politischen Faktoren unterbewerten, eine Erscheinung, die die austromarxistische Tradition mit anderen, nicht an Imperialismustheorien orientierten marxistischen Schulen teilt.

Ausgangspunkt des "sozialistischen" Erklärungsmodells sind einerseits die aus der marxistischen Gesellschaftsanalyse hervorgehende Prognose von diktatorischen Tendenzen im Bürgertum, wenn sich dieses politisch und ökonomisch bedroht sieht (Kapitel III des "Linzer Programms" von 1926 (59)), anderseits die Einschätzung der ersten Anwendung des *Kriegswirtschaftlichen Ermächtigungsgesetzes* durch die Regierung Dollfuß am 1. Oktober 1932. Denn an diesem Tag erließ im Zusammenhang mit der Krise der Credit-Anstalt (1931) Justizminister Schuschnigg eine Verordnung, die nicht auf dem verfassungsmäßigen Notverordnungsrecht des Bundespräsidenten basierte, sondern eben auf diesem gesetzlichen Relikt aus dem Ersten Weltkrieg, dessen Aufhebung die Sozialdemokratische Partei bei der Verfassungsreform des Jahres 1929 nicht erreicht hatte. *Otto Leichter* schreibt darüber:

"Und um den Widerstand der Sozialdemokraten gegen diesen ersten Verfassungsbruch zu lähmen, verfügte man mit der Notverordnung, was die Sozialdemokraten schon lange verlangten, nämlich die Haftung der Kreditanstaltsdirektoren mit ihrem Vermögen ... Dr. Dollfuß gab in einer Bauernversammlung am Sonntag nach dem Notverordnungs-Samstag auch gleich den richtigen Kommentar zu der neuen Wendung im Verfassungsleben: 'Die Tatsache, daß es der Regierung möglich ist, selbst ohne vorherige endlose parlamentarische Kämpfe, sofort gewisse dringliche Maßnahmen in die Tat unzusetzen, wird zur Gesundung unserer Demokratie wesentlich beitragen.'" (60)

Schon am 14. Februar 1933 hatte Ernst Koref im Nationalrat auf den Zusammenhang dieser Rede Dollfuß' am 2. Oktober 1932 in Haag (Niederösterreich) mit der wenige Stunden zurückliegenden Notverordnung hingewiesen. (61)

Darüber, daß sich die hiefür verantwortlichen Mitglieder der Regierung, Dollfuß und Schuschnigg, über die Möglichkeit einer solchen Notverordnungspraxis bei der Umgehung des Parlaments im klaren waren und eine solche auch in Erwägung zogen, gibt es auf Grund der Forschungen jüngerer Historiker kaum noch Zweifel. (62) Noch nicht vollkommen abgesichert ist nur, ob es sich am 1. Oktober 1932 um die Schaffung eines *Test- und Präzedenzfalles* für den Übergang zu einem diktatorischen Regime gehandelt hat. Sehr wahrscheinlich ist auch dies.

Die "erste quasidiktatorische Maßnahme" Dollfuß' – denn um eine solche handelt es sich auch nach Ansicht Merkls (63) – ist in der Tat der Schlüssel zum Verständnis der Ausschaltung des Parlaments, wie es allen hier zu nennenden Autoren gemeinsam ist, Otto Leichter hat als erster in seinem 1935 in Zürich erschienenen Buch "Österreich 1934" die sozialdemokratische Erklärung des "4. März 1933" ausführlich dargestellt. In der hier gebotenen Kürze besagt sie im wesentlichen: Unter der zunehmenden Ausbreitung faschistischer Einflüsse innerhalb der Regierung (bei der Heimwehr und bei einem Teil der Christlichsozialen) sucht Dollfuß die seiner Regierung durch äußerst unsichere Mehrheitsverhältnisse im Nationalrat drohende Niederlage zu vermeiden. Nachdem von den regierenden Kreisen schon längere Zeit hindurch die Möglichkeit des Übergangs zu diktatorischen Regierungsformen sowie die Entmachtung der sozialdemokratischen Arbeiterbewegung und die Zurückdrängung des Nationalsozialismus, die beide nicht nur die Macht der Christlichsozialen im Staate, sondern auch deren politisches Überleben im Falle von Neuwahlen in Frage stellten, erwogen und am 1. Oktober 1932 erprobt worden waren, lieferte der unbedachte Rücktritt der drei Nationalratspräsidenten Dollfuß eine Gelegenheit, wie er sich keine bessere wünschen konnte. Entschlossen, von nun an auf die äußerst unsichere demokratische Legitimierung seiner Herrschaft zu verzichten, führte er, machtpolitisch sorgfältig dosiert, Schlag um Schlag gegen seine Gegner. Dabei ist es gleichgültig, von welchen Zielen im einzelnen er sich dabei leiten ließ, da die antiparlamentarische und antidemokratische Tendenz feststand. (64)

Daß Dollfuß von den Vertretern des Heimwehrfaschismus, von der katatrophalen wirtschaftlichen Lage Österreichs und von der nationalsozialistischen Gefahr in eine objektiv schwierige Lage gebracht worden war – in der Feststellung, nicht in der Wertung dieses Sachverhaltes stimmt die "sozialistische" mit der "Koalitionstheorie" überein –, konnte für Anhänger des parlamentarisch-demokratischen System, als welche sich die Sozialdemokraten längst erwiesen hatten, kein Milderungsgrund für den seine Macht vor die Demokratie stellenden österreichischen Diktator sein. Daher auch war der Hinweis auf den Verfassungsbruch in der sozialdemokratischen Taktik nahezu ins Zentrum der Abwehr der immer bedrohlicher werdenden Übergriffe Dollfuß' gestellt worden, was für eine revolutionäre Partei oder auch nur eine, die ihre radikale Theorie wirklich ernst genommen hätte, nicht der entscheidende Punkt aller Defensivmaßnahmen gewesen wäre. (65)

Der amerikanische Historiker *Charles Adam Gulick*, der 1948 in englischer Sprache die erste wissenschaftlich fundierte und bis heute immer noch in manchen Teilen nicht überholte Geschichte Österreichs in der Zwischenkriegszeit verfaßte, hat diesen Ansatz erweitert und auf eine breite Basis gedruckter Quellen – das Archivmaterial war ihm noch verschlossen – gestellt. (66) Ob die eher populär gehaltenen Darstellungen und Erinnerungsbücher von Jacques Hannak, Oskar Helmer und Adolf Schärf mehr von Leichter oder mehr von Gulick beeinflußt sind, ist bedeutungslos. (67) Auch Julius Braunthal hat in seiner "Geschichte der Internationale" (68) diesem Erklärungsmodell weite Verbreitung gesichert. Erst in jüngster Zeit haben der Arbeiterbewegung politisch nahestehende Historiker dieses aus der Tradition der sozialistischen Arbeitergewegung hervorgegangene Konzept auf dem Boden von Universitäten vertreten. (69)

Wenn man von der unterschiedlichen ideologischen Grundlage absieht, kommen auch kommunistische Autoren zu einer ähnlichen Darstellung des "März 1933" und der folgenden "verstärkten Faschisierung Österreichs". Eine durchgehende sozioökonomische Analyse, wie sie von leninistischen Marxisten erwartet werden könnte, gibt es in Österreich jedoch nicht. Die nur in russischer Sprache erschienene zweibändige Geschichte der Ersten Republik des Moskauer Österreich-Kenners *Wladimir M. Turok* ist lange Zeit die einzige vom sowjetmarxistischen Standpunkt ausgehende Darstellung geblieben, die ihre Thesen gründlich zu belegen sucht. Wie die Austromarxisten Otto Bauer, Julius Braunthal und Otto Leichter wertet er den "1. Oktober 1932" als gezielten Versuch zur Aushöhlung der Verfassung. Als die Machtübernahme Hitlers in Deutschland die reaktionären Tendenzen der österreichischen Bourgoisie verstärkte, sei Dollfuß die Parlaments-Affäre entgegengekommen. Im Hinblick auf die vom rechten Flügel der sozialdemokratischen Parteien vertretenen Meinungen, wie sie im vorhergehenden Abschnitt erwähnt wurden, warnt Turok mit Recht vor einer Überbewertung des "4. März 1933" und der individuellen Handlungen der Parlamentspräsidenten. Entscheidend auch nach Ansicht dieses Historikers war, daß die Regierung Dollfuß schon vorher entschlossen war, die Arbeiterklasse auszuschalten. (70)

Die Zusammenfassung der sozialistischen Darstellungen wäre unvollständig ohne den Hinweis auf die mit ihnen eng verknüpfte Selbstkritik. Das brennendste theoretische wie praktisch-politische Problem für Sozialdemokraten nach 1934 mußte ja sein: Wie konnte eine so starke Arbeiterbewegung und -partei wie die österreichische eine solch vernichtende Niederlage erleiden schon in jener Phase, die dem letzten, blutigen Akt der Verzweiflung vorausging?

Otto Bauer, der sich dazu bekannte, "mehr verantwortlich als jeder andere" für die politischen Fehler der österreichischen Sozialdemokratie im Vorfeld des "12. Februar 1934" zu sein, lieferte auch schon die Aufzählung aller Punkte der Kritik, die von Sozialdemokraten am politischen Verhalten der führenden Funktionäre ihrer Partei bis zur Gegenwart vorgebracht werden. Oft deckt sich diese Selbstkritik auch mit der von gegnerischer Seite kommenden Kritik.

In seinem Buch "Der Aufstand der österreichischen Arbeiter " führte Bauer 1934 aus, der erste Fehler habe darin bestanden, im Frühjahr 1932 eine "forsche Oppositionspolitik" gegen die Christlichsozialen gemacht und Neuwahlen verlangt zu haben. Statt die Gefahr von seiten des besonders in Deutschland in stürmischem Aufstieg befindlichen Nationalsozialismus zu erkennen, habe die "Sozialdemokratische Arbeiterpartei Deutschösterreichs" es versäumt, durch eine Tolerierungspolitik vielleicht die Koalition der Christlichsozialen und der Landbündler mit den Heimwehren verhindern zu können. (71) Damit anerkannte Bauer die von einer Gruppe "rechter" sozialdemokratischer Politiker um Schärf, Renner, Helmer und Körner seit 1927 geäußerte Kritik an der "negativen Politik" gegenüber mehrfachen bürgerlichen Koalitionsangeboten. Auch der Politologe Norbert Leser, der allerdings rückblickend auf 1932 keine Chance mehr sieht, daß Dollfuß' Weg in den "Konkurrenzfaschisnus" durch eine gesteigerte sozialdemokratische Verständigungsbereitschaft hätte aufgehalten werden können, konstatiert:

"Noch 1931 hätte Bauer in einer Koalitionsregierung mit Seipel wahrscheinlich weitgehende sachliche Zugeständnisse erhalten und Machtpositionen vor dem endgültigen Abbruch retten können, auf dem verengten Boden der Demokratie von 1932 und 1933 war für solche Bewegungsmöglichkeiten kein Spielraum mehr frei." (72)

Als zweiten Fehler nennt Otto Bauer den Rücktritt Renners vom Präsidium des Nationalrats am 4. März 1933. Da die sozialdemokratische Partei seit 1930 im Parlament bei Abstimmungen eine Stimme dadurch verlor, "daß Renner als Präsident des Nationalrates den Vorsitz führte und deshalb nicht mitstimmen konnte", mehrten sich schon seit längerem jene Stimmen im Parlamentsklub dieser Partei, die den Rücktritt Renners von seiner Funktion forderten. Am entscheidenden Tag kamen nun Bauer und der Parteivorsitzende Karl Seitz zu der Ansicht, daß der Augenblick zum Rücktritt Renners gekommen sei. Schärf, damals Fraktionssekretär, der angeblich schon eine "böse Ahnung" der Folgen dieses Schrittes hatte, und Robert Danneberg überbrachten diese Aufforderung an Renner, der, ebenfalls ohne die Folgen zu bedenken, ihr unverzüglich Folge leistete. "So haben wir", bekannte Otto Bauer, "der Regierung Dollfuß den Vorwand zur Ausschaltung des Parlaments geliefert." (73) Was die ganze Tragweite dieses Fehlers ausmachte, war jedoch das Übersehen der möglichen Konsequenzen des Rücktritts Renners nicht nur im voraus, sondern auch noch in der unmittelbar darauf stattfindenden sozialdemokratischen Fraktionssitzung. Der erste Versuch Dollfuß', ohne Nationalrat zu regieren (1. Oktober 1932), hätte Anlaß zu einer realistischeren Beurteilung der Lage wenigstens in der Nacht auf den 5. März sein müssen. "Hätte man die Lage in ihrem ganzen Ernst erkannt" – so die Worte des schon mehrfach zitierten Politologen –, "hätte man wohl nicht gezögert, die Mitteilung Renners, Miklas habe ihm gegenüber die Meinung vertreten, der letzte (zurückgetretene) Präsident des Nationalrats (der Großdeutsche Josef Straffner) müsse die Geschäfte weiterführen, in der 'Arbeiter-Zeitung' zu veröffentlichen und Miklas so festzunageln." Eine solche Veröffentlichung wurde jedoch im Parlamentsklub mit Mehrheit abgelehnt. (74)

Der dritte, "der verhängnisvollste unserer Fehler", um wieder Otto Bauer zu folgen, war es, am 15. März 1933, als der Zusammentritt des Nationalrates von der Regierung gewaltsam verhindert wurde, den wartenden Arbeitermassen nicht das Signal zum Generalstreik und zur Mobilisierung des "Republikanischen Schutzbundes" gegeben zu haben. Statt dessen versuchte die Sozialdemokratische Partei, durch Verhandlungen und Konzessionen eine friedliche Lösung zu erreichen. Sie ließ sich von Dollfuß durch vage Versprechungen täuschen und betäubte sich selbst durch Fiktionen wie die, der Nationalrat habe seine am 4. März unterbrochene Sitzung am 15. März 1933 tatsächlich ordnungsgemäß geschlossen und die Notverordnungspraxis Dollfuß' werde allein durch einen Spruch des Verfassungsgerichtshofes über ihre Verfassungswidrigkeit beendet.

"Wir sind dem Kampf ausgewichen, weil wir dem Lande die Katastrophe eines blutigen Bürgerkrieges ersparen wollten. Der Bürgerkrieg ist elf Monate später trotzdem ausgebrochen, aber unter für uns wesentlich ungünstigeren Bedingungen." (75)

Derselbe Fehler wiederholte sich am 31. März 1933, als der "Republikanische Schutzbund" aufgelöst wurde. (76) "Statt auf eine harte Gangart umzuschalten und damit die Konsequenz der eigenen Politik noch zu wahren, glaubte man, das früher Versäumte unter Umständen nachholen zu können, die für diese Taktik (der Verhandlungen) keinen Raum mehr ließ, ja ihr glattes Gegenteil erforderten." Durch immer neue Zugeständnisse der Sozialdemokratie wurde Dollfuß in seiner Absicht, "die Demokratie immer weiter zu suspendieren" (77), nur noch mehr gestärkt.

Dies sind die drei wesentlichen politischen Fehler der österreichischen Sozialdemokratie, die von jeder Darstellung der dreißiger Jahre in Österreich berücksichtigt werden müssen. Nur durch sie ist der historische Ablauf zu erklären. Daß sich aber die Verantwortung der Sozialdemokratie für die Zerstörung der Demokratie und den Bürgerkrieg quantitativ und qualitativ von der des katholisch-konservativen Lagers und des Heimwehrfaschismus unterscheidet, kann nicht ernsthaft in Zweifel gezogen werden. Daher kommt auch der katholisch-"nationale" Publizist *Viktor Reimann* zu dem Schluß:

"Mit Hilfe von Notverordnungen ... baute er [das ist Dollfuß] Stück für Stück einer Diktatur auf und machte die Hälfte der Bevölkerung praktisch rechtlos. Vom Standpunkt des Rechtsstaates aus erübrigt sich deshalb die Frage, wer am 12. Februar 1934 den ersten Schuß abgefeuert hat ..."

Ebenso schreibt der ehemalige k.k. Minister und Bankfachmann *Alexander Spitzmüller*, ein Konservativer alter Prägung, in seinen Erinnerungen:

"Die Sozialdemokraten, die de facto die Verfassung verteidigten, wurden von einer Regierung, die dieselbe Verfassung beschworen hatte, aber die sogenannte 'Selbstausschaltung des Parlaments' dazu benützte, um ohne Verfassung zu regieren, Schritt für Schritt aus den ihnen rechtlich gebührenden Positionen gedrängt. Die Einwendung, daß die Sozialdemokraten sich durch offenen Auf-

ruhr – es wurde hier hauptsächlich auf die Vorgänge in Linz verwiesen – schuldig gemacht hätten, ist gänzlich hinfällig. Sie wären selbst nach der Staatslehre des heiligen Thomas von Aquin zum Widerstand gegen eine offenbar unrechtmäßige Regierung berechtigt gewesen." (78)

5. Neuere Interpretationen und Forschungsergebnisse

Seit der zweiten Hälfte der sechziger Jahre hat sich die österreichische Geschichtsschreibung in einer überraschenden Wendung an die zuletzt referierte "sozialistische" Beurteilung der Anfänge der Dollfuß-Diktatur mehr oder minder deutlich angenähert. Zwar hatte es immer schon eine Anzahl von nicht-sozialistischen Historikern und bürgerlichen Politikern, besonders aus dem deutschnationalen und nationalsozialistischen "Lager" gegeben, die in der Beurteilung der Vorgeschichte und der Ausschaltung des Parlaments mit ihren damaligen Mitkämpfern und Konkurrenten auf der Oppositionsbank teilweise übereinstimmten (79), daher, von ganz wenigen Ausnahmen abgesehen, war sie von Historikern, die an österreichischen Universitäten wirkten, weder übernommen noch vertieft und weiterentwickelt worden. Es ist eine merkwürdige Erscheinung der Geschichte der österreichischen Historiographie, daß das Ende der ÖVP-SPÖ-Koalition mit einem "Klimasturz" in jenem Seinsbereich zusammenfällt, in dem sich wissenschaftliche Bemühung und ideologisch-weltanschauliche Orientierung untrennbar verfilzen. Etwa seit 1968 ist zur dominierenden geschichtswissenschaftlichen Interpretation geworden, (80) was die sozialdemokratisch-sozialistischen Autoren schon seit 1934 vertreten hatten und was die katholische Historikerin Erika Weinzierl auf folgende Weise formuliert:

"Als Dollfuß im Mai 1932 Bundeskanzler wurde, war er keineswegs auf einen autoritär-faschistischen Kurs festgelegt ... Seine Abneigung gegen das Parlament, in dem ihn die Sozialdemokraten wahrlich nicht geschont hatten, wurde ... verstärkt durch den Widerstand, den die Opposition im Herbst 1932 gegen den Budgetvoranschlag 1933 leistete. Er sprach daher Anfang Oktober 1932 bereits von der Notwendigkeit, 'selbst ohne vorherige endlose parlamentarische Kämpfe sofort gewisse dringliche Maßnahmen in die Tat umsetzen'. Der Bevollmächtigte des Völkerbundes für die Durchführung der Lausanner Anleihe, Rost van Tonningen, der sich 1936 für den Aufbau der nationalsozialistischen Bewegung seiner niederländischen Heimat zur Verfügung stellte, war der glei-

chen Meinung. Er notierte in seinem Tagebuch: 'Zusammen mit dem Kanzler und Kienböck haben wir die Ausschaltung des Parlaments für notwendig gehalten, da dieses Parlament die Rekonstruktionsarbeiten sabotierte.' (81) Den Weg dazu ebnete die zur selben Zeit vom Justizminister Dr. Kurt von Schuschnigg auf Grund des Kriegswirtschaftlichen Ermächtigungsgesetzes vom Juli 1917 erlassene Verordnung über die Haftung der verantwortlichen Funktionäre der Creditanstalt für die durch ihre Geschäftsführung eingetretenen Verluste." (82)

Der von Italien und der Heimwehr gedrängte Dollfuß befand sich also schon auf dem Weg des "Konkurrenzfaschismus", wie Weinzierl unter Übernahme eines Begriffs des "sozialistischen" Interpretationsmodells feststellt, als ihm eine "augenblickliche Aktionsunfähigkeit des Parlaments die Chance bot, sich seiner Fesseln zu entledigen". (83)

Allem Anschein nach beruht diese Darstellung nur auf der bis dahin bekannten politischen und wissenschaftlichen Literatur (besonders den schon genannten Arbeiten von Kerekes und der Dissertation von Grete Klingenstein), die damals noch in Arbeit befindlichen Untersuchungen am Institut für Zeitgeschichte in Wien waren noch nicht bekannt geworden. Der Vorstand dieses Instituts, Ludwig Jedlicka, der diese heute richtungsweisenden Untersuchungen als Dissertationen betreute, hatte allerdings schon 1962 festgestellt:

"Der qualvolle Kampf der Regierung Dollfuß im Verlauf des Jahres 1932, gegen die Opposition die Lausanner Anleihe durchzubringen, hat den ursprünglich sehr [sic!] links stehenden Kanzler mehr und mehr in das Lager der Heimwehr geführt, die in Anlehnung an Italien den stärksten Machteinfluß in der Regierung verlangte und damit den verhängnisvollen Kurs zur Krise des Parlamentarismus einleitete ... Die Anwendung des Kriegswirtschaftlichen Ermächtigungsgesetzes im Herbst 1932, zunächst zur Regelung der Creditanstalt-Probleme, alarmierte die Sozialdemokratie ... Die Bestellung des als intransigenten Gegner der Sozialdemokraten geltenden Wiener Heimwehrführers, Major Emil Fey, am 17. Oktober 1932 als Staatssekretär für das Sicherheitswesen ist eine Wendemarke in der Geschichte der von Dollfuß oft umgebildeten Bundesregierungen ...

Welche Pläne Dollfuß selbst im Frühjahr 1933 hegte, ist aktenmäßig nicht klar erfaßbar. Zweifellos kamen ihm die Ereignisse des 4. März ... als ein Glücksfall zugute ... Der geschickte Schachzug des Rücktritts der Regierung und die sofortige Wiederbestellung durch den Bundespräsidenten schaltete Wilhelm Miklas aus, der auf jede eigene Initiative ... verzichtete. Die letzte Rechtsbastion gegen die Regierungsangriffe, der Verfassungsgerichtshof, ... wurde jedoch am 23. Mai 1933 lahmgelegt ... Diese klaren Verletzungen der Verfassung gin-

gen auf die Ratschläge des Sektionschefs Dr. Hecht zurück, dessen besondere Rolle zu erklären, noch eine wichtige Aufgabe der Historiker sein wird." (84)

Diese Aufgabe hat in der Tat Peter Huemer in seiner Doktorarbeit auf hervorragende Weise gelöst. Denn ihm ist der Nachweis dessen, was Politiker, Publizisten und Historiker seit dem Jahre 1933 eher nur vermuten konnten, nämlich daß der Sektionschef im Bundesministerium für Heereswesen, Dr. Robert Hecht, der schon unter dem christlichsozialen Heeresminister Carl Vaugoin (1921 bis 1933) "Pionierarbeit für die Zerstörung der österreichischen Demokratie" geleistet hatte, als Dollfuß' Berater in Verfassungsfragen diese "Arbeit" systematisch fortgesetzt hat.

Die schon mehrfach erwähnte Verordnung vom 1. Oktober 1932 auf Grund des "Kriegswirtschaftlichen Ermächtigungsgesetzes" war der von Hecht empfohlene "Versuchsballon", um zu erkunden, ob es möglich sei, unauffällig zu einer das Parlament umgehenden Regierungspraxis überzugehen. Huemer kommt deshalb zu dem Schluß, daß die Ansicht, Dollfuß habe "in den ersten Monaten nach der Regierungsübernahme noch keinesfalls an eine Umgestaltung Österreichs im ständisch-autoritären Sinn gedacht", nicht richtig ist; "auf der anderen Seite lag jedoch sicher kein gründlich ausgearbeitetes antiparlamentarisches Programm vor". (85) Dollfuß' politische Idealvorstellungen waren jedenfalls durchtränkt von der Idee der "Überwindung der Klassenunterschiede" und dem berufsständischen Gedanken. "In einer seltsamen Mischung wechselten ... autoritäre und demokratische Züge ab", wie ein anderer Historiker der jüngeren Generation, Gerhard Jagschitz, festellte. (86)

Hecht, der selbst manche Verordnungen auf Grund des "Kriegswirtschaftlichen Ermächtigungsgesetztes" gegen eine Aufhebung durch den Verfassungsgerichtshof für nicht gefeit hielt, arbeitete daher für Dollfuß einen Plan aus, wie dieser Gerichtshof ausgeschaltet werden könnte. Am 28. April fiel darüber im Ministerrat die Entscheidung. Da die Regierung durch die Drohung der Aufhebung ihrer "Notverordnungen", über die, sollte es zu einer höchstgerichtlichen Entscheidung kommen, sich auch viele Regierungsmitglieder keine Illusionen machten, in einen akuten Notstand zu geraten drohte, entschied man sich, die Wiener Landesregierung entweder durch Verhandlungen oder durch Einsetzung eines Regierungskommissärs für Wien zur Rücknahme ihrer Beschwerden zu veranlassen, oder als dritte Möglichkeit den knapp vier Wochen später beschrittenen Weg zu wählen. Hecht, der selbst Verfassungsrichter war und sich bei dieser Angelegenheit in der Öffentlichkeit nicht hervortat, war auch bei diesem neuerlichen Staatsstreich der Berater Dollfuß'. (87)

Eine andere Dissertation konnte Anfang der siebziger Jahre klären, welche Rolle Bundespräsident Miklas bei der Ausschaltung des Parlaments spielte. (88) Die Autorin, Hilde Verena Lang, konnte durch Verwendung bisher gesperrter Aktenbestände nachweisen, daß auch dieser Vertreter der Christlichsozialen dem katholischen Ständegedanken verhaftet war, und deswegen, weil er sich von der "Selbstausschaltung des Nationalrats" eine Stärkung seiner eigenen Machtbefugnisse und die Schwächung der Sozialdemokratie erhoffte, nichts zur Rettung der Demokratie unternahm. Als er den auf eine offene Konfrontation mit den Sozialdemokraten zusteuernden Kurs Dollfuß' und dessen diktatorische Absichten immer stärker hervortreten sah, konnte sich dieser schwankende, politisch wenig begabte Mann nicht entschließen, offen gegen den zielbewußten Dollfuß anzutreten. So waren auch Miklas' Versuche, hinter den Kulissen mildernd zu wirken, wenn er solche Schritte überhaupt unternahm, was selten genug vorkam, meist zum Scheitern verurteilt. Auch bei den Christlichsozialen, die in der überwiegenden Mehrheit blind auf Dollfuß vertrauten, fand er praktisch weder Gehör noch Unterstützung. Sein Plan, den oberösterreichischen Landeshauptmann Josef Schlegel, einen Vertreter des gemäßigten demokratischen Flügels der Christlichsozialen Partei, zum Nachfolger Dollfuß' zu machen (89), hätte, wenn überhaupt verwirklicht, nicht die Rückkehr zum Parlamentarismus, sondern eher zu einem Präsidialregime nach dem Vorbild Brünings geführt. Über die Regierungsmethoden der Dollfuß-Ära machte er sich etwa seit Herbst 1933 keine Illusionen, was durch zahlreiche Quellen belegt ist, von der historischen Mitverantwortung ist er trotzdem nicht freizusprechen.

Mit der Frage der seit 1929 zunehmenden antiparlamentarischen Tendenzen innerhalb der Christlichsozialen Partei hat sich Anton Staudinger in seiner Dissertation auseinandergesetzt. Die kurzlebige Regierungsperiode des christlichsozialen Bundesparteiobmanns Carl Vaugoin nach dem Rücktritt Seipels von dieser Funktion stellte einen vorläufigen Höhepunkt der Gefährdung der Demokratie dar, doch schreckte Vaugoin, der als erster auch faschistische Minister in der Regierung aufgenommen hatte, im Herbst 1930 vor einem Verfassungsbruch zurück. Sein Ziel war jedoch konstant: "dem Austromarxismus einen empfindlichen Schlag zu versetzen". (90) In einem 1972 gehaltenen Vortrag über die Rolle der Christlichsozialen Partei an der Errichtung des "autoritären

Ständestaates" hat derselbe Zeitgeschichtler hervorgehoben, daß Engelbert Dollfuß "ohne die Mithilfe jener christlichsozialen Politiker, die als ... vom Volk gewählte politische Funktionäre maßgeblich die österreichische Politik mitbestimmt hatten, nie diese parlamentarische Demokratie in Österreich ausschalten und das Regime des autoritären Ständestaates installieren" hätte können. Die Unterordnung unter die diktatorischen Ziele Dollfuß' "fiel der Christlichsoziale Partei um so leichter, als ihre Programme immer eine ständestaatliche Komponente aufwiesen." (91)

Überlegungen auch außerhalb der offen einen Staatsstreich nach Mussolinis Muster betreibenden Heimwehren waren im österreichischen Bürgertum keinesfalls nur theoretische Wunschbilder. Zu dieser Ansicht könnte man auf Grund der eingangs erwähnten, den "berufsständischen Gedanken" verherrlichenden Literatur aus den Jahren 1933 bis 1938 kommen. Die Ablehnung von Republik und parlamentarischer Demokratie bildet eine mehr oder weniger deutliche Konstante in den meisten christlichsozialen programmatischen Ausführungen, beginnend mit dem "Christlichen Sozialismus" des Karl Freiherrn von Vogelsang und der "christlichen" Kleinbürgerbewegung Karl Luegers bis zu Seipels "Ruf nach wahrer Demokratie" und dem Rundschreiben "Quadragesimo anno" (15. Mai 1931) des Papstes Pius XI., durch das der Ständegedanke erst seine allerhöchste Weihe und Bestätigung erhielt. (92)

Die Ablehnung von "parlamentarischer Scheindemokratie" und Mehrheitsprinzip und die Betonung von jedweder Autorität waren nicht einmal auf dem Höhepunkt der revolutionär-demokratischen Bewegung 1918 und 1919 verstummt (93), um wieviel mehr mußte in einer Periode, in der der außenpolitische Druck seitens faschistischer Regimes und der Heimwehr im Inneren (94) zunahm und die parlamentarische Mehrheit der Christlichsozialen immer unsicherer wurde, deren politisches Denken von Erwägungen einer "vorbeugenden Diktatur der Christlichsozialen" vergiftet werden. (95) Daher datiert eine andere, von dem genannten zeitgeschichtlichen Institut vergebene Doktorarbeit, die die Tagebücher des Programmatikers der Christlichsozialen Partei, Richard Schmitz, berücksichtigen konnte, den Beginn des eigentlichen Rechtskurses dieser politischen Partei mit einer Sitzung der Bundesparteileitung und einem Referat Seipels Ende Oktober 1931. (96) Daß der Völkerbundskommissar Rost van Tonningen seit Mitte des Jahres 1932 mit der österreichischen Regierungsspitze und dem Nationalbankpräsidenten eine Ausschaltung des Nationalrates erörtert hat, ist schon seit längerem bekannt. (97) Der

Nachweis über einen konkreten Widerhall in der Christlichsozialen Partei, und zwar in der Klubvorstandssitzung vom 6. Juli 1932, in der vom damaligen Finanzminister Emanuel Weidenhoffer vorgeschlagen wurde, "daß, sollte die (Lausanner) Anleihe parlamentarisch nicht durchzusetzen sein, ein Staatsstreich gemacht werden sollte", ist erst Fritz Braun gelungen. (98)

Sozusagen im Sinne eines "missing link" zwischen der ersten zielbewußten Erprobung des "Kriegswirtschaftlichen Ermächtigungsgesetzes" (1. Oktober 1932) und der Ausschaltung des Parlaments im März 1933 sind die Notizen von Richard Schmitz über das Programm, das die Christlichsozialen in nächster Zeit erledigen wollten, zu interpretieren. Denn der geforderte "Umbau des Bundesrates in einen Länder- und Ständerat im Sinne der berufsständischen Idee, Ausgestaltung des Notverordnungsrechtes des Bundespräsidenten, stärkere Stellung der Regierung dem Parlament gegenüber ..." (99) signalisieren ein Wiedererstarken des Antiparlamentarismus im Gewande einer einschneidenden Verfassungsänderung, die 1929 von einer noch starken Sozialdemokratie abgewehrt hatte werden können. (100) Am 3. März 1933, einen Tag vor Ausbruch der Geschäftsordnungskrise im Nationalrat, erschien ein Artikel "Von besonderer Seite" in der "Reichspost" (Überschrift: "Aufbruch! Die Dinge reifen zur Entscheidung"), der Demokratie und Parlament in fast gewohnter Schärfe attackierte, jeden Streik als Hochverrat bezeichnete und "absoluten und radikalen Schutz der staatlichen Autorität und ihrer Vertreter" verlangte. Er mündete schließlich in die Mahnung an die Christlichsozialen aus, die "Zeichen der Zeit" nicht zu übersehen: ein Umbau des Staates müsse zwangsläufig kommen. (101)

Bei der Erhellung der Vorgänge innerhalb der Christlichsozialen Partei gelang der Zeitgeschichtlerin Erika Weinzierl ein weiterer Schritt vorwärts. Wie aus den von ihr durchgesehenen Notizen des schon mehrfach genannten Richard Schmitz hervorgeht, hat in der Tat niemand im christlichsozialen Klubvorstand vor Beginn der verhängnisvollen Nationalratssitzung am 4. März 1933 mit den Ereignissen, die zur Unterbrechung der Sitzung führten, gerechnet. Überaus bezeichnend ist allerdings, womit Schmitz in einer christlichsozialen Parteibesprechung am 7. März die Ankündigung der bekannten "Notverordnungen" quittierte:

"Der liebe Gott hat uns durch die Dummheit des Renner noch einmal eine Gelegenheit geschenkt, um Österreich, die Partei und unsere Idee zu retten."

143

In Zukunft wird auch beachtet werden müssen, daß schon zu diesem Zeitpunkt Dollfuß entschlossen war, die "Gelegenheit zur Verfassungsreform ausgiebig [zu] benützen", und zwar im antiparlamentarischen berufsständischen Sinn, und daß in diesem Kreis weitreichende Pläne zur Kontrolle der Massenmedien und Schaffung einer "Zentrale für Propaganda" erörtert wurden. (102)

Trotz Vorliegen dieser Forschungsergebnisse zur Vorgeschichte des "4. März 1933" werden zur Erhellung der genaueren Zusammenhänge weitere Spezialuntersuchungen notwendig sein. Während die Auswirkungen des italienischen und ungarischen diplomatischen Drucks und der ausländischen Verbindungen der Heimwehr als ausreichend geklärt angesehen werden können, scheint insbesondere die Rolle der einheimischen Großindustrie und Großbanken sowie die des westeuropäischen Großkapitals einer gründlichen Durchleuchtung bedürftig. Bis dahin können Wirkungsweise und Kanäle der Umsetzung von antisozialistischen und antidemokratischen Interessen in praktische Politik nur vermutet werden. Die auch in Österreich sich langsam durchsetzende sozial- und wirtschaftsgeschichtliche Betrachtungsweise in der allgemeinen Geschichte läßt nun auch Forschungen in dieser Richtung zu.

6. GESCHICHTSINTERPRETATION UND GESELLSCHAFT

Das zentrale Problem der neuesten österreichischen Geschichte überhaupt stellen die Jahre 1933/34 dar. Deshalb, vielleicht auch wegen der großen Zahl der hier angeführten Publikationen, könnte man annehmen, daß sich gerade hierauf die methodisch-wissenschaftliche Arbeit konzentriert hätte. Vergleicht man die vorhandenen, oft nicht einmal im Druck vorliegenden historischen oder politologischen Darstellungen und Spezialuntersuchungen mit der heute schon unübersehbaren Fülle der Studien, die in den beiden deutschen Staaten dem parallelen Phänomen, der Etablierung der nationalsozialistischen Diktatur im Deutschen Reich, gewidmet sind, mit der auch für österreichische Verhältnisse schon beachtlichen Zahl von Publikationen über die Entstehungsphase der Republik oder zum "Anschluß", dann wird ein Vakuum erkennbar, das von oft beachtlichen journalistischen und aus den Anlässen des politischen Alltags entstehenden Geschichtsdarstellungen, aber auch von kaum artikulierten Geschichtsmythen nur unzulänglich ausgefüllt wird.

Es wäre jedoch nicht richtig, hiefür in erster Linie die Geschichts- und Politikwissenschaft verantwortlich zu machen. Denn: "Hier handelt es sich nämlich nicht um ein historisches, sondern um ein politisches Problem." (103) Gerade die Geschichte der Entstehung des halbfaschistischen "autoritären Ständestaats" und des Bürgerkriegs 1934 sind noch in scheinbar nüchterner "akademischer" Problemstellung für das Selbstverständnis der politischen Parteien und die öffentlichen Meinung der Zweiten Republik von höchster Relevanz.

Mehr als anderen historischen Disziplinen "kommt der zeitgeschichtlichen Wissenschaft eine eminente Bedeutung für die staatsbürgerliche Erziehung zu". (104) Gerade dieser Zusammenhang führt jedoch auch zur Umkehrung des Wirkungsverhältnisses. Wie in dem hier versuchten Überblick über die Entwicklung der geschichtlichen Erklärung der Ausschaltung des Nationalrates immer wieder zutage kam, beeinflussen selbst politische Konstellationen, ganz abgesehen von den gesellschaftlichen Grundstrukturen, Fragestellungen, Methoden und Erklärungsmodelle der wissenschaftlich betriebenen Geschichte.

So wird auch verständlich, daß Historiker, die von etwa demselben Quellenbefund ausgingen, bei der Beurteilung der Ereignisse im März 1933 und ihrer Einordnung in einen größeren Zusammenhang zu unterschiedlichen Ergebnissen gelangen konnten.

Wenn eine Geschichtsinterpretation davon ausgeht, daß ein "berufsständischer" Umbau der parlamentarischen Demokratie etwas Positives ist, dann wird auch kein Zusammenhang zwischen der Existenz "ständestaatlicher" Ideen und Ziele in allen bürgerlichen Parteien der Ersten Republik, nicht zuletzt auch in der Regierung Dollfuß' schon im Jahre 1932, mit der diktatorischen Regierungspraxis seit dem 7. März 1933 wahrnehmbar. Der "autoritäre Ständestaat" hat dann keine innerhalb der Christlichsozialen Partei und des Landbundes liegenden Ursachen, seine Entstehung muß durch das Zusammenwirken von außenpolitischem Druck, innenpolitischer Notlage und parlamentarischem Zufall erklärt werden.

Wenn aber ein historischer Betrachter vom westeuropäischen Demokratiebegriff etwa Hans Kelsens ausgeht, der schon 1929 erkannte, "daß die berufsständische Organisation ... stets nur die Form war, in der eine oder mehrere Gruppen über die anderen zu herrschen versuchten" (105), so wird, was für den gegensätzlichen politisch-weltanschaulichen Standpunkt unerheblich war, zu einem wichtigen Erklärungsmoment.

Eine Kontinuität der "ständischen" Bestrebungen der Christlichsozialen in wechselnden Koalitionen und Bündnissen bis zur extremen Rechten des politischen Spektrums vor dem "4. März 1933" mit der Beseitigung der Demokratie und Zerschlagung der sozialdemokratischen Arbeiterbewegung durch Dollfuß tritt dann ins Blickfeld. Dies ist auch die politisch-gesellschaftliche Erklärung der in der zweiten Hälfte der Sechzigerjahre feststellbaren Wendung der wissenschaftlichen Zeitgeschichte zu einer neuen, kritischen Interpretation der Anfänge der halbfaschistischen Dollfuß-Schuschnigg-Diktatur.

Zeitgeschichte und Gesellschaft stehen in einem wechselseitigen Abhängigkeitsverhältnis, wobei die wirklich entscheidenden Impulse von den gesellschaftlichen Strukturen ausgehen. Wenn daher von manchen konservativen Politikern, die sich bewußt zur christlichsozialen Tradition und deren politischen Exponenten bekennen, einerseits gefordert wird, die "traurigen Streitstücke von gestern" ruhen und die Gräber des "12. Februar 1934" "geschlossen" zu lassen, andererseits die Aufforderung an "nüchterne Gelehrte" ergeht, "nach intensivem Studium der Quellen" die historische "Wahrheit" womöglich ein für allemal festzustellen (106), so kann dies nur als Flucht vor der eigenen Vergangenheit gewertet werden. Jüngst hat Hermann Withalm im Nationalrat gemeint, über die Frage, "woran die Demokratie in der Ersten Republik Österreichs zugrunde gegangen ist", werde "nicht zuletzt die Kommission, die sich mit der Erforschung der Geschichte der Ersten Republik zu beschäftigen hat, befinden". (107) Die Konferenz dieser Kommission im Oktober 1972 hat, wie nicht anders zu erwarten, jedoch gezeigt (108): Wenn es gerade auch Angehörige einer jüngeren Wissenschaftlergeneration unternehmen, ohne ängstliche Rücksichtnahme auf einige Tabus der Politik und öffentlichen Meinung eine kritische Interpretation der "Fakten" auf der Basis eines selbstverständlichen Demokratiebewußtseins vorzubringen, erhebt sich allenthalben Unwillen, und gleichsam "Hofräte der Koalition" nehmen die hochpolitisch werdende Angelegenheit in ihre Hände. Die offenkundig gewordene Diskrepanz von wissenschaftlicher Forschung und historischem Bewußtsein der Nicht-Fachhistoriker sollte jedoch nicht verschleiert, sondern durch eine vielfältige politische Bildung tatsächlich verringert werden, im Interesse der Geschichtswissenschaft wie der Demokratie. (109)

(1973)

(1) Einen ausführlichen Überblick über die Literatur in der Anfangsphase der zeitgeschichtlichen Forschung in Österreich gibt Rudolf Neck, Zeitgeschichtliche Literatur über Österreich, (Teil I), in: Mitteilungen des Österreichischen Staatsarchivs 6, 1953, 422-444; besonders 436 ff., 442. (Teil II), in: ebenda 8, 1955, 368-389; besonders 376 ff.

(2) Lajos Kerekes, Abenddämmerung einer Demokratie. Mussolini, Gömbös und die Heimwehr, Wien 1966; ferner ders., Akten zu den geheimen Verbindungen zwischen der Bethlen-Regierung und der österreichischen Heimwehrbewegung (Acta Historica, Bd. 3), Budapest 1965; ders., Italien, Ungarn und die österreichische Heimwehrbewegung 1928-1931, in: Österreich in Geschichte und Literatur 9, 1965, besonders 66 ff.

(3) Norbert Leser, Zwischen Reformismus und Bolschewismus. Der Austromarxismus als Theorie und Praxis, gek. Neuaufl. Wien 1985.

(4) Anton Pelinka, Stand oder Klasse? Die Christliche Arbeiterbewegung 1933 bis 1938, Wien 1968.

(5) Peter Huemer, Sektionschef Dr. Robert Hecht und die Entstehung der ständisch-autoritären Verfassung in Österreich, 2 Bde., Wien 1968; im Druck erschienen unter dem Titel: Sektionschef Robert Hecht und die Zerstörung der Demokratie in Österreich. Eine historisch-politische Studie, Wien 1975; Anton Staudinger, Bemühungen Carl Vaugoins um Suprematie der Christlichsozialen Partei in Österreich (1930- 1933), phil. Diss. Wien 1969 (ohne Dokumentenanhang und geringfügig verändert abgedruckt in: Mitteilungen des Österreichischen Staatsarchivs 23, 1971, 197-376); Hilde Verena Lang, Bundespräsident Miklas und das autoritäre Regime 1933-1938, phil. Diss. Wien 1972.

(6) Siehe vor allem auch: Fritz Braun, Der politische Lebensweg des Bürgermeisters Richard Schmitz, phil. Diss. Wien 1968; vgl. ferner: Johann Auer, Seipels Verhältnis zur Demokratie und autoritären Staatsführung, phil. Diss. Wien 1963; Edeltrud Huber, Die Verfassung des Ständestaates in ihrer praktischen Auswirkung, phil. Diss. Wien 1961.

(7) Otto Leichter, Glanz und Elend der Ersten Republik. Wie es zum österreichischen Bürgerkrieg kam, Wien 1964, 148-182. Brita Skottsberg, Der österreichische Parlamentarismus, Göteborg 1940, 439-458; Charles A. Gulick, Österreich von Habsburg zu Hitler, Bde. 3 und 4, Wien o.J. (1950); siehe besonders auch die Beiträge von Walter Goldinger und Adam Wandruszka in: Heinrich Benedikt (Hg.), Geschichte der Republik Österreich, Wien 1954.

(8) Heinrich Bußhoff, Das Dollfuß-Regime in Österreich in geistesgeschichtlicher Perspektive unter besonderer Berücksichtigung der "Schöneren Zukunft" und "Reichspost" (Beiträge zur Politischen Wissenschaft 6), Berlin 1968; Alfred Diamant, Die österreichischen Katholiken und die Erste Republik. Demokratie, Kapitalismus und soziale Ordnung 1918-1934, Wien 1960.

(9) Wiener Zeitung vom 7. März 1933. In der "Trabrennbahnplatz- Rede" vom 11. September 1933 hieß es ähnlich, nur deutlicher: "Das Parlament hat sich selbst ausgeschaltet, ist an seiner eigenen Demagogie und Formalistik zugrunde gegangen. Dieses Parlament, eine solche Volksvertretung, eine solche Führung unseres Volkes, wird und darf nie wiederkommen." Siehe: Edmund Weber, (Hg.), Dollfuß an Österreich. Eines Mannes Wort und Ziel, Wien 1935, 26.

(10) Vgl. etwa: Otto Ender, Die neue Österreichische Verfassung mit dem Text des

Konkordates, Wien 1934, 4; Kurt Schuschnigg, Dreimal Österreich, Wien 1937, 216; aber auch Adolf Merkl, Die ständisch-autoritäre Verfassung Österreichs. Ein kritisch-systematischer Grundriß, Wien 1935, 5.

(11) Erläuterung Schuschniggs in: Die Verfassung des Bundesstaates Österreich (Tagblatt-Bibliothek 834/840), Wien 1934, 19; ähnlich auch ders., Dreimal Österreich, 108 f., 214.

(12) Johannes Messner, Dollfuß, Innsbruck 1935, 32 f.

(13) Franz Winkler, Die Diktatur in Österreich (Weltmachtprobleme 6), Zürich 1935, 42 ff.; Anton Rintelen, Erinnerungen an Österreichs Weg. Versailles – Berchtesgaden – Großdeutschland, München 1941, 213.

(14) Kurt Schuschnigg, Im Kampf gegen Hitler. Die Überwindung der Anschlußidee, Wien 1969, 137 ff.; ähnlich auch Eduard Ludwig, Österreichs Sendung im Donauraum. Die letzten Dezennien österreichischer Innen- und Außenpolitik, Wien 1954, 111 ff. Nicht jedoch, Kurt von Schuschnigg, Ein Requiem in rot-weiß-rot, Zürich (1946), 195.

(15) Schreiben Miklas' an Innitzer vom 4. März 1934, zit. bei: Viktor Reimann, Innitzer. Kardinal zwischen Hitler und Rom, Wien 1967, 37.

(16) Guido Zernatto, Die Wahrheit über Österreich, New York 1938, 105. Friedrich Funder, Als Österreich den Sturm bestand. Aus der Ersten in die Zweite Republik, Wien 1957, 47, 64 ff.; Ernst Rüdiger Starhemberg, Memoiren, Wien 1971, 145 ff.; Gordon Shepherd, Engelbert Dollfuß, Graz 1961, 130 f.

(17) Felix Hurdes, Der österreichische Parlamentarismus in der Ersten Republik, in: Österreich in Geschichte und Literatur 2, 1958, 206; Wilhelm Böhm, Februar 1934, in: ebenda, 74 f.; vgl. auch Gerhard Silberbauer, Österreichs Katholiken und die Arbeiterfrage, Graz 1966, 272 ff.

(18) Friedrich Walter, Österreichische Verfassungs- und Verwaltungsgeschichte von 1900-1955 (Veröffentlichungen der Kommission für Neuere Geschichte Österreichs 59), Wien 1972, 189.

(19) Pelinka, Stand, 189, siehe auch 40 f.

(20) Ebd., 35 und 189 (Zitat aus: Österreichische Arbeiter-Zeitung, Wien, 10. November 1934, 4).

(21) Leopold Kunschak, Werden und Reifen der ständischen Idee, Wien 1936, 29 ff.; ganz auf Regierungskurs hält sich Kunschak in seinem Buch, Österreich 1918-1934, Wien 1934, 173 ff., 185 f.; siehe auch Funder, Österreich 47.

(22) Ernst Karl Winter, Bahnbrecher des Dialogs (Gesammelte Werke, Bd. 1), Wien 1966, 164.

(23) Vor allem in den von ihm herausgegebenen "Wiener Politischen Blättern", 1.-4. Jg., Wien 1933-1936.

(24) Ernst Karl Winter, Christentum und Zivilisation, Wien 1956, 392; vgl. auch, August Maria Knoll, Warum "scheiterte" der österreichische Ständestaat 1934-1938? in: Civitas. Monatsschrift des Schweizer Studentenvereins 4, 1949, Nr. 8-10, 403-411, 496-503, 604-616; Josef Dobretsberger, Ein mißglücktes Experiment, in: ebenda, Nr. 3, 86-90.

(25) Dieser Begriff wurde von Otto Bauer für den italienischen Faschismus und den Nationalsozialismus eingeführt. Die Dollfuß-Schuschnigg-Diktatur bezeichnete er als "halbfaschistisch". Näheres zum hier verwendeten Faschismusbegriff bei Gerhard Botz, Die historischen Erscheinungsformen des Faschismus, in: Beiträge zur historischen Sozialkunde 4, 1974, 56-62

(26) Otto Bauer, Der Aufstand der österreichischen Arbeiter. Seine Ursachen und seine Wirkungen, in: ders., Werkausgabe, Bd. 3, Wien 1976, 966 ff. Leichter, Glanz, 169 ff.; Adolf Schärf, Erinnerungen aus meinem Leben, Wien 1963, 118 ff.; Winkler, Diktatur, 43 ff.; Franz Langoth, Kampf um Österreich. Erinnerungen eines Politikers, Wels 1951, 71; ("Glasenbacher Denkschrift" von Egbert Mannlicher), 75 ff. Allgemein hiezu siehe: Huemer, Hecht, 157 ff.; Skottsberg, Parlamentarismus, 454.

(27) Siehe E.K. Winter, etwa in dem zit. Brief an Bundespräsident Miklas, Christentum, 164; vgl. auch Knoll, Warum "scheiterte", 3.

(28) Merkl, Verfassung, IV, 11 f.; Erich Voegelin, Der autoritäre Staat. Ein Versuch über das österreichische Staatsproblem, Wien 1936, 159 f., 171.

(29) Zit. nach Lang, Bundespräsident, 63 f.

(30) Siehe: Neue Freie Presse, Nachmittagsblatt, 9. März 1933, 2; 28. März 1933, 4; Der Österreichische Volkswirt 26, 1933 (18. März 1933), 584 ff.; (25. März 1933) 609 ff.; Verwaltungsarchiv, 38, H. 3, Berlin 1933, 184 ff.; Juristische Blätter 62, Nr. 7, Wien 8. April 1933, 173 ff.; Allgemein hiezu: Gulick, Österreich, Bd. 3, 332 ff.; Huemer, Hecht, 179 ff.

(31) In: Die Entwicklung der Verfassung Österreichs. Vom Mittelalter bis zur Gegenwart, Graz 1963, 118; vgl. auch Walter Goldinger, Geschichte der Republik Österreich, Wien 1962, 181. Näheres über das Urteil der Historiker weiter unten.

(32) Ministerratsprotokolle 856 (13. März 1933), 870 (28. April 1933), 888 (30. Juni 1933): Neustädter-Stürmer z. B. fürchtete eine vom Bundespräsidenten vorsichtig geforderte Reaktivierung der Funktionsfähigkeit des Verfassungsgerichtshofes und daß "damit die ganze Front der Regierung aufgerollt würde". Ähnliche Bedenken von Beamten in den Akten des Bundeskanzleramtes, Inneres/Abt. 1 im Allgemeinen Verwaltungsarchiv, zit. bei Huemer, Hecht, 179 ff.

(33) Siehe für die dominierende Rechtsmeinung im "Ständestaat": Voegelin, Staat, 168 ff., und in der Zweiten Republik: Ludwig Adamovich, Handbuch des österreichischen Verfassungsrechts, 6. Aufl. (Rechts- und Staatswissenschaften, Bd. 3), Wien 1971, 34; René Marčič, Rechtsbruch geht zu Lasten der Regierung, in: Forum 11, 1964, H. 122, 89 f.

(34) Protokoll einer Tagung des "Volksbundes der Katholiken Österreichs", zit. bei: Braun, Schmitz, 252.

(35) Alfred Verdroß, in: Österreichische Rechts- und Staatswissenschaften der Gegenwart in Selbstdarstellungen, hg. v. Nikolaus Grass, Innsbruck 1952, 207.

(36) Hans Spanner, Die richterliche Prüfung von Gesetzen und Verordnungen, Wien 1951, 8 ff.; siehe auch Gulick, Österreich, Bd. 4, 49 ff.; unter Verwendung von Archivmaterial: Huemer, Hecht, 178 ff.

(37) Schuschnigg, Im Kampf, 142; vgl. auch 141.

(38) Vorwort zu: Ludwig Reichhold, Opposition gegen den autoritären Staat. Christlicher Antifaschismus 1934-1938, Wien 1964, 9. Vgl. hiezu etwa Neck, 423 f.

(39) Siehe Karl R. Stadler in: Ludwig Jedlicka u. Rudolf Neck (Hg.), Österreich 1927 bis 1938, Wien 1973, 43.

(40) Erich Zöllner, Geschichte Österreichs. Von den Anfängen bis zur Gegenwart, 6. Aufl., Wien 1979, 512.

(41) Stark verkürzt bei P.T. Lux, Österreich 1918-1938, eine Demokratie? Betrachtungen eines Neutralen, Graz 1946, 53 f.; Dieter Ross, Hitler und Dollfuß, Die deutsche Österreich-Politik 1933-1934, Hamburg 1966, 19; auch: Karl R. Stadler, Austria, London 1971, 130, 133; nur teilweise: Karl-Heinz Naßmacher, Das österreichische

Regierungssystem. Große Koalition oder alternierende Regierung? Köln 1968, 90.

(42) Reichhold, Opposition, 20 ff., 17 f.

(43) Gustav Blenk, Leopold Kunschak und seine Zeit. Porträt eines christlichen Arbeiterführers, Wien 1966, 163-173.

(44) Ludwig Reichhold, Scheideweg einer Republik. Österreich 1918-1968, Wien 1968, 119 ff.; vgl. auch ders.: Österreich, in: S. Hermann Scholl, Katholische Arbeiterbewegung in Westeuropa, Bonn 1966, 328 f.

(45) Siehe die folgenden Anmerkungen und: Adam Wandruszka, Österreichs politische Struktur, in: Benedikt, 339 f.; Goldinger, Geschichte, 178 f.; Hanns Leo Mikoletzky, Österreichische Zeitgeschichte vom Ende der Monarchie bis zum Abschluß des Staatsvertrages 1955, 2. Aufl., Wien 1964, 236 ff., Erika Weinzierl(-Fischer), Die österreichischen Konkordate 1855 und 1933, Wien 1960, 210.

(46) Ludwig Jedlicka, Österreich 1932-1936. Innen- und außenpolitische Probleme, in: Religion, Wissenschaft, Kultur. Vierteljahrsschrift der Wiener Katholischen Akademie, 16.-21. Jg., Wien 1965, 103 ff.; ders., Ein Heer im Schatten der Parteien. Die militärpolitische Lage Österreichs 1918-1938, Graz 1955, 105; vgl. auch: ders., Österreich 1919-1938, in: Österreichische Zeitgeschichte im Geschichtsunterricht, Wien 1961, 50 f. und ders., Das autoritäre System in Österreich, in: Aus Politik und Zeitgeschichte. Beilage zur Wochenzeitung "Das Parlament", v. 25. Juli 1970, 8 f.

(47) Siehe den 5. Abschnitt dieses Beitrags und die katholische Selbstkritik: August M. Knoll, Von Seipel zu Dollfuß. Eine historisch-soziologische Studie, Wien 1934; ders., Das Ringen um die berufsständische Ordnung in Österreich, Wien 1933; Kunschak, Werden und Reifen; vgl. auch: Josef Dobretsberger, Vom Sinn und Werden des neuen Staates, Graz 1934.

(48) G.E.R. Gedye, Die Bastionen fielen. Wie der Faschismus Wien und Prag überrannte, Wien 1947, 58 f., auch 76 ff.

(49) Karl Renner, Österreich von der Ersten zur Zweiten Republik (Nachgelassene Werke, Bd. 2), Wien 1953, 127 ff., 121, 124.

(50) Robert Endres, Die politischen und sozialen Wurzeln des 12. Februar 1934, in: Österreich in Geschichte und Literatur 2, 1958, 82; vgl. auch ders., Geschichte Europas und des Orients, Bd. 5, Wien 1956, 200 f.; ähnlich auch: Julius Deutsch, Ein weiter Weg. Lebenserinnerungen, Zürich 1960, 186 ff.; Fritz Klenner, Die österreichischen Gewerkschaften, Bd. 2, Wien 1953, 1001; Johann Böhm, Erinnerungen aus meinem Leben, Wien 1964, 140, 144; Heinrich Schneidmadl, Über Dollfuß zu Hitler, Wien 1964, 22 ff.

(51) Siehe: Jacques Hannak, Im Sturm eines Jahrhunderts. Eine volkstümliche Geschichte der Sozialistischen Partei Österreichs, Wien 1952, 386; Oskar Helmer, 50 Jahre erlebte Geschichte, Wien 1957, 136.

(52) Eduard Heinl, Über ein halbes Jahrhundert. Zeit und Wirtschaft, Wien 1948, 260 ff.; siehe etwa dagegen die in Anmerkung 17 genannten Autoren.

(53) Siehe: Ernst Hoor, Österreich 1918-1938. Staat ohne Nation, Republik ohne Republikaner, Wien 1966, 104 f., auch 110; Ernst Joseph Görlich und Felix Romanik, Geschichte Österreichs, Innsbruck 1970, 532f., 535 f. Vgl. auch: Irmgard Bärnthaler, Die Vaterländische Front. Geschichte und Organisation, Wien 1971, 10; Gerhard Jagschitz, Von der Demokratie zum Ständestaat, in: Österreich 1918-1938, Wien 1970, 62 ff.

(54) Rolf Bauer, Österreich. Ein Jahrtausend Geschichte im Herzen Europas, Berlin 1970, 403.

(55) Kerekes, Abenddämmerung 105. Wenn dies wirklich der Fall gewesen wäre, dann wäre mindestens in demselben Maße eine "Gegebenheit" des Jahres 1932 der Rücktritt dieser Regierung oder ein echter Versuch, die Sozialdemokratie zur Mitarbeit zu gewinnen, gewesen. Dollfuß und der rechte Flügel der Christlichsozialen betraten, wie Kerekes schreibt, den "Weg der Konzessionen" jedoch ausschließlich nach rechts, zeitweise selbst an den Nationalsozialismus, den zu bekämpfen angeblich das erste Anliegen der Regierung gewesen sei: Das kann nur bedeuten, daß die scheinbar ganz opportunistische Politik Dollfuß' eben doch eine grundsätzliche Orientierung aufweist: die Schwächung und wenn möglich Zerschlagung der sozialdemokratisch organisierten Arbeiterschaft, auch um den Preis der Demokratie. Nur unter diesem Aspekt können auch die von Seipel und Dollfuß propagierte berufsständsiche Idee und ihre Versuche zur Durchsetzung einer Verfassungsreform in Richtung stärkere Exekutive und Ständestaat in ihrer ganzen Tragweite erfaßt werden.

(56) Ebenda, 114.

(57) Weder in Deutschland noch sonstwo kamen faschistische Parteien wegen einem Zuviel an Demokratie zur Macht, sondern weil gesellschaftlich einflußreiche Gruppen eine Einschränkung der Demokratie anstrebten und ein großer Teil der "Demokraten" die Demokratie mit den Mitteln, die diese zur Verfügung gehabt hätte, nicht verteidigen wollte. Hier sei nur verwiesen auf die Ergebnisse von so prominenten Historikern in der Bundesrepublik Deutschland wie M. Broszat, K.D. Bracher, E. Nolte, R. Kühnl.

(58) Kerekes, Abenddämmerung, 114; siehe auch 132 f.

(59) Zuletzt wieder abgedruckt in: Die österreichische Sozialdemokratie im Spiegel ihrer Programme, Wien 1971, 54 ff. Auch Hans Kelsen hat auf diesen Sachverhalt hingewiesen, siehe 51 f. seines unten in Anm. 105 zit. Buches.

(60) Leichter, Glanz 153 f. Zitat der Rede Dollfuß' aus: Arbeiter-Zeitung vom 4. Oktober 1932, 1; vgl. auch Huemer, Hecht, 142.

(61) Stenographische Protokolle des Nationalrates der Republik Österreich, IV. Gesetzgebungsperiode, Bd. 3, 3022.

(62) Huemer, Hecht, 138-157; siehe dort auch das Zitat eines Artikels des verfassungsrechtlichen Beraters Dollfuß', Robert Hecht, im "Neuen Wiener Journal" vom 2. Oktober 1932, in dem dieser die weitgehende Anwendung des "Kriegswirtschaftlichen Ermächtigungsgesetzes" als Erpressungsmittel der Regierung gegen die gesetzgebenden Körperschaften androht. Auch in der "Reichspost", ebenfalls vom 2. Oktober 1932, 1 f., erschien eine Drohung mit der "Ausübung eines gesetzlich begründeten Notrechtes" wie in "anderen europäischen Staaten". Siehe hiezu: Grete Klingenstein, Die Anleihe von Lausanne. Ein Beitrag zur Geschichte der Ersten Republik in den Jahren 1931-1934, Wien 1965, 89, 100; Staudinger, Vaugoin, 368.

(63) In: Wiener Neueste Nachrichten, 4. Oktober 1932, zit. bei Huemer, Hecht, 145 f.

(64) Leichter, Glanz, 143-182, besonders 153 f., 162 ff.; vgl. auch ders.: Zwischen zwei Diktaturen. Österreichs Revolutionäre Sozialisten 1934-1938, Wien 1968, 45 ff.; Joseph Buttinger, Am Beispiel Österreichs, Köln 1953 (zit. nach der Neuauflage: Das Ende der Massenpartei, Frankfurt o.J., 9 ff.).

(65) Vgl. hiezu etwa Huemer, Hecht 208, und Leser, Reformismus, 459 f.

(66) Charles A. Gulick, Austria from Habsburg to Hitler, Bd. 2, Berkeley 1948, (deutsche Ausgabe, Gulick, Österreich, Bd. 3 und 4).

(67) Hannak, Im Sturm, 382-391; Helmer, Jahre, 133-140; Adolf Schärf, Erinnerungen aus meinem Leben (Wien 1963), 118 ff.

(68) Julius Braunthal, Geschichte der Internationale, Bd. 2, Hannover 1963, 423 ff.; dagegen ders.: The Tragedy of Austria, London 1948, 95-101.

(69) Kurt L. Shell, Jenseits der Klassen? Österreichs Sozialdemokratie seit 1934, Wien 1969, 28 f.; besonders ausführlich Felix Kreissler, Von der Revolution zur Annexion. Österreich 1918 bis 1938, Wien 1970, 193-205. Zum Teil auch Leser, Reformismus, 461 ff.

(70) W.M. Turok, Otscherki istorii awstrii 1929-1938 (Abriß der Geschichte Österreichs 1928-1938), Moskau 1962, 145 f., 167 f., 184; siehe auch: Franz West, Lehrheft zur Geschichte der österreichischen Arbeiterbewegung, III. Vom 15. Juli 1927 bis zum 12. Februar 1934, Wien 1955, 79-86; ferner Herbert Steiner, Die Kommunistische Partei Österreichs von 1918-1933. Bibliographische Bemerkungen, Wien-Meisenheim a. Glan 1968, 86 f.

(71) Bauer, Aufstand, 987 f.

(72) Schärf, Erinnerungen, 120; Leser, Reformismus, 459 f., 462.

(73) Bauer, Aufstand 988; Helmer, Jahre, 137 f.; Schärf, Erinnerungen, 116 f.

(74) Leser, Reformismus, 310.

(75) Bauer, Aufstand, 988 ff.; vgl. auch Leichter, Zwischen zwei Diktaturen, 52 f.

(76) Leichter, Glanz, 181 f.

(77) Leser, Reformismus, 308 f.

(78) Reimann, Innitzer, 35; Alexander Spitzmüller: "... und hat auch Ursach, es zu lieben", Wien 1955, 387.

(79) Siehe etwa Langoth, Kampf, 70 f.; Egbert Mannlicher, "Die Glasenbacher Denkschrift", in: ebd., 75 ff.; Hans V. Frisch, Die Gewaltherrschaft in Österreich 1933 bis 1938, Leipzig 1938, 12- 119; vgl. auch die Publizisten und Historiker: Helmut Andics, Der Staat, den keiner wollte. Österreich 1918-1938, Wien 1962, 78-410; Richard Charmatz, Vom Kaiserreich zur Republik, Wien 1947, 189 ff. Ulrich Eichstädt, Von Dollfuß zu Hitler. Geschichte des Anschlusses Österreichs 1933-1938, Wiesbaden 1955, 16 f.

(80) Neben dem folgenden Zitat siehe auch: Alexander Nowotny, Die erste Krise der Republik Österreich 1927-1933, in: Österreich 1918-1938, Wien 1970, 49 f.; Karl R. Stadler, Austria, in: S. J. Woolf (Hg.), European Fascism, London 1968, 99 f.; Ludwig Jedlicka, Österreich und Italien 1922 bis 1938, in: Wissenschaft und Weltbild 26, 1973, 55 f.; Mayer/Kaindl/Pirchegger: Geschichte und Kulturleben Österreichs von 1792 bis zum Staatsvertrag von 1955, 5. Aufl., bearbeitet von Anton Adalbert Klein, Wien 1965, 390 f.; ferner: Gottfried Franz Litschauer und Walter Jambor, Österreichische Geschichte, 4. Aufl., Wien 1970, 331 f.; Klaus Berchtold, (Hg.), Österreichische Parteiprogramme 1868-1966, Wien 1967, (Einleitung) 64.; Helmut Andics, 50 Jahre unseres Lebens. Österreichs Schicksal seit 1918, Wien 1968, 210-217.

(81) Siehe dazu: Klingenstein, Anleihe, 98 (Zitat aus dem Tagebuch Rost van Tonningens).

(82) Erika Weinzierl, Österreich. Zeitgeschichte in Bildern 1918-1968. In Zusammenarbeit mit Peter Hofrichter, Innsbruck 1968, 107.

(83) Ebenda, 107 f.

(84) Ludwig Jedlicka, Schicksalsjahre Österreichs (1932-1935). I. Teil, in: Die allgemeinbildende höhere Schule 11, 1962, 201 f.; vgl. auch derselbe: Die Jahre 1933-1935 in der österreichischen Innenpolitik, in: Bericht über den siebenten österreichischen

Historikertag in Eisenstadt (Veröffentlichungen des Verbandes österreichischer Geschichtsvereine 15), Wien 1963, 261 f.; derselbe: Österreich 1933 bis 1936. Innen- und außenpolitische Probleme, in: 1918-1968. Österreich – 50 Jahre Republik, Wien 1968, 94.

(85) Huemer, Hecht 62, 142 f., 146, 193 ff.

(86) Gerhard Jagschitz, Die Jugend des Bundeskanzlers Dr. Engelbert Dollfuß. Ein Beitrag zur geistig-politischen Situation der sogenannten "Kriegsgeneration" des ersten Weltkrieges, phil. Diss. Wien 1967, 215; akzentuiert in jüngster Zeit bei demselben: Ideologie und Politik im Werdegang von Engelbert Dollfuß, Referat auf dem 12. Österreichischen Historikertag in Bregenz von 2. bis 5. Oktober 1973 (Veröffentlichungen des Verbandes Österreichischer Geschichtsvereine), Wien 1975; vgl. auch Heinl, Jahrhundert, 259.

(87) Huemer, Hecht, 179 ff.

(88) Lang, Bundespräsident, 1-112. Siehe auch: Eric C. Kollman, The Austrian Presidency, 1918-1958, in: Austrian History Yearbook, Bd. 1. Houston 1965, 98 f.

(89) Ludwig Jedlicka, Neue Forschungsergebnisse zum 12. Februar 1934, in: Österreich in Geschichte und Literatur 8, 1964, 73; Helmut Gamsjäger, Dr. Josef Schlegel, Landeshauptmann von Oberösterreich, in: ebd., 13, 1969, 493 f.

(90) Staudinger, Vaugoin, 304 ff., 323 ff.

(91) Ders., Die Mitwirkung der Christlichsozialen Partei an der Errichtung des autoritären Ständestaates, in: Jedlicka u. Neck, Österreich 1927-1938, 68-75.

(92) Siehe Anm. 22 und 47 dieser Studie, ferner: Erika Weinzierl, Österreichs Katholiken und der Nationalsozialismus, 1. Teil: 1918-1933, in: Wort und Wahrheit 18, 1963, 418 ff.; Diamant, Katholiken, 67-141.

(93) Johannes Hawlik, Die politischen Parteien Deutschösterreichs bei der Wahl zur konstituierenden Nationalversammlung 1919, phil. Diss. Wien 1971, 68 f.

(94) Barbara Berger, Ernst Rüdiger Fürst Starhemberg. Versuch einer Biographie, phil. Diss. Wien 1967, 79 ff.; vgl. allg. Franz Oswald, Die Stellung von Major Emil Fey in der Politik der Ersten Republik und des Ständestaates, phil. Diss. Wien 1964.

(95) Spitzmüller, Ursache, 380 ff.

(96) Braun, Schmitz, 231 f.

(97) Klingenstein, Anleihe, 98; vgl. auch 130 und 49 f. "Bestrebungen innerhalb der Christlichsozialen Partei, angeregt durch leise, inoffizielle Vorschläge im Finanzkomitee, die erforderlichen Maßnahmen auf dem Wege einer Notverordnung nach deutschem Muster ohne parlamentarisches Geplänkel durchzuführen ..." (im Herbst 1931!); Kerekes, Abenddämmerung, 117.

(98) Braun, Schmitz, 240; schon im Herbst 1932 wurde für die Beamten neben dem Eid auf die Verfassung ein solcher auch auf die Regierung eingeführt (Lux, Österreich, 53).

(99) Ebenda, 248.

(100) Skottsberg, 531-404; Hans Kelsen, Der Drang zur Verfassungsreform. Eine Folge der politischen Machtverschiebung, in: Neue Freie Presse, 6. Oktober 1929, zit. nach Leser, Reformismus, 290.

(101) Bußhoff, Dollfuß-Regime, 290 f.; siehe auch die bisher anscheinend übersehene Rede Dollfuß' in der Nationalratssitzung vom 4. März 1933, in der dieser offensichtlich schon die eigenen (mindestens vagen) Absichten, mit formell nicht außer Kraft gesetzten kaiserlichen Gesetzen und Verordnungen unter Umgehung des Parlaments zu regieren, den Sozialdemokraten unterstellte. In: Stenographische Protokolle,

IV. Gesetzgebungsperiode, Bd. 4, 3387.

(102) Erika Weinzierl, Aus den Notizen von Richard Schmitz zur österreichischen Innenpolitik im Frühjahr 1933, in: Geschichte und Gesellschaft. Festschrift für Karl R. Stadler, Wien 1973, 113-141.

(103) Erwin Altenburger im Vorwort zu: Reichhold, Opposition, 9.

(104) Neck, Literatur II.

(105) Hans Kelsen, Vom Wesen und Wert der Demokratie, Neudruck der 2. Aufl. von 1929, Aalen 1963, 51.

(106) Siehe etwa die Stellungnahme zu einer Rundfrage über den "Februar 1934" von Josef Klaus, Hermann Withalm u. a., in: Forum. Österreichische Monatsblätter für kulturelle Freiheit, 11. Jg., 1964, Heft 122, 68-94, und die Nationalratsdebatte am 4. April 1973, Stenographische Protokolle über die Sitzungen des Nationarates der Republik Östereich, XIII. Gesetzgebungsperiode, besonders 6532, 6560, 6585.

(107) Stenographisches Protokoll, XIII. Gesetzgebungsperiode, 69. Sitzung am 4. April 1973, 6553.

(108) Das gedruckte Protokoll dieser Tagung erschien unter dem Titel: Österreich 1927-1938.

(109) 1987: In den 15 Jahren seit dem Erscheinen dieses Beitrags sind zum Thema eine Reihe wesentlicher neuer Quellenpublikationen (Ministerratsprotokolle, Protokolle des Christlichsozialen Parlamentsklubs) und Studien, insbesondere jene von Ulrich Kluge, E. Fröschl und H. Zoitl, Everhard Holtmann und Anson Rabinbach, erschienen (siehe dazu das folgende Kapitel V dieses Bandes). Die wissenschaftlichen Ergebnisse über die Ausschaltung des Nationalrates haben sich nicht mehr grundlegend verändert, allerdings auch nicht die weltanschaulichen Grundpositionen zu dieser Frage, sodaß sich 1987 wieder ähnliche Positionen gegenüberstehen wie hier für die Frühphase der österreichischen Zeitgeschichtsforschung beschrieben. Vgl. Andreas Khol, Die Kampagne gegen Waldheim. Internationale und nationale Hintergründe, in: Andreas Khol, Theodor Faulhaber u. G. Ofner (Hg.), Die Kampagne. Kurt Waldheim – Opfer oder Täter, München 1987, 177-212.

V.

DER "4. MÄRZ 1933"
ALS KONSEQUENZ STÄNDISCHER STRUKTUREN, ÖKONOMISCHER KRISEN UND AUTORITÄRER TENDENZEN

Es ist eine Eigenheit der neueren österreichischen Geschichtsschreibung, daß in ihr die Gedenktage, vor allem jene zu Dezennien oder sonst irgendwie zahlenmythisch hervorstechenden Zeitpunkten, eine besondere Rolle spielen. (1) Dies ist zunächst ein erfreuliches Zeichen eines hohen Geschichtsbewußtseins der österreichischen Öffentlichkeit, allerdings eines Bewußtseins von einer sehr selektiven und engen Art von Geschichte. Die Jubiläums-Historiographie ist damit auch der Ausdruck der großen Nähe der neueren, nicht unbedingt der jüngeren, Zeitgeschichtsforschung zur Politik. Dies ist ein Vorteil insofern, als sich die geschichtliche Behandlung der Zwischenkriegszeit in der Zweiten Republik nicht auf den "elfenbeinernen Turm" der akademischen Vergangenheitsbeschaulichkeit beschränken kann, es ist jedoch auch ein nicht unbedenkliches Symptom des theoretischen und methodologischen Zustands der historischer Disziplin in Österreich. (2) Denn die Fixierung der Behandlung bestimmter historischer Themata auf einen bestimmten Tag, bestenfalls auf wenige Tage, ist eine notwendige Konsequenz der runden Jahreszahlen-Historiographie. Komplizierte Vorgänge, längerdauernde gesellschaftliche Prozesse, politische Wechselwirkungen, strukturelle Konstanten treten damit in den Hintergrund der zeitgeschichtlichen Forschung. Ereignishaftigkeit, Personenorientierung, Betonung individuellen Entscheidungshandelns, moralisierende Beurteilungen kennzeichnen weitgehend das, was immer noch die Universitäten und Pflicht- und höheren Schulen vermitteln, was stark die politische Bildung bestimmt, was auch die "Haus"-Geschichtsschreibung der großen politischen Organisationen und Interessenverbände prägt, hier noch verschärft durch einen selten kritisch ausfallenden Organisationspatriotismus. Bis zu einer Instrumenta-

155

lisierung der Geschichtswissenschaft im Interesse bestimmter politischer Gegenwartsziele, vor allem der Legitimierung verschiedenster Politiken durch Schaffung von Tradition, ist es dann nicht mehr weit. (3)

Diese Kritik vorwegnehmend habe ich diesen Beitrag aufgebaut, einen Beitrag, der weniger ein Forschungsbericht (4) denn eine Skizze möglicher Arbeitshypothesen und Forschungsorientierungen zu sein versucht. Da aber eine prozessuale Politik-Geschichte nicht ohne das Element der kurzfristigen Abläufe auskommt, möchte ich

1. zunächst beginnen mit der Ereignisfolge von Herbst 1932 bis Frühjahr 1933,
2. dann möchte ich mich auf Vorgänge mittlerer Dauer, vielleicht konjunktureller Art, etwa von 1922 bis 1933 konzentrieren und
3. schließlich möchte ich kurz auch längerfristige Momente und möglicherweise strukturelle Voraussetzungen des Zusammenbruchs der österreichischen Demokratie skizzieren.

1. DIE KURZFRISTIGE EREIGNISFOLGE: VOM 1. OKTOBER 1932 ÜBER DEN 4. MÄRZ 1933 ZUM 27. MAI 1933

Eine punktuelle Betrachtung, ausschließlich auf die eine ominöse Nationalratsitzung am 4. März 1933 konzentriert, möchte ich hier gänzlich beiseite lassen. Ohne Einbeziehung des weiteren historischen Umfeldes ergibt sich allzu leicht das falsche Bild von der "Selbstausschaltung des Parlaments". Dies ist auch die Sicht der Träger des Dollfuß-Regimes.

Schon zeitgenössische sozialdemokratische Publizisten und liberale Verfassungsrechtler haben den Konnex zwischen den folgenden drei Stationen erkannt (5) und daraus ihr Urteil vom Verfassungsbruch abgeleitet:

a) Anwendung des Kriegswirtschaftlichen Ermächtigungsgesetzes von 1917 auf sehr kriegsferne wirtschaftskriminelle Tatbestände gleichsam als "Versuchsballon", um die Reaktion der sozialdemokratischen Partei und der liberal-demokratischen Öffentlichkeit zu testen (Verordnung zur finanziellen Belangung der Verantwortlichen am Credit-Anstalt-Zusammenbruch vom 1. Oktober 1932) (6),

b) die in der Tat verunglückte Nationalratsitzung am 4. März 1933 und die gewaltsame Verhinderung des Wiederzusammentretens des Nationalrats am 15. März (7),

c) Ausschaltung des Verfassungsgerichtshofes, als sich dieser anschickte, die Notverordnungspraxis aufgrund des Kriegswirtschaftlichen Ermächtigungsgesetzes als verfassungswidrig zu erklären, durch ebensolche verfassungswidrige Notverordnungen und durch massive Druckausübung auf die Mitglieder des Verfassungsgerichtshofs (Ende Mai 1933). (8)

Ich setze den Verlauf der Geschichte zwischen diesen drei Markierungspunkten als bekannt voraus: die Beseitigung der parlamentarischen Demokratie, die Aufhebung grundlegender liberaler Freiheitsrechte, die Auferlegung von schweren lohn- und sozialpolitischen Lasten vor allem auf die Arbeiterbevölkerung, deren zunehmende politische Fesselung, kurz den Übergang zu einer diktatorischen Regierungspraxis durch das Kabinett Dollfuß. (9)

Obwohl der ereignis- und rechtsgeschichtliche Sachverhalt immer schon relativ klar war und eine Interpretation als Verfassungsbruch seitens der Regierung nahelegte (10), hat sich erst Ende der sechziger Jahre diese Ansicht in den österreichischen Geschichtsdarstellungen durchgesetzt.

Peter Huemers Verdienst ist es, mit eindrucksvoller Klarheit die verfassungsrechtlichen Schachzüge der Regierung Dollfuß im Frühjahr 1933 herausgearbeitet zu haben. Sein Urteil lautet: "Staatsstreich auf Raten". (11) Die österreichischen Schwierigkeiten bei der Nachvollziehung dieses wissenschaftlichen Erkenntnisprozesses, im Zusammenhang mit der "Koalitionsgeschichte" (12) der Zweiten Republik, habe ich aus einem anderen Anlaß dargestellt. Seither wurde eine demokratische Interpretation des "4. März 1933" nahezu schon zum Allgemeingut der österreichischen Zeitgeschichtsforschung. Eine dementsprechende Geschichtsinterpretation hat auch in ÖVP-Veranstaltungen Eingang gefunden. (13)

Damit kann auch die juristische und politische "Schuldfrage" im Sinne einer traditionell-historischen Theorie als geklärt angesehen werden. Dollfuß, seiner Regierung und allen ihn stützenden politisch-sozialen Kräften kann keine wissenschaftlich begründete Geschichtsinterpretation die historische Verantwortung am Verlassen des demokratisch-rechtsstaatlichen Bodens absprechen. Dies bedeutet nicht, aus der Sicht der Wechselseitigkeit politischen Handelns eine sozialdemokratische Mitverantwortung zu verleugnen oder unter strukturgeschichtlichem Aspekt die (weiter unten nachzuzeichnenden) langfristigen oder außenpolitischen antidemokratischen Tendenzen und Handlungszwänge zu übersehen.

Doch auch die Intentionalität des Dollfußschen Verfassungsbruchs ist gegeben. Schon auf einer viel schmäleren Quellenbasis hat eine Reihe von

157

Jedlicka-Schülern (14) vor mehr als 15 Jahren nachgewiesen, daß der autoritäre Regierungskurs Dollfuß' nicht nur einer zweifelsohne besonders günstigen Gelegenheit entsprang, sondern der lange gehegten Absicht, sich des lästig gewordenen Parlaments mit seiner knappen Mehrheit und der ganzen Sozialdemokratie zu entledigen. Erika Weinzierl ist unabhängig davon zu ähnlichen Schlüssen gekommen. (15)

Die seit einigen Jahren im Erscheinen begriffenen Ministerratsprotokolle (16) und die Protokolle des christlichsozialen Klubvorstands (17) aus der fraglichen Zeit bestätigen die genannten frühen Darstellungen und ergänzen sie noch: Nicht erst im März 1933 traten autoritätsstaatliche Diktaturvorstellungen im Regierungslager in Erscheinung, auch wenn Dollfuß bis zu dem günstigen Anlaß, den ihm die Geschäftsordnungskrise des Nationalrates bot, sicher über "kein gründlich ausgearbeitetes antiparlamentarisches Programm" (18) verfügte und sich im einzelnen auf Improvisationen verließ. Allerdings kann die Vermutung, auch jeder andere, weniger günstige Anlaß denn der Rücktritt der drei Nationalratspräsidenten wäre im Laufe des Jahres 1933 zu einer massiven Einschränkung der Parlamentsrechte mittels Notverordnungen genützt worden, mit den seit Oktober 1932 im Kreise des Kabinetts und des christlichsozialen Parlamentsklubs nicht verstummenden Überlegungen bezüglich eines nicht-parlamentarischen Regierungsstils begründet werden. (18a)

Aber nicht nur wenige Monate, sondern schon einige Jahre vorher war der autoritäre Kurs strukturell vorprogrammiert (19), und nicht nur Dollfuß allein beschritt offen diesen Weg, sondern große Teile der christlichsozialen Parteiführung und Parlamentsfraktion billigten ihn und seine Einzelmaßnahmen. (20)

Und die oft gar nicht so abschwächenden und vorsichtig umschreibenden Überlegungen der Minister und Politiker, wie wir sie in den erwähnten Protokollen nachlesen können, bringen wieder ins Bewußtsein, was eine allzu eng auf die Wiener Archivbestände orientierte österreichische Zeitgeschichtsforschung eine Zeitlang übersehen hat: die direkte Parallelität der österreichischen mit der deutschen politischen Entwicklung, die negative Vorbildhaftigkeit der unparlamentarischen, präsidialen Notverordnungsregierung Brünings seit 1930 und der autoritären, die SPD zielstrebig ausschaltenden Regierung Papens. Immerhin ereignete sich schon am 20. Juli 1932 mit dem "Preußenschlag" herrschaftsfunktional dasselbe wie in Österreich im März des folgenden Jahres. (21) Von hier aus gingen, wie so oft in der neueren österreichischen Geschichte, entscheidende Folgewirkungen aus.

Spätestens Mitte 1932 war erkennbar, wohin auch in Österreich die Entwicklung ging. Vor diesem Hintergrund erheben sich dann unabweisbar folgende Fragestellungen zur Politik der österreichischen Sozialdemokratie:

Wie politisch kurzsichtig mußten die führenden sozialdemokratischen Funktionäre dem nicht undurchschaubaren Spiel der Regierung Dollfuß gegenüber gewesen sein, wenn sie dieses nicht rechtzeitig durchschauten?

Oder besser: Wie handlungsunfähig war die Führung der österreichischen Arbeiterbewegung im Gefolge der sich überlagernden ökonomischen und politischen Krisen schon 1932, geschweige denn 1933 geworden?

Aber auch: Wie sehr im parlamentarisch-rechtsstaatlichen Boden verankert mußte trotz aller Kritik an der "bürgerlichen Demokratie" die österreichische Sozialdemokratie gewesen sein, was ihr sicher ein gutes demokratisches Zeugnis ausstellt, was aber den Erfolg der eigenen Politik, oder nur die Sicherung früherer Erfolge, unter den gegebenen Voraussetzungen nicht gerade förderte.

Es ist daher nicht nur als ein persönliches Schuldbekenntnis Otto Bauers zu werten, wenn er in seiner Broschüre zum "Aufstand der österreichischen Arbeiter" drei Fehler der sozialdemokratischen Politik (22) einbekennt, und zwar einerseits
– eine "forsche Oppositionspolitik" statt einer Tolerierungspolitik Dollfuß gegenüber im Frühjahr 1932 (man kann hinzufügen: und statt einer Koalitionspolitik 1931) zu machen und
– Renner am 4. März 1933 zum Rücktritt vom Amt des Ersten Nationalratspräsidenten zu veranlassen,
– andererseits aber nicht schon am 15. März 1933 das Signal zum bewaffneten Aufstand zu geben.

Trotz aller "radikalen Phrasen", aller Vorbehalte gegen die bestehende Gesellschaftsordnung, aller Überlegungen über die eng abgezirkelten Bedingungen einer Anwendung der Mittel der Diktatur und der Gewalt gegen einen bürgerlichen Diktaturversuch (23), trotz aller Rüstung und Militarisierung des Schutzbundes (24) konnte die sozialdemokratische Parteiführung wohl nicht anders, als an ihren eigenen politischen Traditionen und an ihrem historischen Selbstverständnis festzuhalten. (25)

Das eine war so essentiell wie das andere, jedenfalls für die große Mehrheit der oberen und mittleren Funktionärsschichten. Mit revolutionärem Attentismus und demokratischem Legalitätsprinzip war in der Spätphase der Habsburgermonarchie und in den Anfangsjahren der Republik beträchtlicher politisch-gesellschaftlicher Erfolge erreicht worden. Weiteres Festhalten mag zwar, wie Hans Mommsen betont hat, die Demokratien in Deutschland und Österreich über die Mitte der zwanziger Jahre hinaus erhalten haben, sie mag eine Immunisierung der eigenen Anhängerschaften gegenüber faschistischem Irrationalismus und kommunistischen Experimenten bewirkt haben (26); aber inmitten der tiefsten Krise der Weltwirtschaft und einem Gegner gegenüber, der die sozialdemokratische Selbsttäuschung durchschaute und seinerseits keine demokratischen Skrupel hatte, wie es Norbert Leser sagt, war die traditionelle sozialdemokratische Strategie erfolglos (27), jedenfalls schon 1932.

Trotzdem ist für die heutigen Erben und Freunde der Sozialdemokratie die Tatsache politisch-moralisch leichter zu verarbeiten, daß die sozialdemokratische Arbeiterbewegung in Ehren unterging. Und dennoch haben wir uns zu fragen, mit welchem Preis die damalige Arbeiterschaft, die zeitgenössischen Sozialisten und Demokraten die humanitären Selbstbindungen (28) eines Otto Bauer, eines Karl Seitz bezahlt haben.

Mit diesen Bemerkungen aufzuhören, hieße in moralisierender Geschichtsbetrachtung stecken zu bleiben. Schon die scheinbar simpelsten Fakten über Verfassungsbruch und christlichsoziale Diktaturabsichten, ganz zu schweigen von dem Aufkommen der faschistischen Bewegungen verlangen nach einer längeren gesellschaftsgeschichtlichen Perspektive.

2. Die mittelfristigen, mit Wirtschaftskrisen verknüpften Momente der Parlamentsausschaltung

Aus einer auf mittelfristige Zusammenhänge ausgerichteten Sicht stellt sich die Aufhebung des parlamentarischen Rechtsstaates als der Endpunkt einer bis 1922 oder 1918 zurückreichenden wirtschaftlich-gesellschaftlichen Entwicklung dar. (29) Worum es in dieser Dimension geht, wird schlagartig durch Überlegungen klar, die ein Teil der österreichischen Industriellen Anfang 1932 anstellte und die in der akuten Krisensituation schon vor Dollfuß auf eine "Zerschlagung der österreichischen Arbeiterbewegung zum Zwecke der gewaltsamen Senkung der sozialen

Kosten der kapitalistischen Produktion" (30) hinausliefen. Demokratie- und Verfassungstreue spielten dabei keine Rolle. Wir verdanken dem Wiener Historiker Karl Haas einen sensationellen Quellenfund zu diesem Thema (31):

Schon am 25. Jänner 1932 hatten einige Spitzenvertreter des Hauptverbands der österreichischen Industriellen in einer Aussprache mit Dollfuß' Vorgänger im Kanzleramt, Carl Buresch, dessen Bereitschaft zur Aufhebung der Demokratie sondiert:

"Man hört, daß im Schoße der Regierung der Plan erwogen werde, die Führung der Staatsgeschäfte für die nächste Zeit nicht mehr auf die Grundlage des normalen parlamentarischen Verfahrens, sondern auf die besondere, erweiterte Vollmacht zu stellen. Der Gedanke eines solchen Regimes liegt gewiß in der Luft. Es war außerordentlich beachtenswert, [sagte der Präsident des Industriellenverbands, Richard Knaur, mit der Ironie des Rechthabens], daß sogar der große Demokrat Ender, knapp vor seinem Scheiden aus dem Amte des Bundeskanzlers, das Regieren auf Grund erweiterter Vollmachten als die einzige Möglichkeit bezeichnete, um der Schwierigkeiten Herr zu werden. Gerade die Erfahrungen der letzten Zeit haben die Richtigkeit dieser Auffassung wiederum bestätigt."

Was Buresch auf solche Vorschläge erwidert hat, ist nicht bekannt. Mit dem Weiterschreiten der Weltwirtschaftskrise verstummen jedenfalls im Kreise der österreichischen Industriellen solche Stimmen nicht, die den auch im Deutschen Reich und in anderen Ländern auftretenden Tendenzen zu Autoritarismus und Faschismus offen Ausdruck gaben. Zwar soll keineswegs der unzulässigen Vereinfachung, es ließe sich ein direkter Zusammenhang derartiger Industrie-Wünsche mit der Regierungspolitik Dollfuß herstellen, Vorschub geleistet werden. Doch es sei hier hervorgehoben, in welch hohem Maße jene verfassungspolitische "Eventualität", die in einem anderen von Karl Haas aufgefundenen Dokument des Industriellenverbands vom August 1932 als die "erfolgversprechendste" bezeichnet wurde, mit dem tatsächlichen Ablauf der Ereignisse des Jahres 1933 übereinstimmt. Denn neben einer Wiederbelebung der Bürgerblockregierungen Seipelscher Prägung (1922-1929) und einer Neuauflage der Koalition Sozialdemokraten-Christlichsoziale (1919-1920), die eine wie die andere durch die Sogwirkung des Nationalsozialismus auf das deutschnationale "Lager" bzw. durch die kaum überwindbare Polarisierung des Antimarxismus-Marxismus-Gegensatzes praktisch unmöglich geworden, sah dieses Industriellen-Papier eine bedenkliche, "über den nor-

malen Parlamentarismus hinausgehende" verfassungspolitische Variante
vor. Schon in früheren Überlegungen österreichischer Industrieller war
zum Ausdruck gebracht worden, die "kardinale Voraussetzung" für eine
Unterstützung der Regierung seitens der Industrie sei,

*"daß ... eine mit besonderen Vollmachten ausgestattete Regierung ein klares,
festes Programm hat, welches den wirtschaftlichen Notwendigkeiten restlos
Rechnung trägt und daß die Zusammensetzung dieser Regierung, aber auch
der politische Rückhalt, den sie sich schafft, von solcher Art ist, daß die
Durchführung des Programmes auch wirklich ganz gesichert und jede Gefahr
einer Trübung oder Abdrängung des Regierungswillens im Zuge der Entwicklung vollkommen ausgeschlossen ist".* (32)

Die auf eine Ausschaltung der Opposition und der parlamentarischen
Kontrolle der Regierung hinarbeitenden österreichischen Industriellen
machten aber auch klar, daß sie dabei nicht an die "Methoden der südamerikanischen Generäle", auch (bzw. noch) nicht an eine Machtergreifung in jener Form dachten, zu der sich die Nationalsozialisten damals in
Deutschland anschickten, sondern daß sie eine scheinlegale Transformation der parlamentarischen Demokratie in eine *Präsidialregierung* mittels Notverordnungen oder allenfalls einen außer-parlamentarischen, *autoritären Regierungskurs*, der sich auf das Kriegswirtschaftliche Ermächtigungsgesetz stützte, im Auge hatte.

Jeden Regierungskurs, der eine Abschwächung der industriellen Interessenpolitik oder eine Einschränkung der privatkapitalistischen Verfügungsrechte bedeutet hätte, lehnten sie kategorisch ab, sei es eine *Koalitionsregierung* mit der Sozialdemokratie, die verstärkte lohnpolitische und
arbeitsrechtliche Forderungen erwarten ließ, sei es ein Regime der Heimwehr, die "planwirtschaftlicher Experimente" verdächtigt wurde, oder
sei es eine *nationalsozialistische "Machtergreifung"* mit ihrer den wirtschaftlichen Entwicklungsgang beeinträchtigenden Verunsicherung (vor
allem auswärtiger Investoren und Kreditgeber).

Erst als sich das Ausnahmeregime von der Art Dollfuß' und Schuschniggs nicht bewährte und gesamtwirtschaftlich wie hinsichtlich der Industrieinteressen keine nennenswerten Erfolge erzielte, dürfte es der pronationalsozialistischen Strömung unter den österreichischen Industriellen, vor allem der Alpine Montangesellschaft, gelungen sein, sich stärker
durchzusetzen und ihren "deutschen Kurs" zu propagieren, der auf einen
"Anschluß" an das nationalsozialistische Deutschland hinauslief. (33)

Zweifelsohne beruhte der von Dollfuß 1932/33 eingeschlagene diktatorische und radikal antimarxistische Weg auch auf dem Druck und der Unterstützung von großen Teilen der österreichischen Großindustrie und ihrer Verbände, die sich in der Tat von einer Niederwerfung der Arbeiterbewegung und der Aufhebung der Demokratie eine Senkung der Produktionskosten und eine protektionistische Förderung erwarten konnten. Die Haltung des von der internationalen Finanzkrise besonders schwer betroffenen großen und ausländisch verflochtenen Bankkapitals, das bis Anfang der dreißiger Jahre auch eine finanzielle Stütze des Heimwehrfaschismus gewesen war und danach teils die nationalsozialistische Penetration Österreichs betrieb (34), teils doch vor diktatorischen, exportschädigenden "Experimenten" zurückschreckte, ist allerdings nicht eindimensional zu bestimmen. (35) Im Gefolge der Industrie segelte zu Beginn der Regierungsperiode Dollfuß' auch ein Großteil der vorher und nachher eher anschlußfreundlichen, organisierten gewerblichen und händlerischen Mittelstände. (36)

Der Freiburger Historiker Ulrich Kluge hat darauf hingewiesen, daß ähnliche, jedoch schon früher einsetzende Krisenerscheinungen auch den Agrarsektor betrafen und hier ebenfalls auf verstärkte Marktregulierungstechniken und Staatsinterventionen hinausliefen. Der sich 1931 abzeichnende forciert agrarprotektionistische Kurs und die damit verbundene Notwendigkeit zu staatlichen Eingriffen trugen dazu bei, die Stellung der Parteien und des Parlaments zu schwächen und die politische Position der Regierungsbürokratie zu stärken. Gerade dieser kam in dem Klima zunehmender Konflikte gesellschaftlicher und wirtschaftlicher Teilgruppen auch ein verstärktes Steuerungsgewicht zu, was schließlich gleichfalls auf die "staatlich verordnete Zwangsharmonisierung divergierender Interessen" (37) hinauslief.

Vor dem Hintergrund der noch nicht überwundenen Strukturprobleme der Entstehung des neuen österreichischen Staats- und Wirtschaftskörpers (38) überlagerten sich somit während der Etablierungsphase des autoritären Regimes Dollfuß' eine Reihe agrar-, finanz-, handels- und industriewirtschaftlicher Krisen mit politischen Krisenmomenten, die hier nur aufgezählt, nicht in ihrer ganzen Wechselwirkungskomplexität behandelt werden sollen. Dabei können drei gesellschaftsgeschichtliche Verlaufsstränge unterschiedlicher Dauer unterschieden werden.

Erstens: Zunächst stellt sich die Beseitigung der Demokratie in Österreich als der Endpunkt einer mittelfristigen *bürgerlich-kapitalistischen und agrarischen Restauration* und protektionistischen Umstrukturierung dar, ein Prozeß, der in Österreich verschärft 1922 mit dem Regierungsantritt Seipels und der Genfer Sanierung einsetzte. (39) Er weist, schlagwortartig verkürzt, folgende Teilaspekte auf:

– ökonomische und politische Wiederfestigung der durch die Kriegswirtschaft und den Zerfall Österreich-Ungarns geschwächten Position des großindustriellen Kapitels (40),

– erfolgreiche Sanierung der Staatsfinanzen auf Kosten breiter angestellter und beamteter Mittelschichten – die damit für den Nationalsozialismus besonders prädisponiert wurden – und zum Teil auf Kosten der industriellen Arbeiterschaft (41),

– gleichzeitig Verstärkung der finanzpolitischen Westabhängigkeit Österreichs und temporäre Aufhebung der parlamentarischen Rechte (noch im Rahmen demokratischer Spielregeln und mit Tolerierung der sozialdemokratischen Partei, was 10 Jahre später als Vorbild für die innenpolitischen Begleiterscheinungen der Lausanner Anleihe wieder einen bedeutenden Sog auf Diktaturbestrebungen ausüben sollte) (42);

– Bildung eines stabilen Bürgerblocks in Parlament und Regierung, endlich (1927) verstärkte Einbeziehung des bäuerlichen Segments, des "Landbunds", in die Regierung und neuerliches Anwachsen des erwähnten Agrarprotektionismus. (43)

– Ferner, zunehmend bloß "negative Integration" der sozialdemokratischen Arbeiterbewegung in die immer stärker bürgerlich dominierte Republik und teils freiwillige, teils aufgezwungene Marginalisierung der sozialdemokratischen Arbeiterbewegung, d.h. Abdrängung aus den wirtschafts-, sicherheits-, verwaltungspolitisch ausschlaggebenden Entscheidungspositionen an den Rand des politischen Systems (z.B. Umpolitisierung des Bundesheers und Rückzug der sozialdemokratischen Soldaten und Offiziere auf eine Art Gegenheer, den Republikanischen Schutzbund);

– zugleich aber verstärkte "Lagerbildung" und Konzentration auf die Sozialpolitik des "Roten Wien" (44),

– zunehmende innenpolitische Polarisierung, zunächst zwischen Marxisten und Antimarxisten, die sich um militante Schutztruppen, die Heimwehren, die Frontkämpfervereinigung, "völkische" Wehrverbände und dgl. umsahen, kurz das unkontrollierte Wuchern einer paramilitärischen Politik (45);

164

– weiters, trotz wieder zunehmender sozialdemokratischer Wählerzahlen (bis 1927) deutliche innenpolitische Machtverschiebung zu ungunsten der sozialdemokratischen Arbeiterbewegung (Forderungen nach antidemokratischer Revision des Verfassungskompromisses von 1920 (46), Beseitigung des "revolutionären Schutts", Abbau der Sozialpolitik und der gewerkschaftlichen Rechte, Angriffe auf den Mieterschutz u.dgl.);
– schließlich, als Folge und Symptom dieser schleichenden gesellschaftlichen Veränderung in den zwanziger Jahren ein verstärktes Wiederaufleben antidemokratischer, antisozialistischer, z.T. älterer antikapitalistischer und modernitätsfeindlicher Wertvorstellungen, Ideologien und Forderungen. Schon 1921 war Othmar Spanns "Der wahre Staat" erschienen und hatte seine Wirkung unter bürgerlichen Studenten der katholischen wie der deutschnationalen Richtung entfaltet. Gerade auch Seipels Reden von der "wahren Demokratie" seit 1928 signalisierten den beginnenden, nahezu allgemeinen Auszug aus der bürgerlichen Demokratie. (47) Die bürgerliche Demokratiekritik ging zwar weniger weit als die der faschistischen Bewegungen, doch boten sich ihr die Heimwehren, wie der Tiroler Heimwehrführer Richard Steidle schon 1928 formulierte, als "drohender Kettenhund" gegen die widerspenstige Sozialdemokratie an. (48)

Zweitens: Eine radikale Verschlechterung der Chancen der Demokratieerhaltung trat allerdings erst mit dem vollen Hereinbrechen der *Weltwirtschaftskrise* ein:

– Zunächst mobilisierte die schon Ende der zwanziger Jahre einsetzende Agrarkrise bäuerliche Sozialgruppen "nur" in den Bahnen der Heimwehr, sie förderte aber später, 1933/34, bei Offenkundigwerden des sehr begrenzten agrarpolitischen Erfolgs der Regierung Dollfuß' – besonders bei den benachteiligten "Hörndlbauern" – die Abwanderung zum Nationalsozialismus. (49)
– Dann erfolgte ein Übergreifen der internationalen Finanzkrise durch Abzug ausländischen Kapitals aus Österreich: Zusammenbruch der Credit-Anstalt 1931, der sich nur als der größte und weittragendste einer langen Reihe von Bankkrachs darstellt. (50)
– Damit wurden tiefgreifende finanzpolitische Sanierungsmaßnahmen notwendig, die in der polarisierten und krisenhaften Situation des Jahres 1932 schon viel weniger als 1922 Seipels Sanierung auf das stillschweigende Mittragen seitens der sozialdemokratischen Partei rechnen konnten.

– So kam es durch die Verknüpfung der Anleihefrage mit dem Anschlußverbot (und dem NS-Wahlerfolg) auch zum Zerbrechen des Bürgerblocks (dies als Teil der im folgenden Punkt skizzierten politischen Krise) und zu

– einer Verlagerung des außenpolitischen Einflusses und Drucks auf die revisionistischen Mächte, vor allem auf das faschistische Italien, das 1933 zum hauptsächlichen außenpolitischen Protektor der antidemokratischen Tendenzen in Österreich und zum innenpolitischen Destabilisierungsfaktor wurde.

– Die ökonomische Bedrohung der Mittelstände und die Beschleunigung von deren Nazifizierung ab 1932, gefolgt vom Aufstieg des Nationalsozialismus in Österreich zur Massenpartei (51), ging einher

– nahezu gleichzeitig mit der Zerstörung der schon geschwächten arbeitsmarktpolitischen Position der unselbständig Beschäftigten durch Massenarbeitslosigkeit (1933 über 25 Prozent oder 550000 Arbeitslose); trotz Lohnkürzungen, Sozialabbau und oft direkt physischer Existenzbedrohung der langjährigen Arbeitslosen trat nicht die von marxistischen Krisentheorien vorhergesagte Radikalisierung nach links ein, sondern: Rückzug von den freien Gewerkschaften (1932 nur noch die Hälfte der Gewerkschaftsmitglieder von 1921), Zusammenbruch fast jeder Streikbereitschaft und -fähigkeit, zunehmende politische Apathie, Abdriften proletarischer Randgruppen zu den Faschismen – kurz, eine verhängnisvolle gesellschaftliche und politische Schwächung der Arbeiterbewegung (bei Fortbestehen einer relativ starken Position im Parlament). (52)

– Schließlich und als keineswegs geringfügigste, wenn nicht überhaupt vorrangige gesamtgesellschaftliche Veränderung kam es zu der Verschlechterung der kapitalistischen Produktionsbedingungen und zur Notwendigkeit einer unter den gegebenen politischen und Wirtschaftsverhältnissen ungebremsten Erhöhung der Profitrate. (Die daraus resultierende industrielle Interessenpolitik wurde schon eingangs erwähnt).

Drittens: Als weiteres, die Demokratie schwächendes Moment trat dazu die *politische Krise,* d.h. zunächt die Unfähigkeit des Bürgertums, seine politische Herrschaft im Rahmen des parlamentarischen Systems aufrecht zu erhalten.

Diese politische Krise weist folgende Elemente auf:

– die Unfähigkeit der Großdeutschen, vor allem infolge des Lausanner Anschlußverbotes und des aufsteigenden Nationalsozialismus, aber auch durch eine interessenspolitische Polarisierung innerhalb des österreichischen Großkapitals unter Druck gesetzt, die Koalition mit den Christlichsozialen fortzusetzen (53),

– die Ausdehnung der Restkoalition auf einen dezitiert faschistischen und antidemokratischen Faktor, die "Heimwehr", ohne daß dadurch eine sichere parlamentarische Mehrheit erzielt worden wäre, und

– die Wahrscheinlichkeit, daß bei Neuwahlen der Verlust der Mehrheitsfähigkeit auch dieser Koalition, bei erwarteten starken Einbrüchen des Nationalsozialismus und einer relativen Stabilität der sozialdemokratischen Partei (siehe Landtagswahlen vom 24. April 1932), eintreten würde. (54)

– Weiters schien es für die sozialdemokratische Partei und die Gewerkschaften unmöglich und vor der eigenen Parteibasis unvertretbar, in einer allenfalls zu bildenden Koalitionsregierung mit den Christlichsozialen die von diesen geforderte Krisensanierung auf Kosten der Arbeiter, den geforderten Agrar- und Industrieprotektionismus, mitzutragen; aber auch

– für die Christlichsozialen (und die dominanten kapitalistischen und mittelständischen Verbandsinteressen) war eine die Krisenkosten auch nur gleich verteilende Koalitionspolitik inakzeptabel;

– überdies wurde gerade im Sommer 1932 zeitweise starker außenpolitischer Druck (Völkerbundkommissionar Rost van Tonningen) in Richtung auf eine autoritäre Lösung ausgeübt (siehe auch Planspiele der österreichischen Großindustriellen).

Es ist mehr als fraglich, ob 1932/33 die kumulierten Krisensituationen für die sozialdemokratische Partei überhaupt noch einen die Substanz der Arbeiterbewegung erhaltenden Ausweg boten. Bewaffneter Widerstand, wie er am 12. Februar 1934 in ganz auswegloser Situation losbrechen sollte, war – wenn überhaupt mit dem Selbstverständnis der sozialdemokratischen Politik vereinbar, was sehr zu bezweifeln ist – auch zwei Jahre zuvor kaum chancenreicher; Hilfe von außen war unmöglich. Zwischen 1929 und 1931 hatte die Sozialdemokratie bei der Verfassungsreform und beim Pfrimer-Putsch noch echte Handlungsspielräume nutzen können. Danach hatte sie sie rasch verloren.

Die politische Krise des Jahres 1932 war also selbst auf dem engeren politisch-parlamentarischen Feld besonders komplex, weil sich hier drei Konfliktlinien überlagerten:

– der vertiefte, kaum überwindbare Klassenkonflikt industrieller Arbeiterschaft – Eigentümer,

167

– partei-, außen- und interessenspolitische Gegensätze innerhalb des Bürgertums und der Mittelstände und

– Gegensätze zwischen der verfallenden Heimwehr-Version des Faschismus und der aufsteigenden radikalen NS-Version bzw. Nichtidentität jedes dieser Faschismen mit dem ihm jeweils nahestehende bürgerlichen "Lager" des katholischen Konservatismus und des Deutschnationalismus.

Daraus ergab sich auch für die Christlichsozialen und Dollfuß ein anfängliches Lavieren zwischen Großdeutschen und Heimwehr, schließlich aber die Option für jenen Weg, der am risikolosesten - auch im Sinne der oben zitierten industriellen und agrarischen Interessensgruppen – erschien. Er sicherte durch eine Regierungsdiktatur im großen und ganzen die katholisch-konservativen politischen und wirtschaftlichen Interessen, garantierte eine Abwälzung der Krisenkosten, vor allem auf die Arbeiterschaft, sicherte (vorübergehend) gegen die Bedrohung der gesellschaftlich-politischen Dominanz seitens des Nationalsozialismus und erforderte bloß eine Beteiligung eines schon geschwächten und ideologisch zum katholischen Konservativismus tendierenden faschistischen Partners an der politischen Macht.

Eine noch ausständige politische Ökonomie der Staatskrise von 1933 wird ähnlich der Weimarer Republik, auch den "Ständestaat" in eine rasche Abfolge von sich verschärfenden ordnungsstaatlichen Lösungsversuchen seit 1929 (exekutivzentrierte Demokratie – autoritäre Regierungsdiktatur – "ständestaatlicher" Zwangskorporatismus – vollfaschistische Konfliktunterdrückung) einordnen können. Die damit korrespondierende säkulare Tendenz zur zunehmenden verbandlichen und staatlichen Regulierung der Produktion und der Märkte, die etwa Otto Bauer als Durchbruch der "dirigierten Ökonomie" beschrieb (55), war aus einem anderen Blickwinkel eine Antwort des gesellschaftlichen Gesamtsystems auf die krisenhafte Zuspitzung der Konflikte innerhalb des Agrarsektors und des industriellen Sektors, des Konflikts zwischen diesen beiden Sektoren und der Verschärfung des Gegensatzes Arbeit-Besitz. (56)

Die Etablierung der halbfaschistischen autoritären Regierungsdiktatur Dollfuß' und Schuschniggs war schließlich nur eine politische Konsequenz. Unter der Führung der staatlichen, stark christlichsozial kontrollierten Bürokratien versuchte der "christliche Ständestaat" einen erzwungenen Interessensausgleich zwischen den divergierenden bürgerlichen, mittelständischen, bäuerlichen und aristokratisch-großgrundbesitzerischen ökonomisch-sozialen Interessen; die (sozialdemokratische) Arbeiterschaft war aus diesem eng limitierten gesellschaftlichen Pluralismus praktisch ausgeschlossen, auch die NS-Mittelstände partizipierten nur teilweise daran. (57) Die Massenbasis der Dikatur war also relativ eng und reichte nur unwesentlich über das katholisch-konservative "Lager" hinaus.

Die Diktatur Dollfuß' wies daher starke Elemente eines staatlich erzwungenen Interessensausgleichs auf, wie er sich einerseits auch auf halbkonstitutioneller Basis während der letzten Jahrzehnte der Habsburgermonarchie entwickelt hatte und wie er andererseits auf parlamentarisch-freiwilliger Basis zum System der Sozialpartnerschaft in der Zweiten Republik führte. In der jüngsten Zeit ist für diese Form nicht konkurrenzorientierten gesellschaftlichen Interessensausgleichs die Bezeichnung Korporatismus aufgekommen.

3. DIE LANGFRISTIGEN "STÄNDISCH"-STRUKTURELLEN GRUNDLAGEN DES AUTORITARISMUS

"Korporatismus kann als ein System der Interessenvertretung definiert werden, in dem die konstituierenden Elemente aus einer begrenzten Anzahl solcher gesellschaftlicher Einheiten gebildet werden, die Zwangsmitgliederschaft aufweisen, nicht miteinander [in Wahlen] konkurrieren, in sich hierarchisch aufgebaut sind und unterschiedliche gesellschaftliche Funktionen aufweisen. Sie sind vom Staat anerkannt oder mit Rechten ausgestattet, sofern sie nicht von ihm überhaupt geschaffen werden. Innerhalb ihres jeweiligen Bereichs wird diesen Verbänden ein ausdrückliches Repräsentationsmonopol garantiert, als Gegenleistung für die Erfüllung bestimmter Kontrollaufgaben bei der Auswahl ihres Führungspersonals und der Artikulation von Forderungen und Unterstützungsmomenten" (P.C. Schmitter). (58)

Wesentlich an dieser Definition ist, daß sich korporatistische Strukturen über den liberalen Individualismus hinwegsetzen und von gesellschaftlichen Modellvorstellungen ausgehen, bei denen nicht Individuen oder Klassen je nach ihrer quantitativen Stärke, sondern Verbände und sonstige Großgruppen in einem relativ gleichgewichtigen Paritätsverhältnis konsensorientiert interagieren. Wesentlich sind auch das Naheverhältnis dieser Interessenverbände zu und ihre wechselseitige Durchdringung mit staatlichen Apparaten, was eine bedeutende Einflußnahme auf die Staatspolitik seitens der Verbände oder umgekehrt jener auf diese garantiert. (59) Die Zugehörigkeit zu diesen gesellschaftlich konstitutiven

Großeinheiten wird nicht durch freien Beitritt oder durch Stimmabgabe, auch nicht durch Klassenlage und arbeitsrechtliche Stellung oder Einkommenshöhe und Bildungsgrad definiert, sondern nach der Funktion, die ein Individuum innerhalb eines konsensualen, konfliktarm gedachten gesellschaftlich-wirtschaftlichen Gesamtzusammenhangs einnimmt. Individualistische Konkurrenz, parlamentarische Mehrheitsentscheidung, wirtschaftlicher Klassenkampf sind diesem Gesellschaftsmodell gleichermaßen fremd. Korporatismus ist aber auch nicht identisch mit der dichotomischen Aufeinander-Bezogenheit von Führer und atomisierter Masse, die den voll entwickelten Faschismus deutscher und italienischer Prägung charakterisiert. Aber auch außerhalb des dem Korporatismus besonders affinen politischen Spektrums vom katholischen Konservativismus bis zum faschistischen Rechtsextremismus (60) gibt es Gemeinsamkeiten von korporatistischen Strukturen mit dem englischen Gildensozialismus, mit Rätemodellen und syndikalistischen Traditionen wie auch mit dem austromarxistischen Gemeinwirtschaftskonzept. (61)

Die seit dem wirtschaftlichen Tendenzbruch von 1873 und der "großen Depression" (62) offenkundig werdende Schwäche des Liberalismus in Österreich wurde schon vielfach als Strukturmerkmal dieses Landes thematisiert (63), als Erscheinungsform langfristiger korporatistischer Strukturen steht eine ausführliche Analyse noch aus. Dennoch ist das Korporatismus-Modell geeignet, einen wesentlichen Beitrag zur Erhellung längerfristiger Verursachungszusammenhänge der Ausschaltung des Parlaments und der Errichtung einer autoritären Diktatur aus dem gesellschaftlichen Zusammenhang heraus zu leisten. Auch der Wiener Politologe Emmerich Talos hat jüngst darauf hingewiesen, daß in Österreich "sowohl spezifische Formen der funktionalen Interessensrepräsentation als auch der Verschränkung und Zusammenarbeit zwischen Regierung/Administration und Interessensvertretungen ... traditionell Bestandteil der Politikorganisation trotz politischer Änderungen in den letzten 130 Jahren sind." (64)

Daher kann auch, so meine Hauptthese, die ständestaatlich-autoritär-halbfaschistische Dollfuß-Schuschnigg-Diktatur in eine Abfolge korporatistischer Phänomene in Österreich eingeordnet werden; und zwar:

– *spätfeudaler Korporatismus* seit der Regierungsperiode Taaffes (1879-1893): Er ist gekennzeichnet durch eine massive Abkehr vom wirtschaftlichen und politischen Liberalismus, durch Schutzzollpolitik, Agrarinterventionismus und Sozialprotektionismus, was eine durchaus wirksame

Arbeitersozialpolitik einschloß, durch Wiedereinführung korporativer genossenschaftlicher Organisationsformen im Gewerbe (Gewerbeordnungsnovellen von 1883 und 1885), durch Ausgestaltung der Kooperation von Staat und Wirtschaftsinteressen in den Handelskammern (seit 1848), durch Ansätze zu industriell-gewerblichen und agrarischen Dachverbänden, Schaffung des Arbeitsbeirates im Handelsministerium, der von Regierungsvertretern, Fachmännern, Unternehmer- und Arbeitgebervertretern beschickt wurde, aber auch durch gewerkschaftliche Verbändebildung, Dominanz der "Idee der korporativen Organisation der Gesellschaft", vor allem vertreten von den christlichen Sozialreformern (65);
– *Kriegssozialismus* und *Nachkriegs-Korporatismus*, etwa 1914 bis 1921: In dieser Periode verstärkten sich trotz der in der Revolutionsperiode stark hervortretenden radikaldemokratischen und sozial-revolutionären Tendenzen ältere korporatistische Strukturen, in die nun voll die organisierte Arbeiterschaft als konstitutives Element einbezogen wurde.

"Am Ende des Ersten Weltkrieges und in der Ersten Republik arbeiteten paritätisch besetzte Interessensvertretungen mit Vertretern des Staates zusammen (Beschwerdekommissionen, Industriekommissionen, Industriekonferenzen, Zentralheimarbeiterkommission, Kommission für Sachdemobilisierung) ... In verschiedenen Einrichtungen hatte sich die Zusammenarbeit von Vertretern von Lohnarbeit und Kapital verstetigt (z.B. industrielle Bezirkskommission als Einrichtung der Arbeitslosenversicherung)." (66)

Auf die eigenwillige Ausformung dieses Gesellschaftsdenkens in den sozialdemokratischen Vorstellungen über Wirtschaftsdemokratie wurde schon hingewiesen;
– *autoritärer Zwangskorporatismus* (1933 bis 1938): Er führte nach einem knappen Jahrzent relativ liberaler Wirtschaftspolitik und parlamentarischer Demokratie eine staatlich erzwungene Harmonisierung wirtschaftlicher und politischer Gegensätze im "Ständestaat" herbei. Dabei konnten ideologische Rückgriffe auf die christliche Soziallehre und auf die traditionell ordnungsstaatlichen Vorstellungen der beiden vorhergehenden Perioden erfolgen;
– *totalitärer "Korporatismus"* des nationalsozialistischen Regimes (1938 bis 1945): In ihm erfolgte einerseits ein radikaler Abbau der limitierten Verbandspluralität, die auch im "Ständestaat" noch gegeben war, andererseits eine viel effizientere Durchsetzung weniger monopolistischer ständischer Zwangsorganisationen ("Reichsnährstand", "Deutsche Arbeitsfront", "verstaatlichte", gleichgeschaltete Interessensorganisationen);

– *liberaler Korporatismus (Sozialpartnerschaft)* seit 1957: volle institutionelle Ausgestaltung einer "tripartistischen" Steuerung von Wirtschafts- und Sozialpolitik nach Vorläufer-Versuchen in den fünfziger Jahren in zahlreichen öffentlich-rechtlichen Kooperationsformen und in der "Paritätischen Kommission". (67)

Diese Vielgesichtigkeit korporatistischer Erscheinungen im Verlauf der österreichischen Geschichte und ihr phasenweises, mit Perioden wirtschaftlicher Krisen und verstärkter staatlicher Konfliktregelung verbundenes Hervortreten hat auch außerhalb Österreichs, so in Deutschland, manche Parallelen. (68) Mit Hilfe von Korporatismustheorien könnte erklärt werden, warum in beiden Ländern eine relativ reibungslose Beseitigung der Demokratie möglich war und warum eine Distanzierung von Autoritarismus und Faschismus nach 1945 innergesellschaftlich auf so starke Widerstände stieß (und stößt).

Allerdings steht einer solchen langfristigen Perspektive die Tatsache entgegen, daß Korporatismus offensichtlich ganz unterschiedliche gesellschaftlich-wirtschaftliche Funktionen erfüllen kann. So glaubt die neuere Politologie die Funktionen der verschiedenen Versionen eines staatlich vermittelten Interessenausgleich in folgenden Wirkungen (69) zu erkennen:

– liberaler Korporatismus dient zur staatlich gelenkten Regulierung verstärkter Klassen- und Verteilungskonflikte;
– gesellschaftlicher Korporatismus kann als Versuch zur Stabilisierung einer bürgerlich dominierten Regierungsform betrachtet werden;
– Korporatismus verschiedenster Art ist ein Instrument der Krisenregulierung und des Krisenmanagements;
– Neokorporatismus ermöglicht eine Integration sozial-wirtschaftlicher Gruppen, insbesondere der Arbeiterschaft, in den Staat;
– Korporatismus überhaupt dient als etatistisches Instrument zur Erhöhung der Handlungsfähigkeit des Staates und zur Legitimierung seiner Entscheidungen, aber auch als Mittel zur Entlastung staatlicher Politik.

Der Widerspruch von gleichbleibenden Politikformen und wechselnden gesellschaftlichen Funktionen des Korporatismus ist damit offenkundig, aber nicht gelöst. Zweifelsohne kann die gesellschaftliche Funktion auch des autoritären Korporatismus als Versuch zur Aufrechterhaltung der bürgerlichen Staats- und Gesellschaftsformen, zur Krisenüberwindung und zur Erhöhung der staatlichen Handlungsfähigkeit bestimmt werden.

Ein zwingendes Rückschließen auf die gesellschaftlichen Ursachen des "Ständestaates" und anderer korporatistischer Erscheinungen ergibt sich daraus noch nicht. Auch wenn von Politologen heute zwischen traditionellem, autoritärem und liberalem Korporatismus oder dem historisch in den dreißiger Jahren besonders verbreiteten diktatorischen Korporatismus und dem modernen Neokorporatismus unterschieden wird, so müßte noch geklärt werden, ob sich das Korporatismusmodell trotz seines heuristischen Werts für eine umfassende Anwendung auf den österreichischen "Ständestaat" eignet. Denn einerseits ist das Diktaturregime Dollfuß' und Schuschniggs, obwohl es sich ausdrücklich auf berufsständische Vorstellungen berief, davon zwar nicht bloß ideologisch, sondern auch hinsichtlich seiner Verbandsstruktur und des Interessensausgleichs geprägt; aber dennoch ist es keineswegs einheitlich korporatistisch strukturiert. Immer haben auch starke Elemente obrigkeitsstaatlich-autoritärer Polizeipraxis, faschistischer Massenmobilisierung und symbolisch vermittelter Integrationsversuche eine wesentliche Rolle in seiner Verfassungswirklichkeit gespielt. Daß sich die Gewichtung von Autoritarismus, Korporatismus und Faschismus im Laufe der wenigen Jahre zwischen 1932 und 1938 noch ständig verschoben hat, macht eine Einschätzung des sogenannten "Austrofaschismus" als Bezugspunkt eines längerfristigen Vergleichs nicht einfacher.

Andererseits sollen auch bei einer historischen Längsschnitt-Betrachtung über der Feststellung mancher institutioneller Gemeinsamkeiten staatlich vermittelten Interessenausgleichs seit dem Ende der liberalem Ära der Habsburgermonarchie und Taaffes Regierungszeit die gravierenden Unterschiede nicht übersehen werden. Es macht eben einen Unterscheid, ob die (sozialdemokratische) Arbeiterbewegung in dem Kompromißfindungsprozeß fest verankert war, wie nach 1945, oder ob es um ein bürgerliches – allenfalls auch feudales – Interessenkartell gegen die Arbeiterbewegung ging. Oder ob es um einen vordemokratischen, von einem diktatorischen Staat erzwungenen oder um einen freiwilligen Interessensausgleich geht. Übersehen sollte man auch nicht die grundsätzlichen Unterschiede zwischen einer dreißigjährigen wirtschafts- und sozialpolitisch erfolgreichen Wirksamkeit der gegenwärtigen Sozialpartnerschaft und dem wirtschaftspolitischen wie staatspolitischen Scheitern des "christlichen Ständestaates".

Was funktionalistische und auf die oberste, staatlich Ebene der Gesellschaft ausgerichtete Korporatismustheorien im Fall Österreichs mei-

173

ner Meinung nach ebenfalls allzuleicht übersehen, ist die Verankerung vor-, außer- oder antidemokratischer Institutionen des wirtschaftlich-sozialen Interessensausgleichs in hartnäckigen Gesellschaftsstrukturen, Mentalitäten, Ideologien, Lebensformen, Familienstrukturen usw. – So konnten die wenn auch nur rudimentär verwirklichten "berufsständi-schen" Ideen Dollfuß' und der Enzyklika "Quadragesimo anno" direkt an spätfeudal-"ständische" Ordnungsvorstellungen innerhalb der Bau-ernschaft und im Katholizismus anknüpfen (70), auch an ebensolche Vorstellungen unter großen Teilen der Angestellten und Beamten, die sich bis nahe an die Gegenwart eher als Berufstände verstehen denn als Angehörige der großen Sozialgruppe (Klasse) der Lohnabhängigen. (71)

Noch stärker ist hier auch das Standesbewußtsein von akademischen Berufen wie Ärzte, Richter, Rechtsanwälte u. dgl. und vieler anderer "mittelständischer" Gruppen angesprochen, das sich im Gegensatz zu einem noch in den Anfangsjahren der Ersten Republik auch unter der Ar-beiterschaft stark verbreiteten gewerkschaftlichen Berufs-Sonderbewußt-seins bis in die Gegenwart fortsetzt. Immer signalisiert solches Standes-bewußtsein einen Anspruch auf eine gewisse soziale und wirtschaftliche Privilegierung, auf eine möglichst monopolistische Zuteilung ganz be-stimmter gesellschaftlicher Funktionen und eine im eigenen Interessen-feld geforderte Ablehnung des Mehrheitsprinzips. Gerade aus einer sol-chen gesellschaftsgeschichtlichen Ausweitung des Korporatismusmodells dürften noch ungenutzte Erkenntnismöglichkeiten zu gewinnen sein.

Eine Antwort darauf nicht vorwegnehmend, soll abschließend die Frage aufgeworfen werden, ob die zweifelsohne gegebenen korporatistischen Tendenzen in der österreichischen Geschichte als spätfeudale Relikte (72) und Sonderstrukturen (73) aufzufassen sind, ob es sich um vor-gezogene Entwicklungstendenzen des modernen Kapitalismus in seiner "organisierten" – oder "monopolistischen" – Phase handelt, oder ob an-dere, konjunkturelle Ursachen – etwa die "langen Wellen" Kondratieffs – dafür verantwortlich gemacht werden können. (74) Sollte es tatsächlich die vermutete strukturelle Kontinuität von der spätfeudalen Herüber-rettung der altständischen Gesellschaft in die berufsständische Interes-senpolitik der Ära Taaffe und vom sogenannten "Kriegssozialimus" des Ersten Weltkrieges über den erzwungenen Korporatismus der Dollfuß-Schuschnigg-Diktatur und des totalitären Weges des Nationalsozialis-mus bis in den gegenwärtigen demokratischen "Technokorporatismus"

(B. Marin) der Sozialpartnerschaft geben, dann sollte auch die historische Analyse der Ausschaltung des Nationalrates im Jahre 1933 einen verstärkten Gegenwartsbezug für unsere heutige Demokratie haben.

(1983)

ANMERKUNGEN

(1) Vgl. hiezu auch die wissenschaftlich-politisch so verdienstvollen Symposien und Veröffentlichungen (Bd. 1 bis 7) der Wissenschaftliche Kommission zur Erforschung der Geschichte Österreichs in den Jahren 1918 bis 1938, hg. v. Ludwig Jedlicka bzw. Adam Wandruska u. Rudolf Neck, Wien 1973 bis 1981.

(2) Siegfried Mattl, Bestandsaufnahme zeitgeschichtlicher Forschung in Österreich, Wien o.J. [1983], 10 ff.; Ulrich Kluge, Staat, Gesellschaft und Wirtschaft in Österreich 1848 bis 1945. Ausgewählte Beiträge historisch-politischer Forschung im Überblick, in: Archiv für Sozialgeschichte 22, 1982, 606-649.

(3) Michael Mitterauer, Politischer Katholizismus, Österreichbewußtsein und Türkenfeindbild. Zur Aktualisierung von Geschichte bei Jubiläen, in: Beiträge zur historischen Sozialkunde 12, 1982, 111 ff.; Eric Hobsbawm u. Terence Ranger (Hg.), The Invention of Tradition, Cambridge 1983, 13 f.

(4) Vgl. Kapitel IV dieses Buches.

(5) Pertinax (= Otto Leichter), Österreich 1934. Die Geschichte einer Konterrevolution, Zürich 1934, zit. nach der Neuauflage: Glanz und Ende der Ersten Republik, Wien 1964, 169 ff.; Adolf Merkl, Die ständisch-autoritäre Verfassung Österreichs, Wien 1935, 11 f.; Erich Voegelin, Der autoritäre Staat, Wien 1936, 159 ff.

(6) Protokolle des Ministerrates der Ersten Rebublik, Abt. VIII, Bd. 1, Wien 1980, Nr. 837 vom 30.1.1932 und 828 vom 5.10.1932, 579 ff., 596 ff.; Peter Huemer, Sektionschef Robert Hecht und die Zerstörung der Demokratie in Österreich, Wien 1975, 142; Manfred Welan, Die Verfassungsentwicklung in der Ersten Republik, in: Politicum, H. 5, Graz 1980, 45 f.; Anton Staudinger, Die Zerstörung der parlamentarischen Demokratie in Österreich, in: Leopold Rettinger u.a. (Hg.), Zeitgeschichte, Wien (1982), 23 f.; Hans Mommsen, Theorie und Praxis des österreichischen Ständestaates 1934 bis 1938, in: Norbert Leser (Hg.), Das geistige Leben Wiens in der Zwischenkriegszeit, Wien 1981, 174 ff.; Gerhard Jagschitz, Der österreichische Ständestaat 1934-1938, in: Erika Weinzierl u. Kurt Skalnik (Hg.), Österreich 1918-1938, Bd. 1, Graz 1983, 497; Rudolf Neck, Der Februar 1934 in Österreich, in: Internationale Tagung der Historiker der Arbeiterbewegung (X. Linzer Konferenz 1974), ITH-Tagungsberichte, Bd. 9, Wien 1976, 303 ff.

(7) Karl R. Stadler, Adolf Schärf. Mensch, Politiker, Staatsmann, Wien 1982, 95 ff.; Ernst Koref, Die Gezeiten meines Lebens, Wien 1980, 176 ff.; Norbert Leser: Zwischen Reformismus und Bolschewismus, Wien 1985, 308 ff.; Leon Kane, Robert Danneberg. Ein pragmatischer Idealist, Wien 1980, 167 f.; Wilhelm Ellenbogen, Menschen und Prinzipien, Wien 1981.

(8) Anton Staudinger, Die Mitwirkung der christlichsozialen Partei an der Errichtung des autoritären Ständestaates, in: Ludwig Jedlicka u. Rudolf Neck (Hg.), Österreich 1927 bis 1938, Wien 1973, 68 ff.

(9) Everhard Holtmann, Zwischen Unterdrückung und Befriedung. Sozialistische Arbeiterbewegung und autoritäres Regime in Österreich 1933-1938, Wien 1978, 46 ff.; vgl. z.T. auch Klaus-Jörg Siegfried, Klerikalfaschismus. Zur Entstehung und sozialen Funktion des Dollfußregimes in Österreich, Frankfurt a.M. 1979, 36 ff.

(10) Ernst Karl Winter, Christentum und Zivilisation, Wien 1956, 392; Alexander Spitzmüller, "... und hat auch Ursach, es zu lieben", Wien 1955, 387.

(11) Huemer, Sektionschef, 157 ff.

(12) Karl R. Stadler auf dem 1. Symposium der Wissenschaftlichen Kommission, in: Österreich 1927 bis 1938, 43; siehe auch Botz, Ausschaltung, 40 ff.

(13) Siehe Welan, Verfassungsentwicklung, 46 ff.; Karl Dietrich Bracher, "Austrofaschismus" und die Krise der Demokratien, in: Politicum, H. 5, Graz 1981, 51.

(14) Huemer, Sektionschef; Anton Staudinger, Bemühungen Carl Vaugoins um Suprematie der Christlichsozialen Partei in Österreich (1930 bis 1933), in: Mitteilungen des Österreichischen Staatsarchivs 33, 1979, 316 ff.; Hilde Verena Lang, Bundespräsident Miklas und das autoritäre Regime 1933-1938, phil. Diss., Wien 1972, siehe auch: Ludwig Jedlicka, Schicksalsjahre Österreichs (1932-1935), I. Teil, in: Die allgemeinbildende höhere Schule 11, 1962, 201 ff.

(15) Erika Weinzierl (in Zusammenarbeit mit Peter Hofrichter), Österreich. Zeitgeschichte in Bildern 1918-1975, 107 f.

(16) Protokolle des Ministerrats, Bd. 2, Wien 1982; Bd. 3, Wien 1983.

(17) Walter Goldinger (Hg.). Protokolle des Klubvorstandes der Christlichsozialen Partei 1932-1934, Wien 1980.

(18) Huemer, Sektionschef, 243.

(18a) So erwog am 18. Oktober 1932 Schuschnigg, damals Justizminister, die Einführung der Präventivzensur und der "Reform der Schwurgerichtsbarkeit" unter Heranziehung von Notverordnungen (Protokolle des Ministerrats, Nr. 830, Bd. 1, 640), zwei Tage später sah sich der dem oberösterreichischen, demokratischen Flügel der Christlichsozialen angehörende Josef Aigner veranlaßt, im Vorstand seines Parlamentsklubs gegen einen Kurs, der auf eine "Papenregierung" ziele, Bedenken anzumelden (Goldinger, Protokolle, 22), und am 3. November 1932 verlangte der Heimwehrvertreter Guido Jakoncig im Ministerrat, "daß endlich überhaupt einmal mit Maßnahmen zur Stärkung der Staatsautorität ein Anfang gemacht werde"; "das muß nicht auf den Tag abgestellt sein" (Protokolle des Ministerrats, Nr. 832, Bd. 2, 32). In der Klubvorstandssitzung vom 27. Jänner 1933 gab es zwischen dem "rechten" Anton Rintelen und dem "linken" Leopold Kunschak keine Meinungsdifferenz mehr bezüglich der Anwendung von Notverordnungen. Während der eine im Zusammenhang mit einem Feiertagsarbeits-Gesetz meinte, "wenn die Sozi es obstruieren, dann kommt die Frage der Notverordnungen", überlegte der andere: "Wir gehen durch ..., aber nicht mit der Notverordnung. Mit der Notverordnung machen wir das Budget" (Goldinger, Protokolle, 92 f.)

(19) Grete Klingenstein, Die Anleihe von Lausanne, Wien 1965, 98; Anton Staudinger, Christlichsoziale Partei und Errichtung des "Autoritären Ständestaates" in Österreich, in: Vom Justizpalast zum Heldenplatz, Wien 1975, 65 ff.

(20) Goldinger, Protokolle, 16 (Einleitung).

(21) Karl Dietrich Bracher, Die Auflösung der Weimarer Republik, Villingen 1964, 287 ff.; Richard Saage, Rückkehr zum starken Staat? Studien über Konservatismus, Faschismus und Demokratie, Frankfurt a.M. 1983, 80 ff., 90 ff.

(22) Otto Bauer, Werkausgabe, Bd. 3, Wien 1976, 987 ff.

(23) Protokoll des sozialdemokratischen Parteitages 1926, abgehalten in Linz vom 30. Oktober bis 3. November 1926, Wien 1926, 168 ff.; Helmut Feichter, Das Linzer Programm (1926) der österreichischen Sozialdemokratie, in: Historisches Jahrbuch der Stadt Linz 1973/74, Linz 1975, 299 ff.

(24) Ilona Duczynska, Der demokratische Bolschewik. Zur Theorie und Praxis der Gewalt, München 1975, 123 ff. u. passim; Eric C. Kollman, Theodor Körner. Militär und Politik, Wien 1973, 191 ff.; Martin Kitchen, The Coming of Austrian Fascism, London 1980, 111 ff.

(25) Detlef Lehnert, Otto Bauer und die reichsdeutsche Arbeiterbewegung, in: Zeitgeschichte, 8, 1980, 1-29, hier 22 f.; Rudolf Ardelt, Der Austromarxismus als Theorie und Praxis, ebenda, 30-40; dagegen: Hans Hautmann u. Rudolf Kropf, Die österreichische Arbeiterbewegung vom Vormärz bis 1945, 3. Aufl., Wien 1978, 161 f.; Peter Kulemann, Am Beispiel des Autromarxismus, Hamburg 1979, 347 ff.; vgl. auch: Anson Rabinbach, The Crisis of Austrian Socialism, Chicago 1983, 86 ff.

(26) Hans Mommsen, Die Sozialdemokratie in der Defensive, in: ders., (Hg.), Sozialdemokratie zwischen Klassenbewegung und Volkspartei, Frankfurt a. M. 1974, 132 f.; ders., in: Die Ereignisse des 15. Juli 1927, Wien 1979, 232 f. (Diskussionsbeitrag).

(27) Norbert Leser, 12 Thesen zum 12. Februar 1934, in: Das Jahr 1934: 12. Februar, Wien 1975, 63.

(28) Ernst Glaser, Im Umfeld des Austromarxismus, Wien 1981, 193 ff. Friedrich Stadler, Spätaufklärung und Sozialdemokratie in Wien 1918-1938, in: Franz Kadrnoska (Hg.), Aufbruch und Untergang, Wien 1981, 441 ff.; Walter Pollak, Sozialismus in Österreich, Wien 1979, 200 ff.

(29) Reiner Matthes (Hg.), Das Ende der Ersten Republik Österreich, phil. Diss., FU Berlin 1979, 70 ff.; Ulrich Kluge, Das Dilemma einer Demokratie, in: Neue Politische Literatur, 23, 1976, 227 ff.; Gerhard Botz, Formen und Intensität politischsozialer Konflikte in der Ersten und Zweiten Republik. Ein komparativer Versuch zu Streik und politischer Gewalt in Österreich 1919 bis 1975, in: Austriaca. Cahiers universitaires d'information sur l'Autriche, numéro spécial 3, Rouen 1979, 437-468.

(30) Siegfried, Klerikalfaschismus, 77 f.

(31) Karl Haas, Industrielle Interessenspolitik zur Zeit der Weltwirtschaftskrise, in: Jahrbuch für Zeitgeschichte 1978, 97-126.

(32) Ebenda, 112 ff.

(33) Vgl. auch Matthes, Ende, 223 ff.

(34) Karl Stuhlpfarrer und Leopold Steurer, Die Ossa in Österreich, in: Vom Justizpalast zum Heldenplatz, Wien 1975, 35-64. Fritz Weber und Karl Haas, Deutsches Kapital in Österreich, in: Jahrbuch für Zeitgeschichte 1979, 178-189; Norbert Schausberger, Der Griff nach Österreich, 2. Aufl., Wien 1979, 145 ff.

(35) Matthes, Ende 70-113; Dörte Döring, Deutsch-österreichische Außenhandelsverflechtung während der Weltwirtschaftskrise, in: Hans Mommsen u.a. (Hg.), Industrielles System und politische Entwicklung in der Weimarer Republik, Düsseldorf 1974, 514-530.

(36) Peter Fischer, Die österreichische Handelskammern und der Anschluß an Deutschland, in: Das Juliabkommen von 1936, Wien 1977, 299-314; Matthes, Ende, 224 f.

(37) Ulrich Kluge, Die Agrarpolitik des österreichischen Ständestaates 1934-1938 (maschinschriftliches Referat zum Symposium "Agrarpolitische Probleme der Zwi-

schenkriegszeit" der Wissenschaftlichen Kommission ..., Wien, 24. und 25. Oktober 1983).

(38) Kurt W. Rothschild, Wurzeln und Triebkräfte der Entwicklung der österreichischen Wirtschaftsstruktur, in: Wilhelm Weber (Hg.), Österreichs Wirtschaftsstruktur gestern - heute - morgen, Berlin 1961, Bd. 1, 51 ff.; Eduard März, Österreichische Bankpolitik in der Zeit der großen Wende 1913-1923, Wien 1981, 175 ff., 470 ff.

(39) Gottlieb Ladner, Seipel als Überwinder der Staatskrise vom Sommer 1922, Wien 1964; Hans Kernbauer u.a., Die wirtschaftliche Entwicklung, in: Weinzierl u. Skalnik, Österreich, Bd. 1, 354 ff.

(40) Fritz Weber, Hauptprobleme der wirtschaftlichen und sozialen Entwicklung Österreichs in der Zwischenkriegszeit, in: Kadrnoska, Aufbruch, 593-621; Otto Bauer, Die österreichische Revolution, in: ders., Werkausgabe, Bd. 2, Wien 1976, 743 ff.

(41) Ernst Bruckmüller, Sozialstruktur und Sozialpolitik, in: Weinzierl/Skalnik, Österreich, Bd. 1, 396 ff., 402 ff.; Julius Bunzel (Hg.), Geldentwertung und Stabilisierung in ihren Einflüssen auf die soziale Entwicklung in Österreich, München 1925; Gerhard Botz, Angestellte zwischen Ständegesellschaft, Revolution und Faschismus, in: Jürgen Kocka (Hg.), Angestellte im europäischen Vergleich, Göttingen 1981, 196-239.

(42) Matthes, Ende, 144 f., 153 ff.; Karl Ausch, Genfer Sanierung und der 12. Februar 1934, in: Österreich 1927 bis 1938, 97-109; Klingenstein, Anleihe, 49 ff., 45 ff.

(43) Siegfried Mattl, Agrarstruktur, Bauernbewegung und Agrarpolitik in Österreich 1919-1929, Wien 1981.

(44) Kulemann, Autromarxismus, 324 ff.; Felix Czeike, Wirtschafts- und Sozialpolitik der Gemeinde Wien in der Ersten Republik (1914-1934), 2 Bde., Wien 1958 f.; Felix Kreissler, Von der Revolution zur Annexion, Wien 1970, 115 ff.

(45) Gerhard Botz, Gewalt in der Politik. Attentate, Zusammenstöße, Putschversuche, Unruhen in Österreich 1918-1938, 2. erw. Auflage, München 1983, 161 ff.;

(46) Brita Skottsberg, Der österreichische Parlamentarismus, Göteborg 1940; Leser, Reformismus, 440 ff.; Reinhart Kondert, Schober und die Heimwehr, in: Zeitgeschichte 3, 1976, 163-175; Otto Kirchheimer, Von der Weimarer Republik: Die Auflösung der demokratischen Rechtsordnung, 2. Aufl., Frankfurt a.M. 1981, 96 ff.

(47) Klaus-Jörg Siegfried, Universalismus und Faschismus. Das Gesellschaftsbild Othmar Spanns, Wien 1974; Willibald Holzer, Erscheinungsformen des Faschismus in Österreich 1918-1938, in: Austriaca. Cahiers universitaires d'information sur l'Autriche, numéro spécial 1, Rouen 1978, 88 ff.; John Haag, Marginal Men and the Dream of the Reich, in: Stein U. Larsen u.a. (Hg.), Who were the Fascists. Roots of European Fascism, Bergen 1980, 239-248.

(48) Lajos Kerekes, Italien, Ungarn und die österreichische Heimwehrbewegung 1928-1931, in: Österreich in Geschichte und Literatur, 9, 1965, 4 f.

(49) Francis L. Carsten, Faschismus in Österreich. Von Schönerer zu Hitler, München 1977; C. Earl Edmondson, The Heimwehr and Austrian Politics 1918-1936, Athens, Georgia 1978; Bruce F. Pauley, Hahnenschwanz und Hakenkreuz. Steirischer Heimatschutz und österreichischer Nationalsozialismus 1918-1945, Wien 1972.

(50) Karl Ausch, Als die Banken fielen. Zur Soziologie der politischen Korruption, Wien 1968, 335 ff.

(51) Bruce F. Pauley, Hitler and the Forgotten Nazis. A History of Austrian National Socialism, Chapel Hill 1981; Gerhard Botz, Strukturwandlungen des öster-

reichischen Nationalsozialismus (1904-1945), in: Isabella Ackerl u.a. (Hg.). Politik und Gesellschaft im alten und neuen Österreich, Wien 1981, 163-193.

(52) Dieter Stiefel, Arbeitslosigkeit. Soziale, politische und wirtschaftliche Auswirkungen am Beispiel Österreichs 1918-1938, Berlin 1979; Fritz Klenner, Die österreichischen Gewerkschaften, Bd. 2, Wien 1953, 761 ff.; vgl. Kapitel XII dieses Bandes.

(53) Isabella Ackerl, Das Ende der christlichsozial-großdeutschen Regierungskoalition, in: Vom Justizpalast zum Heldenplatz, Wien 1975, 82-94; dieselbe, Das Kampfbündnis der NSDAP mit der Großdeutschen Volkspartei vom 15. Mai 1933, ebenda, 121-128.

(54) Robert Danneberg, Die Wiener Wahlen 1930 und 1932, Wien 1932; Walter B. Simon, The Political Parties of Austria, phil. Diss., Columbia Univ. 1957.

(55) Otto Bauer, Zwischen zwei Weltkriegen?, in: ders., Werkausgabe, Bd. 4, Wien 1976, 104 ff; ders., Klassenkampf und "Ständeverfassung", ebenda, Bd. 9, 341-360.

(56) David Abraham, The Collapse of the Weimar Republik, Princeton, N.J. 1981, 12 ff.

(57) Ludwig Jedlicka, Das autoritäre System in Österreich in: ders., Vom alten zum neuen Österreich, St. Pölten 1975, 215-234; Gerhard Jagschitz, Theorie und Praxis des österreichischen Ständestaates 1934-1938, in: Leopold Rettinger u.a. (Hg.), Zeitgeschichte, Wien 1982, 116-137; R. John Rath, The First Austrian Republic - Totalitarian, Fascist, Authoritarian, or What?, in: Rudolf Neck u. Adam Wandruszka (Hg.), Beiträge zur Zeitgeschichte, St. Pölten 1976, 163-188; Karl Dietrich Bracher, Geschichte und Gewalt. Zur Politik im 20. Jahrhundert, Berlin 1981, 93-105; Holtmann, Unterdrückung, 11; derselbe, Austrofaschismus als fixierte Idee, in: Zeitgeschichte 6, 1979, 427-431; Botz, Gewalt, 234 ff.

(58) Philippe C. Schmitter, Still a Century of Corporatism?, in: ders. u. Gerhard Lehmbruch (Hg.), Trends Toward Corporatist Intermediation, London 1979, 13.

(59) Gerhard Lehmbruch, Wandlungen der Interessenpolitik im liberalen Korporatismus, in: Ulrich v. Alemann und R.G. Heinze (Hg.), Verbände und Staat, Opladen 1979, 54 f.

(60) Stanley G. Payne, Fascism. Comparison and Definition, Madison, Wisc. 1980, 14 ff.

(61) Otto Bauer, Der Weg zum Sozialismus, in: ders., Werkausgabe, Bd. 2, Wien 1976, 97; Erwin Weissel, Die Ohnmacht des Sieges. Arbeiterschaft und Sozialisierung nach dem Ersten Weltkrieg in Österreich, Wien 1976; Gerhard Lehmbruch, Neokorporatismus in Westeuropa: Hauptprobleme im internationalen Vergleich, in: Journal für Sozialforschung 23, 1983, 407.

(62) Hans Rosenberg, Große Depression und Bismarckzeit. Wirtschaftsablauf, Gesellschaft und Politik in Mitteleuropa, Frankfurt a.M. 1967, 118 ff., 193 ff.

(63) Adam Wandruszka, Österreichs politische Struktur, in: Heinrich Benedikt (Hg.), Geschichte der Republik Österreich, Wien 1954, 293 ff., 370 ff.

(64) Talos, Sozialpartnerschaft, 268 ff.

(65) Kurt Ebert, Die Anfänge der modernen Sozialpolitik in Österreich, Wien 1975, 11 ff., 176 ff.; Herbert Matis, Österreichs Wirtschaft 1848-1913, Berlin 1972, 352 ff.; Theodor Pütz, Die Bedeutung der Wirtschaftsverbände für die Gestaltung der österreichischen Wirtschaftspolitik, in: ders., Verbände und Wirtschaftspolitik in Österreich, Berlin 1966, 149 ff.; Emmerich Talos, Staatliche Sozialpolitik in Österreich, Wien 1981, 44 f.; Max Lederer, Grundriß des österreichischen Sozialrechtes, Wien 1929, 27 f.; Ulrich Kluge, Agrarinterventionismus in Österreich 1879 bis 1918,

in: Zeitgeschichte 6, 1979, 199-222; Walter Pollak, Ansätze zur Sozialpartnerschaft vor 1938, in: Andreas Khol u.a. (Hg.), Um Parlament und Partei, Alfred Maleta zum 70. Geburtstag, Graz 1976, 95-104.

(66) Talos, Sozialpartnerschaft, 270; Karl Renner, Marxismus, Krieg und Internationale, 2. Aufl., Stuttgart 1918; Jürgen Kocka, Klassengesellschaft im Krieg. Deutsche Sozialgeschichte 1914-1918, Göttingen 1973, 105 ff.; Gerald D. Feldmann u. Heidrun Homburg, Studien und Dokumente zur Politik der deutschen Unternehmer 1916-1923, Hamburg 1977, 48 ff.

(67) Bernd Marin, Die Paritätische Kommission. Aufgeklärter Technokorporatismus in Österreich, Wien 1982, hier auch umfassende Bibliographie, 411 ff.; Anton Pelinka, Modellfall Österreich? Möglichkeiten und Grenzen der Sozialpartnerschaft, Wien 1981.

(68) Fritz Blaich, Staat und Verbände in Deutschland zwischen 1871 und 1945, Wiesbaden 1979, 114 ff.; Werner Abelshauser, The First Post-Liberal Nation. Stages in the Development of Modern Corporatism in Germany, in: European Studies Review, Herbst 1984; Charles Maier, Recasting Bourgeois Europe. Stabilization in France, Germany and Italy in the Decade after World War 1, Princeton, N.J. 1975; Gerhard Lehmbruch u. Philippe Schmitter (Hg.), Patterns of Corporatist Policy-Making, Beverley Hills 1982; Suzanne Berger (Hg.), Organizing Interests in Western Europe: Pluralism, Corporatism, and the Transformation of Politics, Cambridge 1981.

(69) Emmerich Talos, Sozialpartnerschaft und Neokorporatismustheorien, in: Österreichische Zeitschrift für Politikwissenschaft 11, 1982, 266.

(70) Ernst Bruckmüller, Die verzögerte Modernisierung, in: Herbert Knittler (Hg.), Wirtschafts- und sozialhistorische Beiträge, Wien 1979, 289-307.

(71) Gerhard Botz, Angestellte, 196 ff.

(72) Hans-Ulrich Wehler, Das Deutsche Kaiserreich 1871-1918, 5. Aufl., Göttingen 1983, 227 ff.

(73) Siehe: Ernst Fraenkel, Deutschland und die westlichen Demokratien, 3. Aufl., Stuttgart 1968; dagegen: David Blackbourn und Geoff Eley, Mythen deutscher Geschichtsschreibung, Frankfurt a.M. 1980, S, 54 ff.

(74) Wilhelm H. Schröder u. Reinhard Spree (Hg.), Historische Konjunkturforschung, Stuttgart 1980, 12 vgl auch Kapitel XII dieses Bandes; Eric J. Hobsbawm, Economic Fluctuations and some Social Movements, in: ders., Labouring Men, London 1968, 126-157.

VI.

DER AUFSTANDSVERSUCH ÖSTERREICHISCHER SOZIALDEMOKRATEN AM 12. FEBRUAR 1934: URSACHEN FÜR SEINEN AUSBRUCH UND SEINEN MISSERFOLG

Als am 12. Februar 1934 in Österreich mehrtägige Kämpfe zwischen einem Teil der sozialdemokratischen Arbeiterschaft und staatlichen bewaffneten Einheiten ausbrachen, markierte dies die Schlußphase der Ersten Republik und der ehemals so starken sozialdemokratischen Arbeiterbewegung. Damit fiel auch eine weitere der jungen, nach dem Ersten Weltkrieg entstandenen Demokratien der Welle von Faschismus und Autoritarismus zum Opfer, die in den dreißiger Jahren – für Zeitgenossen so unwiderstehlich scheinend – durch Europa ging. (1) Aber die österreichische Demokratie und Arbeiterbewegung ging nicht kampflos wie die deutsche und die italienische unter. In einem Land, das nach dem Zerfall des Habsburgerreiches keine politische Rolle im europäischen Maßstab mehr spielte, wurde – noch vor dem Spanischen Bürgerkrieg – zum ersten Mal gegen eine faschismusähnliche Diktatur und antisozialistisches "roll-back" bewaffneter Widerstand geleistet.

Dies mag der Grund sein, daß der "12. Februar 1934" zu einem politischen Akt von europäischer Bedeutung wurde, zu einem Symbol der Auflehnung gegen soziale Ungerechtigkeit und des Widerstandswillens in einer Zeit, die wirtschaftlich, sozialpolitisch und hinsichtlich der Wahlergebnisse und der politischen Stärke für Demokratie und Arbeiterbewegung ungünstig war. (2) Der "12. Februar 1934" wurde innerhalb vieler sozialistischer Parteien und in der Auseinandersetzung der Kommunisten mit Sozialdemokraten zu einem Argument der Linken gegen die reformistische Vorsichtigkeit der Rechten, aber auch wegen seines Scheiterns zu einem rechten Argument der Warnung vor (verbal) radikaler sozialistischer Politik und Geringschätzung des Wertes der Demokratie.

Die emotionelle Erregung, die davon nicht nur im Bereich der Politik ausging, war jahrelang so stark, daß zahlreiche Autoren versuchten, die politischen Vorgänge und ihre eigene innere Konfliktsituation dichterisch zu verarbeiten. Dies gilt nicht nur für österreichische und deutsche Schriftsteller, sondern auch für eine erstaunlich große Zahl von Ausländern von Ilja Ehrenburg bis zu Christopher Isherwood, Stephen Spender und Stephen Vincent Benet. (3) Dies mag auch der Grund sein, daß immer wieder nicht nur in Österreich, das die Wunden dieses Bürgerkrieges in Wirklichkeit nur unzulänglich überwunden hat, sondern auch in anderen Ländern dieser Ereignisse gedacht wird.

Nach Ansicht des englischen Historikers Edward Hallett Carr ist "das Studium der Geschichte ... ein Studium der Ursachen". (4) Ich werde mich daher vor allem auf die Ursachen des Ausbruchs des Februar-Aufstandes und die Ursachen seines Scheiterns konzentrieren. (5)

Das Ursachengeflecht des "12. Februar 1934" ist allerdings nicht einfach zu rekonstruieren, muß es doch bis in die Entstehungsphase der österreichischen Republik zurückverfolgt werden. Ich werde in der Folge zunächst versuchen, einige langfristige, relativ konstante Ursachen, dann einige mittelfristige verursachende Momente und schließlich die kurzfristige Ereignisfolge, die dem "12. Februar 1934" voranging, zu skizzieren.

1. STRUKTURELLE UND LANGFRISTIGE VERURSACHUNGSZUSAMMENHÄNGE

Schon die Umstände des Entstehens des neuen, demokratischen Staates aus dem zerfallenden Habsburgerreich im November 1918 beeinflußten den weiteren Geschichtsverlauf entscheidend, nicht im Sinne einer unentrinnbaren Determination, wohl aber durch die Grundlegung einiger struktureller Probleme und langdauernder Tendenzen der österreichischen Republik. Ob es sich 1918/19 um eine Revolution im vollen Wortsinn gehandelt hat, ist, wie im Falle der Weimarer Republik, bis heute unter den Historikern umstritten geblieben. (6) Zweifelsohne aber waren die politischen und sozialen Veränderungen nach dem Ersten Weltkrieg in Österreich einschneidend genug: Ablösung des monarchischen, nur teilweise politisch modernisierten Vielvölkerreiches durch eine radikal parlamentarisch-demokratische Republik; Einschränkung des gesellschaftlichen und wirtschaftlichen Gewichts der städtischen Mittelklassen, der Aristokratie, des Militär- und Beamtenapparats, des katholischen Hochklerus; Bildung eines Wirtschaftskörpers, der schwer unter der Zerreißung der alten arbeitsteiligen Beziehungen mit den anderen Nachfolgestaaten litt und sich schwerer als viele andere mitteleuropäische Staaten von den Kriegsfolgen erholen sollte.

Auf der einen Seite war die schon früher starke sozialdemokratische Arbeiterpartei unter dem Eindruck revolutionärer Gärung, gestützt auf die Industriegebiete des Landes und die überdimensionierte Hauptstadt Wien, zur relativ stärksten politischen Kraft aufgestiegen. (7) Sie kontrollierte anfangs, koaliert mit dem katholischen Bürgertum, die wichtigsten Regierungsämter und das Militär. Sie vermied oder versäumte es jedoch, energische Eingriffe in die kapitalistische Eigentumsordnung vorzunehmen, obwohl eine kräftige Strömung auf dem linken Flügel der Sozialdemokratie und links von ihr auf die Verwirklichung direktdemokratischer Rätevorstellungen in Betrieb und Gesellschaft drängte. Die Partei- und Gewerkschaftsführer, zutiefst in den aufklärerisch-liberaldemokratischen Traditionen Westeuropas verankert, lehnten jedoch revolutionäre Experimente wie in Rußland oder Ungarn ab und vertrösteten die Anhänger einer "sozialen Revolution" auf die Zeit nach der Vollendung der "bürgerlich-nationalen Revolution". Diese "nationale Revolution" sollte gemäß den Theorien des Austromarxismus erst nach der Verwirklichung des von so vielen Österreichern angestrebten Anschlusses an Deutschland erreichbar sein, doch diese Vereinigung mit Deutschland war durch die Siegermächte des Ersten Weltkrieges verboten worden. (8) Dies bedeutete in der austromarxistischen Argumentation eine Verschiebung der "sozialen Revolution" auf einen späteren Zeitpunkt. Damit verstärkte sich die für die österreichische Sozialdemokratie so typische Verbindung von radikaler Phrase und praktischem Reformismus. Dieses auffällige Spannungsverhältnis von Theorie und Praxis bestimmte umsomehr das Verhalten der österreichischen Sozialdemokratie je mehr sie nach dem Zerbrechen der Koalitionsregierung in den zwanziger und dreißiger Jahren an die Peripherie der Macht im Staate gedrängt und politisch geschwächt wurde.

Auf der anderen Seite waren die von dem revolutionären Wandel direkt betroffenen oder nur verängstigten sozialen Klassen nicht bereit, auf Dauer ihre Einflußbeschränkung hinzunehmen. Die zahlenmäßig starke bäuerliche Bevölkerung, anfangs der neuen Staatsform gegenüber durchaus positiv eingestellt, wurde durch die von der Hungersnot erzwungenen Lebensmittelkonfiskationen und die Revolutionsfurcht bald wieder ins Lager der Gegner der Arbeiterschaft getrieben. Die städtisch-bürgerlichen Gruppen und die Bauern gingen mit der organisierten Arbeiterschaft ohnehin nur so lange politisch konform, als es galt, die ärgste wirtschaftliche Not und die drängendsten außenpolitischen Probleme zu überwinden.

Schon 1919 begannen daher katholische Bauern und Kleinbürger, sich mit übriggebliebenen Waffen aus den Beständen des Habsburgerheeres zu bewaffnen und sogenannte Heimwehren zu bilden. Diese Heimwehren wurden unter der Führung ehemaliger Offiziere und aristokratischer Großgrundbesitzer zu jener Version des österreichischen Faschismus, die in Mussolinis Italien ihr Vorbild sah. Anfänglich waren die Heimwehren nichts anderes als der bewaffnete Arm des katholisch-konservativen Segments der österreichischen Gesellschaft, doch Ende der zwanziger Jahre schlugen sie einen radikaleren Weg ein und verselbständigten sich zunehmend von ihren direkten Förderern und Finanziers. Eine ähnliche Radikalisierung unter der Jugend des antiklerikalen, an Deutschland orientierten Segments des österreichischen Kleinbürgertums führte zur Gründung militanter rechtsradikaler Geheimbünde und zur Entstehung einer weiteren Version des österreichischen Faschismus, des Nationalsozialismus Hitlerscher Prägung. (9)

Die Funktionäre der Arbeiterbewegung, die die Staatsapparatur immer mehr in bürgerliche und rechte Hände gleiten sahen, bauten ihrerseits eine bewaffnete Schutztruppe auf, die die Republik gegen konterrevolutionäre Umsturzversuche schützen sollte: den Republikanischen Schutzbund. Ihr ideologisches Gegenstück fand die demokratisch-defensive Einstellung in den bekannten Formulierungen des Parteiprogramms, das die österreichische Sozialdemokratie 1926 in Linz beschloß. (10) Dort war davon die Rede, daß die Arbeiterbewegung zu den Mitteln der Diktatur greifen werde, wenn die Bourgeoisie die Demokratie abzuschaffen versuche. Dies war eine Formulierung, die nicht nur politisch überflüssig und unzweckmäßig war, sondern auch zu einem propagandistischen Mißbrauch durch den politischen Gegner geradezu herausforderte.

Das praktisch-politische Gegenstück zur paramilitärischen Militanz und zur Theorie der Gegengewalt wurde zur selben Zeit die Reformpolitik im "Roten Wien", wo der Austromarxismus über eine solide soziale Basis verfügte, selbst als er nach den Wahlniederlagen von 1920 und 1923 von der Mitgestaltung im Staat ausgeschlossen war. In der isolierten Großstadt errichtete der Austromarxismus nicht nur seine großen kommunalen Wohnbauten, für die der Karl-Marx-Hof markantestes Symbol wurde, hier führte er auch seine Sozialpolitik der Gründungsjahre der Republik fort. Hier wurde auch der weltweit beachtete Versuch unternommen, eine originäre Arbeiterkultur, das Bild eines "neuen Menschen", zu verwirklichen. (11) Gerade in den letzten Jahren hat dieser Aspekt der österreichischen Arbeiterbewegung eine neue internationale Anerkennung gefunden.

Doch der Glanz des "Roten Wien" und die übrigen Elemente der austromarxistischen Politik sollten nicht vergessen machen, daß die Kehrseite der Medaille eine zunehmende Selbstisolierung von der übrigen österreichischen Gesellschaft war. Sie führte auch zum Verlust des bündnispolitischen Spielraums angesichts immer noch vorhandener demokratischer bürgerlicher Kräfte. Anders als in den meisten kontinentaleuropäischen Arbeiterbewegungen konnte damit zwar die Abspaltung einer nennenswerten kommunistischen Partei verhindert werden, doch hat man sich aus historischer Sicht die Frage zu stellen, ob die "proletarische Militanz" wirklich der Erhaltung von Demokratie und Arbeiterpartei gedient hat.

Theodor Körner, der spätere Bundespräsident und damalige militärische Berater des Schutzbundes, hat jedenfalls schon frühzeitig das sozialdemokratische Konzept der paramilitärischen Verteidigung heftig kritisiert. Die Ausbildung einer Spezialtruppe der Gewalt in militärähnlichen Formationen müsse zur Isolierung des Schutzbundes von den Arbeitermassen und zur Einschläferung des demokratischen Selbstbewußtseins der Arbeiterschaft führen. (12) In der Tat sollte sich dies als eine der Ursachen des Scheiterns des Aufstandes von 1934 erweisen. Letztenendes trug auch die österreichische Sozialdemokratie auf diese Weise zur Polarisierung der innenpolitischen Gegensätze und zur Militarisierung der täglichen Politik Wesentliches bei, vor allem auch durch eine halbherzige, aber dennoch verhängnisvolle Imitation von Organisationsformen und Gewaltstrategien der extremeren Rechten. So wurde politische Gewalt in vielen Jahren der Ersten Republik zu einem fast alltäglichen Phänomen. Vor allem die demonstrativen Aufmärsche der Privatarmeen führten immer wieder zu blutigen Zusammenstößen. Es ist eine statistisch belegbare Tatsache, daß die Mobilisierung der paramilitärischen Organisationen und jede Drehung der innenpolitischen Aufrüstungsschraube von einem Ansteigen der politischen Gewaltopferzahlen gefolgt waren. Ebenso gilt, daß die politische Gewalt eng mit konjunkturellen Abschwüngen der Wirtschaft und mit dem Ansteigen der Arbeitslosigkeit positiv korreliert war. Und die wirtschaftliche Lage war während der Zwischenkriegszeit ohnehin fast immer triste.

Es hätte also schon damals die Prognose gewagt werden können, daß eine weitere Verschlechterung der Wirtschaftslage, die sich ohne gegensteuernde Arbeitsmarktpolitik in langfristiger Arbeitslosigkeit niederschlug, zu politischer Konfliktverschärfung und zu Gewaltausbrüchen großen Ausmaßes führen mußte. Unter diesem Gesichtspunkt ist der "12. Februar 1934" schließlich nichts anderes als der Höhepunkt in einer ganzen 15 Jahre langen Kette von Gewaltereignissen.

2. Die mittelfristigen Ursachen

Obwohl die zwanziger Jahre in Österreich von einer hartnäckigen wirtschaftlichen Strukturkrise gekennzeichnet waren und die Arbeitslosenrate nur selten unter 10 Prozent lag, verlief der Prozeß der innenpolitischen Konfliktverschärfung bis 1930 nur gebremst; immer wieder wurden doch auch gewalthemmende Mechanismen wirksam. Erst das Hereinbrechen der Weltwirtschaftskrise, die Österreich stärker als die meisten anderen Staaten Europas traf, führte zu einer Kumulierung verschiedener ökonomischer und politischer Krisen, die schließlich in einer Explosion der angehäuften innenpolitischen Konfliktpotentiale mündete. (13) Schon in den späten zwanziger Jahren setzten, ausgehend vom Ausland, Krisenerscheinungen im Agrarsektor und verstärktes Drängen der bäuerlichen Interessen nach protektionistischer Marktregulierung und Staatsintervention ein.

Da ein solcher agrarprotektionistischer Regierungskurs nicht ohne weiteres mit den Interessen von proletarischen Konsumenten und des industriellen Bürgertums vereinbar war, liefen die seit 1931 weiter zunehmenden Forderungen nach wirtschaftlich-sozialer Stärkung der Landwirtschaft auf eine "staatlich verordnete Zwangsharmonisierung divergierender Interessen" hinaus. Vorindustrielle gesellschaftliche Ordnungsvorstellungen von der korporatistisch-bürokratisch gegliederten Gesellschaft, die ohnehin in der katholischen Kirche starken Rückhalt hatten, revitalisierten sich und verbanden sich mit dem Ruf nach einem "starken Staat". Ähnliche Tendenzen waren im krisengeschüttelten Kleinbürgertum katholischer wie deutschnationaler Orientierung immer schon wirksam gewesen. Mit den ersten Anzeichen der Weltwirtschaftskrise erfuhren auch sie eine Verstärkung.

So kam es, daß der antidemokratische und antisozialistische Protest in Österreich zuerst in der Form des stark ländlichen katholischen Heimwehrfaschismus auftrat. Doch diese Version des Faschismus stellte sich schon 1930 und 1931 als unfähig heraus, eine durchschlagskräftige Massenbewegung auszubilden und trotz italienisch-faschistischer Unterstützung eine Machtübernahme in Österreich aus eigener Kraft durchzuführen. Beim weiteren Ausgreifen der Wirtschaftskrise verlagerte sich daher die faschistische Dynamik auf den Nationalsozialismus, der deshalb so gefährlich war, weil hinter ihm die Sogwirkung Hitlers und die Unterstützung Deutschlands standen.

Die Nazifizierung eines großen Teils der städtischen Mittelklassen ab 1932 war eine Seite der Wirtschaftskrise. Eine andere Seite war die Zerstörung der ohnehin schon geschwächten Position der Arbeiterschaft durch die Massenarbeitslosigkeit, die 1933 mehr als ein Viertel der gesamten Arbeitskräftepotentials erfaßte. Trotz einschneidender Lohnkürzungen, trotz Sozialabbaus und trotz der extremen Not der langjährigen Arbeitslosen und ihrer Familien trat aber nicht die von marxistischen Krisentheorien vorhergesagte Radikalisierung ein; vielmehr erfolgte im allgemeinen ein Rückzug von den sozialdemokratischen Gewerkschaften, deren Mitgliedschaft von 1922 auf 1932 halbiert wurde. Die noch Anfang der zwanziger Jahre hohe Streikbereitschaft schwand fast vollständig, politische Apathie breitete sich aus. Nur ein Teil der Arbeiterschaft vor allem jener in den ”roten Hochburgen”, schloß sich noch enger zusammen, ein anderer Teil wurde nach links radikalisiert oder blieb im Republikanischen Schutzbund aktiv. Zwar erlangte die Sozialdemokratische Partei mehr wegen der Spaltung des Bürgertums als wegen der eigenen Stärke 1930 wieder die relative Parlamentsmehrheit; sie hatte auch weiterhin unter diesem Abbröckelungsprozeß weniger als die Gewerkschaften zu leiden; doch litt auch sie unter der von der Weltwirtschaftskrise bewirkten gesellschaftlichen Schwächung der Arbeiterbewegung. Umso weniger widerstandsfähig war sie daher, als von seiten der Unternehmer ein massiver Vorstoß zur Krisensanierung auf Kosten der Arbeiter erfolgte.

Denn eine dritte Seite der Weltwirtschaftskrise betraf die eingeschnürten Produktionsbedingungen kapitalistischer Industriebetriebe und ihre gesunkene Profitrate. Eine Verbesserung der prekären Lage der Unternehmer erschien diesen nur durch Senkung der sozialen Kosten der Produktion möglich. Weil die Arbeiterbewegung hiezu nicht freiwillig bereit sein konnte, lagen in einem Land geringer demokratischer und liberaler Tradition wie Österreich als Ausweg eine Aufhebung der Demokratie und die Zerschlagung der Arbeiterbewegung nahe. Schon 1932 mehrten sich daher in österreichischen Industriellenkreisen Planspiele, die darauf hinausliefen, die Demokratie und den Spielraum der Arbeiterbewegung in irgend einer Form, sei es durch ein Präsidialregime nach dem deutschen Vorbild Brünings, sei es durch eine Heimwehrdiktatur, oder durch den nationalsozialistischen Vollfaschismus einzuschränken. Verschärft wurde diese Situation noch, als es nach dem 1931 erfolgten Zusammenbruch der Creditanstalt darum ging, diese größte österreichische Bank mit ausländischer Finanzhilfe zu sanieren.

Dabei zeigte sich die vierte Seite der Weltwirtschaftskrise: die Zerstörung der seit 1920 funktionierenden bürgerlichen Regierungskoalition, die aus der katholisch-konservativen Christlichsozialen Partei und den gemäßigten rechten deutschnationalen Parteien bestand. Während nämlich die Christlichsozialen unter dem zur Regierung gelangten Bundeskanzler Engelbert Dollfuß bereit waren, eine von westeuropäischen Banken zu gebende Anleihe um den Preis eines neuerlichen Verzichts auf den Anschluß an Deutschland anzustreben, konnten die Großdeutschen einer solchen Politik nicht mehr zustimmen; sie befürchteten, vollends von den radikal anschlußorientierten Nationalsozialisten aufgesogen zu werden. So wählte Dollfuß eine politische Option, die mit der Einbeziehung der schon geschwächten, aber immer noch faschistischen Heimwehr in die Regierung begann und auf eine autoritäre Diktatur und einen korporatistischen Ordnungsstaat hinauslief. (14) Dieser Weg führte zwar zur verstärkten außenpolitischen Abhängigkeit vom faschistischen Italien, sicherte aber die politische Dominanz des Katholizismus, er garantierte eine Abwälzung der Krisenkosten vor allem auf die Arbeiterschaft und versprach einen zwangsweisen Interessensausgleich zwischen den agrarischen und industriellen Interessen. Die Option Dollfuß' mochte kurzfristig auch als Sicherung vor der nationalsozialistischen Drohung erscheinen, die mit der Machtübernahme Hitlers in Deutschland akut wurde. Die Ausschaltung des Nationalrates im März 1933, die Beschneidung der sozialpolitischen Errungenschaften, die sukzessive Aufhebung liberaler Bürgerrechte und die Beschränkung des politischen Aktionsraumes für die Arbeiterbewegung waren die innenpolitische Konsequenz. Auch unter diesem Aspekt stellt der "12. Februar 1934" den logischen Endpunkt einer längeren Entwicklung dar.

3. DIE KURZFRISTIGE EREIGNISFOLGE

Um die Jahreswende 1933/34 war Österreich schon keine richtige Demokratie mehr. Dollfuß regierte "autoritär" d.h. ohne Parlament, von dem er sagte, es habe sich selbst ausgeschaltet. (15) Mehr als hundert sogenannter Notverordnungen, die sich nur auf eine verfassungsrechtlich unhaltbare Basis aus dem Ersten Weltkrieg bezogen, ("Kriegswirtschaftliches Ermächtigungsgesetz") waren seit März 1933 erlassen worden. Das Versammlungsrecht, die Pressefreiheit, die Streik- und Organisationsfreiheit, das Lohnniveau und die sozialpolitischen Errungenschaften der Arbeiterschaft waren empfindlich eingeschränkt. Zwar war auch die politische Tätigkeit der Nationalsozialisten verboten, ohne daß deren politischer Terror gebrochen worden wäre, aber auch der Republikanische Schutzbund war aufgelöst worden und konnte nur im Untergrund arbeiten. Politische Gegner des autoritären Regimes konnten ohne Gerichtsverfahren in ein Internierungslager, das schon den damaligen nationalsozialistischen Konzentrationslagern ähnelte, eingewiesen werden.

Dennoch war die Regierung Dollfuß Ende 1933 noch keine voll entwickelte Diktatur. Noch gab es gewisse rechtliche Garantien und politische Handlungsmöglichkeiten für die Arbeiterbewegung. Aber ein Vertreter des radikalen Heimwehrfaschismus, Emil Fey, war Vizekanzler und kontrollierte das Sicherheitswesen, und Mussolini übte wachsenden Druck aus, Österreich endlich im faschistischen Sinne umzugestalten und die Arbeiterbewegung vollends auszuschalten. Noch zögerte Dollfuß, aber schon im September 1933 hatte er öffentlich erklärt, er wolle einen "sozialen, christlichen, deutschen Staat 'Österreich' auf ständischer Grundlage und starker autoritärer Führung" schaffen.

Die sozialdemokratische Partei hatte in den vergangenen letzten Monaten die schrittweise Beseitigung der Demokratie und der sozial-politischen Errungenschaften de facto hinnehmen müssen. Petitionen, juristische Argumente, drohende Worte und Aufrufe zur Zusammenarbeit gegen den gemeinsamen Gegner, den Nationalsozialismus, waren fruchtlos geblieben.

Eine Minderheit meist junger Aktivisten auf dem linken Flügel der Partei und im "illegalen" Schutzbund drängte daher auf eine bewaffnete Verteidigung der Demokratie und forderte ein sofortiges Losschlagen gegen die diktatorische Regierung. Diese Richtung verstand sich als auf dem Boden des Linzer Parteiprogramms stehend, wo ja die sozialdemokratische Partei im Falle der Gefährdung der Demokratie durch das Bürgertum die Anwendung des Mittels der Diktatur angedroht hatte. Diese Strömung hatte noch mindestens im März 1933 eine gewisse Unterstützung auch bei der Parteibasis gefunden. Elf Monate später war ihr Kampfwille allerdings schwer beeinträchtigt.

Die Mehrheit der Partei- und Gewerkschaftsführer unter der Führung Otto Bauers zögerte und versuchte, einen Bürgerkrieg zu vermeiden. Einerseits schreckte sie vor der Anwendung von Gewalt, auch wenn sie ihr theoretisch geboten schien, letztenendes aus humanitären Gründen, doch zurück. Andererseits war sie sich im klaren, daß die Siegeschancen für die ökonomisch und politisch geschwächte Arbeiterbewegung gering waren; auch von außen, von den westlichen Demokratien, die gebannt Hitlers Aufstieg verfolgten, war keine Hilfe zu erwarten. Diese sozialdemokratische Gruppe suchte weiterhin nach Möglichkeiten zur Vermeidung des Bürgerkrieges und hoffte, durch bloße Androhung von Gewalt Dollfuß zum Kompromiß bewegen zu können. Und als auch dadurch die Regierung nicht zu einem Stehenbleiben auf dem status quo veranlaßt wurde, war Otto Bauer sogar bereit, einen korporatistisch organisierten Staat zu akzeptieren, wenn der Arbeiterbewegung nur ein minimaler Überlebensspielraum gewahrt wurde.

Schließlich gab es noch eine dritte Richtung innerhalb der Sozialdemokratie, die von der Aussichtslosigkeit einer bewaffneten Abwehr von Diktatur und Faschismus überzeugt war und nur aus einem ausdrücklichen Verzicht auf jede Gewaltanwendung wenigstens moralisches Kapital zu ziehen hoffte.

Wie die breite Masse der Parteianhänger dachte, ist noch nicht hinreichend erforscht worden. Unter den Gewerkschaftsmitgliedern jedenfalls dürfte eine ähnliche pessimistische Stimmung verbreitet gewesen sein. Denn schon im Juli 1933 (!) beurteilte die Exekutive der "International Federation of Trade Unions" aus der Sicht Westeuropas die Lage in Österreich so aussichtslos, daß sie eine zu Beginn der zwanziger Jahre gegebene internationale Anleihe von den österreichischen sozialistischen

Gewerkschaften zurückforderte. Sie befürchtete den Verlust ihrer Gelder durch ein Verbot der Gewerkschaften in Österreich.

Die kurzfristige Sequenz der auslösenden Ereignisse und die unmittelbare Vorgeschichte des "12. Februar 1934" begannen Mitte Jänner 1934, als der italienische Staatssekretär Fulvio Suvich in Wien weilte und energisch Mussolinis Forderungen bei Dollfuß deponierte, wörtlich: "Den Kampf gegen den Marxismus, die Reform der Verfassung in einem antiparlamentarischen und korporatistischen Sinne..." (16)

Anfang Februar verhaftete die Polizei schlagartig den Großteil der militärischen Führer des schon seit zehn Monaten verbotenen Schutzbundes, an vielen Orten wurden Suchaktionen nach verborgenen sozialdemokratischen Waffenlagern unternommen, am 8. Februar besetzten bewaffnete Polizisten sogar das sozialdemokratische Parteihaus in Wien. Zur selben Zeit begannen die radikalen Heimwehrelemente, ausgehend von Tirol, unter Gewaltandrohung in einigen Bundesländern die letzten demokratischen Institutionen zu beseitigen, zum Teil auch gegen den Willen ihrer katholisch-konservativen Verbündeten. Und am 11. Februar erklärte Vizekanzler Fey vor seinen Heimwehrkameraden: "Wir werden morgen an die Arbeit gehen und wir werden ganze Arbeit leisten." (17)

Es ist zu bezweifeln, ob diese drohenden Worte wirklich wörtlich gemeint waren, als Fey von "morgen" sprach. Ihre Intention ist aber klar. Viele zeitgenössische Beobachter in Österreich und im Ausland ahnten schon im voraus, daß in der 2. und 3. Februarwoche der kritische Augenblick gekommen war. Selbst in Zeitungsartikeln und in Flugblättern wurde geschrieben, daß der Bürgerkrieg in Österreich bevorstünde. Und die neuere österreichische Zeitgeschichtsforschung hat eindeutig bestätigt (18), was viele Sozialisten schon damals erkannten: die Regierung Dollfuß', getrieben von den radikal-faschistischen Elementen, steuerte bewußt die Entscheidungsschlacht an: entweder würde die Sozialdemokratie noch einmal zurückweichen und sich politisch und paramilitärisch vollends entwaffnen, oder sie würde sich zur Gewaltanwendung provozieren lassen. In beiden Fällen würde innerhalb weniger Tage das Ergebnis die Zerschlagung der Arbeiterbewegung und die Errichtung einer vollen Diktatur sein. Es bedurfte schließlich nur des Zusammentreffens einiger Zufälle, die häufig dann im Geschichtsverlauf wirksam werden, wenn die strukturellen Weichen schon gestellt sind. (19)

Auch in Linz, damals eine mittelgroße Industrie- und Handelsstadt, war die Lage am letzten Wochenende vor dem 12. Februar gespannt. Die

Polizei plante die Waffensuche in sozialdemokratischen Parteihäusern. Doch anders als in Wien und anderen sozialdemokratischen Städten Österreichs, bereitete der Schutzbund einen bewaffneten Widerstand vor. Denn der regionale Partei- und Schutzbundführer, Richard Bernaschek, war entschlossen, sich nicht entwaffnen zu lassen und zu kämpfen, bevor seine Partei schmachvoll und ehrlos untergehe. Dies war eher der Ausdruck der Verzweiflung und der Hoffnungslosigkeit als das Ergebnis einer nüchternen Einschätzung aller Umstände und Erfolgschancen. Jedenfalls entbehrte Bernascheks Entscheidung nicht der politisch-moralischen Logik; auch rechnete er damit, die ganze Arbeiterbewegung Österreichs mitreißen zu können. Dies mißlang. Es konnte ja auch nicht gelingen, weil die österreichische Sozialdemokratie weit eher eine bildungspolitische und soziale Reformbewegung denn eine revolutionäre oder gar eine putschistische Partei war und weil die wirtschaftlichen und politischen Krisen die Arbeiterbewegung schon zu sehr geschwächt hatten.

Bernaschek teilte am 11. Februar seinen Entschluß zum bewaffneten Widerstand gegen Polizeiaktionen zwar Otto Bauer und zwei anderen Wiener Parteiführern mit. Doch die Parteiführung war nicht bereit, sich auf diese Weise in den Kampf ziehen zu lassen. Sie gab Bernaschek die telefonische Weisung, vorerst nichts zu unternehmen.

Bernaschek scheint nun – wie neue Forschungen zeigen (20) – in seinem ursprünglichen Entschluß unsicher geworden zu sein, doch nun wurde die Polizei, die die geheime Botschaft entschlüsselt hatte, von sich aus aktiv. Sie begann am Morgen des 12. Februar direkt in der Linzer sozialistischen Parteizentrale eine Waffensuche. Bernaschek versuchte noch mit der politischen Gegenseite ein Verhandlungsgespräch zu führen, doch dann gab er die Parole zum bewaffneten Aufstand seiner Leute. Er selbst wurde verhaftet, als erster und ohne einen Schuß abgegeben zu haben.

4. Der Verlauf der Kämpfe vom 12. bis 17. Februar

Die Kampfhandlungen (21) begannen am Morgen des 12. Februar 1934 in Linz. Schon um die Mittagszeit und am Nachmittag wurde um öffentliche Gebäude der sozialdemokratisch verwalteten Stadt heftig gekämpft. Angehörige des "Republikanischen Schutzbundes" bewaffneten sich recht und schlecht mit versteckten Waffen und versuchten, gegen die Polizei, das Militär und die faschistischen Hilfstruppen der Regierung strategisch vorzugehen.

In der Metropole Wien erhoben sich die Arbeiter erst, als die Kämpfe in Linz schon ihren Höhepunkt überschritten hatten. Bis Mittag hatten sozialdemokratische Partei- und Gewerkschaftsführer versucht, durch Verhandlungen mit der Regierungsseite eine Ausdehnung der Kämpfe auf andere Teile des Landes zu verhindern. Erst kurz vor 12 Uhr dürfte das Zeichen zum Generalstreik und zur Bewaffnung der Arbeiter gegeben worden sein. Ein sechsköpfiges Exekutivkomitee der Partei, dem auch der intellektuelle Führer des Austromarxismus Otto Bauer und der frühere Heeresminister Julius Deutsch angehörten, begann nach Alarmplänen des Republikanischen Schutzbundes den bewaffneten Widerstand gegen die Staatsgewalt zu organisieren.

Doch auch in Wien funktionierte die Mobilisierung der sozialdemokratischen Gewaltmittel nur unzulänglich. Der Großteil der militärischen Führer des Schutzbundes war, wie erwähnt, schon einige Tage zuvor verhaftet worden, die Einsatzpläne waren der Polizei zum Großteil bekannt, die Bewaffnung der Sozialdemokraten war schlecht und unzureichend. Viele, aber lange nicht alle Schutzbündler, erschienen an ihren Sammelplätzen, oft fand man in der Eile die Waffenverstecke nicht, sodaß manche, ohne sich am Kampf beteiligen zu können, wieder heimgehen mußten; manchmal gaben auch die Unterführer die Waffen gar nicht aus. Der sozialdemokratische Aktionsplan war weitgehend defensiv konzipiert und versäumte das Moment der Überrumpelung, das er durchaus noch hätte nutzen können. Der Aufruf zum Generalstreik, der die bewaffneten Aktionen der Sozialdemokraten unterstützen und die öffentlichen Verkehrs- und Kommunikationslinien lahmlegen sollte, wurde nur zum Teil befolgt. Die Eisenbahner leisteten der Streikparole überhaupt keine Folge und ließen es zu, daß die Regierung Militär- und Waffentransporte durchführte. Bezeichnend ist, wie Ernst Fischer, die Situation beschrieb:

"Während die Schutzbündler sich bewaffneten, fuhren die Eisenbahnzüge. Und nicht nur die Eisenbahner, auch die meisten Betriebsarbeiter gingen wie sonst zur Arbeit. Die Angst um den Arbeitsplatz war größer als die Angst vor dem Tod. Mancher Schutzbündler stand an seinem Arbeitsplatz und griff nach Arbeitsschluß zum Gewehr, um abends oder nachts am bewaffneten Widerstand teilzunehmen." (22)

Von Anfang an wußten selbst die meisten derer, die zu den Waffen gegriffen hatten, daß sie auf verlorenem Posten standen. Insgesamt machten die kämpferischen Schutzbündler in Linz und in Wien eher einen "unpolitischen Eindruck..., etwas wie Arbeitersportler, wohl radikalisiert, jedoch ohne artikuliertes politisches Bewußtsein." Umso heroischer erscheint die Opferbereitschaft vieler dieser unbeugsamen Menschen, vor allem wenn man bedenkt, daß die zentrale Kampfleitung schon am zweiten Kampftag ihre Tätigkeit einstellte und Otto Bauer und Julius Deutsch in die Tschechoslowakei flohen. Sie haben dadurch zweifelsohne stark an ihrer Glaubwürdigkeit unter ihren Anhängern verloren.

Der Schutzbund kämpfte selbst in den Arbeitervierteln Wiens meist ohne die breite Unterstützung der Arbeiterbevölkerung. Anders als bei den revolutionären Unruhen von 1918/19 und bei einem Aufruhr, der zum Justizpalastbrand von 1927 führte, waren die Straßen während der Kampftage menschenleer und geradezu totenstill. Nichts wäre verkehrter, als sich den Februar-Aufstand als revolutionäre Massenbewegung vorzustellen. Die meisten Augenzeugenberichte sprechen eher von einem guerillaartigen Aufflackern der Kämpfe einmal da in einem Gebäudekomplex, einmal dort an einer Straßenecke, kaum von heroischem Pathos, meist von der Traurigkeit der Aussichtslosigkeit.

Die Schutzbündler kämpften nur in Abteilungen von 50 bis 300 Mann, nur an den ersten beiden Kampftagen wurde eine flächenhafte Besetzung von ganzen Stadtvierteln versucht, Offensivaktionen gegen die anfangs recht schwachen staatlichen Kräfte unterblieben. Bald igelten sich die Aufständischen in den großen Wohnbauten des "roten Wien" ein, so im Karl-Marx-Hof oder im Goethe-Hof. Hier verteidigten sich die Schutzbündler, ohne Kontakt mit anderen Kampfgruppen und in aussichtsloser Lage, erbittert drei Tage lang, vereinzelt sogar noch länger.

Dabei traten zwei Gruppen von Kämpfenden besonders hervor: junge, ledige Aktivisten, die auch aus entlegenen Gebieten an die Kampfplätze geeilt waren, und Familienväter mittleren Alters aus den Wohnvierteln selbst, um die gekämpft wurde. Insgesamt waren qualifizierte Arbeiter und Gemeindebedienstete besonders aktiv, Hilfsarbeiter und Angestellte nahmen seltener an den Kämpfen teil.

Nicht anders verliefen die Kämpfe in den kleinen und mittleren Städten der Industriegebiete außerhalb Wiens, sofern die Arbeiterschaft sich überhaupt den Kämpfen anschloß. Nur in Bruck an der Mur, wo der Schutzbundkommandant Koloman Wallisch offensive Aktionen anführte, hatte der Aufstand einen begrenzten Erfolg. Ansonsten blieben die überwiegend bäuerlichen Alpen- und Donauregionen ruhig.

Insgesamt dürften sich in ganz Österreich nur 10 000 bis 20 000 Schutzbündler aktiv am Kampf beteiligt haben. Doppelt so viele Schutzbündler mögen zum Kampf bereit gestanden sein, aber keine Waffen erhalten haben, aber viermal so viele Mitglieder hatten nominell noch 1933 zum Schutzbund gezählt.

Die Staatsgewalt verfügte von Anfang an über ein zahlenmäßiges Übergewicht, dazu kamen noch Zehntausende Mann Hilfsformationen, die von faschistischen Heimwehren und "austrofaschistischen" paramilitärischen Verbänden gestellt wurden. Noch stärker war kampfentscheidend, daß die Regierungsseite über eine entschlossene militärische Führung und über funktionierende Kommunikationsmittel verfügte. Sie konnte ungehindert an einem Kampfort nach dem anderen mit Artillerie auffahren und improvisierte Panzerzüge einsetzen. Beschießung mit schweren Waffen, die Verhängung des Standrechtes und regierungsfreundliche Rundfunkmeldungen brachen vollends die Widerstandskraft der Kämpfenden und der sympathisierenden Bevölkerungsteile. Auch von außen, von Horthy-Ungarn, erhielt Dollfuß-Österreich Waffennachschub, während die westlichen Demokratien nichts zur Unterstützung der österreichischen Arbeiterbewegung in ihrem Kampf um die Abwehr der Diktatur unternahmen.

5. Bilanz des "12. Februar 1934"

Am 12. Februar 1934 handelt es sich um einen wenig organisierten Verzweiflungsausbruch von Teilen des Schutzbundes, nicht um eine breite und zielstrebige revolutionäre Aktion. Ein Aufstand *der* österreichischen Arbeiter war der 12. Februar keineswegs, selbst der Schutzbund beteiligte sich nur zu einem Teil am Kampf. Auch die von konservativen Historikern manchmal verwendete Bezeichnung "Defensivputsch" trifft nicht zu. Dafür spricht zwar die infolge des Ausbleibens der Massenunterstützung putschismusartige Realität der Erhebung, dagegen deren geringe Planung und Offensivkraft, vor allem aber das Nur-Widerwillig-Hineingezogen Werden der Gesamtleitung des Schutzbundes und der sozialdemokratischen Partei.

Auch über die Zahl der Opfer des Februar-Aufstandes gibt es bis heute unklare Vorstellungen. Es ist schrecklich genug, daß in ganz Österreich auf der Seite der Schutzbündler etwa 200 Menschen (23), und auf der

Regierungsseite 124 Menschen getötet wurden. Dazu kommen Hunderte Verletzte auf beiden Seiten. Aber durch nichts sind die Berichte eines englischen Pressekorrespondenten, G.E.R. Gedye (24), bestätigt, daß es 1500 bis 2000 Tote auf seiten der Sozialdemokraten gegeben habe.

Wie wahllos die Regierungsseite gegen die Arbeiterschaft Artillerie allerdings eingesetzt hatte, geht daraus hervor, daß sich unter den Opfern ein hoher Anteil von Frauen und Kindern befand. Ein besonders trauriges Kapitel stellt auch die Rachejustiz dar, durch die die Regierung den Aufstand rechtspolitisch niederschlug. Neun Schutzbündler wurden standrechtlich hingerichtet, darunter Weissel, Münichreiter und Wallisch. Einige Dutzend weiterer Todesurteile wurden ausgesprochen, jedoch in lebenslange Haft umgewandelt. 9700 Menschen wurden verhaftet, gegen mehr als 6000 wurden Gerichtsverfahren eingeleitet, fast 500 Sozialdemokraten wurden in Anhaltelager eingeliefert.

Die Diktatur Dollfuß', die zunächst als Sieger und stärker faschistisch, als sie vorher war, aus den Kämpfen hervorging, erlangte allerdings keinen dauerhaften Sieg. Schon fünf Monate später unternahmen die Nationalsozialisten einen Putsch- und Aufstandsversuch, dem Dollfuß selbst zum Opfer fiel. Der Nationalsozialismus zeigte schon damals, daß er gefährlicher war als der "Konkurrenzfaschismus" des "Ständestaates". Der Untergang Österreichs auch als Staat im Jahre 1938 wurde jedenfalls durch die Niederwerfung der Sozialdemokratie und die Beseitigung der Demokratie nicht verhindert. Wie nach jedem Bürgerkrieg blieb die unterlegene Seite, in sich wiederum gespalten, unversöhnbar abseits der halbherzigen Versöhnungsversuche des "Ständestaates", einerseits nun zu einem Teil zu den Kommunisten übergehend, andererseits auch teilweise für die Nationalsozialisten Sympathie entwickelnd.

Erst nach der Katastrophe der nazistischen Diktatur und des Zweiten Weltkrieges wurde die sozialdemokratische Arbeiterbewegung politisch und gesellschaftlich rehabilitiert. Aus dem Bemühen um Überwindung der Bürgerkriegssituation der Zwischenkriegszeit hat das Österreich der Zweiten Republik viel von seiner innenpolitischen Stabilität und wirtschaftlich erfolgreichen Sozialpartnerschaft gewonnen, aber auch manche Ansätze zur Entwicklung echter liberaler und demokratischer Traditionen versteinern lassen.

Es sollte damit gelungen sein, die wichtigsten Entwicklungslinien und Voraussetzungen nachzuzeichnen, die zur Erhebung am 12. Februar 1934 und zu ihrem Scheitern führten. Zu vielen Detailfragen müssen erst noch wesentliche Forschungsvorhaben durchgeführt werden. Über die verursachenden Faktoren in ihrem historischen Gesamtzusammenhang und über ihre Gewichtung wurde auch 1984 wieder in Österreich viel diskutiert und wird auch weiterhin zu diskutieren sein. In einem aber ist sich ein Großteil der Zeitgeschichtsforscher ziemlich einig, nämlich, daß sowohl die Hauptlast der politisch-historischen Verantwortung wie die moralische Schuld, wenn schon Geschichte mit einem solchen Terminus geschrieben werden soll, auf seiten der autoritär-halbfaschistischen Dollfuß-Regierung und des Heimwehrfaschismus liegt. Die Schutzbündler, aus welchen Motiven im einzelnen immer sie gekämpft haben mögen, waren auf der Seite der Demokratie und sozialen Gerechtigkeit.

(1984)

Anmerkungen

(1) Es handelt sich im folgenden Beitrag um das ursprüngliche Manuskript eines Vortrags, der am 1. Februar 1984 unter dem Titel "The February 1934 Rising of the Austrian Socialists" über Einladung des Österreichischen Kulturinstituts London und des Greater London Council in der Royal Festival Hall in London gehalten wurde. Die Anmerkungen verstehen sich nur als ergänzende Literaturhinweise.

(2) Neue Publikationen siehe vor allem: Erich Fröschl und Helge Zoitl (Hg.), Februar 1934. Ursachen, Fakten, Folgen, Wien 1984. Irene Etzersdorfer und Hans Schafranek (Hg.), Der Februar 1934 in Wien. Erzählte Geschichte, Wien 1984, Robert Hinteregger, Karin Schmidlechner u. Eduard Staudinger, Für Freiheit, Arbeit und Recht. Die steirische Arbeiterbewegung zwischen Revolution und Faschismus (1918-1938). Graz 1984; Helene Maimann und Siegfried Mattl (Hg.), Die Kälte des Februar. Österreich 1933-1938, Wien 1984; vgl. ferner: Herbert Exenberger und Helge Zoitl, Februar 1934 in Wien. Chronik, Schauplätze, Gedenkstätten und Augenzeugenberichte, Wien 1984; Ulrich Weinzierl (Hg.), Versuchsstation des Weltuntergangs. Erzählte Geschichte Österreichs 1918-1938, Wien 1983; ders. (Hg.), Februar 1934. Schriftsteller erzählen, Wien 1984; Roter Feber. Gedichte zum Februar '34. Zusammenstellung Walter Göhring, Eisenstadt 1984; weitere Literaturhinweise siehe Peter Malina und Gustav Spann, Bibliographie zur österreichischen Zeitgeschichte 1918-1978, Wien 1978 mit "Nachtrag 1978-1980", Wien o.J. [1981]; hiezu vor allem auch: Informationen. Projektteam Geschichte der Arbeiterbewegung 9, 1984, 14-24.

(3) Ich danke Ernst Glaser, der mich seine Manuskripte einsehen ließ, für diese Hinweise; siehe nunmehr: Ernst Glaser, Der Februar 1934 in der Dichtung, in: Fröschl u. Zoitl, 12. Februar, 247-266.

(4) Edward Hallett Carr: Was ist Geschichte, Stuttgart 1977, 86.

(5) Ich stütze mich dabei vor allem auf die grundlegende Arbeit von Anson Rabinbach, The Crisis of Austrian Socialism. From Red Vienna to Civil War, 1927-1934, Chicago-London 1983, sowie Gerhard Botz, Gewalt in der Politik. Attentate, Zusammenstöße, Putschversuche, Unruhen in Österreich 1918-1938, 2. Aufl., München 1983.

(6) Siehe hiezu vor allem: Francis L. Carsten, Revolution in Mitteleuropa 1918-1919, Köln 1973; Eberhard Kolb, Internationale Rahmenbedingungen einer demokratischen Neuordnung in Deutschland 1918/1919, in: Lothar Albertin und Werner Link (Hg.), Politische Parteien auf dem Weg zur parlamentarischen Demokratie in Deutschland, Düsseldorf 1981, 147-176; Susanne Miller, Die Bürde der Macht, Düsseldorf 1978; Richard Saage, Politische Didaktik, in: Studium generale, 1977, Nr. 1, 7-24; allg. siehe: Eberhard Kolb, Die Weimarer Republik, München 1984, 153 ff.

(7) Norbert Leser, Zwischen Reformismus und Bolschewismus, Wien 1985; siehe auch Peter Kulemann, Am Beispiel des Austromarxismus, Hamburg 1979.

(8) Beste Analyse und zugleich Rechtfertigung des sozialdemokratischen Handelns ist immer noch: Otto Bauer, Die österreichische Revolution, in: ders., Werkausgabe, Bd. 2, Wien 1976, 489-845.

(9) Francis L. Carsten: Zwei oder drei faschistische Bewegungen in Österreich, in: Fröschl-Zoitl, 12. Februar, 181-192; ders., Faschismus in Österreich, München 1977; C. Earl Edmondson, The Heimwehr and Austrian Politics 1918-1936, Athens, Georgia 1978; Bruce F. Pauley, Hitler and the Forgotten Nazis, Chapel Hill 1981; Willibald Holzer, Faschismus in Österreich 1918-1938, in: Austriaca. Cahiers universitaires d'information sur l'Autriche, numéro spécial 1, Rouen 1978, 69-170; Gerhard Botz, Faschismus und Lohnabhängige in der Ersten Republik, in: Österreich in Geschichte und Literatur 21, 1977, 102-128.

(10) Helmut Feichter, Das Linzer Programm (1926) der österreichischen Sozialdemokratie, in: Historisches Jahrbuch der Stadt Linz 1973/74, Linz 1975, 233-239; Almut Schunck und Hans-Josef Steinberg, Mit Wahlen und Waffen, in: Wolfgang Huber und Johannes Schwerdtfeger (Hg.), Frieden, Gewalt, Sozialismus, Stuttgart 1976, 464 ff.

(11) Josef Weidenholzer, Auf dem Weg zum "Neuen Menschen", Wien 1982; Ernst Glaser, Im Umfeld des Austromarxismus, Wien 1981.

(12) Vgl. Eric C. Kollman, Theodor Körner: Militär und Politik, Wien 1973, 200, Ilona Duczynska, Der demokratische Bolschewik. Zur Theorie und Praxis der Gewalt, München 1975, 120 ff., 179 ff.; Barry McLoughlin, Die Organisation des Wiener Neustädter Schutzbundes, in: Zeitgeschichte 11, 1984, 135-161; ders., Zur Wehrpolitik der SDAPÖ 1923-1934, in: Fröschl-Zoitl, 12. Februar, 277-297; Wolfgang Maderthaner, Sozialdemokratie und Wehrproblematik, ebenda, 267-275.

(13) Vgl. zum Folgenden auch: Rainar Matthes, Das Ende der Ersten Republik Österreich, Berlin o.J. [1979]; Siegfried Mattl, Agrarstruktur und Agrarpolitik in Österreich 1918-1929, Wien 1981; Eduard März und Fritz Weber, Österreichische Wirtschaftspolitik in der Zeit der großen Krise, in: Fröschl u. Zoitl, 12. Februar, 15-33; Karl Haas, Industrielle Interessenspolitik in Österreich zur Zeit der Weltwirtschaftskrise, in: Jahrbuch für Zeitgeschichte 1978, 97-123; vgl. Kapitel V. diese Bandes.

(14) Gerhard Jagschitz, Der österreichische Ständestaat 1934-1938, in: Erika Weinzierl und Kurt Skalnik (Hg.), Österreich 1918-1938, Bd. 1, Graz 1983, 497-515; Anton Staudinger, Christlichsoziale Partei und Errichtung des "Autoritären Ständestaates" in Österreich, in: Ludwig Jedlicka und Rudolf Neck (Hg.), Vom Justizpalast zum Heldenplatz, Wien 1976, 64 ff.; Klaus-Jörg Siegfried: Klerikalfaschismus, Frankfurt a.M. 1979; Ulrich Kluge, Der österreichische Ständestaat 1934-1938, Wien 1984; Emmerich Talos und Wolfgang Neugebauer (Hg.), Austrofaschismus. Beiträge über Politik, Ökonomie und Kultur 1934-1938, Wien 1984.

(15) Hiezu und zum Folgenden: Peter Huemer, Sektionschef Robert Hecht und die Zerstörung der Demokratie in Österreich, Wien 1975; Anton Staudinger, Die Zerstörung der parlamentarischen Demokratie in Österreich, in: Leopold Rettinger u.a. (Hg.), Zeitgeschichte, Wien 1982, 23 ff.

(16) Hans Sailer, Geheimer Briefwechsel Mussolini-Dollfuß, Wien 1949.

(17) Kurt Peball, Die Kämpfe in Wien im Februar 1934, Wien 1974.

(18) Walter Goldinger (Hg.), Protokolle des Klubvorstandes der Christlichsozialen Partei 1932-1934, Wien 1980; Rudolf Neck und Adam Wandruszka (Hg.), Protokolle des Ministerrates der Ersten Republik, Abt. VIII, Bd. 1, Wien 1980 bis Bd. 5, Wien 1984.

(19) Siehe Kapitel VII. diese Bandes.

(20) Grundlegende Quellen hiezu und zum Folgenden: Richard Bernaschek, Die Tragödie der österreichischen Sozialdemokratie, in: Österreich, Brandherd Europas, Zürich 1934, 280 f.; Der Februar-Aufruhr 1934. Das Eingreifen des östereichischen Bundesheeres zu seiner Niederschlagung, Wien 1935, 158; Kykal-Stadler, Bernaschek, 92 f.; Peter Kammerstätter, Der Aufstand des Republikanischen Schutzbundes am 12. Februar 1934 in Oberösterreich. Eine Sammlung von Materialien, Dokumenten und Aussagen von Beteiligten, unveröffentl. Typoskript, Linz 1984; Hans von Hammerstein, Im Anfang war der Mord. Erlebnisse als Bezirkshauptmann von Braunau am Inn und als Sicherheitsdirektor von Oberösterreich in den Jahren 1933 und 1934, Wien 1981, 101 ff.; Alfred Schlegel, Von Katastrophe zu Katastrophe. November 1918 bis Februar 1934. Die Tragödie des Demokraten Schlegel. Miscellanea, Neue Reihe 32 (hektographiertes Typoskript), Wiener Katholische Akademie, Wien 1981, Teil 2, 255-258.

(21) Inez Kykal und Karl R. Stadler, Richard Bernaschek. Odyssee eines Rebellen, Wien 1976; Ludwig Jedlicka u. Rudolf Neck (Hg.), Das Jahr 1934: 12. Februar. Protokoll des Symposiums in Wien am 5. Februar 1974, Wien 1975; Martin Kitchen, The Coming of Austrian Fascism, London-Montreal 1980; Kurt Peball, Die Kämpfe in Wien im Februar 1934, Wien 1974; Arnold Reisberg, Februar 1934. Hintergründe und Folgen, Wien 1974; Helmut Fiereder, Der Republikanische Schutzbund in Linz und die Kampfhandlungen im Februar 1934. in: Historisches Jahrbuch der Stadt Linz 1978, Linz 1979; 201-248. Karl Haas, Der "12. Februar 1934" als historiographisches Problem, in: Ludwig Jedlicka und Rudolf Neck (Hg.), Vom Justizpalast zum Heldenplatz, Wien 1975, 156-168; Winfried R. Garscha u. Hans Hautmann, Februar 1934 in Österreich, Berlin/DDR 1984, 102.

(22) Ernst Fischer, Erinnerungen und Reflexionen, Reinbek bei Hamburg 1969, 263.

(23) Ich stütze mich dabei auf eine Auszählung der Eintragungen in den Totenprotokollen der Stadt Wien im Wiener Landes- und Stadtarchiv und auf eine Schätzung der gesamten Sterbeziffern im fraglichen Zeitraum (Februar/März 1934) in Wien.

(24) Die Berichte Gedyes (Die Bastionen fielen, Wien o.J.) werden nicht dadurch richtiger, daß sie unkritisch übernommen (Kitchen, Coming, 218) oder in der Neuauflage seines Buches (Hamburg 1980) wieder enthalten sind: Botz, Gewalt, 257 f.; Karl R. Stadler, Opfer verlorener Zeiten, Wien 1974, 44.

VII.

DER MYTHOS VOM "FEBRUARAUFSTAND" UND VON RICHARD BERNASCHEK

Der 50. Jahrestag des "12. Februar 1934", zweifelsohne ein "großes", österreichisches Geschichtsbewußtsein formendes "Ereignis", hat, von der Betonung einiger bemerkenswerter "basishistorischer", "alltagsgeschichtlicher" Aspekte abgesehen (1), kaum geschichtswissenschaftliche Innovationen erbracht (2). Er hat vielmehr SPÖ-intern und innerhalb des sozialistisch-demokratischen Segments der österreichischen Öffentlichkeit, insbesondere auch in vielen bildungspolitischen Institutionen, eine Art der Begehung von geschichtlichen Jahrestagen (3) hervorgebracht, die stärker denn je zuvor auf die Entwicklung eines neuen Mythos vom Februaraufstand, insbesondere auch auf einen Mythos von der bewußten und bis zuletzt konsequenten Auslösung des "Aufstands" durch Richard Bernaschek hinausläuft.

Diese Feststellung ist auch dann aufrechtzuerhalten, wenn man bedenkt, daß sich diese an linke Traditionen der Zwischenkriegszeit anknüpfende Sichtweise sozialistisch-sozialdemokratischer Eigengeschichte im wesentlichen von drei Seiten herausgefordert sieht: von den Kommunisten, die beanspruchen, die (einzigen) legitimen Erben des "12. Februar 1934" zu sein; von dem Desinteresse an (oder dem vehementen Verleugnen) dieser kämpferischen Tradition bei einer an sozialpartnerschaftlicher Gegenwart und Staatspolitik orientierten Mehrheit innerhalb der sozialistischen Anhängerschaften; und schließlich von der immer noch (wenngleich derzeit etwas aufgelockerten) antisozialistischen Position (4) im katholisch-konservativen Segment der österreichischen Gesellschaft. Diese Position hält der "linken Reichshälfte" geteilte Schuld – nicht zu verwechseln mit Norbert Lesers unterschiedlich gewichtender Schuldzuweisung (5) – entgegen oder wirft ihr gar den aktiven Angriff auf die Exekutive und einen Gesetzesbruch – in Abwehr der bagatellisierten Verfassungsbrüche des Dollfuß-Schuschnigg-Regimes – vor. Vielleicht sind es gerade diese Herausforderungen und die – eben wirksamen – real-historischen Zäsuren und Brüche, die eine Verklärung der schon nahezu abgebrochenen Kontinuitätslinien über 50 Jahre hinweg, die bewußte Konstruktion "lebendiger Tradition" und ein wissenschaftliches Außer-fragestellen bestimmter mehr oder weniger gut belegter historiographischer Aussagen auf seiten der Linken so sehr gefördert haben.

Diese verstärkten Tendenzen zu einer kämpferisch-demokratischen Tra-ditionsbildung innerhalb des "sozialistischen Lagers" und seines gesell-schaftlich-politischen Umfeldes mag mit einer Beobachtung zusammen-hängen, auf die Eric Hobsbawm hingewiesen hat (6) und die auch für die Situation des sozialdemokratischen Segments der österreichischen Gesell-schaft der achtziger Jahre gilt: nämlich, daß gerade dort, wo allgemein akzeptierte Normen und Werte fehlen oder zusammenbrechen, Traditio-nen – Kontinuitätslinien von der gegenwärtigen sozio-politischen Pra-xis zurück zur Vergangenheit – in einem verstärkten Umfang hergestellt werden, ja hergestellt werden müssen. Und gerade wenn eine solche Eta-blierung von Tradition gelingt und durch Symbole und Rituale – wie etwa die historischen 12.-Februar-Gedenkfeiern – aufgeladen wird, ist es zu einer Mythisierung der "gefeierten" Ereignisse und damit verknüpfter einzelner Handlungsweisen und einer Heroisierung beteiligter Personen nicht mehr weit.

Es wäre historiographisch-ideologiekritisch sehr ergiebig (jedoch hier nicht durchführbar) unter diesem Aspekt die 1984 abgelaufene Debatte um Vorhandensein oder Fehlen einer "Schuld" oder "Mitschuld" der Sozialdemokratie an der Beseitigung der Demokratie und am Bürger-krieg zu untersuchen, eine Debatte, die geschichtswissenschaftlich vom Standpunkt sowohl einer marxistischen als auch einer nichtmarxistischen Struktur- und Prozeßanalyse in ihrer beiderseitigen Vereinfachung einen eindeutigen Rückschritt darstellt. Doch auch schon eine historische Mi-kroanalyse beispielsweise der Abläufe unmittelbar vor dem Ausbruch der Kämpfe in Linz und der Intentionen der handelnden Protagonisten läßt erkennen, daß einzelne Topoi der Geschichte des "12. Februar 1934" in einem überraschend starken Ausmaß – entgegen den seit langem beste-henden Möglichkeiten einer kritischen Quellenanalyse - als fraglos hin-genommen und auch von wissenschaftlichen Geschichtsdarstellungen un-besehen tradiert werden – eben ein Beispiel für gelungene Mythen- und Traditionsbildung um den "12. Februar 1934".

Es gibt eine historiographische Grundannahme, an der von Festtags-rednern, Schulungsleitern, Journalisten und manchen Parteihistorikern des oben angesprochenen Flügels des sozialdemokratischen Segments der österreichischen Gesellschaft und von den kommunistischen Erben des "12. Februar" selten gerüttelt wird. Dies ist die Annahme, daß beide Kampfparteien – die Diktaturregierung mit ihren Hilfsformationen und der Republikanische Schutzbund – gerade an jenem 12. Februar 1934 fest entschlossen gewesen seien, den Bürgerkrieg in Österreich auszulösen, und daher seien folgerichtig die beabsichtigten Kampfhandlungen zum vorgegebenen Zeitpunkt auch eingetreten. Auf seiten des verfassungsbre-chenden Diktaturregimes Dollfuß' sei es um die völlige Niederwerfung von Arbeiterbewegung und Demokratie, auf seiten der sozialdemokra-tischen Aktivisten im schon verbotenen Schutzbund um einen verzwei-felten Versuch gegangen, ihrer völligen politischen Entmachtung ent-schlossenen bewaffneten Widerstand entgegenzusetzen. Diese Annahme ist zweifelsohne auf der Ebene historischer Makroanalyse und mittelfri-stiger Tendenzen zutreffend (7). Die beiden Seiten unterstellte Hand-lungsweise, die es erst gestattet, von einem defensiven (wie die Linke es tut) oder offensiven (wie die Rechte es tut) *Aufstand* zu sprechen, setzt aber auf der Mikroebene ein mehr oder minder geplantes politisches Han-deln voraus. Lassen die bisher bekannt gewordenen Quellen eine solche Annahme zu?

Keinen Zweifel, vor allem auch nach den jüngsten Aktenpublikationen gibt es daran (8), daß die Regierung Dollfuß schon wochen-, ja monate-lang den Entscheidungskampf gegen die Arbeiterbewegung vorbereitete. Der massive Druck des faschistischen Italien, offenkundig werdend durch den Besuch des Unterstaatssekretärs Fulvio Suvich Mitte Jänner 1934 in Wien, spielte dabei eine bedeutende Rolle. Doch noch entscheidender war das machtpolitische Vorpreschen der Heimwehr unter Vizekanzler Emil Fey, der gerade damals alle Polizei- und Sicherheitskräfte kontrol-lierte. Gerade er arbeitete wahrscheinlich am systematischsten darauf-hin, durch Aushebungen sozialdemokratischer Waffenverstecke und ge-zielte Verhaftungsaktionen von Schutzbündlern, den politisch-sozialen Gegnern keine Wahl zu lassen. Es ging diesen Faktoren darum, sofern sich der Schutzbund ruhig verhielt, die Sozialdemokratie entweder voll-kommen zu entwaffnen oder, wenn sie sich zum Widerstand provozieren ließ, sie rasch gewaltsam niederzuwerfen. Am Ende sollte, wie tatsächlich eingetreten, die volle, faschistisch umgeprägte Diktatur des "christlichen

Ständestaates" stehen. Wenn Dollfuß schon nicht als die schärfste Trieb-kraft dieser Entwicklung anzusehen ist, so sah er sie doch nicht ungern.

Die entstehende Eskalation der Konfliktsituation begann, ausgehend von Tirol, Ende Jänner 1934 mit ultimativen Vorstößen der Heimwehr gegen die letzten Reste der demokratischen Landesregierungen. Waffen-suchen und Verhaftungsaktionen im Wiener Raum und in anderen so-zialdemokratischen Zentren folgten. Schon am Wochenende vor dem 12. Februar war vielen zeitgenössischen Beobachtern im In- und Ausland klar, daß der Ausbruch des Bürgerkriegs unmittelbar bevorstand. Schon am 10. Februar gaben die Kommunisten ein Flugblatt heraus, das zum Generalstreik aufrief: "Schlagt den Faschismus nieder, ehe er euch nie-derschlägt!" (9). Dies war allerdings bei ihnen seit Jahren keine seltene Parole.

Dies war aber auch die Meinung des oberösterreichischen Schutzbund-führers, Richard Bernaschek. Er wollte zweifelsohne nicht mehr länger tatenlos jenes kampflose Aufgeben einer Position nach der anderen hin-nehmen, das seine Partei seit der Ausschaltung des Parlaments an den Tag gelegt hatte. Er rüstete zur bewaffneten Gegenwehr, sollte die Polizei auch in Oberösterreich, wie zu erwarten war, daran gehen, den vorberei-teten Schlag zur Wehrlosmachung des Schutzbundes auszuführen. Für den 12. Februar hatte die Polizei in Linz, und zwar zunächst im Park-bad, eine große Waffensuche vorgesehen. Bernaschek, der davon durch Konfidenten erfahren hatte, ließ seinerseits die Regierungseite wissen, er sei im Falle der nächsten Polizeiaktion zum Gegenschlag bereit. Wir können vermuten, daß dies geschah, um einen solchen Schritt (zunächst noch) zu vermeiden.

In dieser Situation – jedoch ohne nachweisbaren direkten Bezug darauf – sprach nun am 11. Februar Fey in Langenzersdorf vor seinen Heimwehr-Kampfgenossen jene prahlerischen und ominösen Worte aus, daß die "Heimatschützer morgen an die Arbeit gehen und für das Vaterland ganze Arbeit" leisten würden. Bernaschek ließ an ebendiesem Tag Otto Bauer und zwei weiteren sozialdemokratischen Parteiführern durch ei-nen Kurier mitteilen, falls am nächsten Tag Waffensuchen oder Verhaf-tungen vorgenomen würden, sei er bereit, bewaffneten Widerstand zu leisten. (10)

Bis hierher scheint alles klar darauf hinzudeuten, der Ausbruch des Bürgerkrieges sei von seiten der Regierung und der Heimwehr nicht nur planmäßig herbeigeführt worden, sondern auch das Datum hiefür sei schon vorher festgestanden. Komplementär dazu habe Bernaschek gehandelt und getreu seinem gefaßten Entschluß schließlich den Widerstand ausgelöst.

Doch jene historischen Quellen, die den Ablauf der Ereignisse unmittelbar vor dem Ausbruch der Kämpfe belegen, widersprechen einer solchen allzu glatten Erklärung. In einer einzigartigen, 2000 Seiten umfassenden Materialsammlung, die einigen wissenschaftlichen Institutionen jüngst zur Verfügung gestellt wurde, hat der Linzer Arbeiterhistoriker Peter Kammerstätter geradezu erdrückendes Quellenmaterial zusammengestellt. (11) Zusammen mit älteren Dokumenten macht es eine neue Interpretation der unmittelbaren Vorgeschichte des "12. Februar 1934" notwendig.

Jene telephonische Botschaft, die Otto Bauer spät nachts vom 11. auf den 12. Februar an Bernaschek durchgeben ließ und die anriet, "vorläufig noch nichts zu unternehmen" (12), spielt dabei weiterhin eine Schlüsselrolle in einem doppelten Sinn. Sie wurde von einer Postbeamtin abgehört und den Polizeibehörden sofort bekanntgegeben. Der Polizeidirektor hat erst daraufhin, wie der damalige oberösterreichische Sicherheitsdirektor Hans Hammerstein-Equord berichtet (13), die im Parkbad vorgesehene Waffensuche ins sozialdemokratische Parteihaus im Hotel Schiff umdirigiert, um – so die bisher gängige Interpretation – erst recht den Gegenschlag Bernascheks auszulösen, da er nun von Bernascheks Plänen erfahren hatte. Diese Interpretation geht davon aus, daß die Polizei vorausgesehen hätte, Bernaschek werde bei seinem ursprünglichen Plan zum Losschlagen im Falle der Waffensuche bleiben; der Schutzbund war ja alarmiert, Waffen waren bereitgestellt, alles wartete – anscheinend – nur noch auf den auslösenden Befehl.

Dabei wird nur ein wesentlicher Moment übersehen: nämlich, daß es in dem so zentralistisch und militärisch organisierten "militärischen Arm der Arbeiterbewegung" (Theodor Körner) (14) kaum denkbar war, daß sich ein regionaler Führer einer von der höchsten informellen Autorität, Otto Bauer, ausgesprochenen telephonischen Weisung, noch abzuwarten, glatt widersetzte. Gerade um einen solchen "Disziplinbruch" abzuwenden, wie er beim Justizpalastbrand im Juli 1927 von seiten der Wiener Arbeitermassen vorgekommen war, war ja unter Eifler und Deutsch der Schutzbund als zentralisierte und disziplinierte Organisation eingerichtet worden. Als Stellvertreter der Militanz proletarischer Massen, nicht als deren Avantgarde, war er hauptsächlich konzipiert.

Darüberhinaus war damals doch die Annahme begründet, daß nur im Falle eines Mitgehens der Wiener Parteiführung eine breite Unterstützung jenes bewaffneten Widerstandsaktes zu erwarten war, den Bernaschek vorbereitet und in seinem bekannten Brief an die drei führenden Wiener Genossen – wohl um sie zum Mitgehen zu veranlassen (15) – angekündigt hatte; und nur in diesem Fall war die geplante Erhebung überhaupt einigermaßen erfolgversprechend. Sollte dies Bernaschek nicht bedacht haben, als er in der Nacht auf den 12. Februar mit etwa 40 Schutzbündlern im Hotel Schiff Bereitschaft hielt? Es ist aus Äußerungen Bernascheks überliefert, daß er sich selbst keinen großen Illusionen über die Erfolgschancen eines bewaffneten Widerstands zum gegebenen Zeitpunkt hingab. Diese Chancen durch einen von "Wien" nicht gebilligten Alleingang noch zu verringern, wäre politisch unverantwortlich gewesen.

Wir wissen nicht genau, was Bernaschek beabsichtigte, als er die erwähnte negative Antwort Bauers aus Wien erhielt. In seinem schon 1934 erschienenen Erinnerungsbericht (16) gibt er an, er habe den geplanten Widerstand nicht aufgeschoben und keine Gegenweisungen mehr erteilt. Fest steht nun aber, daß Bernaschek und seine Leute in der entscheidenden Nacht eine unmittelbar bevorstehende Waffensuche der Polizei im Hotel Schiff noch nicht erwarteten. Möglicherweise befürchteten sie, wie sie angaben, wirklich einen Heimwehrputsch, der nach den Vorgängen in Tirol nun auch gegen die oberösterreichische Landesregierung unter dem demokratisch eingestellten christlichsozialen Landeshauptmann Josef Schlegel unternommen werden sollte. Und auch diesen Schlag der Heimwehr erwartete die Schutzbund-Führergruppe um Bernaschek in der Nacht auf den 12. Februar eigentlich noch nicht für diesen Tag. Deshalb wollte ja auch Bernaschek, wie er selbst schreibt, zu Verhandlungen mit der Parteiführung an eben diesem 12. Februar nach Wien fahren, in wortgetreuer Befolgung der bekannten Botschaft, die ihm Otto Bauer hatte ausrichten lassen.

Diese Interpretation wird auch durch die Aussagen von Bernascheks engstem Mitarbeiter, Otto Huschka (er ging später zu den Nationalsozialisten über), gestützt: "Als aber dann das Telegramm (gemeint ist die Telephonnachricht Otto Bauers, die gegen 2 Uhr nachts einlangte) ankam, waren wir im Zweifel, was wir machen sollten." (17) Tatsächlich dürfte Bernaschek selbst während der letzten Stunden vor dem Ausbruch der Kämpfe in seinem Entschluß zum Losschlagen wankend geworden sein. Jedenfalls erwartete er erst "für Dienstag oder Mittwoch die gewaltsame Entscheidung." (18) Aber alle Voraussetzungen für ein vorzeitiges Zünden des angehäuften politischen Sprengstoffs lagen vor.

Doch auch die Polizei ihrerseits dürfte höchstwahrscheinlich nur aus einer Fehleinschätzung der kurzfristigen Absichten des Gegners gehandelt haben. Denn nachdem sie die Telephonnachricht unschwer als Absage Otto Bauers an Bernaschek entziffert hatte, mußte auch der Leiter der Linzer Polizeidirektion, Viktor Bentz, annehmen, daß eine Verlagerung der Waffensuchaktion in die Zentrale der sozialdemokratischen Partei im Hotel Schiff nicht auf ernsthaften Widerstand stoßen würde. Da man auf der Seite der Polizei dennoch mit möglichen Weiterungen rechnete, verständigte die Polizeidirektion allerdings erst kurz vor dem Vorgehen auf das Hotel Schiff – wie bei anderen Waffensuchaktionen auch – vorsorglich das Bundesheer und ersuchte um Bereitstellung einer Infantriekompanie zur allfälligen Unterstützung. Wäre jedoch die Waffensuche in Linz wirklich als der bis ins letzte geplante Auftakt zum Bürgerkrieg gedacht gewesen, wie eine wörtliche Auslegung des Wortes "morgen" in der Fey-Rede nahezulegen scheint, so wäre die Handlungsweise der Regierungsseite in einem polizeilich-militärischen Sinne kaum zweckrational gewesen. Es müßte erst nachgewiesen werden, daß die Polizei nur zur Legitimierung ihres Handelns vor der Öffentlichkeit zuerst ihre eigenen Leute, auch wenn sich darunter sozialdemokratische Parteianhänger befanden, militärisch vollkommen nutzlos ins Feuer geschickt hätte. Man muß also davon ausgehen, daß die Polizei bei ihrem Vorgehen gegen das Hotel Schiff nicht unmittelbar die Auslösung des Bürgerkriegs erwartete.

Doch auch die oberösterreichische Schutzbundführung unter Bernaschek war offensichtlich in keiner Weise darauf vorbereitet, als gegen 7 Uhr früh etwa zwanzig Kriminal- und Sicherheitswachebeamte das Parteilokal umstellten und in das Gebäude einzudringen begannen. Bernaschek kommandierte noch: "Zu den Waffen!" und lief in sein Arbeitszimmer, um – sich darin einzusperren.

Das von Bernaschek in seinem Erinnerungsbuch selbst ausführlich beschriebene Verhalten (19) macht allerdings eher den Eindruck der Überraschung und Kopflosigkeit als den eines strategisch kalkulierten Alarmierens der nachgeordneten Instanzen. Denn anstatt sofort, wie es die starken Worte Bernascheks noch am Vortag nahegelegt hätten, die bewaffnete Widerstandsaktion durch Telephonanrufe bei den dafür vorbereiteten Mittelsmännern im ganzen Land auszulösen, griff Bernaschek zum Telephon und weckte den christlichsozialen Landeshauptmann

Schlegel aus dem Schlaf. Schlegel hielt darüber in einer Gedächtnisnotiz, durchaus übereinstimmend mit Bernascheks Memoiren fest:

"Um 7 Uhr 15 früh wurde ich dringend angerufen von Bernaschek aus dem Hotel Schiff, welcher mir mitteilte, das 'Schiff' sei von Polizei besetzt. Er bat mich zu veranlassen, daß die Besetzung rückgängig gemacht würde, weil sonst Schreckliches passieren könne. Sie hätten vernommen, daß am Sonntag ein Heimwehrputsch losgehen solle, daher haben sie sich im 'Schiff' versammelt, um gegebenenfalls vom Recht der Notwehr Gebrauch zu machen." (20)

Schlegel sagte seine Vermittlung zu, doch unterdessen, während die Polizei die Türe von Bernascheks Arbeitszimmer bearbeitete, änderte der Schutzbundführer seine Meinung. Er selbst schrieb darüber: "Ein törichter Gedanke: Aber es ist der letzte Rest der sozialdemokratischen Erziehung. Noch einmal parlamentieren!" (21) Nein, nicht nur dies! Bernaschek verschweigt hier vermutlich etwas Wesentliches: Er hatte beabsichtigt, die Weisung Otto Bauers bzw. seiner Parteileitung, die aus der Telephonbotschaft von 2 Uhr früh klar ablesbar war, zu befolgen. Bernaschek selbst stilisierte seine zuletzt wiederum zögernde, parteitreue Haltung um in einen konsequent durchgehaltenen Heroismus.

Kostbare Minuten vergingen an jenem Morgen, und erst kurz bevor die Polizei in sein Zimmer eindringen konnte, löste Bernaschek durch weitere Telephonate den Alarmplan aus. Als die Polizisten endlich die Tür zu seiner Kanzlei aufgebrochen hatten, ließ sich Bernaschek, den Revolver in der Hand, ohne Gegenwehr – ein Pendant zu Otto Bauers Flucht schon am zweiten Tag der Kämpfe? – verhaften. Mit dem Ausfall Bernascheks und der etwa gleichzeitigen Festnahme einiger anderer Schutzbund-Mitarbeiter hatte der oberösterreichische Schutzbund praktisch seine ganze Führung schon verloren, bevor noch die Kämpfe überhaupt richtig begannen.

Der Heroismus, mit dem viele einfache Schutzbündler in einen von vornherein aussichtslosen Kampf gingen, sollte nicht verleiten, in Auslösung und Ablauf der Ereignisse allzu viel Konsequenz hineinzuinterpretieren. Sosehr geflüchtete Parteiführer wie Otto Bauer, die besiegten Schutzbündler und die Kommunisten, die in die politische Nachfolge des Schutzbundes einzutreten versuchten, im nachhinein den Ausbruch des Bürgerkrieges im Februar 1934 mit der Aura der Logik des Aufstandes zu umgeben versuchten, er war ein Ergebnis viel komplexerer Zusammenhänge: das Ergebnis eines Zusammenwirkens vielschichtiger länger- und kürzerfristiger politisch-gesellschaftlicher Prozesse, die strukturell den bewaffneten Konflikt fast unvermeidbar angelegt hatten; er war aber auch in der kürzesten zeitlichen Dimension letztendlich doch das Ergebnis einer wechselseitigen Fehleinschätzung der kurzfristigen Absichten der unmittelbaren Gegenspieler – Polizeidirektion und Schutzbundführung in Oberösterreich – , also ein Zufallsereignis, das auch an anderen Orten, etwa in der Obersteiermark, eintreten und die Kämpfe auslösen hätte können. Dies ändert nichts an der prinzipiellen Zuweisung der politischen Verantwortlichkeit an die Dollfuß-Regierung, die seit Oktober 1932 und vollends seit März 1933 den Weg der Beseitigung von Demokratie und sozialen Rechten der Arbeiterschaft beschritten hatte.

Diese hier zur Diskussion gestellte Neuinterpretation des Ausbruchs der Kämpfe am 12. Februar 1934 in Linz ändert allerdings einiges am Bild des überlegt und konsequent handelnden "Helden" Richard Bernaschek und verschiebt die Gesamtbeurteilung des "12. Februar 1934" von einer handlungsorientierten, voluntaristischen Seite auf einen theoretischen Rahmen, der eher dem Modell von kollektiver Aktion und Sozialprotest oder gewaltsam ausgetragenen politisch-gesellschaftlichen Konflikten verpflichtet ist. Auf diese Weise könnten die selbst von der wissenschaftlichen Geschichte in eingefahrenen Bahnen perpetuierten Erklärungsmuster ernsthaft und ohne politische Panik hinterfragt und durch Zusammenfügen struktureller Determinanten mit historischer Kontingenz plausibler gemacht werden.

(1984)

ANMERKUNGEN:

(1 Vgl die Literatur in Anm. 2 von Kapitel VI dieses Bandes.

(2) Positive Ausnahmen von diesem Trend finden sich eher in den allgemeinen, den "12. Februar 1934" in einen breiten historischen Kontext einbeziehenden Studien: Anson Rabinbach, The Crisis of Austrian Socialism. From Red Vienna to Civil War 1927-1934, Chicago – London 1983; Ulrich Kluge, Der österreichische Ständestaat 1934-1938, Wien 1984; Peter Kulemann, Am Beispiel des Austromarxismus, Hamburg 1979; Emmerich Talos und Wolfgang Neugebauer (Hg.), Austrofaschismus. Beiträge über Politik, Ökonomie und Kultur 1934-1938, Wien 1984; Inez Kykal und Karl R. Stadler, Richard Bernaschek. Odyssee eines Rebellen, Wien 1976.

(3) Vgl. Österr. Gesellsch. für Kulturpolitik (Hg.), 12. Februar 1934. Veranstaltungen, Wien o.J. [1984]; Bundesministerium für Unterricht und Kunst (Hg.), 12. Februar 1934. 50 Jahre, Wien o.J. [1984].

(4) Vgl.: Franz Göbhardt, 12. Februar 1934 – Mythos und Trauma, in: Joseph F. Desput (Hg.), Österreich 1934, 1984. Erfahrungen, Erkenntnisse, Besinnung, Graz 1984, 154-172; dagegen: Theodor Veiter, "Das 34er Jahr". Bürgerkrieg in Österreich,

Wien 1984, 140 ff.; vollkommen übergangen wird der "12. Februar 1934" bei: Ludwig Reichhold, Kampf um Österreich. Die Vaterländische Front und ihr Widerstand gegen den Anschluß 1933-1938, Wien 1984.

(5) Norbert Leser, Zwischen Reformismus und Bolschewismus, Wien 1985.

(6) Eric Hobsbawm, Introduction: Inventing Traditions, in: ders. (Hg.), The Invention of Tradition, Cambridge 1983, 1-14.

(7) Näheres in Gerhard Botz, Gewalt in der Politik, 2. Aufl., München 1983; vgl. auch Kapitel V dieses Bandes sowie Gerhard Botz, Strategies of Political Violence, Chance Events and Structural Effects as Causal Factors in the February 1934 Rising of Austrian Social Democrats, in: Anson Rabinbach (Hg.), The Austrian Socialist Experiment, Boulder/Colorado 1985, 99-118.

(8) Walter Goldinger (Hg.), Protokolle des Klubvorstandes der Christlichsozialen Partei 1932-1934, Wien 1980; Rudolf Neck und Adam Wandruszka (Hg.), Protokolle des Ministerrates der Ersten Republik, Abt. VIII., Bd. 1, Wien 1980 bis Bd. 5, Wien 1984.

(9) Winfried R. Garscha u. Hans Hautmann, Februar 1934 in Österreich, Berlin/DDR 1984, 102.

(10) Der Februar-Aufruhr 1934. Das Eingreifen des österreichischen Bundesheeres zu seiner Niederschlagung, Wien 1935, 158; Kykal u. Stadler, Bernaschek, 92 f.

(11) Peter Kammerstätter, Der Aufstand des Republikanischen Schutzbundes am 12. Februar 1934 in Oberösterreich. Eine Sammlung von Materialien, Dokumenten und Aussagen von Beteiligten (unveröffentl. Typoskript), Linz 1984.

(12) Anzeige der Bundespolizeidirektion Linz vom 14. Februar 1934 an die Staatsanwaltschaft Wien, ebenda, 188.

(13) Hans von Hammerstein, Im Anfang war der Mord. Erlebnisse als Bezirkshauptmann von Braunau am Inn und als Sicherheitsdirektor von Oberösterreich in den Jahren 1933 und 1934, Wien 1981, 101 ff.

(14) Vgl. Eric C. Kollman, Theodor Körner. Militär und Politik, Wien 1973, 208; Ilona Duczynska, Der demokratische Bolschewik. Zur Theorie und Praxis der Gewalt, München 1975, 120 ff. und 179 ff.

(15) Vernehmungsprotokolle Ferdinand Hüttner vom 28. Mai 1934 und Otto Huschka vom 16. Februar 1934, in: Kammerstätter, Aufstand, 218 und 211.

(16) Richard Bernaschek, Die Tragödie der österreichischen Sozialdemokratie, in: Österreich, Brandherd Europas, Zürich 1934, 280 f.

(17) Vernehmungsprotokoll Otto Huschka vom 16. Februar 1934.

(18) Bernaschek, Tragödie, 280, vgl. auch: Vernehmungsprotokoll Ferdinand Hüttner vom 6. April 1934, in: Kammerstätter, Aufstand, 215.

(19) Bernaschek, Tragödie, 280 f.

(20) Gedächtnisstütze über die Ereignisse vom 12. Februar 1934 (Darstellung des Herrn Landeshauptmannes), in: Alfred Schlegel, Von Katastrophe zu Katastrophe. November 1918 bis Februar 1934. Die Tragödie des Demokraten Schlegel. – Miscellanea, Neue Reihe 32 (hektographiertes Typoskript), Wiener Katholische Akademie, Wien 1981, Teil 2, 255-258.

(21) Bernaschek, Tragödie, 281.

VIII.

FASCHISMUS UND "STÄNDESTAAT" VOR UND NACH DEM 12. FEBRUAR 1934

1. PROBLEMSTELLUNG UND FASCHISMUSBEGRIFF

In der neueren österreichischen und internationalen Zeitgeschichtsforschung besteht weitgehend Übereinstimmung, daß der Aufstandsversuch von Teilen des Republikanischen Schutzbundes am 12. Feburar 1934 in einem engen, kausalen Abhängigkeitsverhältnis zum aufkommenden Faschismus der frühen dreißiger Jahre steht. Offenkundig ist dabei die Rolle der Heimwehr. Sie gilt allgemein als radikalste, offensivste Kraft im Regierungslager bei der gewaltsamen Beseitigung von Demokratie und Arbeiterbewegung. (*)

Unbestreitbar spielt auch der Nationalsozialismus im Verursachungsgeflecht des "12. Februar 1934" eine wichtige, wenngleich weniger direkte Rolle. Der Massenerfolg des Nationalsozialismus im Gefolge der Weltwirtschaftskrise führte ja dazu, daß die wirtschaftlichen Krisenfolgen von mehreren politischen Krisen (von der Krise der Christlichsozialen Partei, der deutschnationalen Parteien, der bisher bürgerlichen Regierungskoalition, der außenpolitischen Orientierung usw.) überlagert wurden. Dadurch wurde es noch schwieriger, auch für eine weniger illusionistische und zugleich zaudernde sozialdemokratische Politik, als sie zwischen 1930 und 1933 in Erscheinung trat, diesen politischen Knoten in einem demokratischen Sinn zu lösen.

Ebenso gesichert ist, daß auch jenes politisch-gesellschaftliche Phänomen, das mit dem ungenauen Schlagwort "Austrofaschismus" bezeichnet wird, mit den politisch-gesellschaftlichen Abläufen kausal verbunden ist, die in den "12. Februar 1934" mündeten. Hier wird allerdings sofort offenkundig, daß bisher nur äußerst unscharf, weniger empirisch denn konzeptionell erfaßbar ist, als was dieser "Austrofaschismus" eigentlich aufzufassen sei.

Und nahezu gänzlich übersehen wurde bisher, daß das je nach politischem oder wissenschaftlichem Standpunkt "Ständestaat" oder "Austrofaschismus" genannte Diktaturregime selbst einem Wandlungsprozeß unterworfen war, der entscheidend vom – für die Regierungskräfte – siegreich ausgehenden Bürgerkrieg geprägt wurde. Diese Wandlung kann allerdings nicht in den Sichtbereich kommen, solange nicht ein differenziertes Konzept vom Dollfuß-Schuschnigg-Regime besteht. Auch dies ist ein Anstoß zur Bestimmung des Themenbereiches dieses Beitrages. Dabei geht es vor allem um eine Klärung dessen, was Faschismus und faschismusähnliche Phänomene in Österreich politisch-sozialgeschichtlich und im zeitlichen Wandel bedeuten: konkret geht es um

– Heimwehr,
– Nationalsozialismus und
– die einzelnen Entwicklungsphasen des "Ständestaates".

Zunächst ist, entgegen dem in Österreich laufenden Nachholprozeß, noch festzustellen, daß der Begriff "Faschismus" in den letzten Jahren viel von seiner Selbstverständlichkeit im internationalen wissenschaftlichen Diskurs verloren hat. (1) Zweifelsohne hatte der Faschismusbegriff schon in der Zwischenkriegszeit und dann wieder seit den sechziger Jahren in der Geschichts- und Sozialwissenschaft verschiedenster Orientierung bedeutenden heuristischen Wert erlangt. (2) Nicht weil "Faschismus" immer auch ein politischer Kampfbegriff gewesen ist, erscheint heute dieser Begriff problematisch; auch "Revolution" und "Demokratie" weisen diese Eigenschaft auf und sind doch immer noch wissenschaftlich verwendbar geblieben. Sondern weil sein Anspruch auf Erklärungsgehalt und Reichweite oft so sehr überzogen erscheinen, daß die Praxis der Forschung nur allzuleicht an die Grenzen dieses Begriffs stößt.

Schon die Einheit der faschistischen Vielfalt ist nur auf hohem Abstraktionsgrad herstellbar, ernsthafte vergleichend-empirische Arbeiten (3) erweisen eher die Vielfältigkeit als die Gemeinsamkeit. Auch die Schärfe der Begriffsabgrenzung, so wichtig sie zur Vermeidung eines inflationären, nichtssagenden Wortgebrauchs ist, wird allzu leicht zum Skalpell, das Zusammenhänge und weitreichende Erklärungsstränge willkürlich abkappt. In diesem Sinne bezieht sich dieser Beitrag auf Faschismen und faschismusähnliche Phänomene, was vor allem auch das Problemfeld des sogenannten "Austrofaschismus" umfaßt.

Mit Francis L. Carsten und in Anlehnung an Stanley C. Payne (4) möchte ich Faschismus in ein Kontinuum der politischen Rechten – und damit der kapitalistischen Gesellschaft – stellen, ein Kontinuum, das vom traditionellen Konservatismus über den Rechtsradikalismus hin zum eigentlichen Faschismus reicht. Ohne in den schon abgedroschenen Definitionsstreit über "Faschismus" einsteigen zu wollen, über den es seit Nolte (5) selbst zwischen Teilen der "marxistischen" und der sogenannten "bürgerlichen" Faschismusforschung (6) eine gewisse Einhelligkeit gibt, erscheint mir besonders wesentlich bei drei verschiedenen Varianten rechter Politik die gemeinsame Gegnerschaft zu Marxismus, Liberalismus und nationalen oder religiösen Minderheiten; hinsichtlich der philosophischen Tradition sind Faschismus und Rechtsradikalismus einem säkularisierten Neoidealismus zuzuordnen. Der Rechtskonservatismus ist dagegen sehr viel stärker den traditionalen Elementen und der Mehrheitsreligion der jeweiligen Gesellschaft verbunden.

Wesentlich ist auch, daß auf dem Weg zur Macht der Faschismus auf eine radikale Mobilisierung der gesamten Bevölkerung oder großer Teile, vor allem aus dem Bereich der Mittelschichten, und auf deren direkte Einbeziehung in seine (innen- und außenpolitisch) militante Politik abzielt, der Rechtsradikalismus dagegen nur eine Elitenmobilisierung und -militarisierung zustande bringt. Der Rechtskonservativismus wiederum kann von seiner Zielsetzung und seinen sozialen Voraussetzungen her nur eine sehr begrenzte politische Mobilisierung seiner traditionell (oft in konservativen Honorariorenparteien und kirchlichen Organisationen) verankerten Anhängerschaften riskieren.

Damit korrespondieren die Organisationsformen und Politikstile von faschistischer Bewegung, Rechtsradikalismus und Rechtskonservativismus. Faschismus zielt unter den gegebenen Verhältnissen der europäischen politischen Systeme, wo die Position der Linken von einer widerstandsfähigen Arbeiterbewegung und die der Rechten oft vom traditionellen Konservatismus besetzt waren, auf Massenparteien vom Charakter sozial asymmetrischer Volksparteien. Trotz Führerprinzip und Antiparlamentarismus gestattet ihm dies einerseits den Aufbau eines umfassenden Propaganda-Apparats und die (manipulative) Beteiligung an demokratischen Wahl- und Abstimmungsverfahren; andererseits ermöglicht die antirationale Massenmobilisierung dem Faschismus auch, umfassende paramilitärische Formationen, Privatexekutiveinheiten und Terrororganisationen auszubilden, die dann das offene Bekenntnis zur exzessiven Gewaltanwendung auch in die Tat umsetzen.

Der Rechtsradikalismus, der sich hinsichtlich seiner Ziele und des Bekenntnisses zur Gewalt kaum vom Faschismus unterscheidet, scheut die Massenhaftigkeit seiner Politik und tendiert zu kleinen, abgeschotteten Geheimorganisationen, die sich überwiegend aus elitären Sozialgruppen, sozial deklassierten Offizieren und Studenten, rekrutieren. Da er das Instrument der Massendemokratie bei weitem nicht manipulativ beherrscht, liegen ihm alle Arten von Wahlgängen fern.

Der Rechtskonservativismus kann sich dagegen bis zu einem gewissen Grad auf die Organisationen der etablierten konservativen Parteien und Kirchen stützen, um seinen autoritär-diktatorischen Zielen Durchbruch zu verschaffen. Da seine Anhängerschaft, zwar breiter als die des Rechtsradikalismus, überwiegend aus dem traditionalen Segment der Bevölkerung stammt, stünde eine faschistische (oder gar demokratische) Massenmobilisierung im Widerspruch zu seiner Existenzgrundlage; er vermeidet daher selbst Akte plebiszitärer Scheinakklamation, die typisch für den Faschismus sind.

Dementsprechend unterscheiden sich auch die Regime, die aus diesen unterschiedlichen Formen rechter Politik hervorgehen, in idealtypischer Weise folgendermaßen: Die (voll)faschistische Herrschaft kombiniert umfassenden Terror und vielfältige soziale Kontrolle mit breiter propagandistischer Beeinflussung, Scheinpartizipation und sozialpolitischen Maßnahmen. Als Integrationsfaktor ersten Ranges dienen ein charismatisches Führer- und ein gemeinsames Feindbild, im Inneren sind Terror und Verfolgung, gegen außen die militärische Schlagkraft durch die erfolgreiche Massenmobilisierung ungeheuer verschärft.

Da diese dem Rechtsradikalismus fehlt, ist dessen Gefährlichkeit hinsichtlich seiner Herrschaftspraxis – relativ – begrenzt, trotz aller verübten Grausamkeit gegenüber seinen Gegnern. Die typische Form der rechtsradikalen Machtübernahme ist der Militärputsch, und die rechtsradikale Herrschaft erfolgt meist als eine Militärdiktatur.

Der Rechtskonservativismus, in der Zwischenkriegszeit in vielen Ländern Ost- und Südeuropas durch einen Staatsstreich zur Macht gelangend, neigt nur zu einer begrenzten Umwandlung und Durchdringung solcher gesellschaftlicher Strukturen und politischen Institutionen, die ohnehin stark traditional geprägt sind, sei es in Form von Königsdiktaturen oder autoritären Regimen. Diese weisen dann intern im Rahmen ihrer politischen Grundziele einen gewissen Pluralismus und ein beschränktes Maß an Rechtsstaatlichkeit auf.

Da die drei Formen rechtsextremer Politik nur als Idealtypen aufzufassen sind, überwiegen in der historischen Realität eher Mischformen denn der "reine" Typus. Selbst im Nationalsozialismus an der Macht lassen sich neben dem faschistischen Element das autoritär-rechtskonservative und in seiner Entwicklungsgeschichte auch das elitär-rechtsradikale Element feststellen. Ich möchte hier nicht weitere Dimensionen dieser Herrschaftstypologie ausführen und unmittelbar zur historischen Realität in Österreich zwischen 1933 und 1938 übergehen.

2. Zwei Versionen faschistischer und faschismusartiger Phänomene in Österreich

Welche politisch-gesellschaftliche Erscheinungen fallen in Österreich unter den Faschismusbegriff im eigentlichen Sinn? Während austromarxistische Theoretiker wie Otto Bauer oder Karl Renner durchaus schon einen umfassenden und dennoch relativ differenzierten Faschismusbegriff entwickelt hatten (7), ist die wissenschaftliche Diskussion in der Nachkriegszeit noch nicht einmal zu einer Übereinstimmung darüber gekommen, was in Österreich unter Faschismus subsummiert werden soll. Erst in Grete Klingensteins und Karl R. Stadlers Arbeiten vom Ende der sechziger Jahre (8) wurde der Nationalsozialismus zum Faschismus in Österreich gerechnet. Bis dahin und gelegentlich heute noch wurde er als unösterreichisch, als deutsch oder, weil unterschieden vom italienisch-faschistischen Modell, ausgeklammert.

Die Heimwehr, die sich zeitweise selbst als faschistisch bezeichnet hatte, wurde in der beginnenden Faschismusdiskussion der sechziger Jahre am frühesten dem Faschismus zugerechnet, so bei Ernst Nolte, Francis L. Carsten und Ludwig Jedlicka. (9) In jüngster Zeit ist diese zur Selbstverständlichkeit gewordene Zuordnung jedoch wieder – wohl wegen zu geringer empirischer Bearbeitung – in Frage gestellt worden durch Stanley Payne und Hans Mommsen. (10)

Die größten Kontroversen gehen aber um die Einordnung des Regimes von Dollfuß und Schuschnigg. Seine Selbsttitulierung als "christlicher Ständestaat", die der Verschleierung des diktatorischen Charakters gedient hatte, gibt heute noch bei einem Teil der österreichischen

Historiker manche Lebenszeichen, doch auch die aus dem sozialistisch-kommunistischen Widerstand kommende Einordnung des Dollfuß-Schuschnigg-Regimes unter dem Faschismus lebt immer wieder vehement auf und hat in den Gedenkveranstaltungen Mitte der achtziger Jahre eine eher plakative denn wissenschaftlich förderliche Rolle gespielt. Doch schon allein die Tatsache, daß hiefür Bezeichnungen wie "Kleriko-Faschismus" oder "Austro-Faschismus" herangezogen werden müssen, deutet auf das Zugeständnis bedeutungsvoller Abweichungen vom Rahmen des herkömmlichen Faschismusbegriffs hin.

Zweifelsohne sind mit den schon genannten politischen Bewegungen "Nationalsozialismus" und "Heimwehr" die wichtigsten Strömungen des Faschismus in Österreich angesprochen. Auf den "Austrofaschismus" werde ich später noch zurückkommen. Der eigentliche Faschismus ist also schon auf der Ebene der politischen Bewegungen in Österreich zweigeteilt. Einerseits gibt es eine säkularisierte, deutschnationale, radikale Version, die sozialstrukturell eher städtisch-kleinstädtisch geprägt ist: andererseits eine katholisch-konservativ gemäßigte Version, die eher im halbagrarischen Bereich verankert ist und zweifelsohne manche Bezüge zum elitären Rechtsradikalismus und traditionellen Rechtskonservativismus aufweist.

Diese Gegenüberstellung, die ich 1974 in Anlehnung an die Theorie Otto Bauers vorgeschlagen habe (11), ist natürlich eine vereinfachte Typisierung. Ich möchte dennoch an ihrer Relevanz festhalten, auch wenn sie den vorhandenen regionalen Schattierungen, zeitlichen Veränderungen, rivalisierenden Strömungen und dergleichen weniger gerecht werden kann.

Der Faschismus in Österreich zerfällt also in zwei Versionen entlang derselben Grenzlinie, die die bürgerlichen Subkulturen Österreichs, die sogenanten "Lager", seit 100 Jahren in einem hohen Maße bestimmt haben. (12) Die "Verlagerung" Österreichs ist nach 1918 noch ganz entschieden verstärkt worden: einerseits durch die Vertiefung des Grabens zwischen den bürgerlichen "Lagern" und dem marxistischen "Lager" im verstärkten Klassenkampf, der sich in der Ersten Republik aus den ökonomisch-sozialen Weltkriegsfolgen und Startschwierigkeiten, aus den strukturellen Dauerkrisen sowie aus dem konjunkturellen Abschwung der Weltwirtschaftskrise ergab; andererseits verschärfte auch die Anschlußproblematik den ideologischen Gegensatz zwischen den beiden bürgerlichen "Lagern", der letzten Endes auf den Gegensatz von antiklerikalen Deutschnationalen und klerikalen Pro-Österreichern im späten 19. Jahrhundert zurückgeht. Eine weitere Verschärfung erfuhr diese inner-österreichisch vorgegebene Scheidelinie im Bereich der bürgerlichen Gruppierung dadurch, daß Österreich 1918 im Überschneidungsbereich der deutschen und der italienischen imperialistischen Einflußsphären gelegen war. Für die beiden Großmächte im Westen und im Süden nahm Österreich nach 1918 in ihrem Streben nach wirtschaftlicher Durchdringung und militärisch-strategischer Einbeziehung Ostmitteleuropas eine Schlüsselstellung ein.

Die konkurrierende finanzielle und propagandistische Einflußnahme von außen her auf die inneren Verhältnisse spiegelt sich auch im Rahmen der österreichischen Faschismusentwicklung. Aus diesen Gründen mag sich innerhalb des katholisch-konservativen "Lagers" und des deutsch-nationalen, ehemals nationalkonservativen bis liberalen "Lagers" jeweils eine spezifische Form faschistischer Bewegungen entwickelt haben. Dieser Umstand erklärt unter anderem auch, warum der Faschismus in Österreich seine Kräfte zersplittert hat, sodaß er schließlich nur mit Unterstützung von außen, zunächst mit Rückendeckung Italiens, dann von Deutschland herein, allerdings im Wechselspiel mit den inneren Entwicklungen, an die Macht kommen konnte. Faschismus in Österreich war zunächst also eine interne Erscheinung jedes dieser beiden großen bürgerlichen "Lager". Erst relativ spät in der Entwicklung der faschistischen Bewegungen, also erst kurz vor oder auf dem Höhepunkt ihrer jeweiligen Massenanziehungskraft, kam es zu einem Übergreifen ins jeweils andere dieser beiden "Lager", aber auch zu einem Übergreifen in die Randbereiche der sozialdemokratischen Arbeiterbewegung.

Diese Verschränkung der Randbereiche der österreichischen Faschismen war nur möglich, weil in Österreich eine Phasenverschiebung des jeweiligen Massenerfolgs der faschistischen Hauptströmungen vorliegt. Die Heimwehrbewegung hat ihre stärkste Dynamik schon Ende der zwanziger Jahre erreicht, der Nationalsozialismus in Österreich bekanntlich in den dreißiger Jahren, immerhin aber auch mit zwei Jahren Verzögerung dem deutschen Nationalsozialismus gegenüber.

Mit der hier vorgenommenen Generalisierung sind zweifelsohne zwei Ansatzpunkte von Kritik in Kauf genommen. Zunächst ist ja zu fragen, ob tatsächlich die stark föderalistische, von den jeweiligen politischen und gesellschaftlichen Landesspezifika geprägten Heimwehren der späten zwanziger und frühen dreißiger Jahre hinreichend einheitlich waren, um eine Einschätzung in der vorgestellten Weise zuzulassen. Dieses Problem stellt sich umso mehr, als der im Mai 1930 von den Führern der unterschiedlichen Heimwehrorganisationen abgelegte "Korneuburger Eid" in der Tat nur eine Art faschistisches Minimalprogramm darstellte und die internen Divergenzen bei weitem nicht aufheben konnte. (13) Einerseits verblieb die niederösterreichische Heimwehr, teilweise wohl auch die Tiroler Heimwehr, durchaus im Rahmen der traditionalen Rechten im Übergangsfeld zur Christlichsozialen Partei, andererseits wurden bald in der Steierischen Heimwehr die Anschlußtendenzen so stark, daß der im vollen Sinn faschistische "Steierische Heimatschutz", auch bevor er offiziell zur NSDAP überging, wohl eher ins Lager des Nationalsozialismus eingereiht gehörte. Als Exponenten des typischen, eher pro-österreichischen Heimwehrfaschismus können daher am Beginn der dreißiger Jahre vor allem der oberösterreichische Flügel unter Graf Rüdiger von Starhemberg, die Tiroler Heimwehr unter Steidle und die Wiener Gruppe um Emil Fey angesehen werden. Zweifelsohne waren aber in diesen Heimwehrflügeln der pseudorevolutionäre, antitraditionale Impuls und das Interesse an einer sozial und räumlich übergreifenden Massenmobilisierung begrenzt.

Eine ähnliche, wenngleich weniger gravierende Differenzierung weist auch der österreichische Nationalsozialismus auf. In ihm kann lange Zeit ein eher "linker", nationalsozialer von einem dominanten vollfaschistischen, "rechten" sozialnationalen Flügel unterschieden werden. (14)

Damit bin ich bei einer anderen Einschränkung der Brauchbarkeit einer allzu wörtlich genommenen Typisierung der Faschismen in Österreich: Sowohl der Heimwehrfaschismus wie der Nationalsozialismus weisen im zeitlichen Ablauf einen beträchtlichen Wandel auf. Zweifelsohne waren die frühen Orts- , Bauern- und Bürgerwehren der "österreichischen Revolution", die Kärntner Abwehrkämpfer und die Ausläufer der Freikorps ebensowenig schon vollfaschistisch wie die bayerischen Einwohnerwehren, auch wenn aus den erstgenannten 1922/23 bzw. 1925/27 der spätere Heimwehrfaschismus hervorging. (15)

Noch offenkundiger sprengen die zeitlichen Wandlungen des Nationalsozialismus jeden scharfen Faschismusbegriff. Denn die direkte Vorläuferorganisation des Hitlerschen Nationalsozialismus in Österreich, die Deutsche Arbeiterpartei, entstand schon 1903 als Produkt der Überlagerung von Klassenkonflikten durch die scharfen nationalen Gegensätze in Nordböhmen. Diese Deutsche Arbeiterpartei, die sich 1918 das Adjektiv "nationalsozialistisch" beifügte und sich hinfort DNSAP nannte, war lange Zeit nichts anderes als der politische Arm der deutschnationalen "völkischen" Gewerkschaften. Sie war damit mindestens nicht mehr undemokratisch als die anderen konservativ-deutschnationalen Parteien der späten Habsburgermonarchie, durchaus nicht stärker militaristisch-hierarchisch oder gewalttätiger und nicht stärker am Führerprinzip ausgerichtet. Ihrem programmatischen Charakter nach stand sie als nationale und soziale Reformpartei eher in der Mitte des politischen Spektrums. (16)

Der Rückstrom deutscher Verkehrsbediensteter und Beamter nach dem Zerfall Österreich-Ungarns transferierte Idee und Organisation des "nationalen Sozialismus" erst richtig in das Gebiet des heutigen Österreich. Die DNSAP blieb aber immer noch eine erfolglose Splitterpartei. Erst die Inflations- und Stabilisierungskrise von 1922/23 verschafften ihr einen vorübergehenden Aufschwung; wichtiger wurde aber der damit einhergehende Wandel zu einer echt faschistischen Partei im Sinne der Münchener NSDAP Hitlers, der bis 1926 auch seinen Führungsanspruch in Österreich durchsetzen konnte, selbst um den Preis mehrfacher Spaltungen und Rückschläge.

Die weitere Entwicklung der österreichischen NSDAP verlief bis 1933 etwa parallel zu ihrer deutschen Führungspartei, quantitativ jedoch weniger spektakulär und – wie erwähnt – mit einer Verspätung von etwa zwei Jahren. Die Tatsache, daß sich die NSDAP in Österreich nicht nur mit einer geschlossenen, insgesamt linken sozialdemokratischen Arbeiterbewegung, sondern auch mit einer faschistischen Konkurrenz auseinanderzusetzen hatte, mag hiefür ausschlaggebend gewesen sein.

Ich breche hier die Beschreibung der historischen Entwicklung von Nationalsozialismus und Heimwehrfaschismus ab. Die großen Entwicklungslinien sind ohnedies bekannt, vor allem nach so umfassenden Darstellungen wie Carstens "Faschismus in Österreich" oder Bruce F. Pauleys Studie (17) über den österreichischen Nationalsozialismus, vor allem auch, da nun von Wolfgang Wippermann eine weitere zusammenfassende, allerdings auch recht oberflächliche Darstellung vorliegt. (18)

Für meine weiteren Ausführungen möchte ich aber festhalten: Faschismus in Österreich ist vereinfachend gesehen ein zweigeteilter. Er ist in konkurrenzierende Hauptrichtungen gespalten; jede davon ist schon als Bewegung nur unscharf von zeitgleichen Phänomenen der nationalen und konservativen Rechten abzuheben und wurde erst nach einer deutlichen

Faschisierungsphase zu dem, wofür ihn die hier vorgestellte notwendigerweise statische Typisierung nehmen muß.

3. VORLÄUFIGER ERKLÄRUNGSRAHMEN DES DOLLFUSS-SCHUSCHNIGG-REGIMES

Nach denselben Prinzipien möchte ich auch den Erklärungsrahmen für das Dollfuß-Schuschnigg-Regime aufbauen: und zwar aus
a) den eigentlich *faschistischen Kräften,*
b) die zugleich abgehoben von und gleitend übergehend zur *traditionalen Rechten* sind,
c) die in einem komplexen *Konkurrenz- und Bündnisverhältnis* zueinander stehen und
d) einem *Prozeß der Faschisierung* und damit impliziten Möglichkeiten zur *Defaschisierung* unterworfen sind.

Das bedeutet auch die Abhebung vollfaschistischer Diktatur von zentralistisch-autoritären und traditionalen oder korporatistischen antidemokratischen Regierungsformen. Zweifelsohne ist jenes Diktaturregime, das sich in Österreich in einem "Staatsstreich auf Raten" (19) seit der Ausschaltung des Nationalrates im März 1933 etablierte, eine Form diktatorischer Herrschaft. Einigkeit kann über die gesamtgesellschaftliche Funktion dieses Regimes relativ leicht gewonnen werden: Es geht ihm in marxistischer Terminologie in wirtschaftlichen Krisensituationen um eine "Zerschlagung der sozialistischen Arbeiterbewegung zum Zwecke der gewaltsamen Senkung der sozialen Kosten der kapitalistischen Produktion". Schon allein deshalb sei auch, so die Meinung mancher marxistischer Historiker, das Dollfuß-Regime wie das faschistische Italien und das nationalsozialistische Deutschland "nach Entstehungsursache, Wirkungsweise und Funktion als ein faschistisches Herrschaftssystem zu bezeichnen". (20)

Nicht die Zuschreibung der kapitalismusstabilisierenden Funktion halte ich für falsch, wohl aber die Subsumierung aller Regimes und Regierungsformen, die diese Funktion erfüllen, unter einen generellen Faschismusbegriff, der sich in dieser Form jeder empirischen Falsifizierungsmöglichkeit entzieht. Immerhin waren sich scharfsichtige zeitgenössische Beobachter wie Otto Bauer (21) und industrielle Spitzenfunktionäre (22) weitgehend über die Vielfalt theoretischer Möglichkeiten einer Lösung der wirtschaftlich-sozialen und politischen Krise einig, in der sich Österreich Anfang 1933 befand, schlagwortartig gekennzeichnet durch das Hereinbrechen von Weltwirtschaftskrise und Massenarbeitslosigkeit, von Bankzusammenbrüchen, Massenzustrom zum Nationalsozialismus, Hitlers Machtübernahme in Deutschland, Verlust der Koalitionsfähigkeit und Wählerstabilität der bürgerlichen Parteien. In dieser Situation gab es immer noch mehrere theoretische, wenngleich praktisch unterschiedlich wahrscheinliche Optionen, die alle mehr oder weniger eine systemstabilisierende Funktion hätten erfüllen können:

– Neuauflage der republikgründenden großen Koalition von Christlichsozialen und Sozialdemokraten, was realistischerweise erst auf der Basis des politisch-gesellschaftlichen Grundkonsenses und der sozialpartnerschaftlichen Institutionen der Zweiten Republik erfolgversprechend gewesen wäre;

– Wiederaufnahme und Fortführung des immer noch demokratischen Bürgerblocks Seipelscher Prägung der zwanziger Jahre,

– scheinlegale Transformation der parlamentarischen Demokratie in eine Präsidialregierung mittels Notverordnungen nach Weimarer Muster,

– Einschlagen eines außerparlamentarischen Regierungskurses, gestützt auf das Kriegswirtschaftliche Ermächtigungsgesetz, wie schließlich auch ab Oktober 1932 bzw. März 1933 erfolgend,

– die von Teilen der Heimwehr geforderten "Methoden der südamerikanischen Generale", etwa Pfrimer-Putsch und

– eine Machtergreifung in jener Form, zu der sich die Nationalsozialisten Anfang 1933 im Deutschen Reich anschickten.

Die historische Entwicklung schlug einen mittleren Weg ein, der einerseits tatsächlich den immer massiver werdenden Rufen und Bestrebungen nach Krisensanierung auf Kosten breiter Schichten von Lohnabhängigen entsprach und dennoch die Gefährdungen der traditionellen Sozialklassen und Machteliten, wie sie bei einem offenen gewaltsamen Umsturz oder gar bei einer faschistischen Machtübernahme voraussehbar waren, zu vermeiden vorgab. Offenkundig reichten weder die 6 Prozent Wählerstimmen der Heimwehr des Jahres 1930 noch auch die auf etwa 15 bis 25 Prozent geschätzte NSDAP-Wahlstärke des Jahres 1932 schon aus, einen so starken Druck auf das österreichische Sozialsystem auszuüben, daß eine Transformation im vollfaschistischen Sinne in den Bereich des Möglichen trat.

Erst als sich ein Ausnahmeregime von der Art Dollfuß' und Schuschniggs nicht bewährte und gesamtwirtschaftlich wie hinsichtlich der Industrie- und Agrarinteressen keine nennenswerten Erfolge erzielte, konnte es der pro-nationalsozialistischen Strömung unter den österreichischen Kapital- und Mittelstandsgruppen gelingen, sich durchzusetzen. Eine nationalsozialistische Machtübernahme im Gefolge des Anschlusses von 1938 war das Resultat.

Ich möchte an dieser Stelle die generalisierende Beschreibung des sogenannten "christlichen Ständestaates" (23) beenden und die oben aus den zeitlichen Wandlungen der faschistischen Bewegungen gezogenen Schlüsse einer notwendigen periodenweisen Differenzierung auch auf meine weiteren Ausführungen über das sogenannte "austrofaschistische" Regime anwenden. Dabei ist es sinnvoll, den "Ständestaat" in vier Teilperioden zu untergliedern:
– in die Phase der spätparlamentarischen Regierung (Mai 1932 - März 1933),
– in die Phase der autoritären Halbdiktatur und der zunehmenden Faschisierung (bis Jänner 1934),
– in die Phase der entwickelten halbfaschistisch-autoritären Diktatur (bis Oktober 1935 oder Mitte 1936),
– in die Endphase der partiellen Defaschisierung und eines bürokratisch erstarrten Korporatismus.

4. Phasen der Regimeentwicklung

4.1 Spätparlamentarische Regierung Dollfuß (Mai 1932 bis März 1933)

Wie aus der generalisierenden Charakterisierung des "Ständestaates" schon ersichtlich, kann eine überwiegend ökonomische und kapitalismusfunktionale Definition von Faschismus weder die innere Komplexität des Dollfuß-Regimes noch auch die gesellschaftliche Realität von wirklich vollfaschistischen Regimen ausreichend beschreiben. Dennoch beruht zweifelsohne der von Dollfuß eingeschlagene diktatorische und radikal antimarxistische Weg auch auf dem Druck und der Unterstützung von großen Teilen der österreichischen Großindustrie und ihrer Verbände. In dieselbe Richtung zielte während der Regierungsperiode Dollfuß' auch ein Großteil der vorher und nachher eher anschlußfreudigen, organisierten gewerblichen und händlerischen Mittelstände. Das von der Weltwirtschaftskrise besonders schwer betroffene internationale Bankkapital, das bis Anfang der dreißiger Jahre auch eine finanzielle Stütze des Heimwehrfaschismus war und danach zum Teil den Nationalsozialimus in Österreich unterstützte, spielte dabei ebenfalls eine zweifelhafte Rolle. (24)

Dagegen besaßen die verbandspolitisch mächtigen Groß- und Mittelbauern vor allem des Alpenvorlandes, aus deren Reihen der frühere niederösterreichische Bauernfunktionär und Landwirtschaftsminister Engelbert Dollfuß hervorgegangen war, in Dollfuß zunächst einen massiven Vertreter ihrer Interessen. Die Druckmöglichkeit der Agrarier insgesamt war seit dem Regierungseintritt der Heimwehr im Frühjahr 1932 umso größer, als die Regierung nunmehr ausschließlich von Parteien gebildet wurde, die in der Landwirtschaft im weitesten Sinne eine starke Verankerung hatten. Diese labile und kaum mehrheitsfähige Koalition bestand aus den Christlichsozialen, die nach der krisenhaften Schwächung ihrer städtisch-mittelständischen Basis durch nationalsozialistische Einbrüche stärker als je zuvor auf ihr bäuerliches Element angewiesen waren (25), aus dem noch nicht ganz vom Nationalsozialismus aufgesogenen Landbund und aus dem ebenfalls stark in einem Sektor der Groß-Landwirtschaft verankerten Heimatblock. Für die österreichische Demokratie verhängnisvoll wurde, daß die Machtbeteiligung einer, wenngleich seit Beginn der dreißiger Jahre schon im Abstieg befindlichen, echt faschistischen Bewegung den wachsenden außenpolitischen Druck Mussolinis auf eine Faschisierung Österreichs von innen her verstärkt zur Geltung brachte. (26)

Damit beginnt die zweite Phase der zunehmenden Faschisierung und des Übergangs zur autoritären Diktatur.

4.2 Autoritäre Halbdiktatur und zunehmende Faschisierung (März 1933 bis Jänner 1934)

Das Dilemma der agrarprotektionistischen Gruppierung in der Regierung Dollfuß (27) bestand bald jedoch darin, daß sie ihr Vorrücken von der Peripherie an die Zentren der politischen Macht und der wirtschaftlichen Umverteilung durch eine Teilung ihrer Einflußpositionen mit anderen Kräften erkaufen mußte. Denn die scheinbar gestärkten bäuerlichen Protektionsinteressen sahen sich mit den von der Weltwirtschaft zugespitzten Verteilungskämpfen der selbst keineswegs harmonisierenden mittelständischen und großkapitalistischen Gruppen konfrontiert. Da zugleich mit der Heimwehr auch Vertreter konkurrierender Agrarinteressen, des aristokratischen Großgrundbesitzes, ins Machtzentrum eingerückt waren, mußte offenkundig zur Sicherung der Machtbasis eine kompromißhafte Reduktion der theoretisch gewonnenen agrarischen Verfügungsmöglichkeiten hingenommen werden. Inwieweit Dollfuß, sich seiner ursprünglichen wirtschaftlichen Interessenslage entfremdend, immer mehr auf andere, im politischen Zentrum verfügbare Machtfaktoren, insbesondere auf staatliche Bürokratien und auf das Militär angewiesen war, ist derzeit wohl kaum genauer abzuschätzen. Jedenfalls ist Ludwig Jedlicka weitgehend zuzustimmen, der schon 1971 zum Schluß kam:

"Der Staatsapparat, im besonderen die Exekutive, die Industrie, vor allem aber die Bauernschaft, waren das Fundament für diese Maßnahmen, die jenes System einleiteten, welches Dollfuß selbst als 'autoritär-ständisch' bezeichnete." (28)

Daß die sozialstrukturell, interessenspolitisch und in ihren Ideologien, Mentalitäten und Traditionen so heterogene Kräftekombination nicht schon vor 1934 zerfiel, kann zunächst vor allem auf das Vorhandensein gemeinsamer, die erfolgte Machtzuteilung von innen und außen bedrohender Gegner – sozialdemokratische Arbeiterbewegung und nationalsozialistisches Deutschland – zurückgeführt werden.

Darüber hinaus spielte auch die politisch-religiöse Absicherung der antimarxistischen Gruppierung durch die keineswegs mit Dollfuß in jeder Hinsicht konform gehende katholische Kirche und die von dieser Seite erfolgende Absegnung der gesellschaftspolitischen Programmatik Dollfuß' eine integrative Rolle im Regierungslager. (29) Dollfuß verstand es, seine von traditionskatholischen bäuerlich-ständischen Gesellschaftsvorstellungen immer mehr in eine bloße Machtagglomerations- und Machtmanagementpraxis hinübergleitenden "ständestaatlichen Umbaupläne" innerkatholisch zu legitimieren. Er berief sich dabei auf das ähnliche, aber prinzipiell wenigstens limitiert pluralistische und möglicherweise freiwillig gedachte sozialharmonische Konzept eines berufsständischen Aufbaus der Enzyklika "Quadragesimo anno". Dadurch kamen keineswegs unbedeutende, noch demokratisch eingestellte Führungspersonen, Teil- und Nebenorganisationen der Christlichsozialen Partei unter beträchtlichen Druck, den diktatorischen Kurs seit Frühjahr 1933 mitzumachen. Dollfuß hat dafür in dem am 5. Juni 1933 unterzeichneten Konkordat der katholischen Kirche vor allem im kulturellen Leben, im Schulwesen und im familiären Bereich beträchtliche Privilegien eingeräumt, und umgekehrt hat der "Ständestaat" in der katholischen Kirche einen relativ dauerhaften Bündnispartner erhalten. (30)

Außerhalb des Katholizismus im engeren Sinn, doch mit diesem durch den gemeinsamen bildungselitären gesellschaftlichen Nährboden verbunden, stand eine in Österreich einflußreichere Variante "ständischen" Denkens, das universalistische Konzept vom "wahren Staat" Othmar Spanns. (31) Indem es die moderne Klassengesellschaft, den zentralistischen Staat und die Parteiendemokratie durch die Einrichtung beruflicher Zwangsverbände in eine berufsständisch gegliederte Gesellschaft zu überführen beabsichtigte, sprach es gerade jene alten Sozialschichten und Klassen an, die durch allgemeines Wahlrecht und vordringende Arbeiterbewegung, schließlich durch die Errichtung der demokratischen Republik in ihrer politischen und gesellschaftlichen Privilegierung bedroht und eingeschränkt worden waren.

Vom Schülerkreis Spanns etatistisch verändert, waren die berufsständischen Zielvorstellungen daher im "Korneuburger Eid" auch zur offiziellen Ideologie der Heimwehren geworden und stellten, verschmolzen mit italienisch-faschistischen Konzepten, zum Dollfußschen "Ständestaat" eine radikalere Variante dar. Weit entfernt, die Durchschlagskraft der italienisch-faschistischen oder gar nationalsozialistischen Ideologie zu erreichen, war der Spannschen Heimwehr-Ideologie jedoch unbeschadet ihrer indirekten Wirkungskraft im "christlichen Ständestaat" immer nur ein Schattendasein beschieden.

Trotz aller cliquenmäßigen, regionalen und ideologischen Zersplitterung und trotz der progressiven Aufsaugung durch den Nationalsozialismus wurde die Heimwehr bzw. ein Teil dieser Version des Faschismus ein immer mehr vordringendes Element partieller Faschisierung des "Ständestaates". Dies gilt vor allem für den diktatorischen Höhepunkt, die nächste Phase des Dollfuß-Schuschnigg-Regimes.

4.3 Entwickelte halbfaschistisch-autoritäre Diktatur (Februar 1934 bis Oktober 1935/allenfalls Mitte 1936)

Den beiden eingangs genannten Starhemberg-Fey-Heimwehrfraktionen gelang es seit Anfang 1934, wenngleich zeitlich verschoben, innerhalb der Machtzentren des "Ständestaates" so bedeutende Positionen einzunehmen, daß das Konzept eines ab Anfang Februar 1934 schon halbfaschistischen autoritären Regimes zu rechtfertigen ist. Der bevorstehende "Endkampf" mit den beiden oppositionellen "Lagern" (32) – "Marxismus" und Nationalsozialismus – und die notwendige Erweiterung seiner Machtbasis zwangen Dollfuß zugleich mit dem Massiver-Werden der Einwirkung Mussolinis auf die österreichische Innenpolitik, Heimwehrministern temporär all jene Ministerien zu überantworten, die staatliche Gewaltmittel und Ordnungsaufgaben kontrollierten. Mit der Niederwerfung der Arbeiterbewegung fielen wesentliche Bremsen bei der Verschärfung der Diktatur. Das Gewicht der Heimwehr nahm innerhalb des Diktaturregimes zu, entsprechend ihrem (selbst stark überzeichneten) Anteil an den Februar-Kämpfen.

Nur indem Dollfuß im Mai 1934 den internen Rivalen Feys, den Exponenten des aristokratischen Großgrundbesitzes, Starhemberg, zunehmend an der Regierung beteiligte und geschickt Rivalitäten zwischen den verschiedenen Heimwehrführern ausnützte, dürfte es ihm gelungen sein, das weitere machtpolitische Vordringen der Heimwehr ab Mai 1934 zum Stillstand zu bringen. Auf dem neuerlichen Höhepunkt der Heimwehrmacht nach dem NS-Putsch und Dollfuß' Tod am 25. Juli 1934 (33) setzte im übrigen Schuschnigg dieselbe Strategie erfolgreich fort: integrative "Zähmung" durch Machtbeteiligung, gegenseitiges Ausspielen, Aufbau symbolischer Identifikationsziele und organisatorische Einbindung der verschiedenen "vaterländischen" Strömungen.

Als Hauptinstrument zur organisatorischen Einbindung nicht nur der christlichsozialen Anhängerschaften, sondern auch der anderen "vaterländischen" Verbände und Organisationen, einschließlich der Heimwehr, in das Regime war die im Mai 1933 gegründete "Vaterländische Front" (VF.) gedacht. (34) Ihr erster "Führer" war Dollfuß, dem von Juli 1934 bis Mai 1937 Starhemberg in dieser Funktion folgte, um schließlich von Schuschnigg abgelöst zu werden. In äußerlicher Imitation der Organisationsformen und Symbolwelt der faschistischen Massenparteien Italiens und Deutschlands sollte die VF. den "Parteienstaat durch eine große politische Bewegung" überwinden; sie sollte den österreichischen Staatsgedanken in Reinkultur verkörpern und das Monopol der politischen Willensbildung im Staat erlangen. Die Regierungspraxis jedoch blieb immer autoritär, auch der VF. gegenüber abgeschottet, und die VF. erreichte weitgehend erst durch korporative und Zwangsmitgliedschaften ihre eher fiktive denn echte, ihrem zahlenmäßigen Gewicht entsprechende Stärke.

Daher konnte sie die für faschistische Parteien in der Bewegungsphase typische weitertreibende und pseudorevolutionäre Funktion nur in einem geringen Maße ausfüllen. Zwischen der in einem doch wesentlich höheren Maße mobilisierten Heimwehr, deren Einfluß Dollfuß innerhalb der VF. begrenzt zu halten wußte, den "illegalen" sozialistischen und kommunistischen Oppositionsströmungen und der dynamischen NS-Bewegung mußte ja jede zu weit gehende Mobilisierung allzu leicht systemsprengend werden. Die VF. litt daher von ihrem Gründungsmoment an schon an diesem unüberwindlichen Widerspruch, der auch dazu führte, daß sie die ihr zugedachten Propagandaaufgaben nur unzulänglich und schematisch und ihre Symbolisierungsfunktion im Regime nur halbherzig erfüllte. Sie produzierte eher Opportunisten und passive Mitglieder, Taufscheinchristen und Postenkleber als begeisterte oder auch nur loyale Anhänger des Regimes. (35) Auch ihre Überwachungs- und Kontrollfunktion konnte sie nur unzulänglich wahrnehmen, wie sich im März 1938 zeigte, als offenkundig wurde, wie viele Mitglieder, selbst Funktionäre der VF., schon die illegale Mitgliedschaft der NSDAP erworben hatten. Die VF. war daher, wie Otto Bauer bereits 1936 feststellte,

"nicht, wie die Faschistische Partei Italiens und die Nationalsozialistische Partei Deutschlands, aus einer völkstümlichen Massenbewegung hervorgegangen, sondern von der Regierung erfunden und gegründet, mit den Gewaltmitteln des Staates den Volksmassen aufgezwungen worden. In Wirklichkeit ist der Faschismus hier nicht das Naturprodukt elementarischer Massenbewegungen und Klassenkämpfe, sondern ein Artefakt, das die gesetzliche Staatsgewalt dem Volke auferlegt hat". (36)

Die VF. beruhte also selbst auf dem Höhepunkt einer von Dollfuß' Persönlichkeit inspirierten partiellen Dynamik 1933/34 in hohem Maße auf Fiktion und bürokratischer Selbstzweckhaftigkeit.

Dasselbe Schicksal war auch der gesamten "berufsständischen Verfassung" des 1. Mai 1934 beschieden. Der Aufbau der ständischen Selbstverwaltungskörper blieb zum Großteil auf dem Papier, nur auf zwei "Berufsstände", die ohnehin schon an der sozialen und politischen Basis des Regimes beteiligte Sozialgruppen repräsentierten, wurden für den "öffentlichen Dienst" und die "Land- und Forstwirtschaft" auch de facto eingerichtet. Die sogenannten vorberatenden Körperschaften blieben ohne reale Bedeutung, der Bundespräsident Miklas amtierte im Abseits, das föderative Prinzip und die Gemeindeautonomie waren ausgehöhlt, der für legislative Aufgaben zuständige "Bundestag" und die an-

deren Organe des "Ständestaates" waren kaum mehr als Akklamations-
gremien, vor denen der Bundeskanzler programmatische Reden hielt. Ein
ausgedehntes Notverordnungsrecht der Bundesregierung, zugeschnitten
auf den Bundeskanzler, akzentuierte noch die autoritär-diktatorischen
Merkmale des "Ständestaates". (37) Noch stärker sollte diese bürokratische Parzellierung eines rudimentären Interessenspluralismus in der letzten Phase des Regimes in Erscheinung treten.

Die soziale Machtbasis der dritten, faschistischen Herrschaftsformen
am (relativ) nächsten kommende Regimephase stellt sich also folgendermaßen dar: Neben dem in der "Vaterländischen Front" aufgegange-
nen Großteil der Christlichsozialen Partei, wodurch vor allem die Unterstützung durch einen Teil der Bauern und durch den katholischen
Klerus gesichert war, kontrollierten die radikalen faschistischen Heim-
wehrflügel, gestützt auf reaktionäre Offiziere und großgrundbesitzende
Aristokratie, außenpolitisch abgesichert durch ihren italienischen Schutz-
herrn, Schlüsselpositionen im Bereich des staatlichen Gewaltmonopols,
zum Teil konterkariert nur durch die eher katholisch-konservative zentrale Staatsbürokratie und das schon von Vaugoin in den zwanziger
Jahren christlichsozial "umpolitisierte" Bundesheer. Regimetypologisch
hielten sich in dieser volldiktatorischen Phase Autoritarismus und Faschismus - einander gegenseitig bremsend – etwa annähernd die Waage,
während der "christlich-ständische" Korporatismus nur in der Ideologie,
nicht in der sozialen Realität eine bedeutende Rolle spielte.

*4.4 Phase der partiellen Defaschisierung und eines bürokratisch erstarr-
ten Korporatismus (Mitte 1936 bis März 1938)*

Seit 1935/36 zwang das Abessinien-Abenteuer Mussolinis das faschistische Italien zu einer Annäherung an Deutschland und zu einem Abbau seiner Präsenz in Österreich und im ganzen Donauraum. Von diesem Zeitpunkt an kam es zu einem raschen Rückgang des Heimwehr-
einflusses im "Ständestaat". Die Auflösung der Heimwehr und aller anderen nicht regimekonformen Wehrverbände und deren Überführung in
eine milizähnliche staatliche Formation markierte 1936 nur den letzten Schritt dieses Prozesses. Sofern überhaupt noch erforderlich, suchte
sich Schuschnigg zunehmend Verbündete aus dem Kreise aristokratisch-
konservativer, zum Teil monarchistisch gefärbter Heimwehrvertreter. In
verstärktem Maße stützte sich Schuschnigg jedoch auf die Zentralbüro-

kratie und den vollends zu quasistaatlichen Bürokratien erstarrenden Funktionärsapparat der VF. und der regimetreuen Verbände sowie auf das Bundesheer. Dem Heer wurden im Juli 1937 auch die Reste der vorher in die "Frontmiliz" überführten Heimwehr eingegliedert. Einerseits trat dadurch die schon erwähnte umfassende Bürokratisierung und Versteinerung des "Ständestaates" ein, andererseits mußte dieser einen zunehmenden, allerdings eng begrenzten verbandlichen und quasipolitischen Pluralismus von offiziellen und halboffiziellen Interessensgruppierungen, "Ständen", "Bünden" und sonstigen Organisationen hinnehmen. Der späte "Ständestaat" ist von einem kaum noch überschaubaren Wirrwarr von Instanzen und Organisationen gekennzeichnet, in dem "ständestaatlicher" Anspruch und systemfunktionale Effizienz weit auseinanderklafften. Nicht zuletzt entstand dadurch ein verhängnsvolles Machtvakuum, gerade als seitens des nationalsozialistischen Deutschland der außenpolitische Druck immer massiver wurde.

Die letzte Phase des "Ständestaates" gab somit in einem gewissen Maße auch der lange in oppositioneller Ablehnung und Distanz verharrenden sozialistischen Arbeiter- und Gewerkschaftsbewegung einen eng begrenzten offiziellen und einigen inoffiziellen Spielraum, sei es in der Einheitsgewerkschaft, in den "Werkgemeinschaften" oder in der VF. (38)

Noch mehr Spielraum erlangte jedoch die sogenannte "nationale Opposition", die nicht nur die nicht- und halböffentlichen Organisationen, sondern auch Teile des Staatsapparats unterwanderte, was schließlich zur kampflosen Kapitulation Österreichs vor den deutschen Ultimaten im März 1938 (39) entscheidend beitrug. Indem der "Ständestaat" immer weniger imstande war, die bäuerlichen und alt- wie neumittelständischen ökonomischen Interessen zu befriedigen und auch keine ideologische Mobilisierung seiner eigenen Anhängerschaften erreichen bzw. riskieren konnte, beschleunigte er ungewollt, vor allem ab 1936, die weitere Ausdehnung der nationalsozialistischen Massenanziehung. Die Einräumung von fast schon legalen Aktionsfeldern für die Nationalsozialisten im "Volkspolitischen Referat" der VF. und in den Sport-, Jugend- und Kulturorganisationen besiegelte die parasitäre Unterwanderung des "Ständestaates" durch österreichische Nationalsozialisten in verhängnisvoller Weise. (40)

Der "Ständestaat" hatte somit logischerweise auch auf dem Höhepunkt des heimwehrfaschistischen Einflusses im Jahre 1934 und trotz zahlreicher institutioneller, verbaler und symbolischer Anleihen beim faschistischen Italien und beim nationalsozialistischen Deutschland nicht dasselbe Ausmaß an terroristischer Unterdrückung, organisatorischer Kontrolle, scheinpartizipatorischer Massenmobilisierung und propagandistischer Beeinflussung erreichen können, wie der italienische Faschismus und der Nationalsozialismus nach der Entfaltung ihrer vollen Macht. Zwar basierten auch diese vollfaschistischen Regime in einem gewissen Grad immer auf einer – wenngleich ungleichen – Kräftekombination einer dominierenden neuen, faschistischen Machtelite mit den traditionalen Oberschichten in Armee und Großgrundbesitz, in der hohen konservativen Bürokratie und in Teilen der Unternehmerschaft, doch die Heterogenität der Diktaturmacht des "Ständestaates" selbst während der letzten Regierungsmonate Dollfuß' war ungleich größer als die des Staates Mussolinis oder Hitlers. Schon allein die Tatsache, daß weder Schuschnigg noch Dollfuß auch nur annähernd dieselbe Machtkonzentration wie ihre Vorbilder erlangen und vergleichbare charismatische Führereigenschaften in den Augen ihrer Untertanen auf sich ziehen konnten, machen die Unterschiede deutlich.

Obwohl der "Ständestaat" im Gefolge des "12. Februar 1934" und des nationalsozialistischen Putsches vom 25. Juli 1934 deutliche Elemente einer harten politischen Tendenz- und polizeilichen Vorbeugejustiz vor allem im Zusammenhang mit der Errichtung von Anhaltelagern (41) entwickelte, war er von der weitgehenden Rechtsunsicherheit und dem unkalkulierbaren Führer- bzw. Parteiabsolutismus des deutschen SS-Staates doch noch entfernt. Mit den Worten Everhard Holtmanns (42):

"Die politisch tonangebende, betont katholische Elite des Ständestaates blieb einem diktatorisch zugespitzten, im Kern konservativ staatsbezogenen Politikverständnis verhaftet. Im Postulat des 'Autoritätsstaates' verschmolz ein teils religiös-missionarisch, teils dezisionistisch begründeter erklärt antidemokratischer Wille zur Macht mit dem Bekenntnis zur ordnenden Funktion tradierter staatlicher Organe."

Daher blieben auch mehr oder minder große, im allgemeinen nach 1934 wieder leicht zunehmende persönliche und soziale Spielräume erhalten, die sich teils unter der Etikettierung "Ständestaat", teils gegen diesen immer wieder selbstregulatorisch Bahn brechen konnten. Beeinflussung und Kontrolle im "Ständestaat" waren nicht "total" im Sinne der vollfaschistischen Länder, kommunistische, sozialistische, dissident-"vaterländische" und christlichsoziale wie nationalsozialistische Oppositionsbewegungen konnten sich halten. Daher wagten weder Dollfuß noch Schuschnigg, außer im März 1938 im Augenblick äußerster Bedrängnis, als es schon zu spät war, Akte plebiszitärer Akklamation, deren Ausgang nur über die Vermittlung einer funktionierenden Massenbewegung, durch ausgedehnten Terror und effiziente Propaganda mit Sicherheit manipulierbar gewesen wäre.

In der Spätphase des Schuschnigg-Regimes waren die regimetypologischen Elemente des dominanten Autoritarismus und des propagandistischen Korporatismus bestenfalls verbal gleichgewichtig, während das faschistische Element in Form der Heimwehr wieder einen deutlichen Gewichtsverlust erfuhr. Die Tatsache, daß der Nationalsozialismus zugleich den "Ständestaat" unterwanderte, reicht nicht aus, von einer bloßen Umfaschisierung (im Sinne des deutschen Faschismus) zu sprechen.

4.5 Diktatur im Spannungsfeld von Faschismus, Autoritarismus und Korporatismus

Der "Ständestaat" insgesamt kann also mit einigem Recht unter die Gruppe jener Diktaturen eingeordnet werden, wie sie in den dreißiger Jahren im Portugal Salazars oder Griechenland Metaxas', teils auch im Spanien Francos vorlagen. Von einem Teil der Geschichtswissenschaft wie von der Politologie werden diese oft als autoritäre Regime bezeichnet; diese können folgendermaßen definiert werden (43):

"politische Systeme mit begrenztem ... politischem Pluralismus, ohne ausgearbeitete und leitende Ideologie, doch mit bezeichnenden Mentalitäten – abgesehen von einigen Punkten ihrer Entwicklung – ohne extensive oder intensive Mobilisierung."

In solchen Systemen übt ein Führer oder gelegentlich eine kleine Führungsgruppe die Macht "innerhalb formell unscharf definierter, doch tatsächlich voraussagbarer Grenzen" aus. Zur Einordnung der Vielfalt von diktatorischen, aber nicht totalitären Regimen im 20. Jahrhundert hat der amerikanische Soziologe Juan Linz eine typologische Reihe (44) von beträchtlichem heuristischem Wert zwischen totalitären Regimen – hier verstanden als vollfaschistische Regimes - einerseits und gänzlich traditionalen Militärdiktaturen andererseits entworfen. Es scheint zweckmäßig, diese Zweidimensionalität, wie schon oben geschehen, zur Dreidimensionalität der Typologie zu erweitern. Ein Diktaturregime wie jenes Dollfuß' und Schuschniggs kann dann durch wechselnde Gewichtungen von drei unterschiedlichen nichtdemokratischen Herrschaftsformen rekonstruiert werden, aus faschistischen, autoritären und korporatistischen Elementen.

Dabei sind drei Dimensionen entscheidend, die auch bei der hier versuchten Beschreibung des österreichischen "Ständestaates" eine bedeutende Rolle gespielt haben: Grad und Typus der Mobilisierung und Partizipation der Herrschaftsunterworfenen, Ausmaß des (begrenzten) politischen Pluralismus und Grad der Ideologie des Regimes. Wie andere korporatistische Regimes der dreißiger Jahre ist somit Österreich selbst während der am meisten faschistisch geprägten Phase des "Ständestaates" hinsichtlich Massenmobilisierung und -partizipation, Durchsetzung eines politischen Monismus und Ausarbeitung einer säkularisierten Ideologie als ein diktatorisches Regime anzusehen, das auf halbem Weg zum totalitären Vollfaschismus noch in Autoritarismus und verbalem Korporatismus steckengeblieben war. In der Endphase unter Schuschnigg machte der "Ständestaat" sodann eine partielle Rückentwicklung – Defaschisierung – durch, indem die ohnehin nur ansatzweise erreichte politische Mobilisierung steigender Apathie wich. Hatte noch Dollfuß eine partielle und kontrollierte Massenmobilisierung angestrebt und teilweise wohl auch erreicht, so war das Regime Schuschniggs eher eine *Demobilisierungsdiktatur*, die zwischen zwei politisch-sozial mobilisierten Großgruppen – der sozialdemokratischen Industriearbeiterschaft und den nationalsozialistischen Mittelständen – zerrieben werden mußte. Zwar gelang es Schuschnigg recht erfolgreich seine gefährlichsten "Lager"-internen und Regime-nächsten Konkurrenten zu überspielen und auszuschalten, doch das Erlahmen der Reste von Dynamik in großen Teilen des katholisch-konservativen "Lagers", eine Konsequenz der zunehmenden Bürokratisierung und Erstarrung der formalen Institutionen, korrespondierte mit einem wachsenden sozialen und halbpolitischen Verbände-Pluralismus. In Wirklichkeit handelte es sich um eine Verengung der sozialen Basis des Regimes, die den Nationalsozialisten bessere Erfolgschancen gab als der Arbeiterbewegung.

(1984)

ANMERKUNGEN

(*) Erweitertes Manuskript eines Vortrages am 22. Juni 1983 am Historischen Seminar der Universität Freiburg i.Br.; erschienen auch (gekürzt) unter dem Titel "Faschismen und faschismusartige Phänomene vor und nach dem '12. Feburar 1934'", in: Gerhard Botz u.a., Februar 1934. WISO Unterrichtsmaterialien Geschichte, Deutsch, Politische Bildung, Heft 1, Linz 1984, 17-33.

(1) Gilbert Allardyce, What Fascism is not: Thoughts on the Inflation of a Concept, in: American Historical Review 84, 1979, 367-388; Bernd Martin, Zur Tauglichkeit eines übergreifenden Faschismusbegriffs. Ein Vergleich zwischen Japan, Italien und Deutschland, in: Vierteljahrshefte für Zeitgeschichte 29, 1981, 48-73; Karl Dietrich Bracher, Zeitgeschichtliche Kontroversen. Um Faschismus, Totalitarismus, Demokratie, München 1976.

(2) Wolfgang Wippermann, Faschismustheorien. Zum Stand der gegenwärtigen Diskussion, Darmstadt 1976; A. James Gregor, Interpretations of Fascism, Morristown N.J., 1974; Renzo De Felice, Die Deutungen des Faschismus, Göttingen 1980; Richard Saage, Faschismustheorien. Eine Einführung, 2. Aufl., München 1977; Helga Grebing, Aktuelle Theorien über Faschismus und Konservatismus, Stuttgart 1974.

(3) Stein U. Larsen u.a. (Hg.), Who Were the Fascists. Social Roots of European Fascism, Bergen 1980; S.J. Woolf (Hg.), The Nature of Fascism, London 1968; Hans-Ulrich Thamer und Wolfgang Wippermann, Faschistische und neofaschistische Bewegungen. Probleme empirischer Faschismusforschung, Darmstadt 1977; Wolfgang Schieder (Hg.), Faschismus als soziale Bewegung. Deutschland und Italien im Vergleich, Hamburg 1976; Walter Laqueur (Hg.), Fascism. A. Reader's Guide. Analyses, Interpretations, Bibliography, London 1976.

(4) Stanley G. Payne, Fascism. Comparison and Definition, Madison, Wsc. 1980, 3 ff.; ders., The Concept of Fascism, in: Larsen, Fascists, 14-25; siehe auch den Beitrag von Francis L. Carsten, in: Erich Fröschl und Helge Zoitl (Hg.), Februar 1934, Wien 1984, und dessen Bücher in Anm. 9.

(5) Ernst Nolte (Hg.), Theorien über den Faschismus, Köln 1976.

(6) Reinhard Kühnl, Formen bürgerlicher Herrschaft. Liberalismus – Faschismus, Reinbek b. Hamburg 1971; ders., Faschismustheorien. Texte zur Faschismusdiskussion 2, Reinbek b. Hamburg 1979; Bernt Hagtvet und Reinhard Kühnl, Contemporary Approaches to Fascism. A Survey of Paradigms, in: Larsen, Fascists, 26-51.

(7) Otto Bauer, Zwischen zwei Weltkriegen?, in: ders., Werkausgabe, Bd. 4, Wien 1976; Karl Renner, Wandlungen der modernen Gesellschaft. Zwei Abhandlungen über die Probleme der Nachkriegszeit, Wien 1953; Gerhard Botz, Austro-Marxist Interpretation of Fascism, in: Journal of Contemporary History 11, 1976, 129-154.

(8) Grete Klingenstein, Bemerkungen zum Problem des Faschismus in Österreich, in: Österreich in Geschichte und Literatur 14, 1970, 1-13; Karl R. Stadler, Austria, in: S.J. Woolf (Hg.), European Fascism, London 1968, 88-100.

(9) Ernst Nolte, Der Faschismus in seiner Epoche, München 1963; F.L. Carsten, Faschismus in Österreich. Von Schönerer zu Hitler, München 1977; ders., Der Aufstieg des Faschismus in Europa, 2. Aufl., Frankfurt a.M. 1969; Ludwig Jedlicka, Die österreichische Heimwehr, in: Internationaler Faschismus 1920-1945, München 1966, 177-200; Willibald Holzer, Faschismus in Österreich 1918-1938, in: Austriaca. Cahiers universitaires d'information sur l'Autriche, numéro spécial 1, Rouen 1978, 69-170.

(10) Payne, Fascism, 107 f.; Hans Mommsen, Theorie und Praxis des österreichi-

schen Ständestaates 1934 bis 1938, in: Norbert Leser (Hg.), Das geistige Leben Wiens in der Zwischenkriegszeit, Wien 1981, 174-192.

(11) Otto Bauer, Um die Demokratie, in: ders., Werkausgabe, Bd. 9, Wien 1980, 303-315; Gerhard Botz, Die historische Erscheinungsform des Faschismus, in: Beiträge zur historischen Sozialkunde 4, 1974, 56-82; ders., Soziale "Basis" und Typologie der österreichischen Faschismen im innerösterreichischen und europäischen Vergleich, in: Faschismus in Österreich und international (Jahrbuch für Zeitgeschichte 1980/81), Wien 1982, 15-56.

(12) Adam Wandruszka, Österreichs politische Struktur, in: Heinrich Benedikt (Hg.), Geschichte der Republik Österreich, 2. Aufl., Wien 1977, 289-485; Rodney T. Stiefbold, Segmented Pluralism and Consociational Democracy in Austria, in: Martin O. Heisler (Hg.), Politics in Europe. Structures and Processes in some Post-industrial Democracies, New York 1974, 117-177; Rudolf Steininger, Polarisierung und Integration. Eine vergleichende Untersuchung der strukturellen Versäulung der Gesellschaft in den Niederlanden und in Österreich, Meisenheim a. Glan 1975; Hans Richhart, Das Entstehen der katholischen Versäulung in Österreich 1887-1907, in: Zeitgeschichte 11, 1983, 69-87.

(13) Gerhard Jagschitz, Faschismus und Nationalsozialismus in Österreich bis 1945, in: Fasismus a Europa. Fascism in Europe. An International Symposium, Bd. 2, Prag 1969, 66-83; Bruce F. Pauley, Hahnenschwanz und Hakenkreuz. Steirischer Heimatschutz und österreichischer Nationalsozialismus 1918-1945, Wien 1972; C. Earl Edmonson, The Heimwehr and Austrian Politics 1918-1936, Athens, Georgia 1978.

(14) Gerhard Botz, Faschismus und Lohnabhängige in der Ersten Republik. Zur "sozialen Basis" und propagandistischen Orientierung von Heimwehr und National-sozialismus, in: Österreich in Geschichte und Literatur 21, 1977, 102-128; Bruce F. Pauley, Hitler and the Forgotten Nazis. A History of Austrian National Socialism, Chapel Hill 1981; Gerhard Jagschitz, Der Putsch. Die Nationalsozialisten 1934 in Österreich, Graz 1976.

(15) Horst G.W. Nusser, Konservative Wehrverbände in Bayern, Preußen und Österreich 1918-1933, 2 Bde., München 1973; Ludger Rape, Die österreichischen Heimwehren und die bayerische Rechte 1920-1923, Wien 1977; Ludwig Jedlicka, Die Anfänge des Rechtsradikalismus in Österreich (1918-1925), in: Wissenschaft und Weltbild 24, 1971, 96-110.

(16) Andrew G. Whiteside, Austrian National Socialism before 1918, The Hague 1962; Gerhard Botz, Strukturwandlungen des österreichsichen Nationalsozialismus (1904-1945), in: Isabella Ackerl u.a. (Hg.), Politik und Gesellschaft im alten und neuen Österreich. Festschrift für Rudolf Neck, Bd. 2, Wien 1981, 163-193.

(17) Siehe Anm. 9 und 14.

(18) Wolfgang Wippermann, Europäischer Faschismus im Vergleich (1922-1982), Frankfurt/M. 1983.

(19) Peter Huemer, Sektionschef Robert Hecht und die Zerstörung der Demokratie in Österreich, Wien 1975; Anton Staudinger, Die Zerstörung der parlamentarischen Demokratie in Österreich, in: Leopold Rettinger u.a. (Hg.), Zeitgeschichte, Wien 1982, 23ff.; Gerhard Botz, Die Ausschaltung des Nationalrates und die Anfänge der Diktatur Dollfuß im Urteil der Geschichtsschreibung von 1933 bis 1973, in: Anton Benya u.a., Vierzig Jahre danach. Der 4. März 1933 im Urteil von Zeitgenossen und Historikern, Wien 1973.

(20) Klaus Jörg Siegfried, Klerikalfaschismus. Zur Entstehung und sozialen Funk-

tion des Dollfuß-Regimes in Österreich, Frankfurt a.M. 1979, S. 77f.; differenzierend hiezu: Emmerich Talos, Das Herrschaftssystem 1934-1938, in: ders. u. Wolfgang Neugebauer (Hg.), "Austrofaschismus", Wien 1984, 267-284.

(21) Otto Bauer, Der Faschismus, in: ders., Werkausgabe Bd. 9, Wien 1980, 873-895.

(22) Karl Haas, Industrielle Interessenspolitik in Österreich zur Zeit der Weltwirtschaftskrise, in: Jahrbuch für Zeitgeschichte 1978, 97-123.

(23) Neben den in Anm. 8 und 20 schon genannten Arbeiten siehe R. John Rath, The First Austrian Republic – Totalitarian, Fascist, Authoritarian, or what?, in: Rudolf Neck und Adam Wandruszka (Hg.), Beiträge zur Zeitgeschichte, Festschrift Ludwig Jedlicka zum 60. Geburtstag, St. Pölten 1976, 163-188; Ulrich Kluge, Staat, Gesellschaft und Wirtschaft in Österreich 1848 bis 1945. Ausgewählte Beiträge historisch-politischer Forschung im Überblick, in: Archiv für Sozialgeschichte 22, 1982, 636 ff.; Karl Dietrich Bracher, "Austrofaschismus" und die Krise der Demokratien, in: Politicum, 5 1980, 49-53; ders., Geschichte und Gewalt. Politik im 20. Jahrhundert, Berlin 1981, 93-105; ferner: Das Juli-Abkommen von 1936. Vorgeschichte, Hintergründe und Folgen, Wien 1976; Rudolf Neck u. Adam Wandruszka (Hg.), Anschluß 1938. Protokoll des Symposiums in Wien am 14. und 15. März 1978, Wien 1981.

(24) Rainar Matthes, Das Ende der Ersten Republik Österreich. Studien zur Krise ihres politischen Systems, Berlin o.J. (1979); Karl Stuhlpfarrer und Leopold Steurer, Die Ossa in Österreich, in: Ludwig Jedlicka und Rudolf Neck (Hg.), Vom Justizpalast zum Heldenplatz, Wien 1975, 35-64; Fritz Weber und Karl Haas, Deutsches Kapital in Österreich, in: Jahrbuch für Zeitgeschichte 1979, 178-189; Norbert Schausberger, Der Griff nach Österreich, 2. Aufl., Wien 1979.

(25) Walter B. Simon, The Political Parties of Austria, phil. Diss., Columbia University, 1957, Kapitel VIII.

(26) Lajos Kerekes, Abenddämmerung einer Demokratie. Mussolini, Gömbös und die Heimwehr, Wien 1966; Karl H. Sailer, Mussolini – Dollfuß. Geheimer Briefwechsel, Wien 1949.

(27) Siegfried Mattl, Agrarstruktur, Bauernbewegung und Agrarpolitik in Österreich 1918-1929, Wien 1981; Ulrich Kluge, Die Agrarpolitik des österreichischen Ständestaates 1934-1938 (maschinschriftliches Referat zum Symposion "Agrarpolitische Probleme der Zwischenkriegszeit" der Wissenschaftlichen Kommission, Wien, 24. und 25. Oktober 1983).

(28) Ludwig Jedlicka, Das autoritäre System in Österreich, in: ders., Vom alten zum neuen Österreich. Fallstudien zur österreichischen Zeitgeschichte 1900-1975, St. Pölten 1975, 215-234.

(29) Ernst Hanisch, Die Ideologie des politischen Katholizismus in Österreich 1918-1938, Salzburg 1977; Harry W. Slapnicka, Oberösterreich: zwischen Bürgerkrieg und Anschluß (1927-1938), Linz 1975; Maximilian Liebmann, Die Kirche in Österreich. Ihr Verhältnis zum Ständestaat, zur NS-Bewegung und ihre Rolle in der Anschlußzeit, in: Politicum 5, 1980, 23 ff.

(30) Klaus-Jörg Siegfried, Universalismus und Faschismus. Das Gesellschaftsbild Othmar Spanns, Wien 1974; Erika Weinzierl-Fischer, Die österreichischen Konkordate von 1855 und 1933, Wien 1960; vgl. weiters Maximilian Liebmann, Die Rolle Kardinal Piffls in der österreichischen Kirchenpolitik seiner Zeit, theol. Diss., Graz 1960.

235

(31) Heinrich Busshoff, Das Dollfuß-Regime in Österreich in geistesgeschichtlicher Perspektive unter besonderer Berücksichtigung der "Schöneren Zukunft" und "Reichspost", Berlin 1968; John Haag, Marginal Men und the Dream of the Reich: Eight Austrian National-Catholic Intellectuals, 1918-1938, in: Larsen, Fascists, 239-248; Martin Schneller, Zwischen Romantik und Faschismus. Der Beitrag Othmar Spanns zum Konservativismus in der Weimarer Republik, Stuttgart 1970.

(32) Gerhard Botz, Gewalt in der Politik. Attentate, Putschversuche, Unruhen in Österreich 1918-1938, 2. Aufl., München 1983; Martin Kitchen, The Coming of Austrian Fascism, London 1980; Anson Rabinbach, The Crisis of Austrian Socialism. From Red Vienna to Civil War 1927-1934, Chicago 1983.

(33) Gerhard Jagschitz, Der Putsch. Die Nationalsozialisten 1934 in Österreich, Graz 1976.

(34) Irmgard Bärnthaler, Die Vaterländische Front. Geschichte und Organisation, Wien 1971.

(35) Gerhard Jagschitz, Der österreichische Ständestaat 1934-1938, in: Erika Weinzierl und Kurt Skalnik (Hg.), Österreich 1918-1938. Geschichte der Ersten Republik, Band 1, Graz 1983, 497-515; Gerhard Jagschitz, Zur Struktur der NSDAP in Österreich vor dem Juli-Putsch 1934, in: Ludwig Jedlicka und Rudolf Neck (Hg.), Das Jahr 1934: 25. Juli, Wien 1974, 9-20.

(36) Bauer, Zwischen zwei Weltkriegen, 157.

(37) Everhard Holtmann, Autoritätsprinzip und Maßnahmengesetz, in: Die österreichische Verfassung von 1918-1938, Wien 1980, 210-222; Oskar Lehner, Autoritäre Züge der ständestaatlichen Rechtsordnung in Österreich, in: Zeitgeschichte 10, 1982, 3-35.

(38) Anton Pelinka, Stand oder Klasse? Die christliche Arbeiterbewegung Österreichs 1933 bis 1938, Wien 1972; Otto Leichter, Zwischen zwei Diktaturen. Österreichs revolutionäre Sozialisten 1934-1938, Wien 1968.

(39) Ulrich Eichstädt, Von Dollfuß zu Hitler. Geschichte des Anschlusses Österreichs 1933-1938, Wiesbaden 1955; Jürgen Gehl, Austria, Germany and the Anschluß, 1931-1938, New York 1963.

(40) Wolfgang Rosar, Deutsche Gemeinschaft, Seyss-Inquart und der Anschluß, Wien 1971; Radomir Luža, Österreich und die großdeutsche Idee in der NS-Zeit, Graz 1977.

(41) Gerhard Jagschitz, Die Anhaltelager in Österreich (1933-1939), in: Jedlicka u. Neck, Justizpalast, 128-150.

(42) Everhard Holtmann, Austrofaschismus als fixierte Idee, in: Zeitgeschichte 6, 1979, 430; ders., Zwischen Unterdrückung und Befriedung. Sozialistische Arbeiterbewegung und autoritäres Regime in Österreich 1933-1938, Wien 1978.

(43) Juan J. Linz, An Authoritarian Regime: The Case of Spain, in: Eric Allard u. Stein Rokkan (Hg.), Mass Politics. Studies in Political Sociology, New York 1970, 255.

(44) Juan J. Linz, Totalitarian and Authoritarian Regimes, in: Fred I. Greenstein u. Nelson W. Polsby (Hg.), Handbook of Political Science, Bd. 3, Reading/Mass. 1975, 277 f.

IX.

WIE ES ZUM "ANSCHLUSS" KAM.
EIN STRUKTURGESCHICHTLICHER URSACHENKATALOG
FÜR DAS JAHR 1938

Wenn man sich heute historisch mit dem Jahr 1938 beschäftigt, dann sollte man sich zunächst darüber klar werden, was die Ereignisse dieses Jahres, der "Anschluß", bedeuten.

Der Anschluß Österreichs an Deutschland war in der Ersten Republik für nahezu alle Österreicher eine Chiffre, die die Lösung des nationalen Problems der Österreicher versprach. Sie versprach aber zugleich auch die Lösung vieler anderer der zahllosen und drückenden Probleme des jungen österreichischen Staates nach 1918, eine Überwindung der wirtschaftlichen Schwierigkeiten, eine Verbesserung der sozialen und innenpolitischen Situation, eine Absicherung des Staates in außenpolitischen Konflikten, ja auch eine Befriedigung gefühlsmäßiger Bedürfnisse, die sich aus der Realität eines Kleinstaates im Kontrast zu vergangener Macht und "Größe" eines Großreiches ergaben. Jedes der drei großen politisch-sozialen "Lager" – Katholisch-Konservative, "Marxisten", "Deutschnationale" - und viele ihrer Teilgruppen verband mit dem Anschluß jeweils andere, oft gegensätzliche Vorstellungen. Gerade deshalb konnte der Anschluß, solange er nicht in die Tat umgesetzt wurde, den Großteil der Österreicher mindestens zeitweise ansprechen, nach der Art einer unverbindlichen Leerformel. In diesem Sinne wird die Bezeichnung Anschluß hier ohne Anführungszeichen gebraucht.

Ganz anders stellt sich der "Anschluß" für viele, gerade die demokratischen Österreicher und die Angehörigen der jüngeren Generationen, aus der Sicht der Zweiten Republik dar: als der von deutschen Ultimaten erzwungene Rücktritt der österreichischen Bundesregierung, als die Besetzung unseres Landes durch die Truppen des nationalsozialistischen Deutschland, als Überwältigung der österreichischen Selbständigkeit, als

Auslöschung sogar des Namens Österreich und all dessen, was daran erinnern konnte, aber auch als Verhaftungswelle gegen Zehntausende politischer Gegner, als entwürdigende Verfolgung aller Österreicher jüdischer Religion und Herkunft, bis zur schließlichen Austreibung und Massenvernichtung der Juden, als Vorspiel zum Inferno des Zweiten Weltkriegs. "Anschluß" in diesem Sinne steht hier konsequent unter Anführungszeichen.

Zweifellos ist die zuletzt umschriebene Sichtweise des Jahres 1938 angemessener als die zuerst skizzierte. Aber schon der weit verbreitete Jubel so vieler Österreicher für den "Anschluß", das "Reich" und den "Führer" bleibt dann unerklärlich. Vielleicht waren die Begeisterten wirklich nur jene 25 bis 35 Prozent, auf die Schuschnigg den Anteil der Nationalsozialisten an der österreichischen Bevölkerung noch Anfang März 1938 geschätzt hatte. Jedenfalls ist aber bisher kein einziges Photo bekannt geworden, das Österreicher beim Einmarsch der Armeen Hitlers mit jenen wut- und schmerzverzerrten Gesichtern festgehalten hätte, wie das im März 1938 in Prag der Fall war. (Am Terror und an der Propagandamanipulation allein kann dies nicht gelegen sein, da diese Elemente faschistischer Herrschaft im Falle der "Erledigung der Rest-Tschechei" mindestens ebenso wirksam waren.) Auch das 99 Prozent-Ergebnis der sogenannten "Volksabstimmung", die von den neuen Machthabern am 10. April zur Scheinlegitimierung des Gewaltaktes veranstaltet wurde, wäre dann nur als simple Fälschung erklärbar, eine Sichtweise, die geschichtswissenschaftlich nicht absicherbar ist und gerade an der Gefährlichkeit faschistischer Herrschaftstechnik vorbeigeht. Noch weniger verständlich wird dann das anfängliche Fehlen fast jeden relevanten Widerstands und dessen erst allmähliches Erwachen ab Herbst 1938.

Daher muß die wissenschaftliche Beschäftigung mit der österreichischen Zeitgeschichte den Schluß ziehen: Weder die eine noch die andere Version allein ermöglicht eine wissenschaftlich fundierte Erklärung des historischen "Anschlusses". Der Anschluß ist sowohl etwas höchst Gewaltsam-Unfreiwilliges als auch etwas freudig Begrüßtes. (Nur vom Frühjahr 1938, nicht vom relativ bald eingesetzten Abflauen der Begeisterung, vom Umschlagen in verbreitete "Reichsmüdigkeit" und Widerstand mutiger Minderheiten ist hier die Rede.)

Beziehen sich diese widersprüchlichen Erscheinungsformen des "Anschlusses" auf staatsrechtliche und nationalstaatliche Kriterien, so sind auch von einem politisch-herrschaftsbezogenen Gesichtspunkt aus die historischen Veränderungen in Österreich im März 1938 keineswegs eindeutig, wenngleich es sich dabei um die Machtübernahme des Vollfaschismus – im Gegensatz zu dem halbfaschistisch-autoritären Regime Dollfuß' und Schuschniggs – handelt. Einerseits vollzog sich ab 12. März 1938 zwar eine Machtübernahme von außen, andererseits aber war die Okkupation des Landes auch von einer Machtübernahme von innen her begleitet, und zwar von einer Machtübernahme von oben und einer von unten. Denn als die deutsche Intervention gegen Österreich anlief, wagten es auch die nationalsozialistischen Anhänger, immer ausgedehntere tumultöse Kundgebungen zu veranstalten, was ihnen wiederum nicht ohne ihr vorausgehendes Eindringen in Verwaltung, Polizei, Bundesheer, politische Monopolorganisationen des "Ständestaates" und in die Wirtschaft im selben Ausmaß möglich gewesen wäre. Doch zweifelsohne wären die Momente des pseudorevolutionären "Umsturzes" und des von Spitzenpositionen in der Regierung (Seyß-Inquart, Glaise-Horstenau) ausgehenden Staatsstreichs ohne die auswärtige Unterstützung des einheimischen Nationalsozialismus kaum wirksam geworden.

Ein Ursachenkatalog des "Anschlusses" hat auf diese unterschiedlichen und oft gegensätzlichen Aspekte einzugehen. Er kann daher auch keine einfache, eindimensionale Erklärung geben, selbst wenn die geforderte Knappheit der Ausführungen stärkere Verallgemeinerungen unvermeidlich macht. Dabei soll nicht die Kette der Ereignisse, die dem "Anschluß" vorausging und mit diesem irgendwie zusammenhängt, bis zum Jahr 1918 und noch weiter zurück verfolgt werden, vielmehr sollen einzelne verursachende Faktoren analytisch herauspräpariert werden. Dabei werden in freier Anwendung des Braudelschen Schemas auf unterschiedlichen Ebenen der Zeitdauer vier Ursachen – richtiger: Ursachenbündel – unterschieden: strukturelle, lang-, mittel-, und kurzfristige Faktoren.

I. Von den strukturellen und über lange Zeiträume hinweg konstanten Ursachenfaktoren sind im Zusammenhang mit dem "Anschluß" vor allem geographische Vorgegebenheiten – das Element der räumlichen Nähe, natürliche Verkehrswege usw. – und sprachliche Gegebenheiten zu nennen. Hier gehört auch das Bestehen einer *kapitalistischen, sich industrialisierenden Wirtschafts- und Gesellschaftsstruktur*, mit deren Entstehung seit dem 18. Jahrhundert die epochale Idee des *modernen Nationalismus* verbunden ist. Denn in dem Maße, als sich die Angehörigen der alten Herrschaftsverbände nicht mehr länger durch Gottgewolltheit der ständischen gesellschaftlichen Hierarchie und Legitimität des Monarchen gebunden fühlten, bedurfte die staatliche Herrschaftsorganisation zu ihrem Zusammenhalt zunehmend nationaler Loyalitäten ihrer Bürger. Dabei spielten die Entstehung eines inneren Marktes, intensivierte Verkehrsbeziehungen, erhöhte soziale Mobilität, aber auch gemeinsame Sprache, Kultur und Religion eine wesentliche Rolle. Wo viele dieser Voraussetzungen der modernen Nationsbildung nicht gegeben waren, erwies sich die nationale Frage im Prozeß der übergreifenden, wenngleich gegenüber Westeuropa verzögerten wirtschaftlich-sozialen und politischen Modernisierung als schwer lösbar.

Dies war auch in der Habsburgermonarchie der Fall. Neben den sprachlichen Unterschieden erwiesen sich hier wirtschaftliche Rückständigkeit, große soziale Ungleichheit, starke absolutistische Traditionen und verzögerte politische Liberalisierung und Demokratisierung als eigentlich integrationshemmende Faktoren. Dadurch auch blieben die Niederlegung der römisch-deutschen Kaiserkrone durch Franz I. (1806) und das Ausscheiden Österreichs aus dem Deutschen Bund (1866) in ihren Auswirkungen auf die Vollendung einer bloß staatlichen Sonderentwicklung beschränkt. Selbst die ökonomisch tragenden Schichten des Bürgertums der deutschsprachigen Länder waren lange Zeit von einer Partizipation am Herrschaftsprozeß ausgeschlossen. Während die konservativen und religiös katholisch gebundenen sozialen Klassen und Gruppen traditionalen Loyalitätsbindungen an "Reich" und Monarchen verhaftet blieben, wurde den mehr oder weniger ausgeschlossenen, fortschrittlichen gesellschaftlichen Faktoren, dem anfänglich liberal-demokratischen, dann nationalkonservativ werdenden Bürgertum und der sozialdemokratischen Arbeiterbewegung, eine zum österreichischen Nationalgefühl führende Identifikation mit dem bestehenden Staat nahezu unmöglich gemacht. Diese Gruppen wandten sich daher der Idee der Sprach- und Kulturnation zu, die schließlich zum geistigen Sprengstoff Österreich-Ungarns werden mußte.

II. Die wichtigsten langfristigen Ursachen des "Anschlusses" hängen mit dem *Ausgang des Ersten Weltkriegs* zusammen.

1. Der Zerfall der Donaumonarchie befriedigte zwar einen großen Teil der nationalen Aspirationen der nicht-deutschen "Nationalitäten", bei den deutschsprachigen Österreichern aktualisierte er aber das bestehende *national-staatliche Identitätsproblem*. Der Großteil der Angehörigen der

am 12. November 1918 ausgerufenen Republik Deutsch-Österreich fühlte sich als Deutsche und erstrebte den sofortigen Zusammenschluß mit Deutschland. Gerade dies aber hätte zu einer wirtschaftlichen und politischen Stärkung Deutschlands geführt, die zu fürchten die Siegerstaaten des Ersten Weltkriegs Grund hatten. Sie sprachen daher in den Friedensverträgen ein striktes Anschlußverbot aus, das auch in der Folge im Zusammenhang mit wirtschaftlichen und finanziellen Stützungsaktionen (1922, 1932) wiederholt wurde. Die nationale Sehnsucht der Österreicher blieb daher unerfüllt.

Alle drei großen politisch-sozialen Gruppen blieben daher durch eineinhalb Jahrzehnte Vertreter der Anschlußidee, am stärksten die deutschnationalen Parteien (vor allem Großdeutsche, Landbund; Nationalsozialisten), am schwächsten und nur halbherzig die Christlichsozialen, die durch den Anschluß die Chance einer habsburgischen Restauration und die Dominanz des Katholizismus gefährdet sahen. In der sozialdemokratischen Arbeiterbewegung, in der es auch eine Strömung gab, die eine wirtschaftliche Verbindung mit den anderen österreichisch-ungarischen Nachfolgestaaten anstrebte, setzte sich nach anfänglichem Schwanken die Idee des Anschlusses durch. Die Vereinigung Österreichs mit Deutschland erschien den Austromarxisten erst der Abschluß der "bürgerlichen Revolution von 1918", ohne deren Vollendung ihnen kein Fortschreiten zur sozialistischen Umgestaltung der Gesellschaft möglich schien.

Es kann deshalb nicht überraschen, daß die Geschichte der ganzen Ersten Republik als eine einzige Abfolge von Wellenbewegungen von Anschluß-Bestrebungen erscheint. Insgesamt lassen sich sechs Anschluß-Wellen unterscheiden, die von jeweils anderen gesellschaftlichen Kräften getragen wurden:

– die proletarisch-sozialistischen Anschlußbestrebungen 1918/19,

– die kleinbürgerlich-bäuerlichen Anschlußversuche in den Bundesländern 1921,

– die bürokratisch-akademischen Angleichungsbestrebungen ab 1925,

– der großbürgerlich-finanzkapitalistische Anschlußversuch des Zollunionsplans von 1931,

– der unter-mittelständische nationalsozialistische "Anschluß"-Versuch auf dem "revolutionären Weg" (Putsch und deutscher Einmarsch) von 1934, und

– der gehoben-mittelständische nationalsozialistische "Anschluß" auf dem "evolutionären Weg" (stille Unterwanderung und Angleichung) 1936-38.

Gingen die ersten Anschlußbestebungen noch überwiegend von Österreich aus, so verlagerten sich die treibenden Kräfte eines Anschlusses, je näher wir zum Jahr 1938 kommen, desto stärker auf das Deutsche Reich, eine Akzentverschiebung, die durch das Stärkerwerden des deutschen Imperialismus (siehe unten) bedingt ist.

Zugleich zeigen diese sechs "Anschluß"-Wellen, die von Perioden nachlassender Anschlußbewegung und relativen Sich-Abfindens im bestehenden kleinstaatlichen Rahmen getrennt sind, daß der "Anschluß" nie bloß "national" motiviert war. Immer auch war er mit sozialpolitischen und intern-machttaktischen Überlegungen (Anschluß etwa an ein sozialistisches oder ein konservatives Deutschland) verknüpft. Das Schutzbedürfnis in einem nach außen starken "Reich" mochte in den Jahren der Abgrenzungskonflikte gegen die ebenfalls neuen Nachbarstaaten berechtigt sein, nach wenigen Jahren außenpolitischer Konsolidierung entpuppte es sich als ein Weiterleben von Großmachtideologie, die im Anschluß Erfüllung und Verwirklichung suchte. Vor allem aber war der Anschluß immer in einem besonderen Ausmaß mit wirtschaftlichen Motiven verbunden.

2. Somit sind – abgesehen von den unmittelbaren Umstellungsschwierigkeiten nach dem Ersten Weltkrieg – auch die wirtschaftlichen Folgewirkungen der *Zerreißung eines relativ einheitlichen Wirtschaftsraumes* als eine der wichtigsten langfristigen Ursachen des "Anschlusses" anzusehen.

Der Großteil der Lebensmittelversorgung des neuen Österreich war von der ungarischen Reichshälfte gedeckt worden. Dagegen befanden sich wichtige industrielle Produktionsstätten, die wie in der Eisenindustrie wiederum auf die Zufuhr von Rohstoffen (Kohle) aus den anderen Teilen des Habsburgerreiches angewiesen waren, auf dem österreichischen Staatsgebiet. Besonders kraß war die Situation nach 1918 in der Textilindustrie. Die Spinnerei-Industrie des alten Österreich hatte ihren Schwerpunkt in Vorarlberg und Niederösterreich, die Webereien lagen zum Großteil in den böhmischen Ländern, die Weiterverarbeitung der Stoffe erfolgte wiederum vorzugsweise im Bekleidungsgewerbe Wiens. Die Wirtschafts- und Zollpolitik der Nachfolgestaaten, die bestrebt waren, eine eigene, außenunabhängige industrielle Basis aufzubauen, zerschnitt mit einem Mal diese vielfältigen Wirtschaftsströme und traf die industrielle Produktion im jungen Österreich schwer.

Nicht weniger zählte das auf dem tertiären Wirtschaftssektor entstehende Ungleichgewicht nach 1918. Auf die österreichische Republik, in der die Metropole des vergangenen Großreichs lag, fielen die wichtigsten Zentren der staatlichen Verwaltung, der Verkehrseinrichtungen, des Großhandels und des Finanzwesens. Viele der alten Zentralen waren in dem Kleinstaat funktionslos oder zu groß dimensioniert. Der Druck zu Personalabbau und Rationalisierung war in Österreich selbst in Perioden relativ günstiger wirtschaftlicher Konjunktur daher äußerst stark.

Fast ständig litt die Wirtschaft der Ersten Republik unter einer strukturellen Krise, fast ständig lag die Arbeitslosenrate über 10 Prozent, auch vor dem Hereinbruch der Weltwirtschaftskrise. Daher auch fand die Vorstellung, Österreich sei von seiner wirtschaftlichen Basis her unvermeidbar nicht lebensfähig, über lange Perioden hinweg starke Verbreitung, eine enge Anlehnung an einen anderen Wirtschaftskörper sei daher für das bloße Überleben seiner Staatsbürger unabdingbar. Diese teils echte, teils selbst suggerierte Notlage der Österreicher machten sich auswärtige Interessen zunutze.

3. Der österreichische Kleinstaat lag von 1918 bis 1938 konstant im Einflußbereich *imperialistischer Bestrebungen* zunächst überwiegend wirtschaftlich-finzieller, dann auch militärisch-politischer Art. Das größte Gewicht kam dabei naturgemäß den beiden unmittelbar an Österreich angrenzenden Großmachtstaaten zu. Solange die Außen-Einflüsse von Deutschland her von Einflüssen der italienisch-westeuropäisch-tschechoslowakischen Interessensgruppierung über- oder ausgewogen wurde, konnte (bzw. mußte) Österreich seine Selbständigkeit wahren. Sobald Österreich immer mehr in die deutsche Interessenssphäre geriet, stand auch seine staatliche Unabhängigkeit in Frage.

Doch schon lange bevor sich die politischen Auswirkungen zeigten, geriet Österreich in den Sog deutscher Wirtschaftsinteressen deren Konstanz Norbert Schausberger wieder besonders herausgestellt hat. Die deutsche Durchdringung Österreichs vollzog sich nach Karl Stuhlpfarrers Studien langfristig auf drei Ebenen:

– auf der Ebene der privaten Wirtschaft durch Kauf, Kapitalbeteiligung und Schaffung sonstiger wirtschaftlicher Abhängigkeit vor allem im Bereich der Schwerindustrie (Alpine-Montan-Gesellschaft),
– auf der Ebene deutscher Wirtschaftsverbände und der im Staatsbesitz befindlichen "Ossa-Vermittlungs- und Handelsgesellschaft" und

– auf der Ebene direkter finanzieller Subventionen solcher Personen und Organisationen, die sich besonders um die Förderung des Anschlusses bemühten. Etwa über das Pressewesen und die Anschluß-Organisationen, wie die einen nur kleinen, aber einflußreichen Kreis ansprechende "Österreichisch-deutsche Arbeitsgemeinschaft" und auf propagandistische Breitenwirkung bedachten "Österreichisch-deutschen Volksbund", strahlte der deutsche Einfluß auch tief in das gesamte wirtschaftliche, politische und kulturelle Verbände- und Parteienwesen Österreichs aus.

Die Anschlußideologie war somit nicht nur etwas spezifisch Österreichisch-Ideologisches, sondern auch etwas von außen konkret-materiell Abgestütztes, das der Festigung eines Österreich-Bewußtseins auch in wirtschaftlich relativ günstigen Jahren entgegenwirkte.

III. Die über einen Zeitablauf von mehreren Jahren sich erstreckenden, mittelfristigen Ursachen des "Anschlusses" hängen mit der *Weltwirtschaftskrise* ab 1929 zusammen, direkt durch die Verstärkung aller schon bestehenden wirtschaftlichen Momente und indirekt durch den auch von anderen Faktoren bedingten Durchbruch *faschistischer oder faschismusähnlicher Kräfte* in vielen Staaten Europas.

1. In Österreich selbst fand diese Tendenz zu antidemokratisch-antisozialistischen Lösungen gesellschaftlicher Krisen ihren Ausdruck im *halbfaschistisch-autoritären "Ständestaat"*. – Den Regierungen Dollfuß und Schuschnigg gelang zwar kurzfristig eine zwangsweise Überwindung der zuvor rapid ansteigenden gesamtgesellschaftlichen Konfliktspannungen und eine vorübergehende Sicherung der ungeteilten Herrschaft konservativer und gegenrevolutionärer politischer Gruppen. Auch führte die Konfrontation mit dem Nationalsozialismus zu einer innenpolitischen Schwächung (und partiellen Ausschaltung) dieser stärksten und ab 1933 nahezu einzigen politischen Triebkraft des "Anschlusses". Zugleich aber untergrub die ständestaatliche Diktatur ihre eigenen Grundlagen, indem sie die sozialistische Arbeiterbewegung politisch entrechtete und sozial benachteiligte und somit deren antifaschistischen Abwehrkräfte nicht für eine Verteidigung Österreichs nutzbar machen konnte.

An sich wären ab 1933 die Chancen günstig gewesen, in Österreich ein staatliches Nationalbewußtsein zu schaffen. Doch alle Versuche Dollfuß' und Schuschniggs krankten daran, daß die soziale Basis des Regimes eben als Diktatur zu schmal war und zwei Drittel der Bevölkerung vom Herrschaftsprozeß ausschloß. (Ausgleichsversuche mit den illegalen Sozialisten und den Kommunisten, die eine breite, nationalen Konsens stiftende Zusammenarbeit befürworteten, erfolgten nur halbherzig oder zu spät.) Und alle Versuche zur ideologischen Absicherung der Selbständigkeit gegen das nationalsozialistische Deutschland waren zum Scheitern verurteilt, da die zu schaffende Österreich-Ideologie auf der These von einem Österreich als dem besseren, zweiten deutschen Staat aufbaute und im Grunde den Deutschnationalismus noch nicht überwunden hatte. Und als *die* Vertreter des deutschen Nationalismus hatten die Nationalsozialisten zu diesem Zeipunkt die stärkere Durchschlagskraft.

Dennoch wurden in der Dollfuß-Schuschnigg-Periode wichtige Schritte auf dem Weg zur Nationswerdung Österreichs getan, und die Selbständigkeit Österreichs blieb wenigstens durch vier Jahre hindurch dem vollfaschistischen Ansturm aus Deutschland gegenüber gewahrt.

2. Auf internationaler Ebene führte der Sieg des Faschismus auch in Deutschland zu einer *beschleunigten Umschichtung des europäischen internationalen Systems.* Von der Saarabstimmung (Jänner 1935) und der Einführung der allgemeinen Wehrpflicht (März 1935) bis zur Aufkündigung des Locarno-Vertrages (März 1936) traten die Grundzüge der national-sozialistischen deutschen Außenpolitik, die auf "nationale Größe" und Eroberung "neuen Lebensraumes" abzielte, immer klarer hervor, ohne daß Deutschland dabei auf den ernsthaften Widerstand der Westmächte stieß.

Für Österreich entscheidend wurde jedoch, daß auch das faschistische Italien in eine expansive Phase eintrat und im Oktober 1935 Abessinien überfiel, was in der weiteren Folge dazu führte, daß es von der Seite der Westmächte immer mehr auf die Hitler-Deutschlands überging. Österreich, das sich unter Dollfuß und Schuschnigg außenpolitisch eng an Italien angelehnt hatte, wurde von Mussolini der sich herausbildenden "Achse Rom-Berlin" geopfert. Die deutsche Politik erhielt daher seit 1936 immer größeren Spielraum in der Österreich-Frage.

3. Die forcierten militärischen Aufrüstungen Deutschlands, die eingeschlagene Autarkiepolitik und der Vierjahresplan von 1936 schufen und verschärften im Deutschen Reich eine empfindliche *Rohstoff- und Versorgungskrise,* die im bisherigen außenpolitischen Rahmen nur unter Aufgabe oder doch Drosselung der Kriegsvorbereitungen behoben hätten werden können. Das Dritte Reich schlug jedoch einen anderen Weg zur Lösung seiner internen Schwierigkeiten ein, den Weg *beschleunigter wirtschaftlicher Expansion* vornehmlich nach Südosteuropa. Und die volle

rüstungswirtschaftliche Nutzung des südosteuropäischen Wirtschaftspotentials bedurfte als Vorbereitung und Ergänzung der politischen und militärischen Expansionen. Österreich verfügte über eine Reihe all jener wirtschaftlichen Schätze, die in Deutschland knapp geworden waren: Rohstoffe (vor allem Holz, Eisenerz, Magnesit), vorerst kaum genutzte Energieträger wie Wasserkraft und Erdöl, große Gold- und Devisenreserven, freie industrielle Produktionskapazitäten und ein infolge der hier nur zögernden Überwindung der Weltwirtschaftskrise noch ungenütztes Potential an qualifizierten Arbeitskräften. Österreich kam daher als erste Etappe und Sprungbrett bei der Verwirklichung der im deutschen Führungskreis immer häufiger diskutierten Expansionspläne ("Sonderfall Otto" gegen eine Habsburger-Restauration in Österreich, "Hoßbach-Protokoll" vom November 1937 usw.) eine steigende Bedeutung zu.

4. Der deutsche wirtschaftliche und politische Druck fand daher im *"deutschen Weg"*, den Österreich mit dem Juli-Abkommen von 1936 einschlug, seinen offenen Niederschlag. Österreich erhielt zwar durch dieses Abkommen politisch und wirtschaftlich einige kurzfristige Zugeständnisse, aber längerfristig beraubte es sich dadurch der letzten Möglichkeiten einer wirksamen Bekämpfung des Nationalsozialismus, der in der Folge den "Ständestaat" unterwandern konnte und immer weniger illegal zu operieren brauchte.

IV. Aus dem Zusammenwirken der zuvor genannten mittelfristigen "Anschluß"-Faktoren ergab sich 1937 und Anfang 1938 eine gefährliche *Beschleunigung* der außen- und innenpolitischen "evolutionären" Entwicklung in der Österreich-Frage. Daraus gingen jene auslösenden, eigentlich nur noch beschleunigenden Ereignisse hervor, die üblicherweise als Vorgeschichte des "Anschlusses" angeführt werden und die doch nur erklären, warum sich der "Anschluß" gerade im März 1938 ereignete. Die wichtigsten Etappen dieser Ereigniskette sind:

1. Der Versuch Schuschniggs, am 12. Februar 1938 in Berchtesgaden mit Hitler zu einem Übereinkommen über das weitere Schicksal Österreichs zu kommen: Die wirtschaftlichen, außenpolitischen, militärischen und kulturpolitischen Bestimmungen dieses *Berchtesgadener Agreements* machten Österreich vollends zu einem deutschen Satelliten, der an eine Schlüsselstelle seines Staatsapparats einen nationalsozialistischen Vertrauensmann, Seyß-Inquart, als Innen- und Sicherheitsminister aufnehmen mußte. Daraus resultierte

2. eine neuerliche Verstärkung der nationalsozialistischen Aktivitäten in Österreich bis zu einer Art *Doppelherrschaft*. Die Nationalsozialisten konnten bei Demonstrationen und Propagandaaktionen immer offener in Erscheinung treten. Als es Anfang März vor allem in der Steiermark, aber auch in anderen Bundesländern zu stürmischen Demonstrationen kam, schien eine Erhebung von unten bevorzustehen. Da Österreich durch den "deutschen Weg" und die Diktatur außenpolitisch isoliert und ihm die Hände gebunden waren und der Exekutionsapparat nationalsozialistisch unterwandert war, glaubte Schuschnigg die Flucht nach vorne antreten zu müssen, durch

3. die schlagartige *Ankündigung einer Volksbefragung*. Am 13. März sollte sich das österreichische Volk in einem Akt plebiszitähnlicher Akklamation für die Unabhängigkeit Österreichs aussprechen und der Politik Schuschniggs neuen Spielraum, wenn auch bloß für kurze Zeit, verschaffen. Diese Rechnung ging jedoch nicht auf, da die deutsche Staatsführung den für sie ungünstigen und von den Manipulationsmöglichkeiten des autoritären Regimes bestimmten Ausgang dieser Volksbefragung nicht hinzunehmen bereit war. Da dieser Volksbefragungsplan auch vorzeitig nach Deutschland verraten worden war, Schuschnigg aber eine Absprache mit den Westmächten und rechtzeitige Verhandlungen mit den illegalen linken Oppositionsgruppen versäumt hatte, konnte Hitler am 11. und 12. März 1938 einen improvisierten blitzartigen Schlag gegen Österreich durchführen.

In kürzester Weise gelang dem Nationalsozialismus in Österreich die von dem Großteil der Bevölkerung post factum begrüßte oder doch hingenommene Machtübernahme von außen, von oben und von unten. Dieser Vorgang und der Prozeß des Wiedererwachens und der Festigung österreichischen Selbstbewußtseins sind nicht mehr Thema dieses Beitrags.

V. Anstelle einer Zusammenfassung der Ursachen, die für den "Anschluß" verantwortlich zu machen sind, seien abschließend einige offene oder – nach meinen bisherigen Ausführungen – bloß rhetorische Fragen gestellt, die den tatsächlichen historischen Ablauf erst voll verständlich machen:

– Ist die Schaffung eines gefestigten Staatsbewußtseins und ein erfolgreicher Nationsbildungsprozeß möglich ohne starke Elemente politischdemokratischer Partizipation der Bevölkerungsmehrheit und ohne ein

Minimum an Ausgleich sozialer Unterschiede und wirtschaftlicher Lasten?

– Wäre eine nationale Selbstfindung Österreichs nach 1918 in einer prosperierenden Wirtschaft, wie sie die Zweite Republik 30 Jahre lang ausgezeichnet hat, möglich gewesen?

– Wäre ein "Anschluß" unter der gegebenen außenpolitischen Situation möglich gewesen, wenn alle nicht direkt nationalsozialistischen Teile der Bevölkerung ein gefestigtes Österreich-Bewußtsein besessen hätten, also wenn nur die deutschen wirtschaftlichen und militärischen Expansionstendenzen wirksam gewesen wären?

– "Machten" diese imperialistischen Bestrebungen die Anschluß-Bewegung oder benützten sie sie nur als zusätzliches Instrument?

– Wäre im März 1938 eine bewaffneter Widerstand Österreichs unter den gegebenen politischen und ideologischen Verhältnissen noch erfolgversprechend und überhaupt noch im individuellen Ermessen der autoritären Staatsführung gewesen?

– Und ab wann war der "Anschluß" unvermeidlich, ab 1918, ab 1934, ab 1936 oder erst ab Februar 1938?

(1978)

X.

SCHUSCHNIGGS GEPLANTE "VOLKSBEFRAGUNG" UND HITLERS "VOLKSABSTIMMUNG" IN ÖSTERREICH. EIN VERGLEICH

Vom Standpunkt österreichischer Unabhängigkeit und Freiheit aus kann es über die Wertung der vom autoritär-"ständestaatlichen" Österreich für den 13. März geplanten, jedoch nie durchgeführten "Volksbefragung" im Vergleich mit der zur Scheinlegitimierung der nationalsozialistischen deutschen Okkupation des Landes durchgeführten "Volksabstimmung" vom 10. April 1938 keine Zweifel geben.

Wenn in diesem Beitrag dennoch versucht wird, einige Aspekte der beiden Plebiszite, ihre ideologischen und gesetzgeberischen Grundlagen, die Elemente der propagandistischen Beeinflussung, die Modalitäten der verwaltungstechnischen Durchführung und ihr erwartetes bzw. wirkliches Ergebnis vergleichend einander gegenüberzustellen, so bedeutet dies weder die Abgabe eines politischen Globalurteils noch eine umfassende Analyse der beiden plebiszitären Akte.

Verglichen wird hier nicht "Faktisches" mit "Fiktivem", sondern nur gesellschaftliche Tatbestände (Erlässe, Verordnungen, organisatorische Vorkehrungen, politische Strukturen, Ideologien) des autoritären Regimes mit der nationalsozialistischen Diktatur, jeweils entlang ihrer entsprechenden Dimensionen, wobei es keinen grundsätzlichen Unterschied macht, ob die "Volksbefragung" wirklich durchgeführt wurde oder nicht. Nur der Vergleich der zahlenmäßigen Ergebnisse der beiden Plebiszite erreicht das Feld "kontrafaktischer" Fragestellung. Ansonsten handelt es sich um eine vergleichende Fallstudie zum Funktionieren diktatorischer Regime.

249

1. Vorgeschichte

Die Idee zur Durchführung der beiden Plebiszite geht auf gemeinsame historische Wurzeln zurück. Wenn man die 1921 in Tirol und Salzburg durchgeführten und in weiteren Bundesländern vorbereiteten oder geplanten Anschluß-Volksabstimmungen außer acht läßt, so kann man eine lockere Kontinuität von wiederholten Erörterungen und Plänen zur plebiszitären Klärung des österreichischen Verhältnisses zum nationalsozialistischen Deutschland bis ins Jahr 1934 zurückverfolgen. (1) Vor allem von den in- und ausländischen Nationalsozialisten wurden immer wieder eine Volksabstimmung und die gesetzgeberische Konkretisierung der in der Verfassung von 1934 festgehaltenen Möglichkeiten solcher Willenskundgebungen verlangt. Auch innerhalb des "ständestaatlichen" Regimes gab es Stimmen, die den Einbau plebiszitärer Elemente in die autoritär-diktatorische Regierungspraxis verlangten, sei es weil sie noch demokratischen Traditionen der ehemaligen Christlichsozialen Partei anhingen, sei es weil sie sich dadurch eine faschismusähnliche Breitenmobilisierung der Bevölkerung und eine Stärkung der "Vaterländischen Front" (VF.) erwarteten. Je schwieriger die außenpolitische Lage Österreichs seit 1936 wurde, umso stärker trat die Tendenz hervor, durch ein Plebiszit Klarheit bezüglich der inneren aud äußeren Lage zu schaffen. Auch am 12. Februar 1938 hatte Hitler in Berchtesgaden dem österreichischen Bundeskanzler den Vorschlag gemacht, die Österreicher in einer Volksabstimmung über die Frage Schuschnigg oder Hitler entscheiden zu lassen. Ebenso wiederholte Hitler am 3. März dem britischen Botschafter Neville Henderson gegenüber, "es müsse letztes Endes in Österreich das Volk selbst befragt werden." (2)

Schuschnigg lehnte ein solches Plebiszit aber ebenso ab, wie er noch in der ersten Landesführertagung der VF. nach "Berchtesgaden" um den 18. Februar eine abwartende Haltung einnahm, als aus den eigenen Reihen diesbezügliche Forderungen erhoben wurden. Immerhin erteilte er dem VF.-Generalsekretär Guido Zernatto den Auftrag, die Voraussetzungen zu klären und Vorschläge für eine kurzfristige Durchführung auszuarbeiten. Doch als Ende Februar statt der vom "Berchtesgadener Abkommen" erhofften Entspannung eine weitere Zunahme des äußeren und inneren Druckes auf Österreich offenbar wurde und sich der Einbau der Nationalsozialisten in den Staat als der Beginn einer immer bedrohlicher werdenden Doppelherrschaft herausstellte, glaubte auch Schusch-

nigg, einen plebiszitären Akt, der den österreichischen Selbstständig-
keitswillen vor aller Welt bekräftigen würde, wagen zu sollen. Am 4.
März fiel laut Schuschnigg die endgültige Entscheidung, am 6. März,
eine "Volksbefragung" vorzubereiten. Die "ständestaatliche" Führungsspitze erwartete, durch dieses schlagartige Vorgehen eine massive politische Einflußnahme seitens des Deutschen Reiches und ein volles Wirksamwerden der übermächtig eingeschätzten nationalsozialistischen Propaganda unterlaufen zu können; eine Rechnung die, wenn überhaupt, nur
aufgehen konnte, wenn die vorbereitete "Volksbefragung" nicht vorzeitig
in Berlin bekannt würde. (3)

Eben dies war nicht der Fall. Über zwei Kanäle gelangten schon am 7.
März detaillierte Nachrichten über die Parole und die vorgesehenen Modalitäten der Abstimmung zu Hitlers Kenntnis. An die bekannte Rede
Schuschniggs am 9. März schloß sich eine erste Verlautbarung der VF.
über die Durchführung der "Volksbefragung" an. Eine bundeseinheitli-
che gesetzliche Regelung unterblieb jedoch. Vielmehr gaben am 9. und
10. März die Landeshauptleute inhaltlich ähnliche, textlich jedoch stark
differierende Verordnungen zur Durchführung des Plebiszits heraus.

Hitler erkannte sofort, daß unter den gegebenen Umständen die "Volksbefragung" eine Abstimmungsmehrheit gegen einen nationalsozialistischen Anschluß bedeutet hätte. Er hatte zwar - trotz der zur Expansion
drängenden wirtschaftlichen und politischen Situation des Dritten Reiches – aus außenpolitischen Überlegungen den "evolutionären Weg" bis
dahin in der Österreich-Frage einer offenen Intervention vorgezogen, da
ihm Österreich in absehbarer Zeit "so oder so" zugefallen wäre. Nun
wurde er dadurch nicht nur zum blitzartigen Handeln herausgefordert;
er erhielt durch den Verrat in den österreichischen Reihen auch wertvolle
Zeit zur Vorbereitung seines Schlages gegen Österreich. (4)

Die Einzelheiten des Ereignisablaufs bis zum 12. März sind zu bekannt, als daß sie hier in ihrer Bedeutung für den "Volksbefragungsplan" Schuschniggs angeführt werden müßten. Obwohl Schuschnigg am
10. und 11. März eine Anzahl der von den Nationalsozialisten erhobenen
Einwände gegen Unkorrektheiten in der technischen Durchführung des
Plebiszits berücksichtigte und am frühen Nachmittag des 11. März die
"Volksbefragung" überhaupt absagte, waren deutscher Einmarsch und
nationalsozialistische Machtübernahme nicht mehr abzuwenden. (5)

War die Entwicklung des Plans der "Volksbefragung" Schuschniggs
und der techischen Details vom 4. bis 11. März keineswegs geradlinig und

widerspruchsfrei verlaufen, so lassen sich auch einige – wenngleich wesentlich weniger - gegensätzliche Momente in der Vorbereitungsphase der "Volksabstimmung" am 10. April 1938 erkennen, Probleme, die in der später folgenden vergleichenden Analyse der beiden Plebiszite berücksichtigt werden sollen.

Die Vorgeschichte der "Volksabstimmung" deckt sich mit der von Schuschniggs Plebiszit, nur daß von deutscher und österreich-nationalsozialistischer Seite damit die Vorstellung eines Ausgangs in ihrem Sinne verknüpft war. Die unmittelbar auf die "Volksabstimmung" hinführenden Schritte begannen mit der Ankündigung einer "wirklichen Volksabstimmung" in der Proklamation Hitlers, die zum Einmarsch am 12. März um 12 Uhr im Rundfunk verlesen wurde. (6) War dieses Plebiszit anfänglich noch zur Sanktionierung einer damals vorübergehend aktuellen, blossen Personalunion der deutschen und österreichischen Staatsspitze in der Person Hitlers gedacht, so diente es ab dem 13. März der Scheinlegitimierung der vollständigen staatsrechtlichen Vereinigung, wie sie im "Anschlußgesetz" desselben Tages festgelegt wurde. (7) Am selben Tag schon beauftragte Hitler den Experten der Saarabstimmung, Josef Bürckel, mit der Reorganisation der NSDAP in Österreich und der Vorbereitung der "Volksabstimmung", eine Aufgabe, die rasch die gesamte politische Entscheidungsbefugnis in Österreich nach sich ziehen sollte. (8)

Bezog sich die Festsetzung einer "Volksabstimmung" im "Anschlußgesetz" und in der Regierungsverordnung dazu vom 5. März auf einen plebiszitären Akt nur in Österreich, so trat am 18. März insofern eine Änderung ein, als Hitler auch für Deutschland eine "Volksabstimmung" und eine "Reichstagswahl des Großdeutschen Volksreiches" anordnete. Dadurch ergab sich die Notwendigkeit, die ursprüngliche gesetzgeberische Regelung in mehreren Schritten abzuändern und zu ergänzen, ein Vorgang, der am 1. April durch die Wiederverlautbarung der novellierten Abstimmungsverordnung zum Abschluß kam. Überwiegend auf diesen Stand bezieht sich der folgende Vergleich.

2. IDEOLOGISCHE UND GESETZGEBERISCHE GRUNDLAGEN

Sowohl das Dritte Reich wie die "ständestaatliche" Verfassung von 1934 kannten die Einrichtung der "Volksabstimmung". Zusammen mit anderen scheindemokratischen Elementen steht dieses plebiszitäre Prinzip in einem von den rechtfertigenden Denken faschistischer und autoritärer Herrschaft schwer zu lösenden Widerspruch zum dominanten Führerprinzip. Dennoch erfüllen solche Momente plebiszitärer Akklamation oder "berufsständisch" reduzierte Scheinwahlen eine wichtige Funktion in totalitär-faschistischen Diktaturen und eher traditional-autoritären Regimen. Denn nichtdemokratische Herrschaft läßt sich in relativ modernen kapitalistischen Industriegesellschaften nicht mehr ohne Rückgriff auf ideologisch legitimierte Herrschaft aufrechterhalten. Entsprechend dem unterschiedlichen Grad politisch-gesellschaftlicher Modernisierung und vorhergehender Demokratisierung im Österreich und Deutschland der Zwischenkriegszeit spielten Akte plebiszitärer Scheinlegitimation autoritärer Führerentscheidungen im "berufsständischen" Herrschaftssystem Dollfuß' und Schuschniggs und im vollfaschistischen Terror-Regime Hitlers jedoch eine unterschiedliche und eine unterschiedlich dominante Rolle.

In der österreichischen Verfassung von 1934 war wohl im Artikel 65 (auch in Art. 34) die Einrichtung der Volksabstimmung vorgesehen (9), doch erschienen niemals die notwendigen ausführenden Gesetze hiezu. Diese Möglichkeit einer Anteilnahme des Staatsvolks am politischen Herrschaftsprozeß – die im übrigen nur rudimentär verwirklichte Teilnahme des in den "Berufsständen" organisierten Bevölkerungsteils und das kaum "Wahl" zu nennende Bestellungsverfahren des Bundespräsidenten bleiben hier außer Betracht – war nur auf drei eng umschriebene Fälle begrenzt. Der Bundespräsident konnte eine Volksabstimmung über Beschluß der Bundesregierung nur anordnen, wenn der Bundestag eine Gesetzesvorlage (im materiellen Sinn) abgelehnt hatte und somit ein Widerspruch zu dem autoritären Gesetzgebungsanspruch der Bundesregierung, der sich aus dem nicht einmal voll berufsständisch-repräsentativen Gesetzgebungs-"Recht" des Bundestags ergab, aufgetreten war; ferner: wenn es um die Beschlußfassung eines bestimmten Gesetzesentwurfs unter Ausschaltung des Bundestags und schließlich, wenn es um die Einholung einer grundsätzlichen Entscheidung über eine bestimmte Frage der Bundesgesetzgebung ging. (10)

Dieses Instrument ist deshalb nicht als demokratische Einrichtung aufzufassen, weil das Volk nur als von der autoritären Regierung berufenes Hilfsorgan tätig werden konnte und dieser Vorgang voll in die autoritärstaatliche verfassungsrechtliche Konstruktion eingebunden war. (11) Insofern handelt es sich um eine Einrichtung, die – zwar anders als im

Dritten Reich – herrschaftsfunktional gesehen dennoch der "Reichstags-wahl" und der "Volksabstimmung" in der Verfassungswirklichkeit des Dritten Reiches entsprach.

Niemals kam eine dieser Möglichkeiten der "Volksabstimmung" von 1934 bis 1938 in Österreich zur Anwendung. Auch das von Schuschnigg vorgesehene Plebiszit berief sich, abgesehen von anfänglichen Überlegungen, nicht auf Artikel 65, da keiner der darin vorgesehenen Fälle zutraf oder aus politischen Erwägungen herangezogen werden sollte. Sein Inhalt betraf gemäß der Interpretation der Regierung das Gesamtprogramm der Regierung. Den Verfassungsexperten des "Ständestaates" erschien daher die Berufung auf die im Artikel 93 der Bundesverfassung von 1934 aus-gesprochene Richtlinienkompetenz der Politik durch den Bundeskanz-ler ratsamer. Daher wurde nur in der am 7. März beschlossenen, ersten Version der Durchführungsbestimmungen von einer "Volksabstimmung", später und in der Öffentlichkeit, so schon am 9. März in Innsbruch, je-doch nur von einer "Volksbefragung" gesprochen.

Mit dieser Konstruktion meinte man, jeder (ernsthaften) Anfechtung der Verfassungsmäßigkeit der "Volksbefragung" vorgebeugt zu haben (12), was die Nationalsozialisten aber nicht davon abhielt, den Vorwurf des Verfassungsbruchs gemäß Artikel 65 zu erheben. (13) Überdies bedeu-tete eine "Volksbefragung" gemäß Artikel 93, daß die Staatsführung, abgesehen von einer "moralischen" Wirkung, gleichgültig welches Er-gebnis erzielt wurde, keinerlei bindende Handlungsvorschriften aus dem Plebiszit abzuleiten brauchte. Und schließlich spielte keine geringe Rolle, daß Schuschnigg auf diese Weise die Durchführung der "Volksbefragung" dem sonst dafür zuständigen Sicherheitsminister, Seyss-Inquart, und damit einer direkten nationalsozialistischen Einflußnahme entzog. Die "Volksbefragung" sollte daher auch nicht gesamtstaatlich, sondern nur von allen Bundesländern gleichzeitig durchgeführt werden. Die Wahl-verordnungen erfolgten durch die einzelnen Landeshauptmänner über Weisung des Bundeskanzlers gemäß Artikel 117, Absatz 1 (14) der Ver-fassung.

Anders als im noch von nennenswerten rechtsstaatlichen Elementen gekennzeichneten autoritären Regime in Österreich, das sich nicht zu-fällig auch eine Verfassung gegeben hatte, kam es im Dritten Reich niemals zu einer grundlegenden verfassungsrechtlichen Gesamtregelung. Die tendenziell totalitäre nationalsozialistische Herrschaft kam daher mit einer Ausnutzung und parasitären Erosion der bestehenden Institutionen und mit Einzelmaßnahmen aus (15), ja darin lag ein besonderes Charakteristikum der nationalsozialistischen Herrschaftstechnik überhaupt. Hitlers "Wahlen" und "Volksabstimmungen" konnten daher auf einer formalrechtlichen Basis erfolgen, die sich, wenngleich modifiziert, von der Weimarer Republik herleitete. (16) Sie waren in ihrer Praxis dadurch um nichts demokratischer als die scheindemokratischen Elemente traditional-autoritärer Herrschaftsformen, im Gegenteil. Aber daß die Bevölkerung in den ersten fünf Jahren nach Hitlers Machtübernahme fünfmal zur Stimmabgabe befohlen worden war, galt als höchster Ausdruck "wahrer", "völkischer Demokratie". Daraus resultierte auch die bald in Österreich demonstrierte Perfektion der Beeinflussung und organisatorischen Kontrolle der Abstimmenden und die oberflächlich eindrucksvolle, gut bürokratische und pedantische Regelung aller technischen Einzelheiten der Durchführung. (17)

Obwohl die Rechtsgrundlagen dieser pseudoplebiszitären Akklamationsakte die deutsche Staatsführung, streng genommen, stärker als die autoritäre Regierungsspitze in Österreich an den Willen des Volkes gebunden hätte, verschaffte die von der dominanten naionalsozialistischen Staatsrechtslehre etwa Ernst Rudolf Hubers besonders massiv formulierte, allerdings nicht ganz unangefochtene (18) Doktrin vom Führerrecht Hitler eine praktisch unbeschränkte Entscheidungsfreiheit, unabhängig von eventuell anders lautenden Entscheidungen des Staatsvolks. Volksbefragungen waren in der deutsch-faschistischen Verfassungslehre eingestandenermaßen nur eine "Gelegenheit, ein vertrauendes Bekenntnis zum Führer und zu seinen politischen Entscheidungen abzulegen".

"Zum Wesen des Führers gehört, daß er die letzte politische Entscheidung nicht abgeben kann. Durch die Volksbefragung wird der Führer kein bloßer Exponent des abstimmenden Volkes ... Die Volksbefragung hat den Sinn, den Willen des Führers nach außen zu kräftigen und deutlich als Willen der völkischen Einheit in die Erscheinung treten zu lassen. Der eigentliche Willensträger des Volkes aber bleibt der Führer selbst. Auch wenn sich das abstimmende Volk gegen ihn wendet, ist er es, der die objektive Sendung des Volkes verkörpert. Er braucht daher vor den in der Abstimmung zutage tretenden Meinungen und Bestrebungen nicht zurückzuweichen." (19)

Auf dieser "verfassungsrechtlichen" und herrschaftsideologischen Basis erfolgte auch die "Volksabstimmung" vom 10. April 1938. Ihr Ergebnis war also für das Dritte Reich nicht aus bloß praktisch-machtpolitischen

Gründen von vornherein für das weitere Schicksal Österreichs bedeutungslos.

3. Propaganda

Allein durch die unterschiedliche Dauer der zur Verfügung stehenden Vorbereitungszeit auf den Abstimmungsakt mußten sich, ganz abgesehen vom ganz anderen Charakter des jeweiligen Diktatorregimes, beträchtliche Unterschiede in der Intensität der Propaganda und im Ausbau der Propagandaorganisation ergeben. Was aber noch mehr ins Gewicht fiel, ist die Tatsache, daß, im Gegensatz zur "Volksbefragung", hinter der Propagandaaktion zur "Volksabstimmung" das ganze finanzielle Gewicht des Deutschen Reiches stand. Der Volksabstimmungsbeauftragte Hitlers, Bürckel, konnte auf nahezu unbegrenzte finanzielle Mittel zurückgreifen. Allein vom Reichsfinanzminister wurden 12 Millionen Reichsmark und von der NSDAP-Reichsleitung weitere 5,1 Millionen Reichsmark zur Verfügung gestellt. (20) Wie viele Millionen erst aus Österreich selbst herausgepreßt wurden, ist nicht bekannt.

So gelang es dem Nationalsozialismus auch, den wirklich einzigen Sektor der Propagandakampagne, in dem er von Anfang an der VF., die der Hauptträger der Schuschniggschen Propaganda für den 13. März war (21), gegenüber im Nachteil war, zu seinem Vorteil zu bewältigen: den Bereich der Propagandaorganisationen. Während der nicht allzu effizient arbeitende Apparat der VF. in der knappen Woche vor dem 13. März trotz einiger geheimer Vorbereitungen häufig auf Improvisationen zurückgreifen mußte, ging Bürckel systematisch an seine Aufgabe heran, innerhalb weniger Tage aus dem losen und zerstrittenen Netz der illegalen "nationalen Opposition" ein schlagkräftiges Intrument zu schaffen, zugleich auch das Gerüst für die erst später zu reorganisierende NSDAP. Diese Wahlorganisation ähnelte in ihrem hierarchischen Aufbau der Parteiorganisation, angefangen vom Amt des Volksabstimmungsbeauftragten mit Bürckel und Friedrich Rainer als Organisationsleiter an der Spitze, über die "Gauwahlleiter" und "Kreiswahlleiter" bis zu "Orts-, Block- bzw. Zellen-Wahlvertrauensmännern" hinab. Ja, die Wahlorganisation verzweigte sich noch eine Stufe tiefer als die NSDAP: in den städtischen Miethäusern gab es noch "Haus-Wahlvertrauensmänner (-frauen)". (22) Die Aufgabe dieses dichten Netzes war es, den "letzten Volksgenossen" zum Bekenntnis zu "Großdeutschland" zu gewinnen, durch Informationen über den Ablauf der Wahl, durch Hinweise auf bevorstehende Propagandaveranstaltungen und Rundfunksendungen, durch Beeinflussung im (wiederholten) persönlichen Gespräch, durch Kontrolle über die Stimmabgabe und durch einen Schleppdienst am "Abstimmungs"-Tag. (23) Da alle andere Parteiarbeit zurückgestellt werden mußte und viele neue Nationalsozialisten ("Märzveilchen") ihre Überzeugung erst unter Beweis stellen wollten (24), arbeitete dieser Apparat auf allen Ebenen tatsächlich mit höchstem Einsatz.

Nicht ganz so gravierend war der Unterschied im Bereich der Propagandamittel. Wenngleich sich auch Schuschnigg moderner technischer Mittel, wie der Lautsprecher- und Rundfunkübertragungen, bediente, allein infolge der Ungleichheit der Menge der zur Verfügung stehenden Geräte und finanziellen Ressourcen mußte er dem nationalsozialistischen Apparat weit unterlegen sein. In bisher beispielloser Weise kamen in den Wochen vor dem 13. März bis zum 10. April Rundfunk, Lautsprecher, Abwerfen von Flugzetteln durch Flugzeuge neben den älteren Medien Flugblatt, Plakat, Broschüre und Presse bei der Verbreitung der Propagandaparolen zum Einsatz. Aber auch raffinierte psychologische Methoden politischer Beeinflussung, wie Hausbesuche durch NS-Frauenschafts-Frauen, Indoktrination der Eltern über den Umweg ihrer schulpflichtigen Kinder und bewußt lancierte "Flüsterpropaganda", ergänzten das herkömmliche Mittel der Massenversammlung.

Eine ganz spezifische Leistung des Nationalsozialismus lag jedoch in der Regie der ganzen Propagandakampagne. (25) Nicht umsonst hatte sich die Tätigkeit der NSDAP schon in der demokratischen Periode in unzähligen Wahlkämpfen und "Werbefeldzügen" ganz überwiegend auf die Propaganda konzentriert. Die von oben her geschaffene VF. hatte sich unter ähnlichen Umständen eigentlich nie bewähren müssen, wenngleich ihre Propagandaleiter manches vom Stil faschistischer Bewegungen übernommen hatten. Nachweislich waren sowohl die großen Propagandareden der NS-Führer meist sorgfältig nach dramaturgischen Gesichtspunkten aufgebaut (26), und die einzelnen Massenveranstaltungen ahmten liturgische und dramaturgische Formen nach. Man vermeint, darin manchmal die langen Steigerungen der von Hitler verehrten Wagner-Opern und Bruckner-Symphonien zu erkennen. So war auch die ganze Propagandakampagne bewußt "durchkomponiert": aufsehenerregender Auftakt mit einer ersten Steigerung, dann ein leichtes Abschwellen und schließlich von den "Paladinen" vorbereitetes Finale "mit größter Wucht" in Reden Hitlers selbst, zuerst in den Bundesländern und schließlich in Wien, kulminierend. Die Propagandakampagne nahm in den letzten Tagen durch Beflaggung und Dekorierung von Hausfassaden, öffentlichen Verkehrsmitteln und Arbeitsstätten, durch die Aufstellung sogenannter Pylone und zahlloser Führerbilder, durch Film- und Musikvorführungen, Aufmärsche und Kundgebungen etwas von einem "Gesamtkunstwerk" an, das in den österreichischen Städten aufgeführt wurde.

In einer anderen Hinsicht waren jedoch die Propagandakampagnen der beiden Plebiszite ähnlich: beide waren darauf gerichtet, das Bekenntnis gegen oder für den "Anschluß" durch soziale Versprechungen abzurunden. Schon die Vielseitigkeit der bekannten Parole Schuschniggs, über die am 13. März entschieden hätte werden sollen, ist ein klarer Beleg. Hier muß die Skizzierung der in den Einzelheiten natürlich gegensätzlichen nationalsozialistischen "Volksabstimmungs"-Propaganda genügen. (27) Anders als bei der "Volksbefragungs"-Propaganda gehörte zu den zentralen Punkten der "Volksabstimmungs"-Propaganda natürlich der Hinweis auf die vergleichsweise gute wirtschaftliche Lage, die Beseitigung der Arbeitslosigkeit und die Quasi-Sozialpolitik im "Altreich" sowie die Versprechung einer Überwindung der gesellschaftlich-politischen Gegensätze einer immer noch bestehenden Nach-Bürgerkriegssituation durch die "Volksgemeinschaft". Neben der "marxistischen" Arbeiterschaft (28) war jedoch auch das katholische Kleinbürgertum eine besonders umworbene Zielgruppe der nationalsozialistischen Propaganda. Der bäuerlichen Bevölkerung wurden massiv die wirtschaftlichen Vorteile der "völkischen" Blut-und-Boden-Ideologie vorgestellt. Insbesonders an die gebildeten Schichten richtete sich die nationalistische Komponente des Nationalsozialismus, die Erfüllung des früheren österreichischen Anschlußwunsches mit der aus dem Zusammenbruch der Habsburgermonarchie übriggebliebenen Sehnsucht nach außenpolitischer Großmacht-Geltung. Als innenpolitische Feindattrappe zur Stiftung des Gemeinschaftsgefühls wurde der "Jude" aufgebaut, in der nationalsozialistischen Ideologie die Verkörperung alles Schlechten, vom Börse-Kapitalisten bis zum kommunistischen Revolutionär, vom "Kinderschänder" und "Volkszersetzer" bis zum kritischen Intellektuellen. Der autoritäre Ständestaat hatte demgegenüber keine solche "Sündenbockideologie", aber auch keine integrationsfähige Österreich-Ideologie zu bieten. Auch in einer weiteren Hinsicht unterschied sich die Propaganda für den 13. März von der für den 10. April, nämlich daß erstere eine Entscheidung über die staatsrechtliche Zukunft Österreichs nur in einen losen Zusammenhang mit einem Für oder Wider die Regierungsform brachte, während für letztere ein "Ja" zum "Anschluß" nahezu identisch war mit einem Bekenntnis zu "Führer" und Regime.

Hier ist noch jener wichtige Bereich der Propaganda für die nationalsozialistische "Volksabstimmung" zu nennen, der bei dem Gegenpart dieses Vergleichs vollkommen fehlt und der in der NS-Terminologie die "Propaganda der Tat" hieß: das Feld kurzfristiger sozialpolitischer, aber psychologisch höchst wirksamer Maßnahmen, wie Sonderzahlungen von Löhnen und Gehältern, Preissenkungen bei einzelnen Waren, Abschaffung von unpopulären, aber wenig ertragreichen Steuern, öffentliche Ausspeisungen durch die Wehrmacht und Verschickung von Kindern zur Erholung. Besonderes Gewicht wurde von den nationalsozialistischen Machthabern auf solche Maßnahmen gelegt, die den Gemeinschaftsgeist förderten, wie KdF-Fahrten und kulturelle und unterhaltende Veranstaltungen. Vom gewerblichen Mittelstand, von den zahllosen Kleinhändlern und den Ausübenden freier akademischer Berufe wurde zweifellos die Schädigung oder Beseitigung ihrer jüdischen Konkurrenten als eine Erleichterung ihrer wirtschaftlich bedrängten Lage empfunden. Am breitesten wirksam waren jedoch zwei Maßnahmen, die Einbeziehung Zehntausender Ausgesteuerter in die Arbeitslosenversicherung und die Arbeitseinstellungen auf solchen Posten, die den jüdischen Mitbürgern abgenommen oder die in Erwartung des kommenden Wirtschaftsaufschwunges neu geschaffen wurden. Sie erweckten und bekräftigten vor allem auch bei jenen, die davon noch nicht unmittelbar einen Nutzen zogen, die Hoffnung, daß der Nationalsozialismus auch seine anderen Versprechungen in naher Zukunft einlösen werde.

Aus der ähnlichen Propagandastrategie für die beiden Plebiszite hinsichtlich Inhalt und Zielgruppen ergab sich, daß sich sowohl der "Ständestaat" als auch der Nationalsozialismus um die Gewinnung von aktiv zustimmenden Erklärungen von angesehenen Persönlichkeiten und Spitzenfunktionären aller großen politisch-sozialen Gruppen des Landes bemühte. Die Abgabe von Erklärungen wie jener des stellvertretenden Leiters des volkspolitischen Referats, Hugo Jury, sich am 13. März bei Schuschniggs Plebiszit der Stimme zu enthalten, oder das stillschweigende Beiseitestehen einer ganzen gesellschaftlichen Klasse oder eines großen ideologischen "Lagers" hätte das Ergebnis der plebiszitären Akklamation vom Standpunkt der Regierenden empfindlich geschmälert. So lassen sich zwischen "Volksbefragung" und "Volksabstimmung" eine Anzahl von funktionalen Äquivalenten nachweisen: die selbstverständlichen Zustimmungserklärungen der katholischen Kirche zu Schuschnigg und die Wahlempfehlung des österreichischen Episkopats vom 18. März; ähnliche Loyalitätserklärungen der evangelischen Kirchen; die Aufrufe der immer noch verbotenen Revolutionären Sozialisten und Kommunisten, in Hitler den einigenden Hauptfeind zu erkennen, und die "Anschluß"-Erklärung Renners vom 2. April und Wahlempfehlungen anderer sozialdemokratischer Funktionäre; "Ja"-Empfehlungen von Unternehmerverbänden und von Persönlichkeiten des wissenschaftlichen und kulturellen Lebens. In diesem Sinne konseqent, wenngleich erfolglos und möglicherweise schädlich, bemühte sich Schuschnigg auch um die Gewinnung wenigstens des "gemäßigten", katholisch-konservativ orientierten Flügels im österreichischen Nationalsozialismus, insbesondere von Männern wie Seyss-Inquart. (29) Im Unterschied zu Schuschnigg übte Bürckel bei der Gewinnung von Zustimmungserklärungen in vielen Fällen auch massiven Druck aus durch den mehr oder minder deutlichen Hinweis auf terroristische Sanktionen.

Damit ist jenes Moment berührt, in dem sich die Propagandavoraussetzungen der beiden Plebiszite am stärksten unterschieden, das Moment des Terrors und der gesellschaftlichen Gleichschaltung. Auch wenn die am 13. März mit "Nein" Abstimmenden oder Stimmenthaltung Übenden als Verräter an Österreich bezeichnet worden wären, Zwangs- und Vergeltungsmittel gegen die Nationalsozialisten wären dem "Ständestaat" kaum mehr zur Verfügung gestanden. Der Nationalsozialismus war in Österreich seit "Berchtesgaden" schon eine halb legale politische Kraft geworden, deren Respektierung außenpolitisch verankert war. Ganz anders war die Lage in Österreich nach dem "Anschluß": nationalsozialistisches Meinungsmonopol in den Massenmedien, Auflösung aller nicht-nationalsozialistischen Organisationen, willkürliche Verhaftungen Tausender, Deportation der alten Führungsschichten in die Konzentrationslager usw.

Im Zusammenspielen all dieser Faktoren wird verständlich, daß sich auch das Ergebnis der beiden Plebiszite notwendigerweise beträchtlich unterscheiden mußte.

4. VERWALTUNGSTECHNISCHE DURCHFÜHRUNG

Die technische Durchführung der beiden Plebiszite lag in den Händen der staatlichen Behörden, wobei jedoch untrennbar damit die Mitwirkung der jeweiligen Monopolpartei verbunden war; ja ohne diese Mitwirkung wäre in keinem der beiden Fälle eine Bewältigung der organisatorischen Schwierigkeiten der Durchführung möglich gewesen. (30)

Teilnahmeberechtigt an der "Volksbefragung" waren alle, die am 13. März mindestens 24 Jahre alt waren, eine Maßnahme, die die stark zum Nationalsozialismus neigenden jüngeren Jahrgänge ausschalten sollte. Bei der "Volksabstimmung" am 10. April hingegen betrug das Mindestwahlalter 20 Jahre. Eine Besonderheit der "Volksabstimmung" war, daß Soldaten auf Grund der noch in Kraft gelassenen österreichischen gesetzlichen Regelung nicht an der "Reichstagswahl", wohl aber an der "Volksabstimmung" teilnehmen durften. Für sie wurde ein eigener blauer Stimmzettel aufgelegt, der auch getrennt ausgezählt wurde. Ebenso wurden der Stimmzettel für die "Volksabstimmung" und die "Reichstags-Wahl" für Österreicher und "Reichsdeutsche" durch seine Farbe unterschieden – für erstere grün, für letzere weiß – und getrennt ausgezählt, gleichgültig, wo er abgegeben wurde.

Für die "Volksbefragung" gab es keine näheren Bestimmungen über solche Bevölkerungsteile, die vom Teilnahmerecht ausgeschlossen sein sollten. Verlautbarungen der VF., daß nur ihre Mitglieder zugelassen seien, waren nicht zutreffend. (31) Die Bestimmungen für die "Volksabstimmung" schlossen jedoch einen nicht geringen Bevölkerungsteil von der Teilnahme aus. Der eine Teil davon, jüdische Mitbürger, war vom Stimmrecht "ausgenommen", gleichwohl ob er Jude ("Konfessionsjude") oder "Geltungsjude" ("Rassejude") im Sinne der Nürnberger Rassengesetze war. Der andere von der Ausübung des Stimmrechts (temporär) "ausgeschlossene" Teil betraf Entmündigte, der elterlichen Gewalt Enthobene, wegen eines gemeinen Verbrechens Verurteilte und "Personen, die sich in Straf- oder Untersuchungshaft befinden oder im Arbeitshaus untergebracht sind". (32) Ausdrücklich waren jedoch stimmberechtigt all jene, die seit 1933 aus politischen Gründen vom "Ständestaat" ausgebürgert worden waren oder die österreichische Staatsbürgerschaft infolge des Erwerbs der deutschen verloren hatten. Dies betraf vor allem Nationalsozialisten.

Für den 13. März 1938 wurden keine "Wählerverzeichnisse" angefertigt, die Zeit zur Vorbereitung war zu knapp. Eine Teilnahme an der "Volksbefragung" scheint in der Wohnortgemeinde des Abstimmenden vorgesehen gewesen zu sein, nähere gesetzliche Bestimmungen, etwa über die Teilnahmeberechtigung in einem bestimmten Sprengel oder die Ausstellung von Wahlkarten, gab es nicht. Obwohl eine Liste der Abstimmenden geführt werden sollte, könnte damit einer mehrfachen Teilnahme an der "Volksbefragung" eine gewisse Möglichkeit geboten gewesen sein. Die Modalitäten, mit welchen Dokumenten die Stimmberechtigten ihre Identität nachweisen mußten, scheinen allerdings nicht auf einen Mißbrauch durch Mehrfachabstimmungen, wie von nationalsozialistischer Seite behauptet wurde, angelegt gewesen zu sein. Als Ausweisdokumente wären für Mitglieder der VF. die VF.-Mitgliedskarte oder die Mitgliedskarten bei anderen regimenahen Verbänden, bei allen anderen Stimmberechtigten ein Personaldokument in Verbindung mit dem Meldezettel anerkannt worden. Nach der Stimmabgabe sollten die vorgelegten Dokumente abgestempelt werden.

Nicht bloß in den ersten Tagen der Vorbereitungsphase auf die "Volksbefragung" war für die Stimmabgabe der meisten öffentlich Bediensteten (Bundesbeamte, Landes- und Gemeindebedienstete, Bedienstete der öffentlichen kontinuierlichen (= lebenswichtigten) Betriebe und Unternehmungen) eine Sonderregelung vorgesehen. Diese Personengruppe sollte schon am Morgen des 12. März, einem nicht dienstfreien Samstag, vor besonderen Abstimmungskommissionen an ihren Dienststellen ihr Votum abgeben. Eine besonders strenge Kontrolle dieser Berufsgruppe sollte offensichtlich damit erreicht werden. Nachdem noch am 10., vielleicht sogar noch am 11. März, in Wien konkrete Weisungen in dieser Angelegenheit ergangen waren, soll Schuschnigg zufolge die geplante korporative Stimmabgabe der öffentlich Bediensteten (unter nationalsozialistischem Druck) fallengelassen worden sein. (33)

Eine ähnliche Sonderregelung aus derselben Absicht heraus gab es übrigens auch bei der "Volksabstimmung". So "gewährte" Bürckel den Wiener Tschechen, "sie dürften in gesonderten Wahllokalen abstimmen, so daß sie Gelegenheit haben, sich von vornherein vor Mißdeutungen ihrer Gesinnung zu schützen". (34) Dennoch hat es einige Mutige gegeben, die diesem Erpressungsversuch einer ganzen ethnischen Gruppe widerstanden haben (bei 23202 abgegebenen Wiener tschechischen Ja-Stimmen lauteten 32 auf "Nein" und 34 ungültig).

Darüber hinaus war bei der "Volksabstimmung" die Regelung der Abstimmungsberechtigung wesentlich aufwendiger und gewiß auch etwas zuverlässiger als bei der "Volksbefragung". Eine mehrfache Stimmabgabe oder, worauf es den Nationalsozialisten noch mehr ankam, ein Vergessen auf prinzipiell Abstimmungsberechtigte war durch die Anlegung einer öffentlich zur Ergänzung aufgelegten Stimmliste, durch die Ausstellung von Stimmscheinen für Personen, die vom Stimmort vorübergehend abwesend waren, und die Zustellung von Wahlausweisen bürokratisch nahezu ausgeschlossen.

Allerdings bereitete die Erstellung der Verzeichnisse aller Wahlberechtigten den Organisatoren des nationalsozialistischen Plebiszits große Schwierigkeiten, wie sich am Beispiel Wiens zeigen läßt. Vom Wiener Magistrat wurde zunächst die phonetisch geordnete, riesige Einwohnerkartei zerlegt und für die Zwecke der "Volksabstimmung" nach Wohnadressen neu angelegt. (35) Die nach Österreich entsandten Experten des Berliner Innenministeriums waren nämlich der Meinung,

"daß die Mängel der Einwohnerkartei von Wien und den übrigen Großgemeinden Österreichs nicht so stark ins Gewicht fallen, daß sie nicht durch entsprechende Maßnahmen, wie Aufklärung der Wohnbevölkerung über das Reklamationsrecht und durch liberale Handhabung der Bestimmungen des Reklamationsverfahrens behoben werden könnten." (36)

Eine schwere Bedrohung der rechtzeitigen Beendigung der Vorbereitungen erkannte man jedoch erst, als sich eine überraschend hohe räumliche Mobilität der Wiener Bevölkerung seit den letzten Wahlen herausstellte, so daß die Adressenunstimmigkeiten in der Einwohnerkartei statt der erwarteten 10 Prozent tatsächlich fast 50 Prozent des Gesamtstandes erreichten. In der Kürze der Zeit bis zur "Volksabstimmung" war es auch nicht mehr möglich, die vom autoritären Regime vernachlässigten und seit 1934 nicht mehr fortgeführten Bürgerlisten zu aktivieren. Da auch dazu die Stadtverwaltung nicht imstande war, verfiel man als letzten Ausweg darauf, durch Mithilfe der NSDAP in einer Hausbegehung doch noch zu einer halbwegs richtigen Wählerstimmliste zu gelangen. Allein in Wien arbeiteten über 2000 Wahlvertrauensleute, Mitglieder der NDSAP oder ihr nachstehende Personen in drei Tag- und Nachtschichten daran. (37) Von ihren öffentlichen und privaten Dienstgebern mußte allen an der Vorbereitung der "Volksabstimmung" Beteiligten, die vom Volksabstimmungsbeauftragten zur höchsten Eile angetrieben wurden, ein Sonderurlaub gegeben werden. (38)

Mit der Verläßlichkeit der so erstellten Stimmlisten war es, was bei der Eile des Vorgehens nicht verwundert, nicht allzuweit her. Als nämlich nach der zweiten tschechoslowakischen Krise im März 1939 in Wien neue Einwohnerverzeichnisse angelegt wurden, zog ein leitender Beamte der Stadt Wien das Resümee:

"Die vom Reichs- und Preußischen Minister des Innern angeordnete Fortführung der Wiener Stimmlisten für die Volksabstimmung vom 10. April 1938 ist unmöglich. Richtige Stimmlisten können für Wien nur auf Grund einer neuerlichen allgemeinen Personenstands Aufnahme erstellt werden." (39)

Im einzelnen wurde bei der organisatorischen Vorbereitung der "Volksabstimmung" folgendes Verfahren eingeschlagen: Die Wahlvertrauensleute erstellten eine Liste aller in ihrem Gebietsbereich wohnenden Stimmberechtigten. Bei Hausbesuchen forderten sie alle auf, in die Stimmlisten Einsicht zu nehmen. Allen, die dies bis zu einem bestimmten Zeitpunkt nicht getan hatten, nahmen sie diese Arbeit ab. Die Wahlhelfer waren dazu verhalten, sofern sich die Nicht-Aufnahme eines "Volksgenossen" in die Stimmliste ergab, diesen unter Anwendung mindestens beträchtlichen moralischen Drucks dazu zu bewegen, daß er sich in die Liste aufnehmen ließ. (40) Demselben Zweck diente auch eine Verlautbarung in der Presse:

"Wer keine Einsicht in die Wählerlisten nimmt oder nehmen läßt, und dadurch sein Abstimmungsrecht verliert, ist demjenigen gleich zu achten, der nicht stimmen will und damit sein Volk verrät." (41)

Dies dokumentiert deutlich das herrschende Klima des Wahlzwanges. Sodann wurde von amtswegen jedem Stimmberechtigten ein "Wahlausweis" durch die Post zugestellt. Nur wer im Besitz dieser Karte war, durfte am 10. April abstimmen. Auf ihr waren auf der einen Seite Name und Adresse des Empfängers sowie "Stimmlistennummer" im Stimmlokal eingetragen, auf der anderen Seite stand unter anderem folgendes zu lesen:

"Wer das Stimmrecht ausübt, trotzdem [sic!] er vom Stimmrecht ausgeschlossen oder Jude ist oder ihm bekannt ist, daß er von mindestens drei volljüdischen Großeltern abstammt oder aber als Mischling (mindestens zwei jüdische Großeltern) mit einer jüdischen Person verheiratet ist, hat diesen Wahlausweis sofort an das Gemeindeamt zurückzusenden und hat von der Wahl fernzubleiben. Andernfalls setzt er sich schwerer Bestrafung aus." (42)

Damit wandte Bürckel offensichtlich zum ersten Mal jene wenig später gang und gäbe werdende Praxis der nationalsozialistischen Judenverfolgung an, wonach die Opfer an ihrer Verfolgung mitwirken mußten. Im konkreten Fall mußten sich auf diese Weise auch sogenannte "Rassejuden", die nicht schon durch ihr Religionsbekenntnis diskriminiert waren, deklarieren. Zugleich erhöhte Bürckel dadurch auch die Motivation der "Volksgenossen" zur Teilnahme an der Abstimmung.

Der Abstimmungsvorgang selbst gestaltete sich am 10. April kaum anders, als er am 13. März abgelaufen wäre. Durch Flüsterpropaganda ließen die Nationalsozialisten verbreiten, das Wahlgeheimnis sei nicht gewahrt und es bestehe eine geheime Kontrolle. Tatsächlich ist solches aus Deutschland und von der Saarabstimmung vielfach belegt. Auch in Österreich glaubte man beobachtet zu haben, "wie die Kouverts mit den Stimmzetteln sorgfältig aufeinandergelegt (und vielleicht sogar nummeriert wurden." (43) Allein schon das Betreten der Wahlzelle wurde von sehr vielen für bedenklich gehalten, so daß sie außerhalb der Zelle blieben und öffentlich den "Ja"-Kreis ankreuzten. In vielen Fällen war auch diese "Freiwilligkeit" nicht gegeben.

Was allerdings die gesetzlichen Bestimmungen betraf, so wäre durch die obligate Aufstellung einer Wahlzelle und die Auflage von Kuverts, in die der Stimmzettel gesteckt werden sollte, am 10. April ein korrekter Abstimmungsvorgang möglich gewesen. Auch gab es klare Anweisungen, wie "Nein" votiert werden konnte.

Dasselbe gilt nicht im vollen Umfang für die geplante "Volksbefragung". Während in den Ausführungsbestimmungen zum Plebiszit Schuschniggs in Oberösterreich von einer allfälligen Benützung einer Wahlzelle die Rede war, gab es in Wien nur für den gesonderten Abstimmungsvorgang der Beamten einen solchen Hinweis. Eine Abgabe des Stimmzettels wäre verschlossen in einem Briefumschlag, offen oder gefaltet möglich gewesen. Kuverts wären amtlicherseits nicht aufgelegt worden.

Eindeutig unkorrekt war die Art und Weise, wie am 13. März Ja- und Nein-Stimmen gezählt werden sollten. Nur gedruckte Ja-Zettel wurden amtlich aufgelegt, anfangs war nicht einmal überall für die Bereitstellung von weißem Papier, aus dem Zettel im gleichen Format für eine Beschriftung mit "Nein" ausgeschnitten hätten werden müssen, vorgesorgt. In Oberösterreich sollte den Verordnungen des Landeshauptmannes vom 9. und 10. März zufolge ein Ja-Stimmzettel selbst dann zählen, wenn dieses Wort durchgestrichen oder der Zettel zerrissen war. Selbst vollkommen leere Stimmzettel galten als Ja-Stimmen. Umgekehrt waren Stimmzettel mit der Aufschrift "Nein" in Verbindung mit irgendeinem handschriftlichen oder gedruckten Zusatz ungültig. Dies entsprach genau den von Schuschnigg und der VF. festgelegten ursprünglichen Durchführungsbestimmungen vom 7. März, deren Inhalt dazu beigetragen hatte, Hitlers sofortige Reaktion und öffentliche Polemik hervorzurufen. Erst unter dem Druck der Nationalsozialisten wurde die "ständestaatliche" Staatsführung bewogen, leere Stimmzettel und solche mit Zusätzen als ungültig zu erklären, eine Maßnahme, die jedoch bis zum 11. März nachweisbar nur in Wien, aber keineswegs in allen Bundesländern zum Tragen kam. (44)

Am 10. April dagegen waren überall amtliche Stimmzettel mit folgendem Text aufgelegt:

Volksabstimmung und Großdeutscher Reichstag.
Stimmzettel.
Bist Du mit der am 13. März vollzogenen Wiedervereinigung
Österreichs mit dem Deutschen Reich einverstanden und
stimmst Du für die Liste unseres Führers Adolf Hitler?

Ja   Nein

Darunter befand sich ein großer und ein kleiner Kreis. Über dem großen war "Ja", über dem kleinen "Nein" gedruckt. (45)

Obwohl nicht ausdrücklich verlautbart worden war, wie eine Ablehnung zum Ausdruck gebracht werden sollte, so war hiezu doch die Möglichkeit auf dem Stimmzettel vorhanden. Auch klare Anweisungen, wenn ein Stimmzettel als ungültig zu werten war, gab es. Den Abstimmungsverordnungen zufolge sollten alle nicht in amtlichen Kuverts abgegeben, alle nicht amtlich hergestellten oder zweideutig ausgefüllten Stimmzettel ungültig sein.

Eine korrekte Durchführung des Wahlvorganges und der Stimmenzählung im einzelnen wäre nicht nur am 13. März ungewiß gewesen, sie war es auch am 10. April. Denn die Zusammensetzung der Abstimmungskommissionen, die nur aus Mitgliedern oder Vertrauensleuten der Monopolpartei bestanden – eine Konzession Schuschniggs in letzter Minute war die Aufnahme eines Vertrauensmannes der "nationalen" Volkspolitischen Referate in die Wahlkommissionen –, mußte zu einer einseitigen Auslegung von Zweifelsfällen geradezu herausfordern. Unter diesem Aspekt unterschieden sich die beiden Plebiszite wiederum kaum, nur daß dem Nationalsozialismus bis zum 10. April die totale Ausschaltung jeder offenen Oppositionshaltung gelungen war, was umgekehrt im "Ständestaat" im Falle einer Durchführung der "Volksbefragung" keineswegs der Fall gewesen wäre.

5. Zahlenmässige Ergebnisse

Ein Vergleich der zahlenmäßigen Ergebnisse der Plebiszite muß notwendigerweise einseitig sein, liegen doch für die eine Seite des Vergleichspaares nur einige sehr grobe Schätzungen des erwarteten Ergebnisses vor. Doch fast alle bekannten Vermutungen über den Ausgang der "Volksbefragung", wäre sie am 13. März durchgeführt worden, konvergieren auf ein "Ja" für Schuschnigg von 65 bis 75 Prozent. (46) In seiner Erinnerungen schreibt Schuschnigg:

"Ich rechnete auf 70-75 Prozent aller Stimmen, wobei ich aufgrund der Berichte Steiermark mit 50 Prozent, Kärnten mit 60 Prozent, Ober-Österreich mit 70 Prozent und die übrigen Länder mit 75-95 Prozent Pro-Stimmen in Anschlag brachte." (47)

In einzelnen Gebieten, etwa in Graz, wo sich schon Anfang März 80 Prozent der Bevölkerung zum Nationalsozialismus bekannt haben sollen, lag eine mehrheitliche Ablehnung im Bereich des Möglichen. Obwohl die nationalsozialistische "Presse" berichtete, man habe in dieser Stadt Flugblätter der VF. aufgefunden, die eine Mehrheit von 97 Prozent der abgegebenen Stimmen für die "Volksbefragung" verkündet hätten (48), versichert Schuschnigg glaubhaft, daß "ein wahrheitsgetreues Ergebnis der Volksbefragung garantiert war." (49) Im Grunde zweifelte, wie erwähnt, auch die deutsche Staatsführung nicht daran, daß die "Volksbefragung" am 13. März zu ihren Ungunsten ausgegangen wäre.

Demgegenüber steht das Ergebnis vom 10. April 1938. Einschließlich der im "Altreich" lebenden Österreicher hatten von 4 484 475 Stimmberechtigten 99,71 Prozent an der "Abstimmung" teilgenommen. 5776 (0,13 Prozent) der abgegebenen Stimmen waren ungültig, 11 929 (0,27 Prozent) lauteten auf "Nein" und 4 453 772 (99,60 Prozent) auf "Ja". Auf eine Nein-Stimme entfielen somit 373 Ja-Stimmen. (50) Österreich lag damit noch über dem Ergebnis des "Altreichs", wo es immerhin nur 98,9 Prozent Ja-Stimmen bei einem Prozent Nein-Stimmen gab. Das Ergebnis in den einzelnen Bundesländern bringt *Tabelle 8*. (51)

Tabelle 8: Ergebnis der "Volksabstimmung" am 10. April 1938

	1	2	3	4	5	6
Wien	1 248 111	99.51	0.19	99.41	0.40	249
Niederösterreich	992 780	99.89	0.11	99.74	0.15	663
Oberösterreich	583 288	99.86	0.06	99.83	0.11	923
Salzburg	158 680	99.76	0.15	99.56	0.29	340
Steiermark	646 938	99.82	0.07	99.81	0.12	784
Kärnten	243 928	99.79	0.13	99.70	0.17	589
Tirol	219 717	99.57	0.14	99.30	0.56	177
Vorarlberg	95 465	98.62	0.54	98.10	1.36	72
Burgenland	171 654	99.97	0.03	99.93	0.04	2722
Summe	4 360 561	99.71	0.13	99.60	0.26	382

1 Stimmberechtigte
2 "Wahlbeteiligung" in Prozent
3 ungültig (in Prozent der abgegebenen Stimmen)
4 "Ja"
5 "Nein"
6 Anzahl der "Ja" auf ein "Nein"

Nach Vorarlberg (1,4 Prozent) weisen Wien (0,5 Prozent) und Tirol (0,4 Prozent) eine überdurchschnittlich hohe Stimmenthaltungsrate auf, Nieder- und Oberösterreich und das Burgenland eine unterdurchschnittliche. Ein ähnliches Bild zeigt sich bei den übrigen Kategorien von Voten, die als Protestäußerungen aufgefaßt werden können. In Vorarlberg und mit einigem Abstand in Wien gab es die (relativ) meisten ungültigen Stimmen, im Burgenland die wenigsten. Bei den Nein-Stimmen lag wiederum Vorarlberg an der Spitze und Burgenland am Ende der Reihe der Bundesländer. Tirol und Wien lagen in dieser Hinsicht mäßig über, Oberösterreich, Steiermark und Niederösterreich mäßig unter dem gesamtösterreichischen Resultat.

Wie das Zustandekommen dieses selbst die nationalsozialistische Führungsspitze überraschende Ergebnis erklärt werden kann, geht aus den beiden vorhergehenden Abschnitten dieses Beitrages hervor. Neben den dort beschriebenen, auf massivste Weise wirksamen Einschüchterungs- und Manipulationsmethoden scheint die Ermessensfreiheit der Wahlleiter bei der Stimmenauswertung in beträchtlichem Umfang angewandt worden zu sein. Eine plumpe allgemeine Fälschung der Wahlergebnisse von oben ist aber ebensowenig wie in Deutschland bei ähnlichen Anlässen (52) nachzuweisen. Immerhin aber ist belegbar, daß die nationalsozialistischen Wahlbehörden bei der Stimmenzählung nicht allzu sorgfältig verfuhren. Es war eher peinlich denn ein großer Erfolg, wenn in Wien-Brigittenau mit 58 809 Stimmberechtigten 58 808 Stimmen abgegeben wurden, was schon allein wegen der seit der Eintragung in die Stimmlisten Verstorbenen nicht gut möglich sein konnte. Dasselbe war im ganzen Stimmbezirk Hermagor der Fall. In den politischen Bezirken Wolfsberg, Rust, Güssing und Jennersdorf blieb nicht einmal ein einziger Stimmberechtigter der "Abstimmung" fern. Im Bezirk Eisenstadt-Land gab es dagegen keine einzige Nein-Stimme von mehr als 23 000 Stimmberechtigten. An solche Abstimmungsbezirke oder -gemeinden wurde übrigens später eine "Ehrenurkunde" vergeben.

Weitere Manipulationen des Abstimmungsergebnisses sind auch in anderen Wiener Bezirken nicht auszuschließen. In Wien-Leopoldstadt, wo die Zahlen der ungültigen Stimmen beim vorläufigen Wahlergebnis noch 781 betragen hatte, wurden als endgültig nur 121 angegeben. In der Hälfte aller Bezirke Wiens differierten auch die angegebenen Zahlen der Stimmberechtigten in den Statistiken des vorläufigen und des endgültigen Ergebnisses beträchtlich, was ein bezeichnendes Licht mindestens auf die Ungenauigkeit der Wahlbehörden schon vor oder nach der Abstimmung wirft.

Es scheint somit nicht ohne Grund das Wort umgegangen zu sein (53), "daß die größte Gefahr darin bestehe, daß beim Zählen der Stimmen ein Gesamtergebnis von 102 Prozent Ja-Stimmen herauskommen könnte."

Dennoch fand eine Gruppe ausländischer Journalisten, die am Abstimmungstag in einer vom Chef der Wiener Stelle des Reichspropagandaministeriums, de la Trobe, organisierten Rundfahrt eine Anzahl Wiener Wahllokale aufsuchte, nichts, was auf eine Verletzung des "Wahlgeheimnisses" oder auf direkten Wahlschwindel hindeutete. (54) Eine ganz offensichtliche Wahlmanipulation übersahen diese Journalisten ebenso wie manche Historiker, nämlich jene, daß etwa 360 000 oder 8 Prozent der über 20 Jahre alten Österreicher überhaupt vom Stimmrecht ausgeschlossen waren. Wenn man davon die (nicht stimmberechtigten) Juden abzieht, so verbleiben noch über 177 000 Österreicher, denen aus rassistischen oder politischen Gründen das Wahlrecht vorenthalten worden sein dürfte. Diese 177 000 setzten sich neben einem Teil der sogenannten "Rassejuden" und "jüdischen Mischlinge", deren Zahl angeblich insgesamt 120 000 betrug (55), auch aus solchen Personen zusammen, die von der Ausübung des Stimmrechts aus anderen Gründen ausgeschlossen waren (57 000). Unter die letztgenannte Gruppe fielen vor allem die 10 000 bis 20 000 seit dem 12. März ("arischen") Verhafteten (56) und die nicht quantifizierbare, jedoch wahrscheinlich nicht sehr zahlreiche Gruppe derjenigen, die als politische Gegner bekannt und vom Stimmrecht ausgeschlossen waren. Denn bekannte Gegner des Nationalsozialismus waren manchmal überhaupt nicht in die Stimmlisten aufgenommen worden. (57)

Wenn man daher eine Analyse des Abstimmungsergebnisses versucht, sind all diese einzelnen Unsicherheitsfaktoren zu berücksichtigen, Faktoren, die sich allerdings im gesamtösterreichischen Maßstab statistisch wieder ausgeglichen haben können. Auf keinen Fall ist aus den "Wahlergebnissen" von autoritären und faschistischen Staaten eine Schlußfolgerung auf die wirkliche politische Überzeugung der Bevölkerung möglich, wie folgender Umstand belegen könnte. In einigen Gebirgsgegenden Tirols, wo die "Volksbefragung" wegen der räumlichen Abgeschiedenheit der Ortschaften nicht mehr rechtzeitig hatte abgesagt werden können, soll am 13. März tatsächlich abgestimmt worden sein, mit einem Ergebnis von 100 Prozent "Ja" für Schuschniggs Parole. Hier habe sich am 10. April 1938 dasselbe Stimmenverhältnis wie vier Wochen zuvor, nur mit umgekehrtem Vorzeichen, ergeben. (58)

Was jedoch aus den Abstimmungsergebnissen des 10. April abgelesen werden kann, ist der Grad an organisatorischer und propagandistischer Bearbeitung der Bevölkerung und das Vorhandensein einer mutigen oppositionellen Minderheit. Wie eine Korrelationsanalyse (59) aller 111 Abstimmungsbezirke ergibt, bestand kein statistisch signifikanter Zusammenhang des Abstimmungsverhaltens mit dem Anteil der protestantischen Bevölkerung, sehr wohl aber einer mit der wirtschaftssektorellen Bevölkerungsstruktur. Sowohl der Anteil der Stimmenthaltungen wie jener der Nein-Stimmen war positiv korreliert mit dem Prozentsatz der in Industrie und Gewerbe (0,26 bzw. 0,22) und im tertiären Sektor Beschäftigten (0,47 bzw. 0,30) und stark negativ korreliert mit dem Anteil der Beschäftigten in Land- und Forstwirtschaft (−0,45 bzw. −0,31). Das heißt, je mehr gewerblich industriell der Charakter eines Bezirkes war und je mehr öffentlich Bedienstete und im Handel und Geldwesen Beschäftigte es in ihm gab, umso höher war dort auch der (absolut betrachtet: geringe) Anteil der Stimmenthaltungen und Nein-Stimmen. Zugleich fielen diese Anteile, je größer der agrarische Bevölkerungssektor war.

Da für diese Analyse keine Daten über die Anteile der großen berufssozialen Gruppen in den einzelnen Bezirken vorliegen, ist es auch nicht möglich, daraus Aussagen über das Verhalten der Arbeiter, Angestellten und Selbständigen abzuleiten. Es scheint nur festzustehen, daß die bäuerliche Bevölkerung den Verlockungen der nationalsozialistischen Parolen am stärksten erlegen ist oder für sie im kleinen, überschaubaren Rahmen die geringsten Chancen zu einer Protestäußerung bestanden. Das Umgekehrte gilt für die städtische Bevölkerung.

Nur für Wien kann eine weitergehende Interpretation, deren Verallgemeinerungsfähigkeit jedoch offen bleiben muß, versucht werden. In dieser Stadt hatten sich im allgemeinen die Arbeiterbezirke stärker als sozial anders zusammengesetzte Bezirke den Ja-Parolen der Nationalsozialisten angepaßt. Nur in den sozialdemokratischen und kommunistischen Hochburgen Favoriten und Hernals scheint eine bewußte und mutige kleine Minderheit ihre Ablehnung des Nationalsozialismus durch Nicht-Beteiligung an der Abstimmung demonstriert zu haben. Der selbständige und unselbständige "Mittelstand" brachte dagegen keine so mutige Minderheit wie die politisch-soziale Linke hervor, doch erwies er in einem weniger öffentlichen und ungefährlicheren Bereich, bei den Nein- und ungültigen Stimmen, eine etwas stärkere Resistenz als die breite Masse der Arbeiterschaft. Dabei dürfte die Hoffnung auf eine rasche Beseitigung der Arbeitslosigkeit, die in den Arbeiterbezirken eindeutig höher als in den "bürgerlichen" und "kleinbürgerlichen" Bezirken war, ein bedeutendes Gewicht als Motivationsfaktor zugekommen sein. (60)

Zwei Gruppen sind jedoch rechnerisch eindeutig zu isolieren, die Soldaten (61) und die im "Altreich" lebenden Österreicher. Es verwundert nicht, daß die Abstimmungsergebnisse in den Kasernen noch günstiger für den Nationalsozialismus ausfielen als in der zivilen Bevölkerung. Von 54 846 Militärpersonen enthielten sich nur 0,07 Prozent der Stimme, 0,04

Prozent stimmten ungültig ab und 0,1 Prozent votierten "Nein". – Die im Deutschen Reich lebenden 123 914 Österreicher, unter denen sich noch ein Teil der ins "Altreich" geflüchteten illegalen Nationalsozialisten befand, stehen in ihrem Abstimmungsverhalten zwischen den um weniger Promille zurückhaltenderen "Reichsdeutschen" und den Österreichern in der "Ostmark".

6. Schlussbetrachtung

Ein zusammenfassendes Urteil über die "Volksbefragung" und die "Volksabstimmung" kann sich nicht auf die Ebene gesetzlicher Normensetzung beschränken und die politisch-gesellschaftliche Realität außer acht lassen. Von einem solchen formalrechtlichen Blickpunkt aus würde aber zweifellos die "Volksabstimmung" am 10. April von demokratisch-rechtsstaatlichen Ansprüchen weniger weit abweichen als die geplante "Volksbefragung" Die meisten Bestimmungen zur technischen Durchführung des "10. April 1938" ließen sich ohne weiteres mit der demokratischen Regierungsform vereinbaren, aus der sie sich ja auch historisch herleiten. Zieht man jedoch die Ausschaltung des jüdischen Bevölkerungsteils vom Stimmrecht, den geltenden Grundsatz der Führersouveränität und die praktisch-politische Bedeutungslosigkeit des Ausganges des plebiszitären Aktes ins Kalkül, dann verschieben sich schon auf dieser Betrachtungsebene die Gewichte zugunsten der "Volksbefragung", wenngleich auch die beiden letztgenannten Momente als Tendenz im autoritären "Ständestaat" eine gewisse Rolle spielten.

Eine umfassende Bewertung der beiden plebiszitären Akte müßte von den tatsächlichen politisch-gesellschaftlichen Strukturen des "Ständestaates" und des Dritten Reiches ausgehen, und hier steht ein voll entwickeltes faschistisches Herrschaftssystem mit seinem perfekten Zusammenspiel von Terror, Massenpropaganda, partiellen sozialen Belohnungen und pseudo-partizipatorischer Mobilisierung einem Regierungssystem gegenüber, das zwar auch dem Führerprinzip verpflichtet war und eine Reihe faschistischer Merkmale aufwies, das aber auf einer nur mäßigen politischen Mobilisierung der Bevölkerung aufbaute und politische Macht wenigstens überwiegend innerhalb selbstgesteckter gesetzlicher Grenzen ausübte. (62) Anders als die strikt auf "Nation", "Führer" und "Reich" ausgerichtete "Volksabstimmungsparole" zum 10. April signalisiert schon die widersprüchlich-vielfältige Formulierung der Propagandaparole zur "Volksbefragung", daß das autoritäre Regime Schuschniggs ideologisch nur uneinheitlich "überbaut" war und eine beträchtliche Bandbreite von weltanschaulichen und politisch-gesellschaftlichen Positionen zulassen konnte. Vor allem das viel weniger als im Dritten Reich ausgebaute Instrumentarium der Propaganda und die höchst mangelhaften Vorkehrungen zu einer Durchführung der "Volksbefragung" lassen erkennen, daß der autoritäre "Ständestaat" nicht wirklich auf scheindemokratische Prozeduren zur Herrschaftslegitimierung eingestellt war. Nur im Augenblick äußester Bedrängnis wagte Schuschnigg daher eine "Volksbefragung". Deren Ausgang wäre niemals mit demselben Grad an Sicherheit voraussehbar, da nicht perfekt manipulierbar, gewesen wie im Fall (voll-)faschistischer "Volksabstimmung" und "Wahlen". Formal gesehen war zwar Schuschniggs geplante "Volksbefragung" weniger demokratisch, in der praktisch immer noch vorhandenen Wahlmöglichkeit wäre sie jedoch zweifellos weniger undemokratisch gewesen, als es Hitlers "Volksabstimmung" war. Den Spielregeln pluralistisch-demokratischer Volksentscheidungen hätte aber auch die "Volksbefragung" über das Schicksal Österreichs am 13. März 1938 nicht entsprochen. (63)

(1978)

ANMERKUNGEN

(1) Siehe etwa: Guido Zernatto, Die Wahrheit über Österreich, New York 1938, 263 f.; Kurt Schuschnigg, Im Kampf gegen Hitler, Wien 1968, 297.

(2) Kurt von Schuschnigg. Ein Requiem in rot-weiß-rot, Zürich 1946, 107 f.; Akten zur deutschen Auswärtigen Politik, Serie D, Bd. 1 (AdAP D 1), Baden-Baden 1950, 199.

(3) Zernatto, Wahrheit, 165 ff.; Schuschnigg, Im Kampf, 301 ff.

(4) Siehe zu den Einzelheiten der diplomatisch-militärischen und österreichisch-innenpolitischen Maßnahmen gegen Österreich vor allem AdAP D 1, 458 ff.; Der Hochverratsprozeß gegen Dr. Guido Schmidt vor dem Wiener Volksgericht, Wien 1947, 576 ff.; Der Prozeß gegen die Hauptkriegsverbrecher vor dem internationalen Militärgerichtshof, Bd. 31, Nürnberg 1948, 354 ff.

(5) Dazu und zu Obigem siehe die reichhaltige Literatur, etwa: Ulrich Eichstädt, Von Dollfuß zu Hitler, Wiesbaden 1955; Jürgen Gehl, Austria, Germany, and the Anschluss 1931-1938, New York 1963; Ludwig Jedlicka, Vom alten zum neuen Österreich, St. Pölten 1975; Norbert Schausberger, Griff nach Österreich, Wien 1978.

(6) F. A. Six (Hg.), Dokumente der Deutschen Politik, Bd. 6/1, "Großdeutschland 1938", 2. Aufl., Berlin 1940, 140 ff.

(7) Gesetzblatt für das Land Österreich (GBl. f. Ö.), Nr. 1/1938 vom 12. März

1938; Reichsgesetzblatt (RGBl.) 1, 237, vom 13. März 1938; Helfried Pfeifer, Die Ostmark. Eingliederung und Neugestaltung, Wien 1941, 5, 19 f.

(8) Siehe dazu Gerhard Botz, Die Eingliederung Österreichs in das Deutsche Reich, 2. Aufl., Wien 1976, 49 ff., Radomir Luža, Österreich und die großdeutsche Idee in der NS-Zeit, Wien 1977, 74 ff.

(9) Die österreichische Verfassung samt Verfassungs-Übergangsgesetz und das Konkordat vom 1. Mai 1934, 3. Aufl., Graz 1935, 49 f.

(10) Ich folge hier: Adolf Merkl, Die ständisch-autoritäre Verfassung Österreichs, Wien 1935, 62 ff.; 80 ff.; Helfried Pfeifer, Die Staatsführung nach deutschem, italienischem und bisherigem österreichischem Recht, Wien 1938, 129 f.; siehe ferner: Ludwig Adamovich, Grundriß des österreichischen Staatsrechts, 3. Aufl., Wien 1935, 180 f.

(11) Erich Voegelin, Der autoritäre Staat, Wien 1936, 282 f.

(12) Zernatto, Wahrheit, 269 f.; Aussendung der Politischen Korrespondenz: Neues Wiener Tagblatt, 11. März 1938, 1; Brief Schuschniggs vom 10. März 1938 an Seyss-Inquart, Schuschnigg, Im Kampf, 304 ff.

(13) Brief Seyss-Inquarts vom 9. März 1938 an Zernatto, in: Zernatto, Wahrheit, 285 ff, siehe auch AdAP D 1, 463 f.; Pfeifer, Staatsführung, 153.

(14) Vgl. etwa Verordnung des Landeshauptmannes von Oberösterreich vom 9. März 1938, Landesgesetzblatt für Oberösterreich, 15/1938 vom 10. März 1938.

(15) Hans Mommsen, National Socialism: Continuity and Change, in: Walter Laqueur (Hg.), Fascism. A Reader's Guide, London 1976, 199 ff.; allgemein auch: Ernst Fraenkel, Der Doppelstaat, Frankfurt-Main 1974, 76 ff.

(16) Näheres dazu bei: Pfeifer, Ostmark, 74 f.

(17) Karl Dietrich Bracher, Wolfgang Sauer u. Gerhard Schulz, Die nationalsozialistische Machtergreifung, Köln 1962, 350 ff.

(18) Siehe etwa: Pfeifer, Staatsführung, 125 f.

(19) Ernst Rudolf Huber, Verfassungsrecht des Großdeutschen Reiches, 2. Aufl., Hamburg 1939, 202 f.

(20) Bundesarchiv Koblenz (BA), R 43 II/1361, und Sammlung Schumacher/304.

(21) Vgl. allgemein Irmgard Bärnthaler, Die Vaterländische Front, Wien 1971.

(22) BA, Sammlung Schumacher/304.

(23) Ebenda. Siehe auch Gerhard Botz: Der 13. März 38 und die Anschlußbewegung, Wien 1978, 23 ff.

(24) So hieß es in einem von Bürckels Vertreter Karl Barth am 16. März 1938 konzipierten Aufruf: "Wer in der Vergangenheit wankelmütig war und geirrt hat, der kann durch das Treuebekenntnis und durch intensive persönliche Arbeit für die Einmütigkeit dieses Bekenntnisses aller Deutschen in Österreich Fehler wieder gut machen." Allgemeines Verwaltungsarchiv (AVA), Reichskommissar, Materienregistratur 30.

(25) Erste Grundsätze Bürckels in einer Niederschrift über eine Besprechung vom 16. März 1938 im Parlamentsgebäude, ebenda.

(26) Vgl. etwa die als Vorbild verwendeten "Richtlinien für die Steigerung des Propagandakampfes für die Volksabstimmung am 10. April 1938" aus Oberbayern, BA, Sammlung Schumacher/304.

(27) Isabella Ackerl, Die Propaganda der Vaterländischen Front für die geplante Volksbefragung vom 13. März 1938, in: Wien 1938. Forschungen und Beiträge zur Wiener Stadtgeschichte 2, Wien 1978, 18-24; auch: Bernhard Denscher, Nationalsozialistische Propaganda zur "Volksabstimmung" am 10. April 1938, ebenda, 89-94.

(28) Ausführlich siehe: Robert Schwarz, "Sozialismus der Propaganda", Wien 1975, 47 ff.

(29) Schuschnigg, Im Kampf, 304 ff.

(30) Wo nicht anders angegeben, beruht der Vergleich der technischen Einzelheiten zur Durchführung der beiden Plebiszite auf folgenden Ankündigungen und Vorordnungen, und zwar für die *"Volksbefragung"* vom 13. März 1938:
"Ursprüngliche Durchführungsbestimmungen" vom 7. März 1938, zit. bei Schuschnigg, Im Kampf, 301 f.;
Bekanntgabe der Durchführungsbestimmungen durch den Landeswerbeleiter der VF., Ing. Becker, am 9. März 1938 in Innsbruck, Kundmachung des Bürgermeisters der Stadt Wien vom 10. März 1938, beide in: Neues Wiener Tagblatt, 10. bzw. 11. März 1938, 5 bzw. 4;
Verordnungen des Landeshauptmannes von Oberösterreich vom 9. und 10. März 1938, Landesgesetzblatt für Oberösterreich, 15 bzw. 17/1938, ausgegeben am 10. März 1938;
Instruktion für die Durchführung der Volksbefragung bei den Abstimmungskommissionen, ohne Datum (10. oder 11. März),
Instruktion für die Durchführung der Volksbefragung bei den Abstimmungskommissionen des öffentlichen Dienstes,
Ergänzung der Vorschriften für die Durchführung der Volksabstimmung der öffentlichen Angestellten, alle aus dem Bestand der VF., Wien XVI, AVA, VF., Karton 29;
für die *"Volksabstimmung"* vom 10. April 1938:
Verordnung der Bundesregierung zur Durchführung der Volksabstimmung (Abstimmungsverordnung) vom 15. März 1938,
Kundmachung des Reichsstatthalters in Österreich, womit die Erste Verordnung zur Volksabstimmung und zur Wahl zum Großdeutschen Reichstag vom 22. März 1938 bekanntgegeben wird, vom 24. März 1938,
2. und 3. Verordnung der österreichischen Landesregierung zur Durchführung der Volksabstimmung vom 25. bzw. 30. März 1938,
Kundmachung über die Wiederverlautbarung der Abstimmungsverordnung, G.Bl. Nr. 2/1938, in der Fassung der 2. und 3. AV vom 1. April 1938, alle in: GBl. f. Ö., Nr. 2, 25, 48 und 49/1938;
1. Kundmachung des Bürgermeisters der Stadt Wien zur Durchführung der Volksabstimmung vom 20. März 1938, Amtsblatt der Stadt Wien, 46. Jg., 26. März 1938.

(31) Walter Goldinger, Geschichte der Republik Österreich, Wien 1962, 243 f.

(32) Die Zahl der davon Betroffenen siehe weiter unten.

(33) Schuschnigg, Im Kampf, 304.

(34) Helmut Südermann, Die Grenzen fallen, München 1938, 70.

(35) Die Gemeindeverwaltung der Stadt Wien im Jahre 1938. Verwaltungsbericht, Wien 1939, 27.

(36) Schreiben Dr. Karl Kleins (Besonderes Stadtamt 1) vom 20. März 1939 an den Magistratsdirektor, MD 928/1939, Wiener Stadt- und Landesarchiv (WStLA).

(37) Wiener Zeitung, 9. April 1938, 3.

(38) Bekanntmachung des Beauftragten des Führers für die Volksabstimmung in Österreich Punkt 2, in: Neue Freie Presse, Morgenblatt, 29. März 1938, 1, und Aufruf Bürckels "An alle Unternehmer". Neues Wiener Tagblatt, 30. März 1938, 9.

(39) MD 928/1939, WStLA.

(40) Weisungen des Beauftragten des Führers für die Volksabstimmung ..., Organisationsamt vom 27. und 28. März 1938, BA, Sammlung Schumacher/304.

(41) Pressemitteilung der Dienststelle Bürckels, in: Wiener Zeitung, 30. März 1938, 3.

(42) Siehe Abdruck eines Wahlausweises, in: Wiener Zeitung, 5. April 1938, 5; vgl, auch Sündermann, Grenzen, 69.

(43) Siehe etwa Hanns Leo Mikoletzky, Österreichische Zeitgeschichte, 2. Aufl., Wien 1964, 401.

(44) Vgl. auch Bericht des deutschen Geschäftsträgers Otto von Stein vom 10. März 1938 an das Auswärtige Amt, AdAP D 1, 464.

(45) Flugschriftensammlung der Österr. Nationalbibliothek, Mappe "Österreich 1938", 4.

(46) Max Hoffinger: 70-75 Prozent, Hans Becker: 80-84 Prozent, in: Hochverratsprozeß gegen Dr. Guido Schmidt, 144 und 164; Zernatto, Wahrheit, 277 (68-79 Prozent); Schuschnigg, Im Kampf, 313 (65-75 Prozent); allg.: Eichstädt, Von Dollfuß zu Hitler, 356.

(47) Schuschnigg, Requiem, 114 f.

(48) Neues Wiener Tagblatt, 20. März 1938, 6; vgl. auch Pfeifer, Staatsführung, 153.

(49) Schuschnigg, Requiem, 114.

(50) Diese von Hans Thirring angeregte Darstellungsart eignet sich besser als die üblichen Prozentwerte zur Darstellung der Ergebnisse der "Volksabstimmung" (Statistische Nachrichten, 16. Jg., Nr. 5 (1938), 78. Eine Verzerrung des Ergebnisses im 99%-Bereich in zunehmendem Ausmaß ist dabei allerdings zu beachten!

(51) Ebenda.

(52) Bracher, Sauer u. Schulz, Machtergreifung, 358.

(53) G.E.R. Gedye, Die Bastionen fielen, Wien 1947, 335.

(54) Neues Wiener Tagblatt, 11. April 1938, 4.

(55) (Keesings) Archiv der Gegenwart, Wien, 29. April 1939, 4084.

(56) Karl R. Stadler, Österreich 1938-1945 im Spiegel der NS-Akten, Wien 1960, 29 f.

(57) Herbert Steiner, Gestorben für Österreich, Wien 1968, 76 und 17 f.

(58) Zernatto, Wahrheit, 277f.; Goldinger, Geschichte, 294 f. Das von Schuschnigg (Im Kampf, 313) genannte Beispiel von Tarrenz konnte in einer telephonischen Befragung von Altbürgermeister Johann Kuprian, Tarrenz an 24. Februar 1978, und das von diesem genannte Beispiel von Pfafflar in telephonischen Befragungen von Bürgermeister Alois Köck, Pfafflar am 24. und 28. Februar 1978, nicht verifiziert werden. Siehe allerdings die Bestätigung dieser Angabe für Ober-Tarrenz durch Dr. Fritz Bock. Diskussionsbeitrag in: Rudolf Neck und Adam Wandruszka (Hg.), Anschluß 1938, Wien 1981, 410.

(59) Datenbasis nach: Statistische Nachrichten, 16. Jg., Nr. 5, 79, und: Die Ergebnisse der österreichischen Volkszählung vom 22. März 1934, Wien 1935, Heft 1, 156 ff.

(60) Siehe ausführlicher Gerhard Botz, Wien vom "Anschluß" zum Krieg, Wien 1978, 175-189.

(61) Dies ist möglich durch einen Vergleich der Ergebnisse der "Volksabstimmung" in Österreich und im "Altreich" mit dem Ergebnis der "Wahl zum Großdeutschen Reichstag" (Six, Dokumente, 201).

(62) Zum hier verwendeten Faschismusbegriff in Anlehnung an Otto Bauer, Der Faschismus, in: ders., Werkausgabe Bd. 9, Wien 1980, 873-895, siehe Gerhard Botz, Die historische Erscheinungsform des Faschismus, in: Beiträge zur historischen Sozialkunde 4, 1974, 56-62. Zur Typologie autoritärer Regime siehe Juan I. Linz, An Authoritarian Regime: Spain, in: Erik Allardt und Stein Rokkan (Hg.), Mass Politics, New York 1970, 251-283, und ders., Totalitarian and Autoritarian Regimes, in: Fred I. Greenstein und Nelson W. Polsby (Hg.), Handbook of Political Science, Bd. 3, Reading, Mass., 1975, 175-411.

(63) Für wertvolle Hilfe bei der Ermittlung des wenigen internen Quellenmaterials zu den beiden Plebisziten bin ich Direktor Dr. Rudolf Neck, Allgemeines Verwaltungsarchiv, Wien, Direktor Dr. Hans Boberach, Bundesarchiv Koblenz, und Frau Maria Pertlwieser, Oberösterreichisches Landesarchiv, Linz, zu Dank verpflichtet.

XI.

STREIK IN ÖSTERREICH 1918 BIS 1975. PROBLEME UND ERGEBNISSE EINER QUANTITATIVEN ANALYSE

1. PROBLEMSTELLUNG (1)

Anders als in Westeuropa haben in den deutschsprachigen Ländern empirische wie auch theoretische Untersuchungen über Streik und andere Formen des Arbeitskampfes bei Sozialwissenschaftern und Historikern (der Arbeiterbewegung) in den letzten Jahrzehnten nur geringeres Interesse gefunden (2), eine Tatsache, die als der Ausdruck eines weit verbreiteten harmonisierenden, konfliktscheuen Gesellschafts- und Politikverständnisses aufzufassen ist. Die Vorstellungen über Erscheinungsformen von Arbeitskonflikten überhaupt und Streik im besonderen, über ihre Entwicklung, Ursachen und Funktionen sind daher im Bereich der Wissenschaft nur ungenau, lückenhaft und widersprüchlich. Daneben haben sich allerdings die Praktiker der Arbeiterbewegung, insbesondere der Gewerkschaften, nicht selten ein sehr weitgehendes, aber ungenütztes Detail- und Allgemeinwissen über Streiks bewahrt. Wenn in diesem Beitrag daher versucht wird, das Auftreten von Streiks über mehr als ein halbes Jahrhundert österreichischer Geschichte hinweg quantitativ zu rekonstruieren und auf ihre wirtschaftlich-sozial-politischen Bedingungen hin zu untersuchen, so ist es klar, daß es sich dabei nur um einen unzulänglichen ersten Versuch handeln kann, sowohl was die Bearbeitung des Themas als auch was die Anwendung adäquater Methoden anlangt. Streiks als spontane oder organisierte "Arbeitsniederlegungen von Lohnarbeitern zum Zwecke, durch wirtschaftlichen Druck sozialen Widerstand zu leisten, mit dem Ziel, persönliche, gesellschaftlich vermittelte Interessen durchzusetzten" (3), sind zunächst eine Austragungsform gesellschaftlicher Konflikte auf betrieblich-wirtschaftlicher Ebene. Doch kommen in ihnen meist auch gesamtwirtschaftliche, soziale und politisch-herrschaftsbezogene Spannungen und Protesthaltungen zum Ausdruck. Als multidimensionales gesellschaftliches Phänomen sind Streiks daher nur analytisch aus dem gesamten Spektrum individueller und kollektiver, offener oder verborgener, gesellschaftlich anerkannter oder verpönter, gewaltfreier oder gewaltsamer Konfliktäußerungen herauszupräparieren. Daher sind Streiks auch in der historischen Wirklichkeit eher vielschichtig verursacht und als Instrument in konflikthaften Beziehungen auf unterschiedlichen gesellschaftlichen Ebenen mehrfach (und gleichzeitig) verwendbar.

Wirtschaftliche Streiks, auf die sich diese Untersuchung konzentriert, sind daher fast immer auch politisch motiviert und wirksam. Wenn Streikhandlungen hier dennoch als ein brauchbarer Indikator wenigstens für wirtschaftliche Konflikte verwendet werden sollen, so deswegen, weil sie als sozusagen höchste Spitze des wirtschaftlich-klassenmäßigen Konfliktsystems, das von friedlichen Lohnverhandlungen und psychosomatischen Erkrankungen bis zu Absentismus, Arbeitsniederlegung und gewaltsamem Widerstand reicht, Spannungszustände, wenn sie ein gewisses Ausmaß überschreiten, allgemein sichtbar machen. Denn der Streik ist sehr häufig nur die *ultima ratio* (4) der ihm vorgelagerten Konflikt-Austragungsstufen, obwohl er durchaus zu den "normalen", verfassungsmäßig garantierten Handlungsweisen demokratischer marktwirtschaftlicher Industriegesellschaften gehört. (5)

Diese Auffassung vom Streik als einem weitgehend formalisierten betrieblich-wirtschaftlichen Konflikt ist jedoch historisch an spezifische Organisationsformen der Arbeiterbewegung und ihres Handlungsrahmens gebunden und daher nur sinnvoll auf die Periode des "organisierten Kapitalismus" und für einen gesellschaftlichen Rahmen anwendbar, der durch Abbau der Konkurrenzwirtschaft und verstärkte betriebliche Konzentration, durch wachsende Verflechtung von ökonomischem und staatlichem Bereich und durch fortgeschrittene Verbandsbildung und hohen Organisationsgrad auf seiten der Unternehmer ebenso wie der Lohnabhängigen charakterisiert ist. (6) In Österreich ist die Erste Republik – in Fortsetzung des Entwicklungstrends des letzten Jahrzehnts der Habsburgermonarchie – zum Großteil als die Übergangsphase zu diesem "organisierten"

Entwicklungsstadium kapitalistischer Gesellschaften, die Zweite Republik schon als ihre nahezu idealtypische Verwirklichung aufzufassen.

Deshalb auch erscheint eine Sichtweise, die massenhafte Streiks generell als die Vorstufe zur "sozialen Revolution" auffaßt, von vornherein zum Herangehen an das Thema wenig geeignet. Marx und Engels, von denen sich diese dramatische Auffassung von Streiks letztlich herleitet, haben allerdings ihre Analysen auf eine noch vor-organisierte, zum Teil noch frühindustrielle Gesellschaft abgestellt und sich im übrigen keineswegs einer Überzeichnung des gesellschaftssprengenden Aspekts von Streiks schuldig gemacht. So schreibt etwa Engels, nachdem er über die großen englischen Streikbewegungen der ersten Hälfte des 19. Jahrhunderts – noch in der Periode des Chartismus - festgestellt hat, wie sehr sich in diesen Streiks schon der "soziale Krieg" verwirklicht habe:

"Diese Strikes sind allerdings erst Vorpostenscharmützel, zuweilen auch bedeutendere Gefechte; sie entscheiden nichts, aber sie sind der sicherste Beweis, daß die entscheidende Schlacht zwischen Proletariat und Bourgeosie herannaht. Sie sind die Kriegsschule der Arbeiter, in der sie sich auf den großen Kampf vorbereiten, der nicht mehr zu vermeiden ist ... Und als Kriegsschule sind sie von unübertrefflicher Wirkung." (7)

An dieser Aussage ist in diesem Zusammenhang vor allem interessant, daß die Funktion von Streiks auch in einem Lernprozeß innerhalb der Arbeiterbewegung gesehen wird. Und gerade dieser Lernprozeß trug entscheidend dazu bei, daß in der Periode des "klassischen" Konkurrenzkapitalismus in der zweiten Hälfte des 19. Jahrhunderts ausgedehnte Massenstreiks eine bedeutende Rolle in den europäischen Arbeiterbewegungen zu spielen begannen. Arbeiter traten nicht mehr nur unvorbereitet, räumlich zersplittert, mit unterschiedlichen Zielen und kurzfristig in den Streik. Ein solches "Strohfeuer" der Klassenauseinandersetzung mußte der Gegenseite den Sieg erleichtern und durch die Niederlage einer noch stärkeren Verschlechterung der Arbeits-, Lohn- oder politischen Situation Vorschub leisten. Gut organisierte und einheitlich geführte, vielleicht sogar gesamtstaatliche Streiks erwiesen sich dagegen als der organisatorischen Überlegenheit des "Kapitals" eher angemessen, vor allem, wenn zwei Voraussetzungen gegeben waren: eine starke Gewerkschaftsbewegung und eine günstige Konjunkturlage. (8) Durch Erfolg und Mißerfolg lernten die europäischen Arbeiterbewegungen daher, den Streik und zugleich sich selbst zu organisieren und ihn zur Verbesserung der Lage der Arbeiter anzuwenden. Der Streik wechselte so seinen Charakter. Er wurde von einem zunächst meist spontan aufbrechenden sozialen Protest im Stadium ärgster Verzweiflung zu einem strategisch eingesetzten Mittel, das zu seinem erfolgreichen Einsatz das Kalkül vieler Rahmenbedingungen einschloß.

Daß die Stärke der gewerkschaftlichen (und politischen) Organisation einen erfolgreichen Ausgang von Arbeitskämpfen begünstigte, ist naheliegend. Sie mußte daher auch die Streikaktivität im allgemeinen begünstigen. (9) Da jedoch die gewerkschaftliche Stärke hinsichtlich Mitgliederzahl, Ausstattung mit Streikfonds, Einsatzbereitschaft ihrer Mitglieder etc. direkt von der wirtschaftlichen Gesamtsituation und der sozialen Lage der Arbeiterschaft abhängt, ist der in Westeuropa und Deutschland im ausgehenden 19. und frühen 20. Jahrhundert empirisch gut belegte Zusammenhang von günstiger Konjunkturentwicklung und hoher allgemeiner Streikaktivität einerseits, Depression und Streikarmut andererseits auch theoretisch einleuchtend (10), obwohl dies einer weit verbreiteten "marxistischen" Hypothese widerspricht, nämlich der Annahme eines überall gültigen, gleichförmigen An- und Abschwellens von Streiks je nach der Abfolge von Krisen und Konjunktur im Wirtschaftszyklus.

Zweifellos haben auch Verschlechterungen der sozialen Lage, wenn sie als solche wahrgenommen werden, eine streikfördernde Wirkung. Die politisch wie wissenschaftlich relevante Frage ist nur, ob sich mit der zum Protest drängenden sozialen Unzufriedenheit nicht auch Momente einstellen, die eine Protestäußerung risikoreicher erscheinen lassen, und ob nicht die krisenbedingten Hemmechanismen von Streik gar den latenten Protestwillen unterdrücken. Streiks in relativ günstigen (jedenfalls nicht krisenhaften) Wirtschaftslagen wären dann umgekehrt als Moment des Verteilungskampfes in Perioden, in denen es etwas zu verteilen gibt, aufzufassen.

Aus diesen skizzenhaften theoretischen Vorüberlegungen ergibt sich, daß das Ziel dieser Untersuchungen nicht darin liegen kann, einen einzigen, vielleicht allein bestimmenden sozial-ökonomischen Ursachenfaktor von Streiks, der womöglich zeitunabhängig gelten soll, ausfindig zu machen. Worum es aber hier gehen kann, ist, zu überprüfen, inwiefern westeuropäische und deutsche historiographisch-politologische Befunde über Streikentwicklung und Streikursachen am österreichischen Beispiel bestätigt werden können und welche verursachende Faktoren zusammen die Streikverlaufskurven in der Ersten und Zweiten Republik, wiederum zeitlich differenziert, zu erklären vermögen.

2. Methodologische Überlegungen

Relativ quantifizierbare und überdies für einen verhältnismäßig langen Zeitraum in vergleichbarer Form vorliegende Datenreihen wie jene über Streiks legen quantitative Analysetechniken von vornherein nahe. Besonders zweckmäßig erscheint jedoch eine makroanalytische Zeitreihenuntersuchung, wenn es wie im vorliegenden Fall zunächst um ein Abtasten eines wenig untersuchten Arbeitsfeldes geht. Die damit einhergehende Unschärfe im einzelnen und eine teilweise mechanistisch wirkende korrelative Parallelisierung von erklärenden und zu erklärenden Variablen werden dabei bewußt in Kauf genommen. Doch erst in einer späteren Forschungsphase könnten Fall- und Tiefenstudien fruchtbarer angewandt werden. Von wesentlicher Bedeutung ist also, abgesehen von Relevanzproblemen des Indikators für das Anzuzeigende, in diesem Fall, wie sich die unabhängigen und abhängigen Variablen der quantitativen Analyse in meßbarer Form bestimmen lassen.

Das generelle Ausmaß der Arbeitskonflikte wird hier wie in ähnlichen Untersuchungen (11) in Streiktagen pro Jahr, d. h. in jährlich durch Streiks verlorenen Arbeitstagen operational festgelegt. Daneben werden als Indikator für die Breitenwirkungen von Streikaktionen die Beteiligungsrate (Streikende je 100 000 unselbständig Beschäftigte pro Jahr) und als Indikator für die zeitliche Dauer und Härte des Arbeitskampfes die durchschnittliche Ausstandsdauer für jeden Streikenden (Streiktage je Streikenden) herangezogen. (12) In diesem Sinne sind in Hinkunft Bezeichnungen wie Streikausmaß bzw. Streikbeteiligung oder Streikintensität zu verstehen. Dabei wurden nur Daten über wirtschaftliche und gewerkschaftlich anerkannte Streiks, für die also von den Gewerkschaften Unterstützungsgelder ausgezahlt wurden, herangezogen. Vollständige Datenreihen für "wilde" oder "politische" Streiks sowie über Aussperrungen waren nicht verfügbar. Ebenso über Anzahl, Erfolg oder Mißerfolg und spartenweise Verteilung der Streiks. Nur periodenweise kann darauf zurückgegriffen werden. Als erklärende Faktoren werden
– für die gesamtwirtschaftliche Ebene die jährliche reale prozentuelle Wachtumsrate des Bruttonationalprodukts (BNP, in Hinkunft auch al-

ternativ als Volkseinkommen bezeichnet) gegenüber dem Vorjahr (13),
– für die soziale Situation der Arbeiterschaft die Arbeitslosenrate, berechnet als Prozentanteil der vorgemerkten Arbeitslosen an den unselbständig Erwerbstätigen (14) und
– für den organisatorisch(-politischen) Bereich der gewerkschaftliche Organisationsgrad (Gewerkschaftsmitglieder je 100 000 unselbständig Erwerbstätige (15)) herangezogen. (16)

Die Problematik der drei zuletzt genannten Indikatoren kann hier im einzelnen nicht aufgezeigt werden. Nur hinsichtlich der Streik-Variablen sind einige Einschränkungen unumgänglich. Zunächst ist allgemein zu beachten, daß soziale Konflikte nicht nur hinsichtlich ihres quantifizierbaren Intensitätsgrades, etwa gemessen nach Häufigkeit eines Ereignisses und der beteiligten Personen oder nach der Dauer in Tagen, Schwankungen unterliegen. Vielmehr können sie auch, wie einleitend angedeutet, hinsichtlich der Austragungsformen in qualitativ-sprunghafter Weise variieren, was unter Umständen einen Schluß auf den anzuzeigenden Sachverhalt beträchtlich erschweren muß. Etwa die Beobachtung, daß sich industrielle Konflikte üblicherweise in einer Stufenfolge von Lohnverhandlungen über Drosselung des Arbeitstempos und Sabotage bis zu Streik, Aussperrung und Fabrikbesetzung abspielen, impliziert qualitative Sprünge, die eine quantitative Analyse beeinträchtigen müssen. Nur eine breit angelegte Untersuchung, die hier schon aus Platzgründen ausgeschlossen war, könnte eine Lösung dieses Problems versprechen

Zur Gewährleistung der Vergleichbarkeit der Daten sollten zwei weitere Voraussetzungen gegeben sein: das Vorhandensein halbwegs konstanter Rahmenbedingungen für Arbeitskonflikte und die Beteiligung etwa derselben Konfliktpartner. So ist es nicht gleichgültig, ob Streiks in einem rechtsstaatlich-parlamentarischen System untersucht werden oder unter Bedingungen diktatorischer Herrschaft, die Arbeitsniederlegungen untersagt und gewaltlose Protestäußerungen verbietet und unterdrückt. Der autoritär-halbfaschistische "Ständestaat" Dollfuß' und Schuschniggs ist daher mit der demokratischen Periode der Ersten Republik auch nur bedingt vergleichbar. – Ebenso können wechselnde Regierungskonstellationen jener Parteien, die den überwiegenden Teil der betrieblichwirtschaftlichen Konfliktpartner auf politischer Ebene vertreten, die Bedingungen der Manifestierung sozialer Spannungen verändern und somit einen Vergleich über längere Zeiträume hinweg zusätzlich einschränken. Daß sich das politisch-gesellschaftliche System in Österreich vor dem

Zweiten Weltkrieg und danach tatsächlich auf den gemeinsamen Nenner einer mäßig bis stark industrialisierten, marktwirtschaftlich gesteuerten Gesellschaft bringen läßt, ist nicht fraglos hinzunehmen und keineswegs eine Frage, die für das Streikverhalten der österreichischen Arbeiterbewegung irrelevant ist.

Hinsichtlich der Konfliktparteien im Streik sind die demokratische Periode der Ersten Republik und die Zweite Republik nicht so weitgehend voneinander unterschieden, daß die Bildung einer Zeitreihe nicht sinnvoll wäre. Doch weist ihre organisatorische Beschaffenheit manche Unterschiede auf. Immer stehen aber Lohnabhängige einerseits und Eigentümer oder Verfügungsberechtigte andererseits einander gegenüber, und zwar jeweils in Interessenverbänden organisiert. Doch während die Lohnabhängigen in der demokratischen Periode der Ersten Republik von Richtungsgewerkschaften, die im wesentlichen den politischen Lagern entsprachen, vertreten wurden (17), verordnete der "Ständestaat" im März 1934 die Bildung einer Einheitsgewerkschaft, eine Einrichtung, die nach 1945 auf freiwilliger Basis und mit wesentlich höherem Wirkungsgrad fortgesetzt wurde.

Auch auf der Unternehmerseite kam es nach 1945 zu einer nicht geringen Veränderung insofern, als neben privaten Unternehmern (und ihren Organisationen) in verstärktem Maße der Staat, vor allem in den Sektoren Schwerindustrie, Verkehr und Finanz, in Erscheinung trat und bei Lohnverhandlungen in bestimmten Wirtschaftsgruppen als Gegenpart zu den "Arbeitnehmern" sogar eine führende Rolle übernahm. Dennoch wurde für die Zwecke dieser Untersuchungen auf der Ebene des Arbeitskonflikts in der Zweiten Republik das Weiterbestehen derselben wirtschaftlich-klassenmäßigen Konfliktlinien wie in der Ersten Republik angenommen.

In der Folge wird jeweils zunächst der Streikverlauf in der Ersten und Zweiten Republik beschrieben und sodann auf seine Abhängigkeit von den drei ausgewählten erklärenden Variablen hin untersucht.

3. STREIK UND WIRTSCHAFTLICH-POLITISCHE KRISE IN DER ERSTEN REPUBLIK

Der beste Indikator für das gesamte Ausmaß von Streiks, ist wie erwähnt, die Kombination der Anzahl der Streikenden und der Dauer des Streiks.

Graphik 3 stellt für die Erste Republik den Verlauf dieses kombinierten Merkmals, die jährliche Zahl der Streiktage, und die Zahl der Streikenden (Beteiligten an Streiks) dar. Zum Vergleich ist auch die Arbeitslosigkeit eingetragen. Nach politisch-wirtschaftlichen Perioden zusammengefaßt, bietet dazu *Tabelle 9* weitere Informationen, die hier allerdings nicht ausgeschöpft werden können.

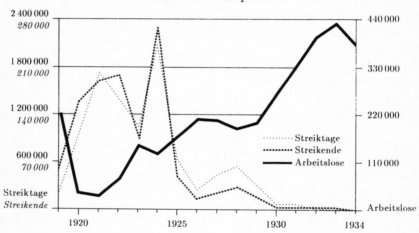

*Graphik 3: Streik und Arbeitslosigkeit
in der Ersten Republik*

Nach einem raschen, kontinuierlichen Anstieg der Streiks in der ausgehenden "österreichischen Revolution" (1918-1921), die wirtschaftlich von den Problemen der Wiederumstellung der Kriegs- auf die Friedensproduktion und damit durch eine zunächst noch hohe Arbeitslosenrate, politisch durch ein Übergewicht der Sozialdemokratischen Arbeiterpartei während ihrer Regierungskoalition mit der Christlichsozialen Partei und sozial durch eine Reihe von zum Teil bahnbrechenden Sozialgesetzen gekennzeichnet wurde, erreichte das Streikausmaß schon 1921 einen ersten Höhepunkt. Die "österreichische Revolution" war zugleich auch die Periode einer raschen Festigung der Gewerkschaftsbewegung, vor allem der sozialdemokratischen Freien Gewerkschaften, die 1921 vorübergehend mehr als eine Million Mitglieder erreichten. Wirtschaftlich waren die Jahre 1921 und 1922 durch ein krisenhaftes Anwachsen der Inflation und eine relativ florierende industrielle Produktion, die zu jährlichen Wachstumsraten des BNP von neun bis zehn Prozent führte, und durch eine ansteigende, jedoch im allgemeinen niedrige Arbeitslosenrate (1,4 bzw. 3,4 Prozent der Unselbständigen) gekennzeichnet. Das seit 1921 sinkende gesamtgesellschaftlich-politische Gewicht der sozialdemokratischen Arbeiterbewegung kommt in dem allmählich beginnenden, aber nicht mehr aufhaltbaren Abbröckeln ihrer Gewerkschaftsmitgliederschaft zum Ausdruck.

Tabelle 9: Streiks und wirtschaftlich-soziale Lage in der Ersten Republik (arithmetische Mittel, periodenweise)

Teil-perioden	1	2	3	4	5	6	7	8
1919-1921	970	6835	5.7	9.3	118[c]	44.7	4.2	8.8[c]
1922-1924	1668	9535	6.0	4.7	420	46.8	5.3	6.5
1925-1929	445	1506	14.8	15.1	194	41.3	8.8	3.5
1930-1933	72	354	11.4	27.4[a]	50	35.6	16.0	-7.7
1919-1933	695	3871	11.0	7.0[b]	176	41.6	9.1	1.6
1934-1937	0.5	23	1.4		0.1	15.4	17.6	2.8
1919-1937	549	3060	8.9		139	36.1	10.9	1.9

1 Anerkannte Streiktage (in 1000) pro Jahr
2 Anerkannte Streikende je 100 000 unselbständig Beschäftigten pro Jahr
3 Streikdauer je Streikenden (in Tagen)
4 Anteil der erfolglosen Streiks
5 durch Aussperrungen verlorene Arbeitstage (in 1000) pro Jahr
6 gewerkschaftlicher Organisationsgrad in % der unselbständig Erwerbstätigen
7 Arbeitslosenrate (% der vorgemerkten Arbeitslosen an den unselbst. Erwerbstätigen)
8 BNP-Änderung gegenüber dem Vorjahr in %

[a] nur 1930-1932
[b] nur 1919-1932
[c] nur 1920-1921
[d] Summe der unselbständig Beschäftigten und der vorgemerkten Arbeitslosen

Doch schon das Jahr 1923, in dem die von Seipel rigoros durchgeführte Inflationsbekämpfung und Budgetsanierung zu einem Schrumpfen des BNP um 1,1 Prozent gegenüber dem Inflationsboom führte und in dem die Zahl der zur Vermittlung vorgemerkten Arbeitslosen 145 000 (oder 6,6 Prozent der Unselbständigen) erreichte, brachte eine deutliche Abnahme der Streiks. Eine kräftige wirtschaftliche Besserung (BNP-Wachstum 11,7 Prozent) und eine leichte Milderung der Arbeitslosigkeit im Jahre 1924 wurden von einem neuerlichen Emporschnellen der Streiks auf ihren höchsten Wert in der gesamten neueren Geschichte Österreichs überhaupt begleitet. Mit diesem Jahr endete aber auch die insgesamt streikreichste Periode der österreichischen Republik (jährlich im Durchschnitt 1 668 000 Streiktage).

Die nächsten fünf Jahre (1925-1929) sind von der weiteren zögernden Überwindung der Stabilisierungskrise und von einer kurzen Hochkonjunktur (1927-1929) gekennzeichnet. Das wirtschaftliche Charakteristikum dieser Jahre ist ein bis 1929 im jährlichen Durchschnitt um 3,5 Prozent, im einzelnen aber unterschiedlich steigendes BNP bei einer gleichzeitig um die 200 000-Marke pendelnden Arbeitslosigkeit (7,9 bis 9,2 Prozent). Die Hauptursache dieser Erscheinung liegt in dem stürmischen Nachholen von Rationalisierungen in der Industrie, die bis zum Höhepunkt der Inflation unterblieben waren – ein internationales Phänomen – und in der Durchführung von einschneidenden Personaleinsparungen im öffentlichen Dienst, im Verkehrswesen und Bankensektor, die sich zum Teil aus dem Zusammenbruch der Habsburgermonarchie ergaben. Zugleich vollzog sich während der relativ stabilen Regierung der Ära Seipel (1922-1924, 1926-1928) und auf dem ersten Höhepunkt faschistischer Aktivität in Form der Heimwehr (1928/29) ein weiterer politischer Positionsverlust der (sozialdemokratischen) Arbeiterbewegung, dem eine weitere Abnahme der Gewerkschaftsmitglieder entsprach. Dieser Vorgang schlug allerdings infolge von Gewinnen der christlichen und deutschnationalen Gewerkschaften nicht voll auf den gewerkschaftlichen Organisationsgrad durch. Die Verlaufskurven von Streikaktivität und Arbeitslosigkeit verhalten sich in diesem halben Jahrzehnt genau spiegelbildlich, während Streiks und BNP-Anstieg, wie zu erwarten, in derselben Richtung variieren. Im jährlichen Durchschnitt erreichten die Streiktage mit 445 000 in dieser Periode kaum noch ein Viertel jener des Zeitraumes vor 1925. Der Einbruch der Weltwirtschaftskrise Ende 1929 mit dem Schrumpfen des realen BNP um durchschnittlich jährlich 7,7 Prozent war von einem katastrophalen Ansteigen der Arbeitslosigkeit im Jahre 1933 auf 406 000 oder 20,3 Prozent der Unselbständigen begleitet. Da sich viele früher Beschäftigte, durch die oft langjährige Arbeitslosigkeit entmutigt, überhaupt vom Arbeitsmarkt zurückgezogen hatten, ist die wirkliche Arbeitslosigkeit auf dem Höhepunkt der Krise noch um etwa 5 bis 6 Prozentpunkte höher anzusetzen als in der amtlichen Arbeitslosenstatistik. (18) Die Streikaktivität im allgemeinen ist von einem sofort mit Krisenbeginn einsetzenden Abfallen auf ein sehr niedriges Niveau gekennzeichnet. Sie betrug im jährlichen Durchschnitt nur 72 000 Streiktage, einen Bruchteil ($\frac{1}{18}$) der Periode von 1919 bis 1924 und (ein Sechstel) der relativen Stabilitätsperiode (1925 bis 1929).

Politisch ist die Weltwirtschaftskrise durch eine trotz des sozialdemokratischen Wahlerfolges von 1930 weitergreifende Erosion der sozialdemokratischen Positionen im Staat, die Ablösung der Heimwehr durch den Nationalsozialismus (ab 1932) und Anzeichen von Instabilität im bürgerlichen Regierungslager zu charakterisieren. Schon vor der Beschneidung der Organisationsfreiheit der Arbeiter und Angestellten durch Dollfuß wurde auch die gewerkschaftliche Organisationsstärke (durch Wirtschaftslage und Arbeitslosigkeit) ganz entscheidend geschwächt. Nur 33,8 Prozent aller Lohnabhängigen, das sind um 30 Prozent weniger als 1921, waren Ende 1933 noch gewerkschaftlich organisiert.

Die seit März 1933 sich rasch zum diktatorischen Regime wandelnde Regierung Dollfuß veränderte mit einschneidenden Beschränkungen der politischen und gewerkschaftlichen Rechte und der 1934 erfolgenden Beseitigung jeder legalen politischen Opposition das innenpolitische System und die Bedingungen für Streiks grundlegend. Das Ansteigen der Mitglieder des "Gewerkschaftsbundes der österreichischen Arbeiter und Angestellten", der "Einheitsgewerkschaft" des Regimes, von 148 000 Mitgliedern (7,7 Prozent der Unselbständigen) und 316 000 (16 Prozent) Mitte 1934 bzw. 1935 auf immerhin 354 000 (17,9 Prozent) bzw. 401 000 (20,1 Prozent) Mitte 1936 und 1937 kann nur als ein sehr schwaches Indiz für echte gewerkschaftliche organisatorische Aktivität gelten. (19)

Die Jahre 1934 bis 1937 sind daher auch hinsichtlich der Streikaktivität ganz anders zu bewerten als die vorangegangenen fünfzehn Jahre. Da Streiks verboten waren, kam es bis zum erzwungenen Anschluß an das nationalsozialistische Deutschland zu nahezu keinen Ausständen mehr (im jährlichen Durchschnitt nur 545 Streiktage!). Die nur allmählich sinkende Arbeitslosigkeit (von 370 000 auf 321 000, 18,8 auf 16,1 Prozent) und eine zögernde, erst 1937 sich etwas beschleunigende Wiederbelebung des wirtschaftlichen Leistungsvolumens (durchschnittliches BNP-Wachstum: 2,8 Prozent) waren die wirtschaftlich-soziale Entsprechung der politisch eingeschränkten Lebensbedingungen der Bevölkerung und die innenpolitische Voraussetzung für die fortschreitende nationalsozialistische Subversion. (20)

4. WIRTSCHAFTLICH-SOZIALE UND ORGANISATORISCHE STREIKURSACHEN IN DER ERSTEN REPUBLIK

Aus einer Gegenüberstellung von Streikbeteiligung und Streikdauer geht hervor, daß die Erste Republik bis in die Mitte der zwanziger Jahre durch eine verhältnismäßig kurze Streikdauer von durchschnittlich 5,7 bzw. 6,0 Tagen, jedoch durch eine auch im internationalen Vergleich ungewöhnliche Breitenwirkung von Streiks (6835 bzw. 9535 Streikende je 100 000 Unselbständige pro Jahr) von den beiden folgenden Perioden deutlich abstach, in denen die Zahl der Streikenden noch stärker als die allgemeine Streikaktivität sank, während die Streiks nunmehr bedeutend länger dauerten (14,8 und 11,4 Tage) und damit auch wesentlich härter geführt wurden (siehe *Tabelle 9*).

Als Tendenz kann auch eine zunehmende Verschärfung der Arbeitskonflikte im Laufe der demokratischen Periode aus dem Steigen der erfolglos bleibenden Streiks und dem weitaus schwächeren Abnehmen der Aussperrungen (verglichen mit dem Zusammenbruch der Streikaktivität gegen die dreißiger Jahre hin) abgelesen werden. Während noch 1919 bis 1924 im Durchschnitt 94,5 Prozent aller Streikenden ganz oder teilweise Erfolg hatten, war dies 1925 bis 1929 nur noch für knapp 85 Prozent der Streikenden der Fall. In der Weltwirtschaftskrise konnten schließlich bloß 72,6 Prozent der ohnehin schon wenigen Streikenden einer vollständigen Streikniederlage entgehen.

Die Aussperrung dagegen wurde als Waffe der Unternehmer durch Arbeitslosigkeit und Wirtschaftskrise viel weniger beeinträchtigt als der Streik, wenn sie nicht überhaupt unverändert blieb und ihre Reduktion vom Stand der Nachkriegsjahre (durchschnittlich 249 000 Aussperrungstage) in der Weltwirtschaftskrise auf ein Fünftel (50 000 Aussperrungstage) nicht eine bloße Funktion der abnehmenden allgemeinen Streikaktivität war.

Somit kann versucht werden, eine wirtschaftlich-soziale Erklärung des Streikverhaltens in der Ersten Republik zu geben. Aus der bisherigen Darstellung und aus den in *Tabelle 11* wiedergegebenen Korrelationskoeffizienten ergibt sich, daß in der Periode von 1919 bis 1937 ein hochsignifikanter positiver Zusammenhang besteht zwischen Änderung des BNP und Streikausmaß (Streiktage) sowie Streikbeteiligung. Die Koeffizienten betragen hier 0,68 und 0,65. Da Arbeitslosenrate und BNP-Änderung ebenfalls sehr hoch, aber negativ korrelieren (−0,67), ergeben sich umgekehrt auch hohe negative Korrelationen (−0,78) der Arbeitslosigkeit mit dem Streikausmaß und der Streikbeteiligung. Eine vermittelnde Rolle spielt dabei die gewerkschaftliche Organisationsstärke, die eng von der BNP-Änderung und der Arbeitslosigkeit abhängt und durch Koeffizienten von 0,67 bzw. 0,63 positiv mit Streikausmaß und Streikbeteiligung korreliert ist.

Die Streikdauer ist dagegen nicht signifikant mit den beiden wirtschaftlich-sozialen Indikatorwerten verknüpft, doch ist für die demokratische Periode eine schwach positive Korrelation von Streikdauer und Arbeitslosigkeit von 0,44 vorhanden. Für die gesamte Zwischenkriegszeit ergibt sich ein positiver Zusammenhang von Streikdauer und gewerkschaftlicher Mitgliederstärke (r = 0,56).

Als Ursachen von allgemeiner Streikaktivität und Umfang der Streiks können also für die demokratische Periode in der Tat alle generellen Katastrophen-Theorien, die einen direkten Wirkungszusammenhang von konjunkturellen wirtschaftlichen Krisen und dem Auftreten von Steiks postulieren, ausgeschlossen werden. Steigender wirtschaftlicher Druck und zunehmende Arbeitslosigkeit haben in der Ersten Republik weder zu einer Stärkung der Gewerkschaften noch in der weiteren Folge zu einer Zunahme von Streik und Streikbereitschaft geführt. Vielmehr waren 1919 bis 1937 Streikausmaß und -beteiligung um so größer, je höher das Wirtschaftswachstum und die Beschäftigung sowie die gewerkschaftliche Mitgliederzahl waren.

Somit kann auch ein ursächlicher Zusammenhang der Entwicklung des BNP mit den Streiks hinsichtlich Ausmaß und Beteiligtenanzahl, vermittelt durch Arbeitslosigkeit und Organisationsgrad der Gewerkschaften, angenommen werden. Einerseits bestätigt sich auf diese Weise die Ausgangsannahme, daß Streiks in erster Linie die Konsequenz von verstärkten Verteilungskämpfen sind in solchen Perioden, in denen es ein Mehr an wirtschaftlichen Gütern zu verteilen gibt. Andererseits drücken tatsächlich wirtschaftliche Krisen, die eine hohe Arbeitslosigkeit hervorrufen, durch die Schaffung einer industriellen Reservearmee den Streikwillen der Lohnabhängigen ganz beträchtlich. Beim Fehlen von substantiellen arbeitsrechtlichen Garantien und von starken Gewerkschaften wird jeder Arbeitskampf für die Lohnabhängigen zu einem riskanten Unternehmen.

Das gleiche gilt jedoch nicht für die Unternehmerseite. Wie schon festgestellt, zeigen die Zunahme von erfolglosen Streiks bei einer Verschlechterung der gesamtwirtschaftlichen Situation und Beschäftigungslage und die Tatsache, daß das Instrument der Aussperrung relativ scharf bleibt, daß somit die Position der Unternehmer, ob direkt oder – wahrscheinlicher – indirekt durch Zwischenschaltung politischer Faktoren wie unternehmerfreundliche Wirtschaftsgesetzgebung und autoritären Regierungsstil oder faschistische Organisationen in Krisenzeiten stärker wird.

Zwar wäre eine wirtschaftsspartenmäßige Aufgliederung der Streiks nützlich, doch kann schon mit dem vorgelegten Material begründet werden, daß von 1919 bis 1933 eine zunehmende Tendenz zur Verschärfung des Klassenkonflikts zwischen Unternehmern und Lohnabhängigen bestand, der sich jedoch nicht mehr in großen Streiks, wohl aber in politischen Gewalttaten äußerte. Zugleich erfolgte eine Stärkung der besitzenden Seite auf Kosten der Lohnabhängigen. Der gleichlaufende Prozeß von Konfliktverschärfung und Schwächung der sozialdemokratischen Arbeiterbewegung auf den Ebenen der Verbandsmacht und des politischen Systems findet also seine Entsprechung auf der wirtschaftlichen Ebene. Die dominante Ursache-Folge-Richtung ist in diesem Fall klar, obwohl ein gewisser Rückwirkungseffekt der politischen Veränderungen auf das wirtschaftliche Konfliktverhalten damit noch nicht auszuschließen ist.

Die zentrale Vermittlungsinstanz zwischen den Ursachenfaktoren BNP-Änderung und Streikhandlungen stellt jedoch die Arbeitslosigkeit dar. Darüber hinaus können ihre Auswirkungen auch auf die gewerkschaftlichen Interessensorganisationen und die "Streikmoral" der Arbeiter eine Austragung primär ökonomischer Konflikte in den geregelten Bahnen der Arbeitsbeziehungen blockieren. Damit kann sich auf der wirtschaftlichen Ebene ein Konfliktpotential anstauen, das dann auch auf der politischen Ebene zur Wirkung kommt. Und ebendies ist für die besondere Schärfe gewaltsam ausgetragener politischer Konflikte in der Ersten Republik anzunehmen. (21)

5. Streik und politisch-wirtschaftliche Stabilität in der Zweiten Republik

Kontrastierend zu der dramatischen Entwicklung in der österreichischen Zwischenkriegszeit verweisen Arbeitskonflikte in der Zweiten Republik im allgemeinen nicht auf starke soziale Spannungen. Sie verlaufen daher gedämpft und in geregelten Bahnen. Die Waffe des Streiks kommt von seiten der Lohnabhängigen nur relativ selten zum Einsatz (siehe *Graphik 4*), die Unternehmerseite greift praktisch nie zum Mittel der Aussperrung. Eher schon kommt es zu spezifischen Unternehmerprotesten. Insgesamt dürfte es daher nur stark abgeschwächt und episodisch zu einem Übergreifen der Spannungen von der ökonomischen auf die Ebene politischer Konflikte kommen.

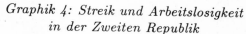

Graphik 4: Streik und Arbeitslosigkeit in der Zweiten Republik

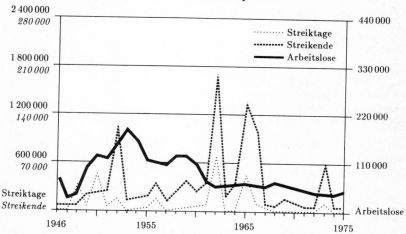

Am Beginn der Zweiten Republik steht wiederum eine Erschütterung der wirtschaftlichen, sozialen und politischen Verhältnisse, als Folge des Nationalsozialismus und des Zweiten Weltkriegs. Doch stellt sich diese Erschütterung aus historischer Sicht eher als Unterbrechung denn als tiefgreifender ökonomischer und sozialer Wandel heraus. Ein tiefgreifender Wandel der österreichischen Gesellschaft ist erst in den fünfziger Jahren eingetreten. Dennoch gibt es auch gesellschaftliche Bereiche, in denen 1945 die Diskontinuität stärker hervortrat, etwa in der politischen Sphäre und auf dem Feld der Konflikte und ihrer Austragung.

Tabelle 10: Streiks und wirtschaftlich-soziale Lage
in der Zweiten Republik
(arithmetische Mittel, periodenweise)

Teil-perioden	1	2	3	4^a	5	6	7	8
1946-1952	169	1636	5.4	9.3	21.9	62.4	4.5	10.9
1953-1958	65	1202	2.6	5.1	5.5	63.1	6.2	6.8
1959-1965	196	3218	2.6	7.2	14.9	63.2	3.2	4.7
1966-1969	28	1563	1.3	2.4	3.9	62.7	2.7	4.4
1970-1975	26	986	1.5	8.6	35.2	59.0	1.9	4.6
1946-1975	107	1719	2.8	6.1	17.3	62.3	3.8	6.5

1 Anerkannte Streiktage (in 1000)
2 Anerkannte Streikende je 100 000 unselbständig Beschäftigten
3 Streikdauer je Streikendem (in Tagen)
4 Anteil der erfolglosen Streiks (in % aller anerkannten Streiks)
5 "Wilde" Streiks (in % der anerkannten Streiktage)
6 Gewerkschaftl. Organisationsgrad (in % der unselbständig Erwerbstätigen)
7 Arbeitslosenrate (vorgemerkte Arbeitslose in % der unselbst. Erwerbstätigen)
8 BNP-Veränderung gegenüber dem Vorjahr

[a] Der Anteil der erfolglosen Streiks wird erst seit 1951 ausgewiesen.

Die ersten sieben Jahren der Zweiten Republik, zunächst ganz im Zeichen der Wiedergutmachung der Kriegsschäden, aber auch umfassender Verstaatlichungen, wurden dominiert von einem stürmischen Wirtschaftsaufschwung mit jährlichen Wachstumsraten von durchschnittlich mehr als 10 Prozent. Fünf Lohn- und Preisabkommen zwischen der ÖVP-SPÖ-Regierung und den großen Interessenverbänden – darunter der nun drei politische Richtungen vereinende "Österreichische Gewerkschaftsbund" (ÖGB) – legten einen dauerhaften Grundstock für die Sozialpartnerschaft, ohne den Lohnabhängigen jenen Anteil am Volkseinkommen zu bringen, den sie sich in dieser Wachstumsperiode erwarteten. Wohl nicht zufällig kam es daher seit 1948 zu einem raschen Ansteigen von Streiks, so daß im Durchschnitt dieser Teilperiode jährlich 169 000 Arbeitstage entfielen. Insgesamt 31 500 Lohnabhängige waren daran im jährlichen Durchschnitt beteiligt.

Für die Härte der Arbeitskämpfe in dieser Periode, die auch in dieser Hinsicht noch an die Erste Republik anknüpft, zeugt die nach 1953 niemals mehr erreichte Dauer, die jeder Streikende damals im Ausstand war (im jährlichen Durchschnitt 5,4 Tage), und der relativ hohe Anteil von gänzlich erfolglosen Streiks (9,3 Prozent). Ein anderes, in der neueren österreichischen Streikstatistik nur noch in den siebziger Jahren in einem größeren Umfang auftretendes Signal für relativ breite latente Unzufriedenheit der Lohnabhängigen mit ihrer wirtschaftlichen oder sozialen Lage und der Politik der Gewerkschaftsführung sind die "wilden" Streiks. Ohne das Jahr 1950 macht ihr Anteil an den gewerkschaftlich anerkannten Streiktagen mehr als 12 Prozent aus, unter Einschluß des Jahres 1950, in dem das Verhältnis von anerkannten zu "wilden" (überwiegend "politischen") Streiks etwa zehn zu acht war, sogar mehr als 20 Prozent im jährlichen Durchschnitt.

Unter diesem Aspekt ist auch der "Oktoberstreik" 1950 zu sehen, der spontan aus einem weitverbreiteten Gefühl der Unzufriedenheit über ein aktuelles, zu weites Öffnen der Lohn-Preis-Schere entstand und unter kommunistischer Führung politische Dimensionen (mit Stoßrichtung gegen die Regierung und die sozialistische ÖGB-Führung) annahm. Insgesamt dürften etwa 200 000 Arbeiter (oder 10 Prozent der Unselbständigen) daran beteiligt gewesen sein. (22)

Die Periode zwischen 1953 und 1958 war wirtschaftlich durch eine rasche Wiederbelebung nach einem vorübergehenden Rückschlag 1952/53, zugleich aber durch ein nur zögerndes Zurückgehen der 1953 mehr als 183 000 Menschen treffenden Arbeitslosigkeit auf 123 000 im Jahre 1958 gekennzeichnet, was eine durchschnittliche Arbeitslosenrate von immer noch mehr als 6 Prozent bedeutete. Die Sozialpartnerschaft erfuhr im selben Zeitraum mit der Schaffung der "Paritätischen Kommission für Lohn- und Preisfragen" (1957) ihre volle Ausgestaltung. Die Streikaktivität hinsichtlich ihres gesamten Umfanges (durchschnittlich 65 000

Streiktage pro Jahr), die Beteiligungsrate wie die Dauer von Streiks gingen dementsprechend stark zurück, ebenso die "wilden" Streiks, aber auch die erfolglos verlaufenden Ausstände.

Die folgenden Jahre der Hochkonjunktur, zugleich auch die der Agonie der Großen Koalition, brachten eine Halbierung der Arbeitslosenzahlen und ein Wiederansteigen der Streiks. 1963 und 1965 waren nicht nur Gipfelpunkte in der Streikkurve des gesamten neueren Österreich, auch die Durchschnittswerte der Jahre von 1959 bis 1965 lagen mit 169 000 Streiktagen und einer Beteiligung von mehr als 3200 je 100 000 unselbständig Erwerbstätigen schon beinahe in der Größenordnung der relativen Konjunkturperiode der Ersten Republik. Während die Streikdauer für jeden Streikenden jedoch nicht anstieg (2,6 Tage), deutet eine gegenüber den fünfziger Jahren merkliche Zunahme von Fehlschlägen bei Streiks und von ohne gewerkschaftliche Billigung ausbrechenden Arbeitskonflikten auf eine wiederum etwas erhöhte Konfliktbereitschaft unter den Lohnabhängigen.

Die vierjährige Alleinregierung der ÖVP ab 1966 begann mit einer Konjunkturverflachung und leitete zu einem neuerlichen Wirtschaftswachstum über, das somit im Durchschnitt jährlich 4,4 Prozent betrug. Bei relativer Vollbeschäftigung gab es nahezu keine Arbeitslosigkeit mehr, aber auch die Streiks erreichten nur noch ein Ausmaß von durchschnittlich 28 000 Tagen im Jahr, an denen sich nur 1,6 Prozent der Beschäftigten durchschnittlich 1,3 Tage lang beteiligten. Wenn Streiks aber überhaupt geführt wurden, waren sie nahezu immer erfolgreich. Auch "wilde" Streiks gab es kaum.

Der Regierungswechsel des Jahres 1970 von der ÖVP zur SPÖ markierte die bis 1975 letzte politische Zäsur in der Zweiten Republik. Wirtschaftlich wies die erste Hälfte der siebziger Jahre im Durchschnitt wieder gegenüber der Vorperiode ein verstärktes, tendenziell jedoch sinkendes Wachstum auf. Die den inländischen Arbeitsmarkt ausschöpfende Vollbeschäftigung brachte bis 1973 226 000 ausländische Arbeitskräfte ins Land. Dadurch dürfte sich teilweise die ab 1971 leicht sinkende Tendenz des international beachtlichen gewerkschaftlichen Organisationsgrads in Österreich erklären, der nach einem absoluten Höhepunkt von 66 Prozent schon im Jahre 1948 ab 1950 konstant etwa 63 Prozent betragen hatte. Zum Teil dürfte diese relative Abnahme auch auf eine teilweise Entfremdung von der Verbandsführung hinweisen, die sich offensichtlich in ihrer Politik nunmehr stärker von der Rücksichtnahme auf die

Bedürfnisse der Wirtschaftspolitik der Regierung leiten ließ. Die häufigeren Fehlschläge von Streiks (8,6 Prozent) und ein stark erhöhter Anteil der "wilden" Streiks an den gewerkschaftlich genehmigten Ausständen deuten in dieselbe Richtung. Doch bedeutet dieser Tatbestand bei Betrachtung der absoluten Zahlen nicht allzu viel; denn jährlich gingen seit 1970 nur noch 26 000 Arbeitstage verloren, an denen sich weniger als 18 000 Arbeitskräfte für die durchschnittliche Dauer von eineinhalb Tagen beteiligten. (23)

6. Gesamtgesellschaftliche und politische Streikursachen von 1945 bis 1975

Während der untersuchten Jahre der Zweiten Republik änderte sich auch der Charakter der Streikbewegungen, deren Gesamtausmaß eine Tendenz zur Abnahme zeigt. Die Streiks werden im allgemeinen kürzer, die Beteiligung an ihnen weist jedoch keinen linearen Trend auf. Die Streikbeteiligung ist durch ein Anschwellen gegen die Mitte der sechziger Jahre und ein darauffolgendes Wiederabschwellen gekennzeichnet. War also die Streikcharakteristik der ersten sieben Jahre der Zweiten Republik noch eine Mischform aus den Anfangsjahren der Ersten Republik einerseits und aus deren mittleren und späteren Perioden andererseits, so entwickelte sie sich ab 1953 entgegengesetzt zu der Richtung, in die der Verlauf 1919 bis 1938 gegangen war. Wenn man die Beteiligung an Streiks als Indikator für die Organisationskraft und das Klassenbewußtsein der Arbeiterschaft auffaßt (24), dann unterscheidet sich die Zweite Republik in dieser Hinsicht merklich von der Ersten Republik insgesamt und besonders markant von der "österreichischen Revolution", sie übertrifft aber auch die weltwirtschaftliche Krisenperiode und kommt den Konjunkturjahren der Ersten Republik gleich.

Das Kürzerwerden der Streiks in der Zweiten Republik ist dann auch in Übereinstimmung mit einem allgemein westeuropäischen Trend zu sehen, der Streiks in den letzten Jahrzehnten weniger häufig, kürzer und weniger heftig werden läßt. Dies ist der Ausdruck der Fortdauer des eingangs skizzierten Wandels der Taktik der Arbeiterschaft und der Gewerkschaftsführungen, die lernen, kürzere, gezielte und doch effiziente Streiks von relativ breitem bis gesamtnationalem Umfang zu führen. Die Streikform, nicht der gesamte Streikumfang, entspricht daher seit Beginn der fünfziger Jahre zunehmend (in verkleinertem Maßstab) dem Muster, das sich etwa zur selben Zeit auch in Frankreich und England ausgebildet hat. (25) Die österreichischen Streiks der Jahre 1919 bis 1924 waren dann schon relativ "modern" in ihrer Form, während danach vorübergehend eine eher im 19. Jahrhundert typische Streikform, die der langdauernden, aber beteiligungsschwachen Streiks, wiederauflebte. Die Rolle politischer Entscheidungen über Streik oder Weiterarbeit und überhaupt die Bedeutung der Politik als Streikursache (26) müssen dagegen in der Zweiten Republik stärker wirksam geworden sein.

Dies hat sich auch in einem Nachlassen der Wirksamkeit der wirtschaftlich-sozialen Faktoren niedergeschlagen, *Tabelle 11* (untere Hälfte) zeigt in der Tat, daß in der Zweiten Republik ein wesentlich geringerer Zusammenhang zwischen volkswirtschaftlicher Änderungsrate und Streikausmaß (Streiktage) und Streikbeteiligung besteht. (27) Die beiden Koeffizienten (deren Werte von 0,23 bzw. −0,20 nur mit einer Sicherheitswahrscheinlichkeit von weniger als 90 Prozent assoziiert sind) haben allerdings, anders als in der Ersten Republik, unterschiedliche Vorzeichen. Das bedeutet, daß ein wachsendes BNP zwar mit einem leichten Zunehmen des gesamten Streikausmaßes einhergeht, daß aber die Beteiligungsrate nicht gleichfalls steigt, sondern leicht abnimmt. Dieselbe Umkehrung zeigt sich auch im Zusammenhang zwischen BNP-Änderung und Streikdauer je Streikenden, der nunmehr stark positiv (0,75) ist. Mit Arbeitslosigkeit bzw. Vollbeschäftigung ergibt sich bei keiner der drei Streikdimensionen irgendein signifikanter Zusammenhang, ein Befund, der noch ausführlichere Interpretation verdiente.

Aber auch zwischen der gewerkschaftlichen Mitgliederstärke und Umfang, Beteiligung und Dauer von Streiks besteht ein schwächerer Zusammenhang als in der Ersten Repuklik. Auch darin kommt die stärkere Wirkungskraft anderer, wahrscheinlich politischer Streikursachen, zum Ausdruck.

Das für die Erste Republik geltende Modell der Streikverursachung – Wirtschaftswachstum bewirkt, zum Teil vermittelt über Arbeitslosigkeit und gewerkschaftliche Stärke, Streik – gilt nach 1945 nur stark eingeschränkt und muß durch den völligen Ausfall des Faktors Arbeitslosigkeit modifiziert werden.

7. Vergleichende Zusammenfassung

Allgemein gesehen, haben in der Ersten und Zweiten Republik Konjunkturperioden und, weniger ausgeprägt, wirtschaftlicher Zusammenbruch Streiks begünstigt, wirtschaftlich (mäßig) schlechte Zeiten haben sie behindert. Einerseits sind vor allem in der Ersten Republik Streiks hauptsächlich die Konsequenz von verstärkten Verteilungskämpfen in solchen Perioden, in denen es überhaupt etwas zu verteilen gibt. Andererseits drückten wirtschaftliche Krisen im Zusammenhang mit hoher Arbeitslosigkeit und Schwächung der Gewerkschaften den Streikwillen beträchtlich. Damit wird die Geltung des westeuropäischen und deutschen langfristigen Streikverlaufs, wonach die Streikhäufigkeit annähernd im Gleichklang mit konjunkturellen Schwankungen variiert, auch für Österreich, insbesondere für die Erste Republik, bestätigt. Streiks können dann auch nicht als direkte Folge wirtschaftlich-sozialer Verschlechterung aufgefaßt werden.

Die Zunahme von erfolglosen Streiks bei einer Verschlechterung der gesamtwirtschaftlichen Situation und die gleichzeitige Zunahme der Aussperrungen zeigten, daß weiterhin die Waffe der Unternehmer wirkungsvoll bleibt, und daß somit die Position der Eigentümer in Krisenzeiten stärker wird. Das heißt auch, daß sich in Krisenzeiten eine gesellschaftlich-politische Gewichtsverlagerung von den Lohnabhängigen auf die Unternehmer ergibt. Zugleich aber werden Arbeitskonflikte, wenn sie einmal ausbrechen, härter geführt, was gesamtgesellschaftlich ein stärkeres Hervortreten von Klassengegensätzen bedingt, die sich jedoch weniger in Streiks als in zunehmenden politischen Gegensätzen im Parlament, in der Regierung und in politischer Gewaltanwendung äußern. Unter den Bedingungen einer organisiert-kapitalistischen Gesellschaft können daher Streiks nicht ohne weiteres als Beginn des "sozialen Krieges" im Sinne Engels', eher bloß als Vorstufe dazu, die durchaus wieder reversibel ist, aufgefaßt werden.

Eine entscheidende vermittelnde Rolle spielen in diesem Zusammenhang die Arbeitslosigkeit und die organisatorische Stärke der Gewerkschaften. Hohe Arbeitslosigkeit schwächt ja tendenziell die Position der "Arbeitnehmer" auf dem Arbeitsmarkt und beeinträchtigt auch subjektiv ihr Selbstvertrauen. Zugleich schwächt sie auch die Gewerkschaftsorganisationen. Schwache Gewerkschaften und unsichere Lohnabhängige streiken aber weniger häufig als starke Organisationen und sich stark fühlende Beschäftigte. Auch in dieser Hinsicht stimmt die österreichischen Streikstatistik des 20. Jahrhunderts mit der westeuropäischen überein.

Die hier festgestellten Zusammenhänge zwischen BNP-Wachstum, Arbeitslosigkeit und gewerkschaftlicher Organisationsstärke auf der einen Seite und den Streikdimensionen auf der anderen gelten allerdings uneingeschränkt nur für die Erste Republik. In der Zweiten Republik dagegen ist dieser sozial-ökonomische Wirkungszusammenhang an einigen Stellen unterbrochen. Daher erscheinen Streiks nach 1945 in einem stärkeren Ausmaß auch von nicht-wirtschaftsstrukturellen, politisch-strategischen Überlegungen und – im sozialstatistischen Betrachtungsrahmen – vom "Zufall" bewirkt. Das angewandte Analyseverfahren und die herangezogenen erklärenden Variablen, die sich in der Ersten Republik durchaus bewährt haben, sind für eine Untersuchung des Streiks in der Zweiten Republik daher nur bedingt brauchbar.

Methodisch relevant ist folglich die Beobachtung, daß die Ursachen von Streik und politischer Gewalt in den beiden österreichischen Republiken nicht mit genau demselben Erklärungsmuster hinreichend zu erfassen sind. Politisch-soziale Konflikte im allgemeinen sind in der Ersten Republik überwiegend von der wirtschaftlichen Lage gesteuert, in der Zweiten Republik sind sie aber stark von politischen Faktoren überlagert: das Österreich der Zwischenkriegszeit stand unter dem Primat einer katastrophalen Ökonomie, in der Zweiten Republik kann der Primat einer konsolidierten Politik festgestellt werden.

Doch bedarf das unterschiedliche Auftreten wirtschaftlich-sozialer Konflikte in Form von Streiks in der Ersten und Zweiten Republik – nach 1918: Streikaktivität hoch in Perioden relativer Konjunktur, niedrig in Wirtschaftskrisen; nach 1945: Streikaktivität niedrig trotz günstiger Wirtschaftslage – zusätzlicher Erklärungsfaktoren. Solange darüber jedoch tiefergreifende Untersuchungen ausstehen, kann nur vermutet werden, worauf diese unterschiedliche Streikcharakteristik insgesamt zurückzuführen ist, und zwar:

1. betrug die durchschnittliche Arbeitslosenrate nach 1945 nur etwa 4 Prozent (gegenüber rund 11 Prozent in der Ersten Republik),

2. hatten sinkende (oder negative) wirtschaftliche Wachstumsraten infolge einer ganz anderen Arbeitsplatzpolitik, vor allem in den letzten zehn Jahren, nicht mehr automatisch auch hohe Arbeitslosigkeit zur Folge;

3. sind die arbeitsrechtlichen und sozialpolitischen Garantien in der Zweiten Republik stärker als in der Ersten, so daß Arbeitslosigkeit nicht mehr in ganz demselben Ausmaß existenzbedrohend ist;

4. ist die gesellschaftliche Position der viel stärkeren einheitlichen Gewerkschaft im Rahmen von sozialpartnerschaftlichen Institutionen nach 1945 viel gewichtiger als selbst vor 1933, so daß sie manche Verbesserungen ohne Einsatz ihres äußersten Mittels, des Streiks, erreichen kann;

5. dämpfen sozialpartnerschaftliche Gesellschaftsvorstellungen eine allfällige Konfliktbereitschaft der Gewerkschaftsfunktionäre und der Lohnabhängigen in der Zweiten Republik.

Diese gewiß nicht umfassende Aufzählung von Bedingungen für den Konfliktreichtum in der Ersten und die relative Konfliktfreiheit in der Zweiten Republik kann man trotz der vermuteten Vielfalt der Ursachen auf einen gemeinsamen Nenner bringen, auf den des beschleunigten, aber ungleichmäßigen Modernisierungsprozesses, in den das Land schon um die Jahrhundertwende eingetreten ist. Österreich befand sich, generalisierend gesehen, in der Zwischenkriegszeit im konfliktreichen Übergangsstadium von der Traditionalität zur Modernität, aus dem es erst nach dem Ende des Zweiten Weltkriegs endgültig heraustrat. Seit den fünfziger Jahren kann Österreich zu den hochentwickelten, stabilen und über lange Perioden hin Konflikte in geregelten Bahnen austragenden Staaten des "organisierten Kapitalismus" gerechnet werden.

(1978)

ANMERKUNGEN

(1) Für die Unterstützung bei der Vorbereitung und Durchführung dieser Untersuchungen schulde ich dem Institut für Konfliktforschung, Wien, und dessen Leiter, Prof. Dr. Friedrich Hacker, und vor allem dessen Stellvertreter, Dr. Bernd T. Marin, aufrichtigen Dank. Ebenso bin ich für kritische Anmerkungen zu einer früheren Fassung dieses Aufsatzes Dr. Fritz Weber, Wien, zu Dank verpflichtet.

(2) Th. Pirker, Streik, in: Wilhelm Bernsdorf (Hg.), Wörterbuch der Soziologie, Bd. 3, Frankfurt a. M. (1972), 834 f.; Hartmut Kaelble u. Heinrich Volkmann, Konjunktur und Streik während des Übergangs zum Organisierten Kapitalismus in Deutschland, in: Zeitschrift für Wirtschafts- und Sozialwissenschaften 92, 1972, 513. Als Ausnahmen in Österreich siehe etwa: Herbert Steiner, Über die Massenkämpfe in Österreich 1907-1912, in: Internationale Tagung der Historiker der Arbeiterbewegung ("VIII. Linzer Konferenz"), Linz, 12. bis 16 September 1972. Tagungsberichte Bd. 6, Wien 1974, 68-76; Hans Hautmann u. Rudolf Kropf, Die österreichische Arbeiterbewegung vom Vormärz bis 1945. Sozialökonomische Ursprünge ihrer Ideologie und Politik, 2. Aufl., Wien (1974), vor allem 191 ff.; Fritz Klenner, Die österreichischen Gewerk-

schaften. Vergangenheit und Gegenwartsprobleme, 2. Bde., Wien 1951 und 1953; und das Referat "Die soziale Lage der Arbeiterschaft in Österreich 1880-1914 – unter besonderer Berücksichtigung der Streikstatistik und der Veränderung in der Struktur der Arbeiterklasse", das Gustav Otruba, Linz, für den 7th International Economic History Congress, Edinburgh 1978, vorbereitet hat.

(3) Siegfried Braun, Thesen zur Soziologie des Streiks, in: Friedrich Fürstenberg (Hg.), Industriesoziologie II, Darmstadt 1974, 212.

(4) Eduard Bernstein, Der Streik. Sein Wesen und sein Wirken, Frankfurt a. M. 1906, 33 ff.

(5) Arthur M. Ross, The Natural History of the Strike, in: Arthur Kornhauser, Robert Dubin u. Arthur M. Ross (Hg.), Industrial Conflict, New York 1954, 23 f.; Braun, 201 f.

(6) Heinrich August Winkler (Hg.), Organisierter Kapitalismus. Voraussetzungen und Anfänge, Göttingen 1974, 214 ff.; vgl. zum Periodisierungsschema des Kapitalismus auch: Eric J. Hobsbawm, Labouring Men. Studies in the History of Labour, 4. Aufl., London 1974, 147.

(7) Friedrich Engels, Die Lage der arbeitenden Klassen in England, in: Karl Marx und Friedrich Engels, Werke, Bd. 2, Berlin (DDR) 1970, 441.

(8) Grundlegend für Deutschland: Kaelble-Volkmann, 529.

(9) Siehe etwa: Edward Shorter u. Charles Tilly, The Shape of Strikes in France, 1830 – 1960, in: Comparative Studies in Society and History 13, 1971, 60 – 68; dies., Strikes in France 1830 – 1968, London 1974, 174 ff.

(10) Kaelble-Volkmann, Konjunktur 527 f.

(11) Siehe die Arbeiten von (und weitere Literatur bei) Shorter u. Tilly, Strikes und Peter N. Stearns, Strike Movements in 1912: A Comparative Assessment, in: Internationale Tagung der Historiker der Arbeiterbewegung 1972 (VIII. Linzer Konferenz), ITH-Tagungsberichte 6, Wien 1974, 185 ff.

(12) Quellenbasis für die erforderlichen Streikvariablen ist: Theodor Tomandl, Streik und Aussperrung als Mittel des Arbeitskampfes, Wien 1965, 34; Wirtschaftsstatistisches Handbuch 1945 – 1969, 11. Jg., Wien 1970 und 18. Jg., Wien 1976.

(13) Datenbasis für das reale BNP auf der Basis von 1937 (gewichtete Berechung nach Wirtschaftszweigen) und für die jährliche Wachstumsrate des Volkseinkommens: Anton Kausel, Nandor Nemeth u. Hans Seidel, Österreichs Volkseinkommen 1913 bis 1963, in: Monatsberichte des österreichischen Instituts für Wirtschaftsforschung, Sonderheft 14, Wien 1965, 38 (1920-1963, eigene Schätzung für 1919); eigene Umrechung für die Jahre 1955-1975 nach: Österreichs Volkseinkommen im Jahre 1963 (bis 1975), Beilagen zu: Statistische Nachrichten 20 ff., Neue Folge, Wien 1965 ff.; Statistisches Handbuch für die Republik Österreich 27, Neue Folge, Wien 1976, 66-82.

(14) Quellen hiezu siehe in Anmerkungen 12 und 13 sowie: Wirtschaftsstatistisches Jahrbuch 1924 ff., 1 ff. (1925 ff.) (Schätzung der vorgemerkten Arbeitslosen der Jahre 1919 und 1920 unter Heranziehung der Unterstützten Arbeitslosenzahlen und Annahme ihres 1919 und 1920 gleichbleibenden Verhältnisses).

(15) Quellenbasis für Gewerkschaftsmitglieder: Klenner, Gewerkschaften, Bd. 2, 1097; Wirtschaftsstatistisches Jahrbuch 1931/32, 8, 1933, 164; Arbeit und Wirtschaft 31, 1977, 7; und für unselbständige Beschäftigte: Kausel-Nemeth-Seidel, 44; Statistisches Handbuch 27, 1976.

(16) Zu den verwendeten numerischen Werten siehe Kapitel XII in diesem Band.

Einen allgemeinen Überblick vermitteln auch die Graphiken 3 und 4 in dem vorliegenden Beitrag.

(17) Die "gelben" oder "neutralen", von der Heimwehr abhängigen Gewerkschaften der ausgehenden zwanziger Jahre können hier mit ihren rund 45 000 Mitgliedern vernachlässigt werden (Klenner, Gewerkschaften, Bd. 2, 1097).

(18) Vgl. Die Ergebnisse der österreichischen Volkszählung vom 22. März 1934, Bundesstaat, Textheft, Wien 1935, 253 ff.; Wirtschaftsstatistisches Jahrbuch 9, Wien 1935, 398.

(19) Anton Pelinka, Stand oder Klasse? Die Christliche Arbeiterbewegung Österreichs 1933 bis 1938, Wien 1972, 105.

(20) Zum ganzen Abschnitt siehe vor allem: Klenner, Gewerkschaften, Bd. 1 u. 2, passim; Hautmann u. Kropf, Arbeiterbewegung, 125 ff.; Kurt W. Rothschild, Wurzeln und Triebkräfte der österreichischen Wirtschaftsstruktur, in: Wilhelm Weber (Hg.), Österreichs Wirtschaftsstruktur, gestern – heute – morgen, Bd. 1, Berlin 1961; Gustav Otruba, Österreichs Wirtschaft im 20. Jahrhundert, Wien 1968; Ferdinand Tremel, Wirtschafts- und Sozialgeschichte Österreichs, Wien 1969; vgl. ferner Erich Zöllner, Geschichte Österreichs. Von den Anfängen bis zur Gegenwart, 6. Aufl., Wien 1979; Otto Bauer, Die österreichische Revolution, in: ders., Werkausgabe, Bd. 2, Wien 1976; Otto Leichter, Glanz und Elend der Ersten Republik, Wien 1964.

(21) Siehe dazu näher Gerhard Botz, Gewalt in der Politik. Attentate, Zusammenstösse, Putschversuche in Österreich, München 1983, 304 ff.

(22) Klenner, Gewerkschaften, Bd. 2, 1465 ff.; Ronald Gruber u. Manfred Hörzinger, "... bis der Preistreiberpakt fällt." Der Massenstreik der österreichischen Arbeiter im September/Oktober 1950, Wien 1975.

(23) Siehe dazu die in Anm. 20 genannten Arbeiten sowie vor allem: Karl Gutkas, Alois Brusatti u. Erika Weinzierl (Hg.), Österreich 1945-1970. 25 Jahre Zweite Republik, Wien 1970; Erika Weinzierl u. Kurt Skalnik (Hg.), Österreich. Die Zweite Republik, 2 Bde., Graz 1972; Erich Bodzenta (Hg.), Die österreichische Gesellschaft. Entwicklung, Struktur, Probleme, Wien 1972; Klaus W. Mayer, Die Sozialstruktur Österreichs, Wien 1970; Eduard März, Die Klassenstruktur der Zweiten österreichischen Republik, in: Probleme der österreichischen Republik, Bd. 1, Wien 1968; Heinz Fischer (Hg.), Das politische System Österreichs, Wien 1974; vgl. auch Kenneth D. McRae (Hg.), Consociational Democracy. Political Accomodation in Segmented Societies, Toronto 1974; Kurt L. Shell, Jenseits der Klassen? Österreichs Sozialdemokratie seit 1934, Wien 1969.

(24) Stearns, Strike Movements, 186.

(25) Ebenda; Shorter u. Tilly, Strikes, 66f.

(26) Arthur M. Ross u. Paul Hartmann, Changing Patterns of Industrial Conflicts, New York 1960, 115.

(27) Zum Zusammenhang von Streikdimensionen (und politischen Gewaltopfern) mit Wirtschaftswachstum, Arbeitslosigkeit und Gewerkschaftsmitgliederzahl (Produkt-Moment-Korrelationskoeffizient) siehe die folgende Korrelationsmatrix (*Tabelle 3*).

Tabelle 11: Zusammenhang von Streikdimensionen und politischen
Gewaltopfern mit Wirtschaftswachstum, Arbeitslosigkeit und
Gewerkschaftsmitgliederzahl (Korrelationskoeffizienten)

A. Erste Republik (1919-1937)

	ARBL	GEWO	STRT	STRN	STRD
Δ BNP	*-0.67*	*0.28*	*0.68*	*0.65*	-0.21
ARBL		*-0.84*	*-0.78*	*-0.78*	-0.18
GEWO			*0.67*	*0.63*	*0.56*

B. Zweite Republik (1946-1975)

	ARBL	GEWO	STRT	STRN	STRD
Δ BNP	-0.01	*-0.54*	0.23	-0.20	*0.75*
ARBL		0.15	0.05	0.07	-0.07
GEWO			0.25	0.16	0.33

Δ BNP: BNP-Änderung gegenüber dem Vorjahr
ARBL: Arbeitslosenrate
GEWO: Gewerkschaftlicher Organisationsgrad
STRT: Streiktage
STRN: Streikende je unselbständig Beschäftigten
STRD: Streikdauer

Auf dem 95-%-Sicherheitsniveau signifikante Koeffizienten sind *kursiv* gesetzt.

XII.

POLITISCHE GEWALT UND INDUSTRIELLE ARBEITSKÄMPFE IN WIRTSCHAFTSKRISEN. VERSUCH EINER EXTRAPOLATION AUS DER GESCHICHTE

EINLEITUNG

Der vorliegende Versuch (1), ausgehend von historischem Vergleichsmaterial, nicht Prognosen im eigentlichen Sinn, sondern empirisch begründete Überlegungen darüber anzustellen, ob und inwiefern im Fall langdauernder wirtschaftlicher Stagnationsperioden oder Krisen in Österreich eine Änderung des in den siebziger Jahren seinen Höhepunkt erreichenden Zustandes relativen "sozialen Friedens" zu erwarten wäre, geht im wesentlichen *makroanalytisch* vor. Zum einen erscheint diese Vorgangsweise beim derzeitigen historisch-politologischen Forschungsstand als die einzig praktikable. Zum anderen gestattet sie, mit Hilfe von (historischen) quantitativen Datenreihen mögliche Veränderungen der Grundbedingungen für "sozialen Frieden" bzw. Streik (2) oder politische Gewalt (3) im Konfliktsystem (4) der österreichischen Gesellschaft präziser zu erfassen (5), als es eine nur auf Tiefenstudien basierende "qualitative" Untersuchung von Einzelfällen vermöchte. Als von wirtschaftlich-sozialen und politisch-institutionellen Bedingungen abgeleiteter Sachverhalt werden also nur auf der gesamtgesellschaftlichen Ebene "Friedlosigkeit" in der Form politischer Gewalt und (wirtschaftlicher) Streiks und ihr respektives Gegenteil betrachtet.

Die dabei angewandte quantifizierend-makrohistorische Analysetechnik, die auf die Erforschung von statistischen Zusammenhängen zwischen

Tabelle 12: Streiks und politische Gewalt
in der Ersten Republik (periodenweise)

Teil-perioden	1	2	3	4	5	6	7	8	9	10	11
1919-1921	9704	1504	5.7	1176[a]	8.7[a]	6.7	23	45	1014	96	5.9[a]
1922-1924	16684	1989	8.5	4203	25.2	5.0	2	10	1031	116	6.5
1925-1929	4451	302	14.5	1943	43.7	16.0	20	53	905	193	3.5
1930-1933	715	63	11.5	413	57.8	27.4	9	51	749	333	-6.1
1919-1933	6952	816	10.8	1755[a]	38.8[a]	15.0[b]	14	42	910	195	2.0
1934-1937	5.5	3.8	2.1	0.5	9.1	–	146	338	305	348	2.8
1919-1937	5490	645	8.9	1386[a]	32.2[a]	–	42	104	783	227	2.2

1 Streiktage (in 100)
2 Streikende (in 100)
3 Streikdauer je Streikenden (in Tagen)
4 Aussperrungstage (in 100)
5 Aussperrungstage in % der Streiktage
6 Erfolglose Streiks (in % der Streikenden)
7 Politische Gewalttote
8 Politische Gewaltverletzte[c]
9 Gewerkschaftsmitglieder (in 1000)
10 Vorgemerkte Arbeitslose (in 1000)
11 BNP-Änderung gegenüber dem Vorjahr in %

[a] nur ab 1920
[b] nur bis 1932
[c] nur Schwerverletzte

306

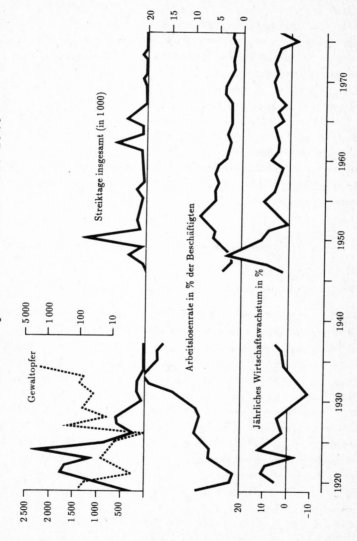

Graphik 5: *Wirtschaftswachstum, Arbeitslosigkeit,*
Streik und politische Gewalt 1919-1976

Gewaltopfer

Streiktage insgesamt (in 1 000)

Arbeitslosenrate in % der Beschäftigten

Jährliches Wirtschaftswachstum in %

Streik (6) und politischer Gewalt (7) einerseits und Wirtschaftswachstum (8), Arbeitslosigkeit (9) und Anzahl der Gewerkschaftsmitglieder andererseits ausgerichtet ist (10), kann und soll nicht die Multidimensionalität der Streik- und Gewaltursachen (11), wie sie in jedem historischen Einzelfall feststellbar ist, erfassen. Sie scheint jedoch imstande zu sein, ein empirisch belegbares Streik- und Gewalt-Verursachungsmodell mittlerer Reichweite für die Erste bzw. Zweite Republik auszuarbeiten. Dieses Modell wäre dann geeignet, im Sinne der Feststellung einer allgemeinen Tendenz in die nähere Zukunft hinaus extrapoliert zu werden. Über die möglichen Erscheinungsformen (12) von politisch-sozialer "Friedlosigkeit" und die politisch-sozialen Träger von Streiks und politischen Gewalttaten kann damit allerdings noch wenig ausgesagt werden. Das abschließend skizzierte Krisen-Szenario versucht daher, den quantitativ-sozialstrukturellen Bedingungsrahmen unter Rückgriff auf nicht-quantifizierte historische Evidenzmittel "qualitativ" zu ergänzen und auszugestalten.

1. BESCHREIBUNG HISTORISCHER KRISENBEDINGUNGEN

1.1 Strukturbedingungen von Arbeitskämpfen in der Ersten Republik

Tabelle 12 und *Graphik 6* stellen dar, wie sich Streikbeteiligung und Streikdauer in der Ersten Republik zueinander verhalten. Daraus ist ersichtlich, daß die Nachkriegs- und Stabilisierungsperiode durch eine verhältnismäßig noch nicht sehr lange Streikdauer von durchschnittlich 5,7 und 8,5 Tagen, aber durch eine beträchtliche Breitenwirkung von Streiks (150 000 bzw. fast 200 000 Streikende pro Jahr oder 7 bis 9 Prozent der Unselbständigen) den Höhepunkt der Streikaktivität in Österreich überhaupt darstellen. Demgegenüber sinken die Streiktage wieder in den folgenden Teilperioden der Ersten Republik, in denen die Zahl der Streikenden noch stärker als die allgemeine Streikaktivität abnimmt, während die Streiks nunmehr von einer bedeutend längeren Dauer (14,5 und 11,5 Tage) und damit auch von einer größeren Härte der Auseinandersetzung gekennzeichnet sind. Es ist nicht möglich, hier die Einzelheiten dieser großen Streikaktionen und den Wandel der allgemeinen politischen und wirtschaftlichen Verhältnisse auf die Jahre 1933/34 hin auszuführen. (13)

Wenn man dazu die Werte der Korrelations- und Regressionsanalysen von *Tabelle 14* (Teil A) heranzieht, werden die Zusammenhänge der verschiedenen Streikdimensionen mit Wirtschaftswachstum, Arbeitslosigkeit und gewerkschaftlichem Organisationsgrad deutlich. Das Ausmaß an Streiks insgesamt (Streiktage) und die Zahl der Streikenden sind um so größer, je stärker Wirtschaftswachstum und Organisationsdichte der Gewerkschaften sind und je niedriger die Arbeitslosigkeit ist, und umgekehrt (14).

Graphik 6: Streikprofile in der Ersten Republik
(nach Streikenden und Streikdauer)

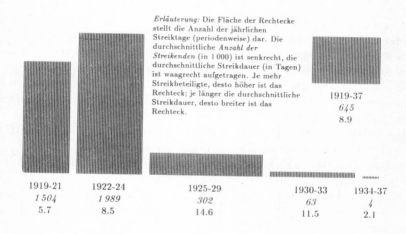

Erläuterung: Die Fläche der Rechtecke stellt die Anzahl der jährlichen Streiktage (periodenweise) dar. Die durchschnittliche *Anzahl der Streikenden* (in 1 000) ist senkrecht, die durchschnittliche Streikdauer (in Tagen) ist waagrecht aufgetragen. Je mehr Streikbeteiligte, desto höher ist das Rechteck; je länger die durchschnittliche Streikdauer, desto breiter ist das Rechteck.

1919-37
645
8.9

1919-21	1922-24	1925-29	1930-33	1934-37
1 504	*1 989*	*302*	*63*	*4*
5.7	8.5	14.6	11.5	2.1

Für ein demokratisches System wie im Österreich der Zwischenkriegszeit kann gesagt werden, daß wirtschaftliche Streiks und Breitenwirkung der Streiks nicht primär aus Wirtschaftskrisen, wie dies manche Krisen-Theoretiker tun, abgeleitet werden können. Verringerter ökonomischer Spielraum und steigende Arbeitslosigkeit bewirkten hier weder eine Stärkung der Gewerkschaften noch in der weiteren Folge eine Zunahme von Streiks und Streikbereitschaft.

In Form eines Pfaddiagramms, das indirekte Einwirkungen ausschaltet und die verschiedenen Einflußfaktoren untereinander vergleichbar macht, werden diese Ursache-Wirkungs-Verhältnisse deutlicher. Streikaktivität insgesamt (Streiktage, abgekürzt: St) wird in der Ersten Republik in folgender Weise von Wirtschaftswachstum (abgekürzt: W), Arbeitslosenrate (A) und Gewerkschaftlicher Organisationsstärke (G) verursacht (das Vorzeichen + oder − kennzeichnet eine positiv-fördernde oder negativ-hemmende Wirkung) (15):

Diagramm 1:

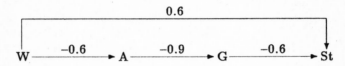

Insgesamt erklärt diese Formel 72 Prozent der beobachteten Streiktage – oder richtig: der jährlichen Schwankungen der Streiktage – in der Ersten Republik. Wirtschaftswachstum ist dabei die zentrale verursachende Variable, von der indirekt, vermittelt über Arbeitslosigkeit auch die Gewerkschaftsstärke abhängt. Arbeitslosigkeit selbst ist verständlicherweise keine direkte Ursache von Streikaktivität, nicht zuletzt da Streiks definitionsgemäß die Teilnahme von Arbeitslosen ausschießen. Streik ist also jenes Mittel, durch das Arbeitende in wirtschaftlich relativ günstigen Perioden vorzugsweise soziale Konflikte austragen.

Hinsichtlich der zahlenmäßigen Breite von Streikaktionen, ergibt sich ein im allgemeinen ähnlicher, im einzelnen dennoch unterschiedlicher Befund. Die Zahl der Streikenden (abgekürzt StZ) ist mit den genannten wirtschaftlich-sozialen Indikatoren in folgende Kausalbeziehung zu setzen:

Diagramm 2:

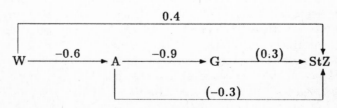

Die Regressionsgleichung der Variable "Streikende" auf die anderen Variablen erklärt immerhin 68 Prozent der Schwankung der Streikenden-Zahlen von 1919 bis 1937. Da deren numerische Stärke als ein Indikator für Solidarität gelten kann, ergibt sich, daß hohes Wirtschaftswachstum solidarisches Verhalten auf seiten der Lohnabhängigen bei Arbeitskämpfen erleichtert. Umgekehrt untergraben niedrige BNP-Zuwächse oder gar ein ökonomischer Schrumpfungsprozeß vermittelt über ansteigende Arbeitslosigkeit und eine Schwächung der Gewerkschaften (die Pfadkoeffizienten sind in diesem Fall relativ schwach: −0,3 bzw. +0,3) betriebliche Solidarität.

Somit kann auch ein ursächlicher Zusammenhang der Entwicklung von BNP und Streik hinsichtlich Ausmaß und Beteiligtenzahl, vermittelt durch Arbeitslosigkeit und Organisationsgrad der Gewerkschaften, angenommen werden. Einerseits bestätigt sich auf diese Weise die international beobachtete Erscheinung (16), daß Streiks in erster Linie die Konsequenz von verstärkten Verteilungskämpfen sind in solchen Perioden, in denen es einen Kuchen wirtschaftlicher Güter gibt. Andererseits drücken wirtschaftliche Krisen, die eine hohe Arbeitslosigkeit hervorrufen, durch die Schaffung eines frei verfügbaren Arbeitskräftepotentials den Streikwillen der Lohnabhängigen ganz beträchtlich. Beim Fehlen von substantiellen arbeitsrechtlichen Garantien und von starken Gewerkschaften wird jeder Arbeitskampf für die Lohnabhängigen ein riskantes Unternehmen.

Nicht so für die Unternehmer. Ihr Mittel – Aussperrungen – wurde durch Arbeitslosigkeit und Wirtschaftskrise viel weniger beeinträchtigt als Streiks. Oder ihr Rückgang vom Stand der Nachkriegsjahre (117 600 bis 420 300 jährliche Aussperrungstage) auf ein Zehntel in der Weltwirtschaftskrise (41 000 Aussperrungstage) war überhaupt eine direkte Konsequenz der abnehmenden allgemeinen Streikaktivität (siehe *Tabelle 12*). Auch die Zunahme von Mißerfolgen von Streiks bei einer Verschlechterung der wirtschaftlichen und der Beschäftigungslage läßt vermuten, daß weiterhin die Position der Unternehmer, ob unvermittelt oder – wahrscheinlicher – vermittelt über politische Faktoren wie unternehmerfreundliche Gesetze und Verwaltungsakte und autoritäre Herrschaftspraktiken oder faschistische Zwangsintegration sei dahingestellt, in Krisenzeiten stärker wird. Während noch 1919 bis 1924 im Durchschnitt 94,5 Prozent aller Streikenden ganz oder teilweise Erfolg hatten, war dies 1925 bis 1929 nur noch für knapp 84 Prozent der Streikenden der

Fall. In der Weltwirtschaftskrise konnten schließlich nur noch 72 Prozent der ohnehin schon wenigen Streikenden einer vollständigen Streikniederlage entgehen.

Aus der durchschnittlichen Anzahl der Tage, die sich jeder Streikende an Streikaktionen beteiligte, kann jedoch abgelesen werden, daß die Heftigkeit von Streiks kaum von der BNP-Veränderung direkt und nur mäßig von dem Ausmaß der Arbeitslosigkeit, wohl aber massiv von der Mitgliederstärke der Gewerkschaften insgesamt positiv beeinflußt wurde. Nur solange mitgliederstarke und damit auch politisch und ökonomisch potente Gewerkschaften hinter den Streiks standen, konnten die Streikenden längere Zeit ausharren. Wenn diese Grundvoraussetzung gegeben war, wie bis zur Etablierung des halbfaschistischen autoritären "Ständestaates" der Fall, dann wurde die Heftigkeit der Arbeitskämpfe durch steigende Arbeitslosigkeit und sinkende Wachstumsraten der Volkswirtschaft noch angeheizt. Dies geht aus dem folgende Pfaddiagramm hervor, dessen letzte, vollständige Regressionsgleichung jedoch nur 40 Prozent der Varianz der Streikdauer (abgekürzt StD) erklärt.

Diagramm 3:

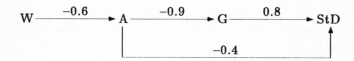

Wenngleich eine wirtschaftsspartenmäßige Aufgliederung der Streiks nützlich wäre, so kann schon auf den ersten Blick die These begründet werden, daß von 1919 bis 1933 eine zunehmende Tendenz zur Verschärfung des Klassenkonflikts Unternehmer – Lohnabhängige, der sich jedoch nicht mehr in großen Steiks äußerte, bestand. Zugleich erfolgte eine Stärkung der besitzenden Seite auf Kosten der Lohnabhängigen. Der parallel verlaufende Prozeß der Konfliktverschärfung und Schwächung der sozialdemokratischen Arbeiterbewegung auf den Ebenen der Verbandsmacht und des politischen Systems findet also seine Entsprechung auf der wirtschaftlichen Ebene. Die Ursache-Folge-Richtung ist in diesem Fall eindeutig. Eine Rückwirkung der politischen Veränderungen auf das wirtschaftliche Streikverhalten ist damit jedoch nicht gänzlich ausgeschlossen.

1.2 Strukturbedingungen politischer Gewalt in der Ersten Republik

Wenn politische Gewalt ein gewisses Mindestausmaß übersteigt, aber noch nicht extreme Ausmaße erreicht hat, weist sie offensichtlich eine Tendenz zur Selbstverstärkung auf. (17) Übersteigt Gewalt eine bestimmte – möglicherweise je nach Gesellschaft oder Periode unterschiedlich hoch zu veranschlagende - Wahrnehmungsschwelle, so setzt häufig ein Prozeß der Aufschaukelung ein. Daher wurden in den hier zusammengefaßten statistischen Analysen nicht die Rohdaten der jährlichen Gewaltopfer, sondern nach Addition der Zahl 1 aus rein mathematischen Gründen ihre dekadischen Logarithmen verwendet. (18)

Sind nur genügend politisch-gesellschaftliche Spannungen und organisatorische Voraussetzungen vorhanden, so tendiert der Circulus vitiosus von Gewalt und Gegengewalt dazu, immer mehr Bremsmechanismen gegen Gewaltanwendung abzubauen und selbst neue gewaltverursachende Potentiale aufzubauen. Dies ist der Fall, schon alleine weil politische Gewaltanwendung in modernen Staaten unweigerlich das staatliche Gewaltmonopol in die Auseinandersetzung einbezieht, aber auch weil die Wahrnehmung von (ungerechtfertigten) Gewaltopfern Empathie und Aggression wecken. Daß es dennoch nicht zu einem allzu einfachen Umkippen politisch-gewaltsamer Konfliktsysteme in exzessive Gewaltanwendung und Bürgerkrieg kommt, deutet darauf hin, daß Gewaltanwendung, vor allem in ihrem oberen Bereich, auch mit entgegengesetzt wirkenden, gewalthemmenden Faktoren assoziiert ist. Die empirischen Daten zur Ersten Republik lassen den Schluß zu, daß es sich dabei um eine (relativ) konstante Gewaltursache handeln dürfte.

Ergibt sich bei den Arbeitskonflikten eine deutliche positive Abhängigkeit von Wirtschaftszuwachs und Stärke der Gewerkschaftsorganisationen, so deutet schon die Betrachtung der einfachen Korrelationskoeffizienten auf eine nicht geringe Abhängigkeit der (logarithmisch transformierten) Gewaltopferzahlen von denselben Leitvariablen hin, allerdings auf eine solche mit negativem Vorzeichen. Wenig politische Gewaltanwendung ereignete sich in der demokratischen Periode der Ersten Republik in wirschaftlich relativ günstigen Phasen. Aus anderen Gründen gilt dasselbe auch für die zwanghafte Konfliktregulierung während der autoritär-halbfaschistischen Diktatur. Dagegen gingen eine Verschlechterung der Wirtschaftslage und eine Störung des Systems der industriellen Arbeitsbeziehungen (zum Ausdruck kommend in einem Sinken der

Gewerkschaftsmitgliederzahlen und der jährlichen Streiktage) in der Ersten Republik mit einer Zunahme der politischen Gewalt einher. Das heißt aber noch nicht, daß eine direkte verursachende Wirkung dieser Faktoren auch bezüglich der Gewalt angenommen werden könnte.

Im Mittelpunkt des hier entwickelten Erklärungsmodells steht jedoch die Arbeitslosigkeit. (19) Sie hängt im Untersuchungszeitraum einerseits stark von der allgemeinen Wirtschaftsentwicklung ab, andererseits beeinflußt sie über ihre Auswirkungen auf die gewerkschaftlichen Organisationen das Auftretens von Streiks bzw. deren Verschwinden. Wesentlicher noch im Zusammenhang der Gewaltverursachung müssen jedoch die sozialpsychologischen und gesellschaftsorganisatorischen Begleitumstände von Arbeitslosigkeit veranschlagt werden. Dies gilt vor allem für massenhafte und langdauernde Arbeitslosigkeit, die beim Fehlen bzw. Abbau sozialer Sicherheitsnetze zu gesellschaftlichen Desintegrationserscheinungen und einem weitverbreiteten, auch den Kreis der unmittelbar Betroffenen überschreitenden Gefühl der Ausweglosigkeit führte. (20) Einerseits wurden so für die Mehrzahl der Arbeitslosen die Organisationen, vor allem Gewerkschaften, der Sozialdemokratie unattraktiv, andererseits suchte eine Minderheit einen Ausweg in alternativen (z. B. Republikanischer Schutzbund oder kommunistische Partei) und gewaltfördernden Organisationen.

Die Folgewirkungen von Arbeitslosigkeit bedürfen allerdings einer bestimmten Mindestzeit, um sich voll entwickeln zu können. Dieser Faktor der langen Dauer von Arbeitslosigkeit kam vor allem seit dem Einsetzen der Weltwirtschaftskrise zum Tragen, als das ohnehin schon hohe Niveau der strukturellen Arbeitslosigkeit der Ersten Republik von einem Hinaufschnellen der Arbeitslosigkeit im Konjunktureinbruch noch mehr erhöht wurde. (21) In dem Modell der strukturellen Gewaltursachen werden daher die Regressionskoeffizienten nicht mehr auf zeitgleicher Ebene, sondern mit Gewaltopferzahlen, die um ein Jahr verschoben sind, berechnet. Bei Betrachtung der Abhängigkeit der zeitverzögerten Gewalt von Wirtschaftswachstum und Arbeitslosigkeit gehen allein auf das Konto der Zeitverzögerung (lange Dauer von Arbeitslosigkeit) etwa 20 Prozent des gesamten Gewaltausmaßes. (22)

Politische Gewaltanwendung kann bekanntlich nicht direkt und auch nicht ausschließlich von wirtschaftlichen und gesellschaftlichen Faktoren her erklärt werden. Es wäre daher zielführend, auch Variablen heranzuziehen, die die Organisationsstärke der involvierten Konfliktpartner messen, wie Parteimitgliedschaftszahlen, Zahl der Polizeikräfte und die quantitative Stärke paramilitärischer Organisationen und extremistischer, system-nonkonformer Bewegungen. Obwohl dies wegen des Fehlens verläßlicher Datenreihen (ausgenommen die Sozialdemokratie) hier noch nicht möglich ist, soll mit dem vorliegenden quantitativen Material dennoch eine Beziehung zu einem spezifisch politischen Verursachungsfaktor hergestellt werden.

Dazu folgende Überlegung: Den Jahren 1919 und 1920 mit hohen Gewaltopferzahlen folgten unmittelbar solche mit ganz niedrigen. Ebenso verlief 1928 nach dem so opferreichen Jahr 1927 (Justizpalastbrand und Arbeiteraufruhr am 15. Juli in Wien) nahezu ohne gewaltsame Konflikte. Ähnlich ging auch die Gewaltsamkeit nach dem absoluten Gipfel von 1934 auf ein relativ niedriges Gewaltsamkeitsniveau im Folgejahr zurück. (23) Daraus ist zu schließen, daß exzessiver Vorfall von Gewalt die organisatorische Stärke der unterlegenen Kampfpartei und deren materielle Ressourcen so sehr schwächte, daß in der unmittelbaren Folge eine Reduktion eines Teils der gewaltfördernden Potentiale eintrat, bis sich neuerlich die ursprünglichen Spannungszustände wieder aufbauten. Das gesellschaftliche System reagiert also auf Gewaltausbrüche durch das Wirksamwerden von "stabilisierenden" Gegenkräften. Somit wird erklärbar, warum die Gewaltkurve in der Ersten Republik im Gegensatz zu den erklärenden Variablen viel stärker auch jährlich schwankende Meßwerte aufwies. Dieses Moment der Gewalthemmung durch die unmittelbar vorhergehende Gewalt kann statistisch durch Herstellung eines Zusammenhangs zwischen zeitverzögerter Gewalt (O_{t+1}) und nichtzeitverzögerter Gewalt (O_t) in das Verursachungsmodell eingebracht werden. Die gliederreichste Regressionskette des folgenden Pfaddiagramms erklärt insgesamt schon zwei Drittel der gesamten Gewalt-Varianz:

Diagramm 4:

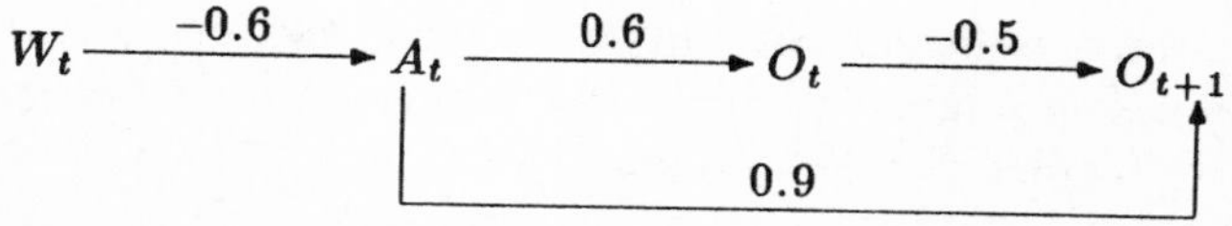

$$W_t \xrightarrow{\;-0.6\;} A_t \xrightarrow{\;0.6\;} O_t \xrightarrow{\;-0.5\;} O_{t+1}$$
$$0.9$$

Dieses Erklärungsschema der Gewaltursachen soll noch um eine weitere Stufe ergänzt werden. Denn vielleicht noch folgenreicher bei der Ausübung politischer Gewalt in der Ersten Republik war das Wirken der staatlichen Exekutivkräfte. (24) Diese Sonderform eines Organisationsfaktors wirkte vor allem durch die schlagkräftigere Organisation und die zielgerichtete Führung der Polizei- und Militärkräfte, die, wie gesagt, geradezu automatisch in jeden gravierenden Fall politischer Gewaltanwendung, auch wenn die Staatsgewalt zunächst noch nicht beteiligt war, involviert wurden. Unmittelbar bewirkten sie ja auch die meisten Gewaltopfer. (25)

Das volle Erklärungsmodell der Ursachen von politischer Gewalt in einem bestimmten Jahr (O_{t+1}) durch Wirtschaftswachstum (W_t), Arbeitslosigkeit (A_t), vorgefallenen Gewalt im Vorjahr (O_t) und Exekutiveinsatz (E_{t+1}) erklärt in der folgenden multiplen Regressionsgleichung 82 Prozent der gesamten Schwankung der (logarithmisch transformierten) Gewaltopferzahlen (26):

$$O_{t+1} = -0,05\,W_t + 0,72\,A_t - 0,31\,O_t + 0,42\,E_{t+1}$$

Während die Veränderung des Wirtschaftswachstums gegenüber dem Vorjahr keinen direkten Effekt – wohl jedoch einen durch Arbeitslosigkeit vermittelten – ausübt, ist die Arbeitslosigkeit des Vorjahres die weitaus stärkste Einzelursache von Gewalt. Etwa eine halb so starke positive Kausalwirkung auf das Gewaltausmaß eines bestimmten Jahres geht von dem Umstand aus, ob die staatliche Exekutive massiv an einem gewaltsamen Konflikt beteiligt ist oder nicht. Zugleich jedoch hemmt hohe Gewaltsamkeit im Vorjahr, vermittelt über die Schwächung der Gewaltpotentiale, tendenziell einen neuerlichen ebenso starken Gewaltausbruch. (Die Wirkung dieses Faktors ist jedoch weniger als halb so stark wie die der Arbeitslosigkeit.)

Zusammenfassend kann man hier festhalten, daß in der Ersten Republik der Ausmaß politisch-sozialer Konflikte in mehr oder weniger deutlicher Weise ökonomisch bedingt ist. Die Wirtschaftslage, vermittelt durch Arbeitslosigkeit und Gewerkschaftsstärke, determiniert beinahe das Streikgeschehen. Sie übt auch, allerdings nur vermittelt über Arbeitslosigkeit und gesellschaftlich-politische Kräfteverschiebungen, einen entscheidenden Einfluß auf gewaltsame politische Konflikte aus.

1.3 Strukturelle Streikursachen in der Zweiten Republik

Im Gegensatz zu der dramatischen Entwicklung in der österreichischen Zwischenkriegszeit verlaufen ökonomisch-soziale Konflikte in der

Zweiten Republik im allgemeinen ohne allzugroße Spannungen und daher auch in geregelten Bahnen. (27) Gestreikt wird von den abhängig Arbeitenden nur relativ selten (im Durchschnitt viermal weniger), die Unternehmer können praktisch nie zum Mittel der Aussperrung greifen. Daher auch springen wirtschaftliche Konflikte nur selten und sehr abgeschwächt auf die Ebene nicht kanalisierter politischer Auseinandersetzungen über. Politische Gewaltanwendung spielt daher in der Zweiten Republik eine weitaus nachgeordnete Rolle.

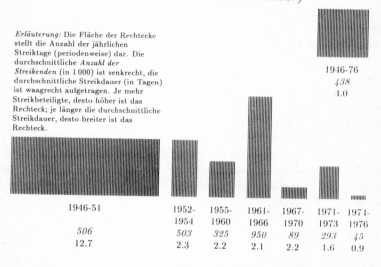

*Graphik 7: Streikprofile in der Zweiten Republik
(nach Streikenden und Streikdauer)*

Erläuterung: Die Fläche der Rechtecke stellt die Anzahl der jährlichen Streiktage (periodenweise) dar. Die durchschnittliche *Anzahl der Streikenden* (in 1 000) ist senkrecht, die durchschnittliche Streikdauer (in Tagen) ist waagrecht aufgetragen. Je mehr Streikbeteiligte, desto höher ist das Rechteck; je länger die durchschnittliche Streikdauer, desto breiter ist das Rechteck.

1946-76
438
4.0

1946-51	1952-1954	1955-1960	1961-1966	1967-1970	1971-1973	1971-1976
506	*503*	*325*	*950*	*89*	*293*	*45*
12.7	2.3	2.2	2.1	2.2	1.6	0.9

Graphik 7 zeigt in ihrem unteren Teil den Wandel der Streikcharakteristik von 1946 bis 1976. Der von links nach rechts abnehmende Flächeninhalt der Streikrechtecke symbolisiert die Tendenz zur Abnahme des gesamten Streikausmaßes, ausgedrückt in Streiktagen pro Jahr. Das in derselben Richtung tendenzielle Schmälerwerden der Rechtecke stellt das Kürzerwerden der Streiks bildhaft dar. Die wechselnde Höhe der Rechtecke bildet dagegen den Tatbestand ab, daß der Beteiligungsgrad an Streiks, über den gesamten untersuchten Zeitraum gesehen, keine Tendenz zu einer linearen Veränderung, vielmehr ein kurvilineares Ansteigen

und Abschwellen mit dem Kulminationspunkt Mitte der sechziger Jahre aufweist. War die Streikcharakteristik der ersten sechs Jahre der Zeiten Republik noch durchaus ähnlich jener der mittleren und späteren Periode der Ersten Republik, so entwickelte sie sich ab 1952 in die umgekehrte Richtung, wie der Verlauf vor 1938 gegangen war (siehe auch *Tabelle 13*).

Hinsichtlich Klassenbewußtsein und organisatorischer Stärke der gesamten Arbeiterschaft knüpft die Zweite Republik an die Erste Republik an und weicht doch in typischer Weise von ihr ab. Dies kann jedenfalls aus der Streikbeteiligung (Anzahl der Streikenden im jährlichen Durchschnitt) geschlossen werden. Während sich, insgesamt gesehen, beide Republiken in dieser Dimension nicht stark unterscheiden, differieren sie bezüglich der Trends grundlegend. Denn die Zweite Republik wies, abgesehen von den großen Metallarbeiterstreiks in der Spätphase der "Großen Koalition", niemals eine so hohe Streikbeteiligung auf wie die Periode der "österreichischen Revolution" und deren unmittelbare Folgejahre, aber auch erst Mitte der siebziger Jahre glich sich die Zweite Republik in dieser Hinsicht an die Krisenjahre der Zwischenkriegszeit an. Dagegen findet, wie schon erwähnt, die erbitterte Streikführung (lange Dauer von Streiks) während der prekären Konjunkturphase und der Weltwirtschaftskrise ihre direkte Fortsetzung in der Streikcharakteristik der drückenden Situation der unmittelbaren Nach-1945-Periode. Es scheint, als hätten die österreichischen Konfliktstrukturen die Phase der autoritären und nationalsozialistischen Diktatur einfach übersprungen.

Von den fünfziger Jahren an wurden Streiks in Österreich im allgemeinen seltener und kürzer, sie liefen auch weniger ungeregelt (gewaltsam) ab. Dies ist als Wandel der Strategie der Gewerkschaftsführung und der Einstellung der Arbeiterbewegung zum Staat aufzufassen, der bewirkte, daß mit sparsameren Mitteln (weniger, dosierte, aber spartenmäßig gezielte Streikaktionen), wenn nötig hochorganisiert und im gesamtstaatlichen Ausmaß die angestrebten Ziele in effizienter Weise erreicht werden. Oder die Ziele wurden entsprechend zurückgeschraubt. (28) Das österreichische Streikmuster seit den fünfziger Jahren spiegelt auf einem wesentlich geringeren Beteiligungsniveau trotz aller sonstigen Unterschiede nur das allgemein westeuropäische Bild. (29) Die primär politisch-taktischen Entscheidungen bei den Streiks der Zweiten Republik wurden seit den fünfziger Jahren immer wichtiger.

Diese Interpretation müßte sich in einem Nachlassen der quantitativen Wirksamkeit der wirtschaftlich-sozialen Faktoren niederschlagen. *Tabelle 14* (rechte Hälfte) zeigt, daß in Österreich zwischen 1946 und 1976 nur ein schwacher statistischer Zusammenhang von Wirtschaftswachstum und in Form von Streiks ausgetragenen wirtschaftlichen Konflikten (Streiktage und -beteiligung) festellbar ist. Die Zusammenhänge sind sogar eher umgekehrt. Denn Wirtschaftswachstum entspricht zwar auch einer – nur geringen – Zunahme von Streiks insgesamt, aber die Beteiligung daran nimmt nicht zu, sondern ab. Umgekehrt dazu verhält sich der Zusammenhang von BNP-Veränderung und Streikdauer. Er ist stark positiv.

Dasselbe Regressionsmodell, das seine Erklärungskraft für die Erste Republik erwiesen hat, versagt in der Anwendung auf die Streikbeteiligung (StZ) und auf das Gesamtausmaß von Streiks (St) in der Zweiten Republik. Diese beiden Variablen werden nunmehr von Wirtschaftswachstum, Arbeitslosenrate und gewerkschaftlicher Organisationsdichte zu bloß 8 bzw. 11 Prozent erklärt; die Streikdauer (StD) allerdings zu 55 Prozent. Über die Zusammenhänge dieser Variablen untereinander geben die folgenden Pfaddiagramme näheren Aufschluß.

Streikaktivitäten allgemein werden zwar weiterhin positiv beeinflußt vom Wirtschaftswachstum, das Ausmaß dieses Zusammenhangs ist jedoch nur schwach. Zugleich übt Wirtschaftswachstum eine starke, nunmehr aber direkte Wirkung auch auf die Gewerkschaftsstärke aus, die ihrerseits anders als vor 1938 Streiks jedoch weder im positiven noch im negativen Sinn beeinflußt. Dagegen geht von Arbeitslosigkeit, die in der Zweiten Republik unabhängig vom BNP-Wachstum ist, ein direkter, aber schwacher streikfördernder Einfluß aus.

Diagramm 5:

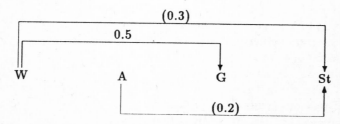

Hinsichtlich der Breitenwirkung von Streiks (oder der Solidarität von Streikenden) ist nur insofern eine Modifikation anzubringen, als die Gewerkschaftsstärke anstatt des Wirtschaftswachsums die Rolle eines schwachen verursachenden Faktors übernimmt. Diagramm 6 symbolisiert die Kausalbeziehungen, in denen die Anzahl der Streikenden (StZ) eingebettet ist:

Diagramm 6:

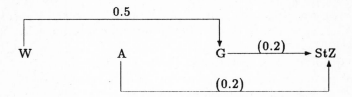

Die Streikdauer (StD) ist dagegen in der Zweiten Republik fast eindimensional positiv von der Wirtschaftslage bestimmt. Die relativ niedrige Arbeitslosigkeit und die konstant hohe Gewerkschaftsstärke entfällt dabei als signifikante Ursachen überhaupt.

Diagramm 7:

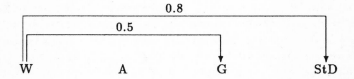

Da Arbeitslosigkeit in der Zweiten Republik nicht mehr wirtschaftlich-konjunkturell, sondern, wenn sie in mäßiger Stärke aufgetreten ist, langfristig-strukturell bedingt ist, scheidet sie auch als Bindeglied von Wirtschaftswachstum zu gewerkschaftlicher Mitgliederstärke aus. Eine ökonomische Determiniertheit von Streiks war daher in der Zweiten Republik bisher nicht oder, wenn überhaupt, in beschränktem Umfang – so nur hinsichtlich der Streikdauer – gegeben. Damit dürften auch politische und taktische Entscheidungen, die in dem hier vorgelegten quantitativen Verursachungsmodell keinen Eingang finden konnten, erst jenen Spielraum zu einer Beeinflussung des Streikausmaßes und der Streikbeteiligung erhalten haben, der im sozialpartnerschaftlichen System zur Steuerung der sozialen Konflikte durch die politischen und Verbands-Eliten erforderlich ist.

Tabelle 13: Streik (und politische Gewalt) in der Zweiten Republik
(periodenweise Jahresdurchschnittswerte)

Teil-periode	1	2	3	4	5	6	7	8	9	10
1946-1951	2880	2709	506	12.7	17.4[a]	6.0[c]	6	1220	80	12.7
1952-1954	852	833	503	2.3	1.3	2.3	0?	1329	168	4.3
1955-1960	788	700	325	2.2	9.4	11.2	0?	1450	112	6.5
1961-1966	2257	2210	950	2.1	0.5	2.1	wenige	1532	66	4.5
1967-1970	186	171	89	2.2	8.9	8.6	wenige	1516	65	5.1
1971-1973	452	394	293	1.6	1.9	12.9	wenige	1543	47	5.8
1974-1976	65	44	45	0.9	2.3	31.8	wenige	1591	51	2.5
1946-1976	1303	1232	438	4.0	2.1[b]	5.4	2?	1441	84	6.5

1 Streiktage insgesamt (in 100) pro Jahr
2 Gewerkschaftlich anerkannte Streiktage (in 100) pro Jahr
3 Gewerkschaftlich anerkannte Streikende (in 100) pro Jahr
4 Streikdauer (in anerkannten Streiktagen je Streikenden)
5 Erfolglose Streiks in % der anerkannten Streiks
6 "Wilde" Streiks in % aller Streiktage
7 Gewerkschaftsmitglieder in 1000 pro Jahr
8 Vorgemerkte Arbeitslose in 1000 pro Jahr
9 BNP-Wachstumsrate gegenüber dem Vorjahr in %

[a] nur 1951
[b] nur 1951-1976
[c] Ohne "Oktoberstreik" (1950)

321

1.4 Politisch-strukturelle Ursachen relativer Gewaltfreiheit der Zweiten Republik

Hinsichtlich der Ursachen politischer Gewalt kann bei deren weitgehendem Fehlen in der Zweiten Republik (und dem fast völligen Fehlen detaillierter Untersuchungen über die wenigen Episoden von politischer Gewalt (30)) nur nach den Gründen für die weitgehende Abwesenheit von Gewalt nach 1945, mindestens aber nach 1950 gefragt werden. Dies soll zunächst in der Erörterung der Gründe der Konfliktarmut der Zweiten Republik und sodann in der Gegenüberstellung der beiden österreichischen Republiken geschehen.

Die unterschiedliche Intensität und Austragungsform, in der wirtschaftliche und politische Konflikte in verschiedenen historischen Perioden Österreichs auftreten, ist aus einem sich vielfach verstärkenden Miteinander verursachender wirtschaftlicher, sozialstruktureller und politisch-ideologischer Komponenten zu erklären. Wie erwähnt, erscheint eine Unterscheidung von solchen Momenten, die primär die Erscheinungsform der Konflikte betreffen, zielführend, auch wenn dadurch manche Wechselwirkungsverhältnisse unterbewertet werden.

A. Allgemein konfliktdämpfende Momente in der Zweiten Republik:

Zunächst ist hier wiederum auf die völlig unterschiedliche wirtschaftliche Lage zu verweisen: nach 1945 ein auf einem schon relativ hohen industriewirtschaftlichen Ausgangsniveau einsetzendes, fast kontinuierliches und langanhaltendes Wachstum gegenüber einer ständigen krisenhaften Entwicklung auf einem noch niedrigen industriellen Ausgangsniveau, das schon vor Einsetzen der Weltwirtschaftskrise vom Zerfall der Donaumonarchie, von Problemen der Währungs- und Finanzsanierung und von Rationalisierungsprozessen erschüttert war; langdauernder Massenarbeitslosigkeit, seit 1929 auch Kurzarbeit und Lohnkürzungen stehen in der Zweiten Republik mäßig hohe, seit 1961 sehr niedrige Arbeitslosenraten gegenüber.

Auf der Ebene der Sozialstruktur war die wirtschaftliche Dauerkrise in der Ersten Republik von abrupten Änderungen des gesellschaftlichen und politischen Gewichts der großen sozialen Gruppen (1918/19 zunächst durch Positionsgewinne der Industriearbeiterschaft und der Angestellten, teilweise auch der Bauern, auf Kosten des städtischen Kleinbürgertums, der Aristokratie und des Klerus, sodann durch eine "reaktionäre"

Gegenbewegung, die sich ab 1927 und 1933 beschleunigte) und von permanenter hoher Labilität begleitet. Seit 1945 sind im österreichischen Sozialgefüge dagegen keine sprunghaften Veränderungen mehr auszunehmen, während die gesellschaftlichen Positionen der sozialen Großgruppen weitgehend konstant geblieben sind oder sich Verschiebungen nur allmählich und über längere Zeiträume hinweg ergeben haben. In einem viel höheren Maße, als dies Otto Bauer für die Erste Republik annehmen konnte (31), ist die Zweite Republik der "klassische" Fall für ein "Gleichgewicht der Klassenkräfte" geworden.

Im Bereich von Politik und Ideologie ist die Zweite Republik, anders als die Erste, durch einen breiten und dauerhaften Basiskonsens der (potentiellen) staatstragenden Parteien über Staats- und Gesellschaftsform gekennzeichnet, der nicht zuletzt aus nachdrücklichen Kontrasterfahrungen wie Bürgerkrieg, nationalsozialistischer Diktatur und alliierter Besatzung hervorging. Während die außenpolitische Lage zwischen revisionistischen Mächten, vor allem Deutschland und Italien, und status-quo-orientierten Staaten die österreichische Innenpolitik der Zwischenkriegszeit entscheidend zusätzlich belastete, hat eine an sich nicht weniger krisenanfällige Lage an einer (allerdings im Zeichen des atomaren Patts eingefrorenen) weltpolitischen Zäsur die internen Kohäsionskräfte der Zweiten Republik, zumindest nach 1950, eher verstärkt. Daher auch sind systemoppositionelle Gruppen und Parteien, etwa vergleichbar der linksradikalen Rätebewegung, dem Heimwehrfaschismus oder dem Nationalsozialismus, in der Zweiten Republik umfangmäßig klein und einflußlos geblieben, und die einzige zeitweise halbwegs zählende, potentiell gesellschaftsoppositionelle Partei des wiedererstandenen Österreich, die kommunistische, ist trotz des Bestehens eines sozialpsychologisch aufgeladenen Antikommunismus gerade aus der Gründungssituation der Zweiten Republik heraus in den "Verfassungsbogen" einbezogen gewesen. Im Gegensatz zur Ersten Republik spielen in Österreich nach 1945 auch latente kirchenpolitische Konflikte keine wesentliche Rolle mehr. Dasselbe gilt für die ehemals starke ideologische Überhöhung der virulenten wirtschaftlich-sozialen Konflikte, wie sie in den Langzeitprogrammen und der Propaganda der politischen Parteien der Ersten Republik zum Ausdruck kommen. Vielmehr ist das gegenwärtige Österreich durch eine manchmal schon alarmierende Tendenz zur Unterspielung gesellschaftlicher und politischer Differenzen zu einer selbst wieder ideologisierten "Sachbezogenheit" und Personalisierung der politischen Auseinandersetzung sowie durch eine kurzfristig-situationsbestimmte Zielorientierung bestimmt.

B. Gewaltsame Konfliktformen hemmende Momente nach 1945:

Bezogen sich die bisher aufgezählten, die gesellschaftliche Konfliktbereitschaft hemmenden Faktoren teilweise auch auf Arbeitskämpfe, so sollen in der Folge nur noch solche Momente isoliert werden, durch die die relative Gewaltfreiheit der Zweiten Republik zusätzlich abgesichert ist. Zu einem Teil sind sie auch bloß aus den allgemein konfliktdämpfenden Momenten abgeleitet.

Anders als die Erfahrung des Ersten Weltkriegs, der Russischen Revolution und der nationalstaatlichen Abgrenzungskämpfe in Mitteleuropa hat der "totale" Zweite Weltkrieg mit Heimatzerstörungen, Kriegsgefangenschaft und vollständiger Niederlage des nationalsozialistischen Deutschland, aber auch durch bewußte Entscheidung der politischen Eliten Österreichs, die einander in den Konzentrationslagern nähergekommen waren, in der Nachkriegsöffentlichkeit eine besondere Wertschätzung militärischer (und gewaltsamer) Verhaltensweisen nicht aufkommen lassen. Auch die wenigstens rudimentär wirksame demokratische "Umerziehungspolitik" der Befreiermächte in Österreich mag dazu beigetragen haben. Trotz einer immer vorhandenen latenten Gewaltbereitschaft gegen soziale und politische Randgruppen und Minderheiten sind solche Gruppen, die wie die Kameradschaftsbünde und die Burschenschaften mehr oder weniger verdeckt einem historisierenden Gewaltkult zuneigen, Randerscheinungen geblieben, während vor dem Zweiten Weltkrieg das Bekenntnis zur Gewaltanwendung in alle politischen Lager Eingang gefunden hatte. Dem entspricht auch eine offensichtlich höhere Gewalteinsatzschwelle der staatlichen Exekutive.

Der hohe Organisationsgrad möglicher Konfliktparteien würde an sich in der Zweiten Republik auch die Artikulation gewaltsamer Konflikte fördern. Insbesondere im politischen und im Verbandsbereich ist er noch höher als in der Ersten Republik. Doch scheint gerade die hohe organisatorische Stärke in der gegenwärtigen österreichischen Politik (wie auch im betrieblich-wirtschaftlichen Bereich) den Effekt zu haben, daß die oberen Stufen der Konfliktsysteme, z. B. Gewalt (oder Streik) nicht oder nur äußerst selten Anwendung finden, da Konflikte auch anders zur Geltung gebracht werden können, und so ein gesamtgesellschaftlicher Konfliktstau vermieden wird. Ein Bereich, in dem sich der Organisationsgrad jedoch direkt einschränkend auf die gewaltsame Austragung politischer Konflikte auswirkt, ist jener des staatlichen Gewaltmonopols und der paramilitärischen nichtstaatlichen Verbände. Hier profitierte die Zweite Republik, sieht man von einzelnen und wenig bedeutenden Ausnahmeerscheinungen ab, von dem bisherigen Ausbleiben der Formierung von Wehrverbänden oder ähnlichen Schlägerformationen.

Entscheidend für das Auftreten gewaltsamer Konfliktformen kann auch die materielle Ausrüstung für Gewalt sein. Die Zweite Republik kontrastiert auch in dieser Hinsicht mit der Ersten. Auf privater Seite gibt es heute in Österreich vermutlich nur geringe Waffenbestände. Die staatliche Seite ist, verglichen mit anderen europäischen Staaten, keineswegs ein waffenstarrender Apparat, sie ist jedoch soweit modern ausgerüstet, daß ein differenzierter Gewalteinsatz möglich ist, während in den zwanziger Jahren die materiell schwach und veraltet gerüstete Exekutive über wenig Wahlmöglichkeiten ihrer Mittel verfügte. Dennoch ist das staatliche Gewaltmonopol der Zweiten Repulik vollkommen gesichert.

Die wichtigsten Hemmechanismen gewaltsam-politischer (auch wirtschaftlicher) Konflikte liegen in der Zweiten Republik jedoch zweifellos im Sektor der Institutionen. Ihnen muß man ein beträchtlich konfliktkontrollierendes Eigengewicht den wirtschaftlich-sozialen Triebkräften gegenüber einräumen. Während in der Ersten Republik die wenigen sozial und politisch übergreifenden Organisationen (Arbeiterkammern, Verbände der Selbständigen und Bauern, Vereine der "Anschlußbewegung" usw.) nicht imstande waren, ein selbstverstärkendes Zusammenfallen von wirtschaftlichen, sozialen, politischen und ideologischen Konfliktlinien aufzuwiegen, erfolgte in der Zweiten Republik schon seit langem eine Entschärfung und Vorstrukturierung von Konflikten in wenigen großen Sammelparteien und Interessenverbänden. Anders als in einem zur Polarisierung neigenden Mehrparteien- und Richtungsgewerkschaftssystem (32) tendieren das Beinahe-Zweiparteiensystem der Zweiten Republik und die Verbandskonzentration zum politischen, wirtschafts- und gesellschaftspolitischen Mittelweg. Solange das heute vielfältige und komplizierte, in seiner Tendenz immer noch zunehmende sozialpartnerschaftliche Instrumentarium in der Zweiten Republik noch nicht so funktionsfähig war, konnten stabilitätssichernde Aufgaben von der langjährigen Großen Koalition übernommen werden. Ein funktionsfähiger Parlamentarismus, der heute eine um die Erfahrungen der Ersten Republik und der autoritären und nationalsozialistischen sowie benachbartkommunistischen Diktaturen reichere Tradition hat, liefert keinerlei Anlaß zu einer gewaltsamen Austragung ungelöster Konflikte.

Zum Abschluß sei auf ein scheinbares Paradoxon hingewiesen, das in dem hier skizzierten Erklärungsrahmen für das niedrige Konflikniveau und die Gewaltarmut der Zweiten Republik enthalten ist. Es ist geeignet zu erhellen, warum die sozial-ökonomischen Faktoren an der Genese betrieblich-wirtschaftlicher wie gewaltsam-politischer Konflikt einerseits in der Ersten Republik in einem so hohen Maß beteiligt waren, daß von ihnen aus ein ökonomisch-deterministischer Erklärungsversuch, vor allem hinsichtlich des Streiks, möglich erscheint, und warum dieselben Faktoren andererseits in der Zweiten Republik keinen ausreichenden Zugang zur Problemerklärung eröffnen. Das Paradoxon besteht darin, daß in der Zwischenkriegszeit die Wirtschaft das starke gesellschaftliche Konfliktverhalten bestimmt hat, obwohl im ideologischen Bereich weltanschauliche und politische Inhalte dominierten, während in der Periode nach dem Zweiten Weltkrieg die Politik das (geringe) Konfliktverhalten steuert, trotz eines Vorherrschens von Wirtschafts- und "Sach"-Fragen im "Überbau". Das Paradoxon würde das zu erklärende Problem – Unterschiedlichkeit von Erster und Zweiter Republik hinsichtlich der politisch-sozialen Konflikte – nur verschieben, könnte es nicht aufgelöst werden.

Die Auflösung des scheinbar Widersinnigen ergibt sich wenigstens zum Teil wiederum durch den Hinweis auf die Auswirkungen der grundverschiedenen Wirtschafts- und Soziallagen im weitesten Sinn. Die fast andauernd kritische und hoffnungslose ökonomisch-soziale Lage ermöglichte in der Ersten Republik eine Lösung von unvermeidlichen Interessenkonflikten nur durch absolute Umverteilung auf Kosten des einen oder anderen Teils, da es überhaupt wenig zu verteilen gab. Probleme der Wirtschaft berührten direkt die vitalsten Interessen der politisch-sozialen Gruppen und wurden in den Ideologien politisch-weltanschaulich verstärkt. Die Zweite Republik war dagegen wirtschaftlich und sozial so gut gestellt und soweit stabil, daß Interessenkonflikte im "Basis"-Bereich der Gesellschaft nicht nach der Art eines Nullsummen-Spiels gelöst zu werden brauchten. Vielmehr reichte eine relative Umverteilung (der hohen materiellen Zuwächse) aus, um allen Konfliktgruppen einen absoluten, wenn auch ungleich großen Zugewinn zu ermöglichen. Wirtschaftliche Probleme waren daher auch zwischen Antagonisten prinzipiell einvernehmlich lösbar und diskutierbar, sie überlagerten daher als differenzierte Sachfragen die weltanschaulich-herrschaftsbezogenen Streitpunkte im Denken der Menschen. (33) Dementsprechend erfolgte die Steuerung des politisch-sozialen Konflikthandelns das eine Mal mehr durch wirtschaftliche Zwänge, das andere Mal, wenn überhaupt, beruhte sie überwiegend auf politisch-taktischen Entscheidungen der Eliten.

2. Ein empirisches Konflikt-Modell für Österreich

2.1 Wirtschaftswachstum, Arbeitslosigkeit und gewerkschaftliche Mitgliederstärke als Konfliktursachen

Die Beschränkung der quantifizierten-historischen Analyse auf nur drei, überdies theoretisch und statistisch eng zusammenhängende, erklärende Variable schließt eine umfassende Erklärung der Bedingungen hoher bzw. niedriger Konfliktniveaus auf der betrieblich-wirtschaftlichen und gewaltsam-politischen Ebene aus. Doch allein eine Klärung des Anteils von volkswirtschaftlicher Gesamtentwicklung, Arbeitslosigkeit und Organisationsgrad der Lohnabhängigen in den Gewerkschaften kann einen Schritt weiter bei der Aufhellung des komplexen Ursachengeflechts politisch-sozialer Konflikte ermöglich. Eine Beschränkung auf diese drei erklärenden Variablen ergibt den in *Tabelle 14* festgehaltenen Befund.

2.2 Wirtschaftsaufschwung als direkte Streikursache und Rezession als indirekte Gewaltursache

Wirtschaftliches Wachstum geht in der Ersten Republik, wie schon festgestellt, einher mit sinkender Arbeitslosigkeit, in der Zweiten Republik übt es darauf keine direkte Wirkung aus. In beiden Republiken geht es aber mit steigender Organisiertheit der Arbeiter- und Angestelltenschaft einher. Das Gegenteil ist natürlich der Fall bei sinkenden Wachstumsraten.

Mit einer Erhöhung der allgemeinen Streikaktivität, gemessen in Streiktagen, ist Wirtschaftswachstum sicher in der Ersten, möglicherweise auch in der Zweiten Republik auf die oben schon dargestellte Weise verknüpft. Sinkende Wachstumsraten üben auf das allgemeine Streikausmaß eine dämpfende Wirkung aus. Bei einem besonders starken Rückgang des gesamtwirtschaftlichen Leistungsvolumens, wie er in der Weltwirtschaftskrise vorlag, tritt jedoch eine leichte Tendenzumkehr ein, so daß bei

Tabelle 14: Zusammenhang von Streik und Gewalt mit Gesellschaftsindikatoren

A. Erste Republik: N=19[a] (16)

Multiple Regressionen	β	F	r	R^2
Streiktage insgesamt[b]		12.9		0.72
– Wirtschaftswachstum	0.567	20.5	0.692	
– Arbeitslosenrate	0.058	0.0	−0.767	
– Gew. Organisationsrate	0.555	8.0	0.672	
Streikende[c]		10.6		0.68
– Wirtschaftswachstum	0.412	3.2	0.677	
– Arbeitslosenrate	−0.294	0.5	−0.780	
– Gew. Organisationsrate	0.267	0.7	0.634	
Streikdauer[d]		3.3		0.40[f]
– Wirtschaftswachstum	−0.197	0.6	−0.200	
– Arbeitslosenrate	0.357	0.9	−0.173	
– Gew. Organisationsrate	0.827	6.4	0.553	
Gew. Organisationsrate		13.2		0.62[f g]
– Wirtschaftswachstum	−0.262	1.9	0.291	
– Arbeitslosenrate	−0.911	23.5	−0.836	
Arbeitslosenrate		11.5		0.40[g]
– Wirtschaftswachstum	−0.636	11.5	−0.636	
Gewaltopfer (log.)		12.2		0.75
– Wirtschaftswachstum	−0.077	0.1	−0.397	
– Arbeitslosenrate	0.477	4.3	0.545	
– Exekutiveinsatz	0.680	22.2	0.680	
Zeitverz. Gewaltopfer[e]		11.3		0.82
– Wirtschaftswachstum	−0.051	0.1	−0.574	
– Arbeitslosenrate	0.726	8.5	0.715	
– Gewaltopfer (log.)	−0.312	3.3	0.054	
– Zeitverz. Exekutiveinsatz	0.425	8.1	0.676	

Fußnoten am Ende der Tabelle 14/B. auf der folgenden Seite

B. Zweite Republik: N=31

Multiple Regressionen	β	F	r	R^2
Streiktage insgesamt[b]		1.7		0.11[g]
– Wirtschaftswachstum	0.279	2.5	0.277	
– Arbeitslosenrate	0.185	1.1	0.182	
– Gew. Organisationsrate	0.013	0.0	0.193	
Streikende[c]		0.7		0.08[g]
– Wirtschaftswachstum	−0.144	0.4	−0.034	
– Arbeitslosenrate	0.176	0.9	0.214	
– Gew. Organisationsrate	0.207	0.8	0.160	
Streikdauer[d]		11.1		0.55[g]
– Wirtschaftswachstum	0.760	24.2	0.734	
– Arbeitslosenrate	−0.100	0.8	−0.114	
– Gew. Organisationsrate	−0.049	0.1	0.346	
Gew. Organisationsrate		6.8		0.33[g]
– Wirtschaftswachstum	0.544	12.3	0.542	
– Arbeitslosenrate	0.181	1.4	0.177	
Arbeitslosenrate		0.0		0.00[g]
– Wirtschaftswachstum	−0.008	0.0	−0.008	

β Standardisierter Regressionskoeffizient (Pfadkoeffizient)
F F-Statistik (für die gesamte Gleichung und einzelne β-s)
r Bivariater Pearson-Korrelationskoeffizient
R^2 Multiples Bestimmtheitsmaß (als erklärte Varianz in Anteilen der Gesamtvarianz [=1] interpretierbar)

[a] Gilt nur für die Regressionsgleichung mit *Gewaltopfer* und *zeitverzögerte Gewaltopfer*
[b] Anerkannte und "wilde" Streiktage insgesamt, korrigiert um (dividiert durch) unselbst. Beschäftigte
[c] Gewerkschaftlich anerkannte Streikende, korrigiert um unselbst. Beschäftigte
[d] Gewerkschaftlich anerkannte Streiktage, dividiert durch gewerkschaftlich anerkannte Streikende
[e] Die Zeitverzögerung beträgt ein Jahr
[f] Wegen Multikollinearität Anwendung von Ridge-Regression (in diesem Fall erfolgte eine Division der Korrelationsmatrix durch 1,1)
[g] Durbin-Watson-Statistik unter- bzw. oberhalb der 5%-Signifikanzpunkte, d. h. Vorliegen von Autokorrelation.

schweren wirtschaftlichen Krisenerscheinungen mit einem mäßigen Aufflackern von Streikaktionen zu rechnen ist. In dieser Hinsicht besteht also
zwischen Erster und Zweiter Republik nur ein gradueller, kein prinzipi-
eller Unterschied.

Im selben Sinne schwanken in der Ersten Republik auch wirtschaftliches Wachstum und der Grad, in dem sich die abhängig Arbeitenden an
Streiks beteiligen, in der Zweiten Republik ergibt sich zwischen Wirtschaftswachstum und Streikbeteiligung kein signifikanter positiver, eher
noch ein negativer Zusammenhang. Konjunkturperioden (und ansatzweise auch sehr schwere Krisen) haben nur in der Ersten Republik die Bereitschaft zur Beteiligung an Streiks erhöht, wirtschaftliche Rückschläge
haben sie gesenkt. In der Zweiten Republik hängt die Bereitschaft zur
Beteiligung an Streiks von außerökonomischen Faktoren ab.

Die Anzahl der Tage, die jeder Streikende im Ausstand bleibt, zeigt in
der Ersten Republik einen signifikanten Zusammenhang mit dem Wirtschaftswachstum, doch möglicherweise steigt sie in der Weltwirtschaftskrise und fällt sie in der Hochkonjunkturperiode. In der Zweiten Republik dagegen ergibt sich eine weitgehende Parallelität von steigendem
Wirtschaftwachstum und zunehmender Streikdauer, und umgekehrt von
länger werdenden Streiks mit sinkendem Wirtschaftswachstum.

Da Streikbeteiligung hier als ein Indikator für Solidarität und Streikdauer als ein Anzeichen von Entschlußfestigkeit und Beharrungsvermö-
gen der Streikenden betrachtet werden, können in der Ersten Republik
steigende Solidarität und in der Zweiten Republik zunehmende Ausdauer
im Arbeitskonflikt von der Stärke des Wirtschaftswachstums abhängig
gedacht werden. Einer sich verschlechternden Wirtschaftslage muß dann
eine demoralisierende Wirkung in beiden Streikdimensionen zugeschrieben werden. Warum in der Zweiten Republik mit steigendem Wirtschaftswachstum eine Erhöhung der Solidarität ausbleibt und warum
in der Ersten Republik die Entschlußfestigkeit jener, die streikten, in
Krisenzeiten nicht oder kaum gebrochen wurde, wird nur unter Zuhilfe-
nahme zusätzlicher Erklärungsmomente verständlich. Das starke Klassenbewußtsein der Arbeiterschaft machte die streikende Minderheit offensichtlich in der Zwischenkriegszeit ausdauernd, die gefestigte Stellung
der Arbeiterbewegung in Staat und Gesellschaft ließ ihr in der Zweiten Republik manche lohn- und sozialpolitische Verbesserung auf dem
Verhandlungsweg zufallen, wodurch auch der Anreiz zu opferfreudiger
Solidarität und politischer Orientierung wegfiel.

Die Wirtschaftsentwicklung hat aber auch, vermittelt über Arbeitslosigkeit, vor dem Zweiten Weltkrieg den Verlauf der Gewaltkonfliktschärfe entscheidend mitbestimmt. Perioden geringer wirtschaftlicher Prosperität (und hoher Arbeitslosigkeit) fallen eindeutig zusammen mit Perioden hoher Gewaltsamkeit und umgekehrt. Nur in der Hochkonjunktur der zwanziger Jahre ist dieser Zusammenhang teilweise durchbrochen, offensichtlich durch eine vorübergehende gegenläufige Entwicklung von BNP und Arbeitslosigkeit. Letztere scheint in diesem Fall den Ausschlag für ein besonders hohes Emporschnellen der Gewalt am 15. Juli 1927 (Justizpalastbrand) gegeben zu haben. Die Jahre nach 1934 sind ebenfalls eine Ausnahme, in der das relativ niedrige Gewaltniveau trotz kritischer Wirtschaftslage zum Teil auf die 1934 erfolgten Änderungen der Austragungsbedingungen politisch-gewaltsamer Konflikte zurückgeht.

In der Zweiten Republik, für die hier keine quantitative Analyse vorgelegt werden kann, scheint diese Regel immer wieder von Ausnahmen durchbrochen zu sein, hierin vergleichbar der Hochkonjunkturperiode in der Ersten Republik. Der entscheidende Punkt dafür dürfte darin liegen, daß in der Zweiten Republik durchgehend Wirtschaftswachstum und Arbeitslosigkeit voneinander unabhängig sind, zwischen beiden Faktoren daher auch keine Verstärkung eintreten kann. Der ganz andere organisatorische Hintergrund der meisten politischen Gewaltepisoden in der Zweiten Republik, das Hervorgehen von gewaltsamen Konflikten überwiegend aus massenhaften, wenig strukturierten Demonstrationen, im Gegensatz zum stärker organisierten Charakter von Gewalt in der Zwischenkriegszeit, markiert auch einen Unterschied zwischen Österreich nach 1919 bzw. nach 1945; daher im übrigen auch die Beobachtung, daß im neueren Österreich im Gegensatz zur Ersten Republik Jahre relativ hoher Gewaltsamkeit mit einigen Jahren hoher Streikaktivität zusammenfallen.

Allein die jährlichen Wirtschaftswachstumsraten der Ersten und Zweiten Republik unterscheiden sich so deutlich (2,2 gegen 6,5 Prozent jährlichen Wirtschaftswachstums im Durchschnitt), daß rein ökonomische Momente in letzter Instanz auch einen Teil – aber nicht den gesamten Umfang – der vollkommen unterschiedlichen Gewaltintensität erklären können.

Zusammenfassend kann festgestellt werden, daß in der Ersten und Zweiten Republik Konjunkturperioden die Austragung von ökonomisch-sozialen Konflikten in Form von Streiks (gemessen an Streiktagen) gefördert, wirtschaftlich schlechte Zeiten Streiks unterbunden haben. Genau umgekehrt war in der Ersten Republik der Bedingungszusammenhang von Gewalt. Die Vermittlungsinstanzen für diese komplementären Ursache-Wirkungsbeziehungen sind in Arbeitslosigkeit und gewerkschaftlichem Organisationsgrad zu sehen.

2.3 Vollbeschäftigung als indirekte Streikursache und Arbeitslosigkeit als direkte Gewaltursache

Hohe Arbeitslosigkeit hat in der Ersten Republik indirekt (über Gewerkschaftsstärke) sowohl das Ausmaß der Streikaktivitäten insgesamt wie die Breite der Streikbeteiligung stark beeinträchtigt, in der Zweiten Republik gibt es zwischen diesen Variablen nur insignifikante und nicht durchgehende Zusammenhänge. Direkt besteht jedoch nur ein schwacher, ebenfalls uneinheitlicher Zusammenhang zwischen Arbeitslosigkeit und den verschiedenen Streikdimensionen.

Dem so auffälligen Abweichen der Ersten von der Zweiten Republik hinsichtlich der Wirksamkeit von Arbeitslosigkeit auf Streikausmaß und Streikbeteiligung ist wiederum nicht durch ein mechanistisch sozialwirtschaftliches Erklärungsschema beizukommen. Historische Evidenz legt nahe, daß dabei die zeitweise katastrophale Arbeitslosigkeit und die geringere sozialgesetzliche Absicherung den Eintritt der Arbeitslosigkeit in der Ersten Republik für die Lohnabhängigen, insbesondere für die Arbeiter, zu einer schweren, an die physischen Existenzgrundlagen greifenden Bedrohung werden ließ. Trotz starken Klassenbewußtseins scheint sich die Mehrzahl der Lohnabhängigen in der Ersten Republik, vor die Wahl von Arbeitskampf mit möglicher Entlassung und sonstigen arbeitsrechtlichen Sanktionen seitens der Unternehmer oder Weiterarbeit und Verzicht auf angesichts einer industriellen Reservearmee ungewisse wirtschaftlich-soziale Verbesserungen gestellt, im allgemeinen für letzteres entschieden zu haben. Das mußte natürlich in wirtschaftlichen Schwächezeiten auch Auswirkungen auf die Solidarität mit Streikenden haben. Die Folgen dieses "Mechanismus" auch für die Bereitschaft zum Beitritt zu nicht unternehmerabhängigen Gewerkschaften sind daher evident. In der Zweiten Republik hat hier über lange Perioden hinweg eine andere Arbeitsmarktpolitik auch ganz andere soziale und politische Bedingungen geschaffen.

Arbeitslosigkeit oder Vollbeschäftigung sind die Weichenstellungen für hohe bzw. niedrige politische Gewaltsamkeit in der Ersten Republik.

Lange Dauer der Arbeitslosigkeit verstärkt deren gewaltfördernde Wirkung, Besserung der arbeitsmarktpolitischen Lage führt daher erst mit einer Zeitverzögerung von etwa einem Jahr zu sinkender Gewaltsamkeitstendenz. Daher sind saisonale Schwankungen der Arbeitslosenrate nicht und kurzfristige konjunkturelle Rückschläge der Beschäftigungsquote nur bedingt als gewaltverursachend anzusehen. Was die Arbeitslosigkeit der Ersten Republik so explosiv machte, war das Zusammentreffen der verheerenden Massenarbeitslosigkeit der Weltwirtschaftskrise mit einer schon in Konjunkturperioden hohen strukturellen Arbeitslosigkeit, die wichtige ihrer Ursachen in Folgewirkungen des Ersten Weltkrieges und der Inflationsbekämpfung sowie in einem beschleunigten Rationalisierungs- und Mechanisierungsprozeß hatte.

Arbeitslosigkeit wurde unter diesen Bedingungen langfristig gesehen zum notwendigen Bindeglied zwischen wirtschaftlicher Krise und politischer Gewalt. Wenn dieser Konnex nicht katastrophale Ausmaße annahm, wie in der Zweiten Republik, blieb ihre gewalterzeugende Wirkung aus.

Besonders wichtig erscheint das Bindeglied Arbeitslosigkeit auch unter dem einleitend erwähnten Aspekt der gesamtgesellschaftlichen Konflikteskalation. Die Auswirkungen der Arbeitslosigkeit auf das Streikverhalten und die gewerkschaftlichen Interessensorganisationen können eine Austragung primär ökonomischer Konflikte in den geregelten Bahnen der Arbeitsbeziehungen blockieren und somit auf der wirtschaftlichen Ebene ein Konfliktpotential anstauen, das dann auch auf der politischen Eben zur Wirkung kommt. Und eben dies ist für die besondere Schärfe gewaltsam ausgetragener politischer Konflikte in der Ersten Republik anzunehmen. Somit kann die Konfliktgeschichte der Ersten Republik als ein Wechsel von mehr oder weniger gesteigerten gesamtgesellschaftlichen Spannungszuständen ohne eine echte Periode relativer Konfliktfreiheit interpretiert werden.

Nach den Jahren der "österreichischen Revolution" (1918-1920), in denen die gesellschaftlichen Spannungen in Form von politischer Gewalt zum Ausdruck kamen, erfolgte bis 1926 eine leichte Entspannung, die eine Verlagerung der Konflikte auf die geregelten Bahnen des betrieblichen Kampfes zuließ. Dabei scheint bei etwa 8 bis 10 Prozent Arbeitslosigkeit die Schwelle für eine Verlagerung der Konflikte von der Stufe der Arbeitskämpfe auf die Stufe der politischen Gewaltanwendung zu liegen. Das Jahr 1927 signalisiert mit dem neuerlichen massiven Einsetzen gewaltsamer Austragungsformen politisch-sozialer Konflikte eine Verschärfung des Klimas, die im Bürgerkriegsjahr 1934 in den Ausdruck höchster gesellschaftlicher Konfliktspannung und schließlich in die autoritär-staatlich herbeigeführte Konfliktunterdrückung der Dollfuß-Schuschnigg-Diktatur und des NS-Regimes mündete.

Geringe bis mäßige Arbeitslosigkeit hat demnach eine Konfliktaustragung auf der betrieblich-wirtschaftlichen Ebenen erhöht und eine gewaltsame Austragung politischer Konflikte gehemmt. Je nach der Zahl der vom Arbeitsprozeß Ausgegliederten hat sie die Streikaktivitäten dabei gehemmt oder gefördert. Bei Erreichen hoher und sehr hoher Arbeitslosenraten trat ein qualitativer Sprung ein, der Konfliktaustragung auf der Ebene industrieller Beziehungen unterband und auf der politischen Ebene mit gewaltsamen Mitteln ausgetragene Konflikte je nach dem Stärkegrad der Arbeitslosigkeit hervorrief.

2.4 Gewerkschaftliche Organisationsstärke und Streiks

Wirtschaftswachstum beeinflußt die organisatorische Stärke der Gewerkschaften positiv, Rezession oder Krise schwächt sie. Wenn sich Arbeitslosigkeit annähernd als eine Funktion der Wirtschaftsentwicklung verhält, ist die arbeitsmarktpolitische Lage der entscheidende Transmissionsriemen, wenn Arbeitslosigkeit oder Vollbeschäftigung unabhängig von Wirtschaftsschwankungen auftreten, beeinflussen diese direkt die gewerkschaftlichen Mitgliederzahlen.

Dennoch erwies sich die gewerkschaftliche Organisationsdichte in der Ersten und Zweiten Republik nicht in der gleichen Weise als Streikursache. (Als Gewaltursache scheidet sie aus theoretischen Gründen wie wegen ihrer statistisch geringen Bedeutung aus.) Vor dem Zweiten Weltkrieg hat sie eindeutig Streik in allen seinen Dimensionen beeinflußt. Das heißt: Nur eine auf Betriebsebene gut organisierte Arbeiterklasse unter den Bedingungen des "organisierten Kapitalismus" – nicht unter frühkapitalistischen Verhältnissen – ist bereit und imstande, solidarische und langdauernde Streikaktionen durchzuführen. Wenn jedoch sich verschlechternde Wirtschaftslage und steigende Arbeitslosigkeit die gewerkschaftliche Organisationsstärke untergraben, muß damit auch ein Sinken von Streiks einhergehen und vice versa. Demgegenüber kann in der Zweiten Republik praktisch kein signifikanter Zusammenhang des leichten Schwankens der gewerkschaftlichen Mitgliederzahlen mit Streiks festgestellt werden.

Eine Erklärung für diese Inkonsistenz der Variable Gewerkschaftsstärke dürfte wie bei der Arbeitslosigkeit in ihrem unterschiedlich streikverursachenden Verhalten liegen, je nach dem absoluten Niveau der Gewerkschaftsmitgliederzahlen. Der Organisationsgrad der Lohnabhängigen in Gewerkschaften war in der Ersten Republik entschieden niedriger (im Durchschnitt 36,1 Prozent) als in der Zweiten (62,3 Prozent gewerkschaftlich organisierte "Arbeitnehmer"). Eine schwache Gewerkschaftsbewegung muß anscheinend in konjunkturell günstigen Perioden ihre Interessen durch Streiks durchsetzen, in Krisen ist sie dazu nicht imstande. Eine starke Gewerkschaft scheint sich unabhängig von der Wirtschafts- und Arbeitsmarktsituation zu Streik oder Nicht-Streik zu entscheiden.

Mitgliederstärke von Gewerkschaften kann jedoch nicht eindeutig als streikverursachende Variable bestimmt werden. Erfolgreich durchgeführte Streiks führen bekanntlich häufig zu einem Ansteigen der Mitgliederzahlen. Daher ist der Zusammenhang gewerkschaftlicher Organisationsgrad – Streik nicht eindeutig in seiner Wirkungsrichtung bestimmbar. Als erklärende Variable für Streiks sind gewerkschaftliche Mitgliederzahlen auch aus diesem Grund nur von eingeschränkter Brauchbarkeit.

2.5 Ein quantitatives Modell der wirtschaftlich-sozialen Verursachung von Streik und Gewalt.

In Form eines graphischen Modells (*Diagramm 8*) lassen sich die in den vorhergehenden Abschnitten und in *Tabelle 14* dargestellten Zusammenhänge verdeutlichen. Das obere Schema stellt in einem das Verursachungsnetz von Streik und politischer Gewalt in der Ersten Republik, das untere Schema das Ursachengefüge nur von Streik in der Zweiten Republik dar. Die gemeinsamen Glieder sind Wirtschaftswachstum und Arbeitslosigkeit.

Wirtschaftswachstum bedingt demnach einerseits direkt (in wechselnder Stärke) Arbeitskämpfe mit, andererseits beeinflußt es negativ die Arbeitslosigkeit und diese wiederum beeinflußt negativ die Gewerkschaftsstärke, oder sie beeinflußt direkt positiv letztere Variable.

Relative gewerkschaftliche Organisationsstärke ist im allgemeinen für moderne Streiks konstitutiv, sie steht aber auch in einem (nicht graphisch eingetragenen) Wechselwirkungsverhältnis mit Streik. Auf einem niedrigen gewerkschaftlichen Organisationsniveau wie in der Ersten Republik verursachen ihre Schwankungen gleichsinnige Schwankungen bei der Streikvariablen. Wenn sie jedoch allgemein sehr hoch ist, scheinen Gewerkschaften ihr äußerstes Mittel nur noch selten einsetzen zu müssen, so daß in der Zweiten Republik trotz starker Gewerkschaften eine niedrige Streikaktivität erklärbar wird.

Die zentrale Variable in dem skizzierten Modell ist jedoch *Arbeitslosigkeit*. Von ihr aus gehen Vektoren sowohl in Richtung Streik wie auch zu Gewalt, die im einen Fall negatives, im anderen positives Vorzeichen haben. Das heißt, hohe Arbeitslosigkeit übt eine streikdämpfende, mäßige Arbeitslosigkeit aber eine mäßig streikfördernde Wirkung aus. Hohe Arbeitslosigkeit verursacht aber auch hohe Gewaltsamkeit.

Gewalt wird jedoch nicht nur von zeitgleicher, sondern auch von zeitlich vorhergehender Arbeitslosigkeit positiv verursacht, zugleich aber auch von zeitlich *vorhergehender* Gewalt gebremst. In jedem Fall ist das Ausmaß politischer Gehalt auch von dem systemexternen Moment massiver *Exekutivbeteiligung* abhängig.

Der entscheidende Unterschied zwischen Erster und Zweiter Republik besteht nun nicht nur darin, daß die Arbeitslosenraten nach 1945 beträchtlich unter denen der Zwischenkriegszeit lagen, sondern auch darin, daß die verhängnisvolle Kette Wirtschaftswachstum-Arbeitsmarktsituation (durch wirtschaftspolitische Eingriffe) überhaupt unterbrochen ist. Das bedeutet, daß eine seit 1945 konstant relativ niedrige, nur kurzfristig auf über 8 Prozent ansteigende Arbeitslosenrate auch in den bisher nur kurzen Perioden verringerten wirtschaftlichen Zuwachses keine negative Wirkung auf die ohnedies nicht hohe Streikbereitschaft ausüben kann. Noch entscheidender ist aber, daß niedrige oder verschwindend geringe Arbeitslosigkeit allein – das Fortbestehen des gewaltfördernden "Mechanismus" der Ersten Republik vorausgesetzt – eine nur geringe oder überhaupt keine politische Gewalttätigkeit hervorzubringen vermag.

In der Arbeitslosigkeit scheint die wichtigste Schaltstelle zu liegen in der sich entscheidet, welches Beziehungsnetz sich zwischen den konfliktverursachenden Faktoren und Streik bzw. Gewalt herstellt.
Das Schaubild stellt also drei verschiedene Konflikt-Verursachungsmuster dar:

a) Stehen Wirtschaftsentwicklung und Arbeitslosigkeit in keinem Zusammenhang und ist das Wirtschaftswachstum konstant relativ günstig und die Arbeitslosigkeit niedrig bis mäßig, so bildet sich *Konfliktmuster 1*, niedriges Konfliktniveau überwiegend auf der betrieblich-wirtschaftlichen Ebene, heraus (Zweite Republik).

b) Ist mit schlechtem bis mäßig positivem BNP-Wachstum Arbeitslosigkeit mittleren Ausmaßes gekoppelt, überwiegt *Konfliktmuster 2*, das Spannungspotentiale in Arbeitskämpfe umleitet (Erste Republik im Großteil der zwanziger Jahre).

c) Verschlechtern sich die beiden sozial-wirtschaftlichen Faktoren in krisenhafter Weise, so springt das innenpolitische System auf *Konfliktmuster 3* um, das die anwachsenden gesellschaftlichen Spannungen mit einer leichten Zeitverzögerung in Richtung politische Gewalt umlenkte.

Indem auf diese Weise derselbe Erkärungsmechanismus wenigstens teilweise für die beiden österreichischen Republiken anwendbar wird, kann er auch eingeschränkt prognostisch anwendbar werden.

3. EXTRAPOLATION: EIN KRISEN-SZENARIO

3.1 Mögliche Veränderungen im Konfliktpotential und gewaltkontrollierenden Gefüge als Folge wirtschaftlicher Krisen

Die Beurteilung der Frage nach den politisch-sozialen Folgewirkungen von wirtschaftlicher Stagnation und Krise in Österreich kann allein wegen der gegebenen umfangmäßigen Begrenzung nicht von einem Durchspielen aller Möglichkeiten der im Abschnitt 1.4 erwähnten konfliktbeeinflussenden Momente ausgehen. (Nur von gewaltsamen politischen Konflikten ist hier die Rede.) Doch die starke Verflechtung der einzelnen, analytisch isolierten Momente und ihre in letzter Konsequenz von der wirtschaftlichen Lage abhängigen Entwicklungsmöglichkeiten lassen eine Beschränkung auf einige wenige Fragen zu. Die wichtigste, noch vorgelagerte Frage bleibt die nach der Dauer, der Intensität, dem Verlauf und den spezifischen Auswirkungen von wirtschaftlichen Krisen. Die hier versuchten Antworten gehen von dem am Ende dieses Beitrages beschriebenen Vier-Phasen-Modell aus. (34)

Das Kernproblem eines Konflikt-Szenarios liegt sodann in der Frage, in welchem Krisenstadium die Konflikt-"Mechanik" von dem Modell,

Diagramm 8:

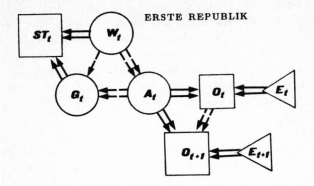

ERSTE REPUBLIK

ZWEITE REPUBLIK

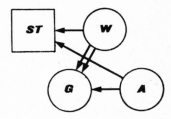

Zeichenerklärung:

W Wirtschaftswachstum
A Arbeitslosigkeit
G Gewerkschaftliche Mitgliedsstärke
ST Streiktage
E Exekutivbeteiligung
O Opfer politischer Gewalt

NB: Das Subskript t kennzeichnet eine Variable zum Zeitpunkt t, das Subskript $t+1$ kennzeichnet eine Variable zum Zeitpunkt t+1.

Erläuterung: Abhängige Variable (Streik bzw. politische Gewaltopfer) sind als Quadrate, unabhängige Variable als Kreise dargestellt. Insofern handelt es sich um pfadanalytisch darstellbare Zusammenhänge. Weitere "externe" Variable (Exekutivbeteiligung) sind in Dreiecksform dargestellt.

Einfache Linien symbolisieren schwache (nicht signifikante) Zusammenhänge, Doppellinien starke Kausalbeziehungen (auf dem 95 Prozent-Niveau signifikant). Positive Zusammenhänge sind als durchgehende, negative Zusammenhänge als strichlierte Linien dargestellt. Die Richtung der Pfeile zeigt das angenommene Ursache-Wirkungs-Verhältnis an.

das bisher in der Zweiten Republik gültig war, in jenes der Ersten Republik umschlägt. Nicht sosehr das Ob-Überhaupt, als die Frage, wie lange die politisch-institutionellen konfliktdämpfenden Momente der Zweiten Republik imstande sein könnten, steigende wirtschaftlich-soziale Spannungen zu kanalisieren, ist hier das eigentliche Problem. Oder auch, in welchen neuen Konfliktformen diese Spannungen zum Ausdruck kommen könnten, sollte das Konflikte eindämmende Netzwerk der Zweiten Republik stärkere Widerstandsfähigkeit gegen wirtschaftlichen Druck erweisen.

Eine Antwort darauf hat zunächst vom Status quo auszugehen und sollte daher eine kurzschlüssige Dramatisierung vermeiden. Die Grundlagen der bisherigen Konfliktcharakteristik der Zweiten Republik, relativ geringes ökonomisches, soziales und politisch-ideologisches Konfliktpotential bei Vorhandensein zusätzlicher, sehr wirksamer gewalthemmender "Mechanismen", können auch durch leichte bis mäßige und nicht allzu langdauernde Krisensituationen, wie sie in der Zweiten Republik bisher zu beobachten waren, zwar partiell in Frage gestellt, doch nicht prinzipiell aufgehoben werden. Bei einem längeren Andauern einer Stagnationskrise und der damit einhergehenden Verschärfung der sozialen Lage für substantielle Bevölkerungsteile ist jedoch eine grundlegende Änderung der Konfliktformen nicht auszuschließen.

Ausgehend von der wirtschaftlich-gesellschaftlichen Ebene kann ein sich ausbreitendes Bewußtsein "relativer Deprivation" die Bedingungen von Gewalt sowohl von der Seite der Intensivierung von politisch-sozialen Konflikten wie von der Seite des Abbaus von Gewalthemmungen verändern. Zunächst ist eine Verschärfung ökonomischer Verteilungskämpfe anzunehmen, die bei längerem Andauern auf andere (politisch-ideologische) Konfliktniveaus übergreifen und zudem die Bedingungen der Manifestation sozialer Konflikte verändern könnten. Somit wäre auch eine Änderung der Organisationsstruktur der potentiellen Konfliktpartner zu erwarten, sodann auch eine der sozialpartnerschaftlichen Einrichtungen. Bewaffnung als Mittel zur Durchführung von Gewalt würde bei den Gegebenheiten der Zweiten Republik wahrscheinlich auf kleine Kreise beschränkt bleiben, halblegal auf "Betriebsschutz", "Sicherheitsunternehmen", kleine Sektoren auch der größeren politischen Parteien, vor allem aber auch politisch extreme Gruppen. Ein Umkippen der Einstellung zur Gewalt erscheint dann nicht nur nicht ausgeschlossen, sondern wahrscheinlich.

Erst eine massive Blockierung der ökonomischen Verteilungskämpfe und anderer Konfliktäußerungsformen, auch der schon früher auftretenden vereinzelten Gewaltakte, die Indikator- wie auch Ventilfunktion haben, etwa durch eine Einschränkung der politischen Freiheiten, von staatlicher Seite oder informell durch Konsens der koalierten Großgruppen, könnte schließlich einen explosiven Ausbruch von massenhafter Gewalt herbeiführen.

3.2 Mögliche Formen politischer Gewalt

Unterhalb der Bürgerkriegsschwelle sind, wie das Beispiel der Ersten Republik und einige süd- und westeuropäische Erfahrungen zeigen, folgende Formen politischer Gewalt in einer langandauernd krisenhaft zugespitzten Situationen auch in der Zweiten Republik möglich:
– individuelle politische Attentate, ausgeführt von politischen Einzelgängern oder von in politischen Hetzaktionen angestifteten psychisch labilen Tätern;
– hochorganisierte, mit modernster Bewaffnung und strategischer Präzision ausgeführte Terror-, Rache-, Befreiungs- und Geldbeschaffungsaktionen militanter Untergrundorganisationen;
– begrenzte, spontane, kaum bis zum Einsatz von Waffen reichende Schlägereien zwischen nicht-staatlichen Konfliktparteien etwa im Anschluß an Kundgebungen, Demonstrationsmärsche, Massenversammlungen und Streiks;
– daraus leicht hervorgehende oder teilweise einkalkulierte und mit improvisierter oder mitgebrachter Bewaffnung auf seiten der Zivilisten und mit polizeimäßigen Gewaltmitteln auf seiten der Exekutive ausgetragene, straßenkampfähnliche Auseinandersetzungen.

Weniger wahrscheinlich sind vier weiter Typen innenpolitischer Gewaltanwendung:
– Massenhafte Unruhen, wie sie für akute Hungersituationen und Versorgungsnotlagen während der Ersten Republik typisch waren, sind vorerst nicht wahrscheinlich, ebenso
– putschartige Aktionen von Teilen des staatlichen Exekutivapparats oder extremistischer Parteien.
– Bewaffnete Zusammenstöße paramilitärischer Formationen, die häufigste Form gewaltsamer Konflikte in der Ersten Republik, sind schon wegen

der fehlenden organisatorischen Voraussetzungen nicht zu erwarten; eine moderne Variante davon wäre allerdings in Form von
– Schießereien und Zusammenstößen von privaten Sicherheitsdienste und Werkschutzeinrichtungen mit Demonstranten und Belegschaften denkbar.

3.3 Mögliche soziale Träger politischer Gewalt

Ganz abgesehen von der staatlichen Exekutive, die in der Zweiten Republik aufgrund der stärkeren Stellung des Staates umso eher in politische Gewaltakte einbezogen wird, wenn sie nicht überhaupt von vornherein im Zentrum des Konflikts steht, scheinen als Träger politischer Gewalt vor allem (wie in der Vergangenheit) folgende soziale Gruppen besonders disponiert zu sein:
– junge (unter 30jährige), städtische, männliche (abweichend von der Zwischenkriegszeit auch zunehmend weibliche) Einzelpersonen und Gruppen;
– solche Angehörige von organisatorisch und ideologisch rigiden Gruppen, die im Berufsleben nicht fest eingebunden sind und daher auch über zeitlichen umd räumlichen Spielraum verfügen, das sind vor allem
– Arbeitslose und
– die jeweils "unteren" Schichten verschiedener sozialer Klassen und Gruppen, die als "Stellvertreter" für die Klasse oder Gruppe insgesamt, der sie angehören (werden), auftreten, also Studenten und Mittelschüler stellvertretend für freiberufliche Akademiker und Beamte, Bauern- und Händlersöhne für Bauern und Händler, Hilfsarbeiter und Lehrlinge anstelle von Arbeitern, Rentner und Pensionisten statt Berufstätiger, Hausfrauen für ihre Männer usw. (35)
– Private, berufsmäßig mit Gewalt und Gewaltabwehr befaßte Personenkreise können in der weiteren Folge noch hinzukommen.
– Ebenso stellen die Generation der "bewußten" Weltkriegssoldaten, die in den achtziger Jahren vollends aus dem Berufsleben ausscheidet, und ihre Organisationen ein noch immer gewaltförderndes, wenngleich selbst nicht aktives Potential dar.
Der überwiegende Anteil bei der Ausführung politischer Gewalttaten wird aber weiterhin den drei erstgenannten Kategorien zukommen, die dadurch charakterisiert sind, daß sie alle aus dem Arbeits- und Leistungsprozeß in jenem Sinn, wie er für die Mehrzahl der Berufstätigen im Nor-

malfall besteht, ausgegliedert sind, einerlei ob es sich dabei um Arbeitslose, Invalide oder Altersrentner oder um in einem Ausbildungsverhältnis stehende Personen handelt. Da zu erwarten ist, daß gerade dieser gesellschaftliche Sektor auf lange Sicht ein überproportionales zahlenmäßiges Wachstum aufweisen wird (36), ist auch langfristig ein verstärktes Hervortreten dieser Personengruppen in gewaltsamen Auseinandersetzungen zu erwarten. Auf wirtschaftliche Krisenerscheinungen, auch bloß sektoral und subkutan auftretende wie im Bereich der Studienplätze, der akademischen Arbeitsplätze oder der gewerblich-industriellen Lehrstellen, dürfte in diesem Sektor besonders sensibel reagiert werden, wie der westdeutsche RAF-Terrorismus in den siebziger Jahren bestätigt haben dürfte.

3.4 Mögliche politisch-organisatorische Träger von Gewalt

Wie man bei der Erörterung der Frage nach den potentiell am ehesten prädisponierten sozialen Trägern der Gewalt von den historischen Erfahrungen (in der Ersten Republik) ausgehen kann, so empfielt sich diese Vorgangsweise auch hinsichtlich der Identifizierung jener Organisationen, die als Konfliktpartner in gewaltsamen Auseinandersetzungen am ehesten in Erscheinung treten könnten. Die Erste Republik zeigt nämlich, daß es, unbeschadet organisatorischer Umstrukturierung und Gewichtsverlagerungen, über relativ lange Zeiträume eine Konstanz der unmittelbar in politische Gewalt verwickelten Organisationen geben dürfte. Wenngleich ungewiß ist, ob diese Konstanz im vollen Umfang auch für die Zweiten Republik gilt, ist zu vermuten, daß, von wenigen Ausnahmen abgesehen, auch im nächsten Jahrzehnt die seit 1945 sporadisch in gewaltsame Auseinandersetzungen verwickelten Organisationen wieder in Erscheinung treten werden. Mehr als ein grobes Abstecken des Rahmens kann hier allerdings ohne eine ausführliche Tiefenstudie in die Ideologie und Einstellung zur Gewalt sowie die Organisationsstrukturen nicht versucht werden. Fragen nach moralischer Berechtigung von Gewalt oder "Gegengewalt" spielen bei diesen Überlegungen, die, wie in der Einleitung gesagt, auf eine gesamtgesellschaftliche Gewaltvermeidungsstrategie (im umfassenden Sinn) abzielen, eine untergeordnete Rolle. Wohl ist im gerichtlichen Rechtfindungsprozeß die Frage nach dem "ersten Schuß" von Bedeutung, weniger aber bei der politisch-sozialen Betrachtung des Interaktionsphänomens Gewalt.

Mit Sicherheit kann nur hinsichtlich einer an zukünftigen Gewaltkonflikten beteiligten Organisation eine Prognose abgegeben werden: hinsichtlich der

– staatlichen Exekutive, insbesondere Polizei, Gendarmerie und Bundesheer. Ihre Involvierung in alle ernsteren gewaltsamen politischen Konfrontationen ergibt sich automatisch aus der Rolle des modernen Staates und ihrer bloßen Existenz. Dieser Sachverhalt sollte nicht als Selbstverständlichkeit übersehen werden, wenn nicht auf wichtige staatspolitische und über den staatlichen Gewaltapparat verlaufende Steuerungsmittel der modernen politisch-gesellschaftlichen Konfliktdynamik verzichtet werden soll. Daß eine bewaffnete Formation im Dienste des Staates in Erscheinung tritt, sollte nicht vergessen lassen, daß auch in ihr im unmittelbaren Konfrontationsfall und im zeitlichen und räumlichen Umfeld von (politischer) Gewalt ähnliche sozialpsychologische, organisatorisch-reaktive und ideologisch-legitimatorische Prozesse stattfinden (37), wie in "privaten" Organisationen. Historische Beispiele wie der "15. Juli 1927" lehren, daß auch die Eigendynamik der "Ordnungsmacht" zu Gewalteskalation führen kann. Sogenannte Spezialeinheiten sollten unter diesem Aspekt eine besondere Beachtung finden.

Von den bestehenden politischen Organisationen können vor allem jene Gruppen als potentielle Konfliktparteien gelten, die weltanschaulich durch ein Nahverhältnis oder ein offenes Bekenntnis zur Gewaltanwendung und durch eine schon darauf ausgerichtete Organisation gekennzeichnet sind, vor allem also

– neofaschistische und andere rechtsextreme Splittergruppen, die über sogenannte mobile Einsatzgruppen und bewaffnete Saalschutzeinheiten verfügen wie die "Nationaldemokratische Partei", die von ihr abgespaltene "Aktion Neue Rechte", und der 1975 verbotene, aber weiterhin aktive "Bund heimattreuer Jugend". In diesem Kontext im weiteren Sinn gehören auch die Veteranenverbände, vor allem solche, die sich Jugendgruppen halten, etwa die "Kameradschaft Jung-Babenberg", und die Vereinigung ehemaliger SS-Mitglieder "Kameradschaft IV". (38)

– Formal teilweise vergleichbare linksradikale Organisationen wie ein Ende der siebziger Jahre bekanntgewordener Ableger der deutschen "Roten Armee Fraktion" oder die Gruppe "Spartakus" der ausgehenden sechziger Jahre, sind hier hinsichtlich ihrer Zahl und Mitgliederstärke weit nach den Rechtsradikalen einzustufen.

– Die schon erwähnten privaten bewaffneten Garden zum persönlichen oder Betriebsschutz sind erst eine Erscheinung der allerjüngsten Vergangenheit, jedoch keineswegs eine zu unterschätzende Erscheinung.

Neben diesen oft im Untergrund tätigen Splittergruppen, die direkt auf gewaltsame politische Konfrontation ausgerichtet sind, gibt es ein breiteres Potential an schwer abgrenzbaren politisch-sozialen Gruppierungen, die zwar selbst nicht organisiert sind, jedoch aus sich heraus gewaltorientierte Kader bilden können und ansonsten eher befähigt erscheinen, als Beteiligte oder Anführer in überwiegend spontanen Gewaltsituationen hervorzutreten.

– Einerseits gehören hierher die sonstigen größeren und kleineren Gruppen des rechtsradikalen "Lagers" und Teile der FPÖ (39),

– andererseits auch linke oder rechte Splitterorganisationen am Rande der etablierten Parteien.

– Die KPÖ, deren Anhängern noch im "Oktoberstreik 1950" durch betriebliche Störtrupps und gezielte Aktionen gegen Kommunikationseinrichtungen und das Verkehrssystem eine putschartige Zuspitzung eines spontan entstandenen Massenstreiks zugetraut wurde, dürfte seit den sechziger Jahren zu kaum mehr als zu einer Katalysatorwirkung bei "wilden Streiks" in der Lage sein. Ihr Konfliktkristallisationspotential in beginnenden Protestsituationen dürfte nicht größer sein, als jenes von

– Anti-SPÖ-Strömungen innerhalb der gewerkschaftlich organisierten Arbeiterschaft und von

– Protestgruppen innerhalb der Bauern- und Unternehmerschaft, die in Form von Traktor- oder Autoblockaden über ein beträchtliches Störungspotential verfügen.

– Während nationale, religiöse und sprachliche Minderheitengruppen wie bisher in Österreich – generell gesehen – nur ein geringes, gewaltsame Konflikte förderndes Potential darstellen, sind

– die Organisationen der regionalen sprachlichen Mehrheit, vor allem der "Kärntner Ortstafelsturm" von 1972 eindringlich gezeigt hat, ein gewaltorientierter Faktor, demgegenüber sogar der legal gebotene Exekutiveinsatz seiner menschlichen und politischen Folgewirkungen wegen ausgesetzt wurde.

– Ein in der Geschichte der Zweiten Republik sich erst in den späten siebziger Jahren formierender, diffus politischer Faktor, der durchaus auch Gewalt hervorbringen kann, sind die diversen Bürger- und Umweltschutzinitiativen (40), die vergangene gegenkulturell-politische "Arenabewegung" und die Bewegung gegen die Errichtung von Atomkraftwerken. Das Entstehen dieses Faktors deutet darüber hinaus auf eine untergründige Zunahme politisch-sozialer Protesthaltungen und auf steigende Konfliktbereitschaft sowie auf ein Nachlassen der Integrationskraft des österreichischen politischen Systems hin.

Eine Austragung von außerösterreichischen Konflikten mit Gewalt auf österreichischem Gebiet, wie der OPEC-Überfall von 1975 oder ein Übergreifen ausländischer terroristischer Aktivitäten auf Österreich wie im Fall des jahrelang währenden Südtirol-Terrorismus oder rechtsextremkroatischer Aktivitäten, ist auch in der Zweiten Republik weiterhin nicht auszuschließen und ohne eine international ausgreifende Studie nicht annähernd abzuschätzen.

3.5 Mögliche Ablaufmuster politischer Gewalt

In der Ersten Republik wurden politische Gewalttaten teils von großen, spontan handelnden, wenig strukturierten Menschenmassen ausgeführt, die die Staatsgewalt zum oft blutigen Eingreifen herausforderten. Teils ereigneten sie sich im Zuge mehr oder weniger organisierter putschartiger Aktionen oder sie wurden von hochorganisierten bewaffneten Gruppen ohne Beteiligung der staatlichen Exekutive ausgeführt. Teils wurden sie auch von einzelnen ausgeführt. In der Zweiten Republik dagegen sind politische Gewalttaten bisher fast ausschließlich aus Demonstrationen hervorgegangen. Sie weisen eine weitaus geringere Organisierung auf als die politische Gewalt in der Zwischenkriegszeit. Es besteht wenig Grund anzunehmen, daß sich diese Charakteristik der Gewalt rasch ändern werde. Anhand von drei Fällen sollen mögliche – keineswegs alle – Ablaufmuster gewaltsamer Konflikte dargestellt werden.

Fall 1: Spontane Konfrontation einer Demonstrantenmenge mit der Exekutive (Beispiel: "15. Juli 1927", "Iberia-Straßenschlacht" am 2. Oktober 1975) (41):
Ausgelöst durch ein Ereignis, das breite Teile einer konfliktfähigen Gruppe als krasses Unrecht oder unmittelbare Bedrohung ihrer politischen oder wirtschaftlichen Existenzbedingungen ansehen, kommt es zu massenhaften Demonstrationen, die sich entweder relativ spontan entwickeln können oder von einer politischen oder beruflichen Organisation abgewickelt werden. Der Protest richtet sich zunächst gegen Objekte (Gebäude), die mit der Protestursache in symbolhafte oder

direkte Beziehung gebracht werden. Die (möglichen) Veranstalter und die Polizei sind vom schließlichen Ausmaß der Demonstrationen überrascht. Die Polizei befürchtet Angriffe auf das symbolische Protestziel seitens der bisher vielleicht nur drohenden Menschenmenge und versucht, dieses Objekt abzusperren. Die aktuell verfügbare Einsatzmannschaft reicht jedoch dazu nicht aus, und erweist sich als ungeeignet, die Manifestanten zurückzudrängen. Einzelne Manifestanten beschimpfen, bespucken, rempeln an, bedrohen die Wachleute. Die Polizei greift zu Schlagstöcken und verschafft sich vorübergehend Raum. Dadurch aber zerschlägt sie auch die um einen kontrollierten Ablauf der Demonstration bemühten organisatorischen Strukturen innerhalb der Menschenmenge, steigert deren Erregung und lenkt die Aufmerksamkeit als Aggressionsobjekt auf sich. Der aktivste Teil der Demonstranten verschafft sich eine improvisierte Bewaffnung (Schottersteine, Holzlatten, Eisenstangen, Straßenwürfel usw.) und geht damit gegen die Exekutive vor, die zu ihrem schärfsten Mittel, der Schußwaffe, zu greifen bereit ist und in dem entstehenden Chaos Aktivisten von Mitläufern und zufälligen Zusehern nicht mehr unterscheiden kann und bei diesen eine ursprünglich nicht bis zur gewalttätigen Teilnahme reichende Solidarisierung erzeugt. Eintreffende Polizeiverstärkungen werden, wenn sie in kleinen Gruppen eintreffen, schon auf dem Weg zu ihrem Einsatzort im Krisenzentrum attackiert, in den Kampf verwickelt und abgedrängt. Die Übermacht der Protestierenden im Zentrum des Konflikts wird so groß, daß die Polizei den Schutz des ursprünglichen Kampfobjekts aufgeben muß. Die Aktivisten aus der Menschenmenge dringen unter dem wohlwollenden Zusehen der übrigen Teilnehmer in das zum Symbol gewordene Gebäude ein, verwüsten es oder versuchen, es in Brand zu setzen. Dadurch kommt es in der Menschenmenge möglicherweise zu einem Aggressionsabbau, der von vermittelnden Instanzen (bekannten Persönlichkeiten der Politik, des Medienwesens, der beruflichen Interessensorganisationen usw.) genützt werden könnte. Der langwierige Prozeß einer Beschwichtigung und Hinlenkung auf ein strategisch-sinnvolles politisches Ziel kann jedoch leicht unter einen verhängnisvolles Zeitdruck kommen. Die Exekutive und die politischen Entscheidungsinstanzen, durch ihr Überlassen des "Kampffeldes" an die Manifestanten, durch die antizipierte Reaktion der "öffentlichen Meinung" unter Erfolgszwang gestellt, rüsten mit Verstärkung zu schärferem Einsatz (Wasserwerfer, Tränengas, Gummigeschoße, Gewehre). Besonders kritisch wird die Lage, wenn etwa ein gelegter Brand auf Nachbarobjekte sich auszudehnen droht, und die behinderte Feuerwehr wie auch die Polizei zeitlich unter Zugzwang stellt. Eine relativ unblutige Lösung des Konflikts bedürfte dann eines raschen Vermittlungserfolgs oder eines massierten, aber behutsamen Vorgehens der Exekutive. Der "point of no return" zu Gewaltanwendung größten Ausmaßes könnte sonst leicht überschritten werden.

Fall 2: Zeitverzögerte Eskalation von Demonstration und Gegendemonstration (Beispiel: Borodajkewycz-Affäre März/April 1965) (42):

Aus Anlaß eines politischen Konfliktfalles veranstaltet eine politische oder beruflich-soziale Gruppe einen Demonstrationsmarsch. Nach der Formierung des Zuges kommt es zu lautstarken Gegenkundgebungen von Anhängern der Gegenpartei, die schließlich in eine Rauferei münden. Den Ordnern der behördlich angemeldeten Demonstration gelingt es schließlich, einen geregelten Ablauf der Veranstaltung zu erreichen. Polizei tritt dabei nicht in Erscheinung. Die Zwischenfälle haben schon am Ort des Geschehens einen polarisierenden Solidarisierungseffekt zugunsten der beiden Konfliktparteien bewirkt, der an den nächsten Tagen von Pressemeldungen weiter vorangetrieben wird. Die Veranstalter des Demonstrationzuges, unterdessen von verschiedenen Seiten organisatorisch zu einem Aktionskomitee angewachsen, beschließen unter dem Eindruck der breiten Zustimmung und der staatlichen Zurückhaltung bei der Sicherung ihrer Rechte einen neuerlichen, zahlenmäßig größeren und längeren Demonstrationsmarsch, der an die staatspolitischen Instanzen appellieren, aber auch an den vermuteten Hochburgen ihrer Gegner vorbeiführen soll. Am Sammelplatz dieser Demonstration finden sich wiederum Gegendemonstranten, nunmehr zahlreicher als beim ersten Mal und mit Schlagringen, Stahlruten usw. ausgerüstet, ein. Der Kampf der Parolen auf Transparenten, mit Sprechchören und durch Lautsprecher geht über in einen Kampf der geworfenen Tomaten, Eier und Äpfel und mündet schließlich in eine Auseinandersetzung mit Stinkbomben und Knallkörpern. Noch trennen die Ordner der Demonstration und das geringe aufgebotene Polizeikontingent die Kampfparteien. Während der Zug seinen angemeldeten Weg nimmt, kommt es an einer unerwarteten Stelle zu einem direkten Zusammenstoß der Demonstranten und der Gegendemonstranten. In der kurzen Schlägerei mit Transparenttafeln, Stöcken und Stahlruten werden einige Demonstranten schwer verletzt, was die Emotionalität neuerlich anheizt. Polizei trennt die beiden Gruppen und verhindert so eine Ausdehnung der Straßenschlacht.

Die Gegendemonstranten verkünden für die nächsten Tage ihrerseits einen Protestmarsch. Unterdessen stirbt einer der Schwerverletzten. Eine Polarisierung der gesamten Öffentlichkeit setzt ein, im Parlament befassen sich die politischen Parteien mit der Angelegenheit. Die ursprüngliche Demonstrantengruppe erhält volle Unterstützung breiter Teile des politischen "Lagers", zu dem sie zählt. Sie verkündet einen kurzen Proteststreik und einen machtvollen Begräbniszug. Wenn die staatlichen und politischen Konfliktregelungsinstanzen keine echte Bereitschaft zum Eingreifen zeigen und sich die Gegendemonstranten stark genug fühlen, werden diese sich besser denn je bewaffnen und organisieren und die Gelegenheit zum Erweis ihrer Stärke und Unnachgiebigkeit benützen wollen. Da beim nächsten Mal auch die Demonstranten besser vorbereitet sein werden, ist der Zeitpunkt erreicht, an dem der Staatsapparat, will er nicht schwer absehbare Weiterungen herbeiführen, die Kette der Gewalt durch Verhandlungen, Verlautbarungen, organisatorische Vorbereitungen, Sicherung der Demonstration usw. unterbrechen muß.

Fall 3: Langfristige Eskalation der Gewalt (Beispiel: Wie der Kärntner Minderheitenkonflikt hätte ausgehen können):

Strukturell wirtschaftliche und soziale Krisen einer Region, in der sprachlich und/oder sozial scharf unterschiedene Bevölkerungsteile in einer Gemengelage vorkommen, führen dazu, daß die Mehrheit die wirtschafts- und gesellschaftspolitisch ungelösten Probleme auf Kosten des schwächeren Teils zu lösen sucht. Neben konkreten Wirtschaftsfragen gewinnen dabei symbolische Güter, Ortsbezeichnungen, Schulsprache usw. ein zunehmendes Gewicht. Nächtliches Parolenschreiben, Verschmieren von Vereins- und Organisationslokalen der Bevölkerungsgruppen, Zerstörung von Denkmälern, Böllerexplosionen betreffen überwiegend die Minderheit und signalieren das Entstehen eines zur Gewalt bereiten Aktivistenkerns. Die Minderheit greift zu ähnlichen Mitteln oder ihr werden ungeklärte Anschläge unterstellt, eine moralische Rechtfertigung für neuerliche Gewaltakte. Politische Lösungsversuche auf regionaler Ebene schlagen fehl, und die staatliche Exekutive hat Weisung, sich aus dem Konflikt möglichst herauszuhalten, da ein Eingreifen zum Schutz der Minderheitenrechte eine wahlentscheidene Meinungsverschiebung in der Mehrheitsbevölkerung bewirken könnte. Die Minderheit entwickelt daher ebenfalls eine militante Kernorganisation, die nun erst ausführt, was man ihr früher unterstellt hat. Überfälle auf Organisationslokale, Wohnhäuser von Exponenten der einen oder anderen Seite, bewaffnete Schlägereien,

Bombenanschläge gegen Personen sind weitere naheliegende Eskalations-schritte. Beide Seiten bekommen "moralische" Unterstützung von außen, dann Geld, Ausrüstung, Waffen ... Rückwirkungen des "regionalen Bürgerkriegs" auf das gesamtstaatliche Gefüge sind unvermeidlich.

Diese fast willkürlich aus einer Vielzahl herausgegriffenen, in Österreich möglichen gewalteskalierenden Ablaufmuster haben zweifellos unterschiedlichen Wahrscheinlichkeitsgrad. Bei ihrer Skizzierung geht es keineswegs um die Aufstellung von Modellen, die für alle möglichen Konfliktherde, etwa Streiker-Streikbrecher-Konflikte, Unternehmer- und Bauernproteste, innerorganisatorische Konflikte, "Stadtguerilla", individuelle Gewalttaten, gelten sollen. Was an ihnen belegt werden sollte, sind die selbstverstärkende Dynamik der eigentlichen Gewalthandlungen und die Möglichkeiten eines gewaltsame Konflikte hemmenden politischen Eingreifens. Als Einzelfälle im Rahmen einer gesamtstaatlichen Konfliktstufenfolge sind sie weitgehend austauschbar. (43)

3.6 Gesamtgesellschaftliche Eskalationsphasen politisch-sozialer Konflikte im Krisenfall

Die wenigen Episoden politischer Gewaltanwendung in der Zweiten Republik bis Ende der siebziger Jahre ("Oktoberstreik" 1950, "Schillerfeier" 1959, antiitalienische und antidemokratische Anschläge neofaschistischer Südtirolfanatiker Anfang der sechziger Jahre, Olah-Demonstration 1963, Borodajkewycz-Affäre 1965, Anti-Schah-Demonstration 1968, Kärntner "Ortstafelsturm" 1972, "Iberia-Straßenschlacht" 1975) und eine weitere Anzahl politisch motivierter Gewalthandlungen unterscheiden sich vor allem auch dadurch von den ungleich zahlreicheren Gewalttaten der Ersten Republik, daß sie ins öffentliche Bewußtsein kaum dauerhaft Eingang gefunden haben.

In der Zwischenkriegszeit hatte jedes Lager seine Opfer politischer Gewalt nicht nur als "Märtyrer" angesehen, sondern auch jeden einzelnen Fall summiert und die Liste den Gegnern vorgehalten. Den Höhepunkt dieses Kults der Gewalt stellten zweifellos aber die "Ehrenliste der Ermordeten der Bewegung" und der "Blutorden" der Nationalsozialisten dar. Von solcher "Traditionspflege" scheint eine ungeheuer kumulierende, konfliktverschärfende Wirkung ausgegangen zu sein, nicht nur auf die jeweiligen Anhängerschaften, sondern auch auf das politische und normative Regelungssystem insgesamt. Gerade in der Ingangsetzung eines solchen "Mechanismus" liegt eine besondere Gefahr vermehrten Gewaltvorfalls bei einer krisenhaften Verschlechterung der Wirtschaftslage. Zu dem sich ausbreitenden materiellen Krisenbewußtsein kann dann rasch das Bewußtsein kommen, die "politische Krise" sei mit dem bisherigen Instrumentarium, dem der pluralistischen Demokratie, nicht mehr lösbar.

Wie könnte man sich nun eine solche, allerdings noch keinesfalls wahrscheinliche, stufenweise politisch-gesellschaftliche Destabilisierung vorstellen?

1. Eine wirtschaftliche Stagnationsperiode geht anstatt des immer wieder erwarteten Aufschwungs in eine dauerhafte latente oder manifeste Rezessionsperiode über. Solange die sektoral, schichtspezifisch und regional unterschiedliche Verschlechterung der Lebenslagen nicht schockartig kumuliert und immer wieder durch sozial- und wirtschaftspolitische "Feuerwehraktionen" gemildert werden kann, ist zwar eine Zunahme der sozialen Spannungen, nicht aber eine wesentliche Änderung der gesamtgesellschaftlichen Konfliktpotentiale anzunehmen. Die institutionellen und organisatorischen Kontroll- und Steuerungsmechanismen der Zweiten Republik werden diesen Druck zweifellos eine Zeitlang ohne weiteres aufnehmen und ausgleichen können. Eventuell werden "wilde Streiks", Demonstrationen und begrenzte Ausbrüche spontaner Gewalt bei Konfrontationen mit dem Staat und den Apparaten der sozialpartnerschaftlichen Organisationen (ÖGB, Bauernbund, Studentenvertretungen usw.) auftreten (siehe Konflikt-Verursachungsmuster 1 in Abschnitt 2.5).

2. Bei einem Andauern dieser Situation sind Versuche zur Neuformierung des politischen Systems und verstärktes Sich-Zusammenschließen (und Abkapseln) im Rahmen bestehender politischer Parteien und Interessensorganisationen zu erwarten. Da nicht mehr annähernd alle divergierenden Interessen (durch einen langjährigen Wachstumsgewinn) zufriedengestellt werden können, treten wirtschaftlich-gesellschaftliche Interessensgegensätze deutlich hervor. Die noch ungebrochene organisatorische Stärke der Gewerkschaften und die Verschärfung wirtschaftlicher Verteilungskämpfe läßt zunächst ein starkes Ansteigen wirtschaftlicher Streiks erwarten. Vorerst ist eine stärkere Zunahme der Streikbeteiligung (hinsichtlich der innerbetrieblichen Teilnahme, der beteiligten Wirtschaftsgruppen und Wirtschaftsektoren und der räumlichen Aus-

dehnung) zu erwarten, sodann, wenn die Streikbeteiligung eine sinkende Tendenz zeigt, eine zeitliche Ausdehnung von Streiks, wenn sie einmal ausgebrochen sind. Die zunehmende Verschärfung der Konflikte auf der wirtschaftlichen Ebene kommmt darin zum Ausdruck. (In vergleichbarer Weise hat sich in diesen zwei Teilschritten die Entwicklung in Österreich von der Periode 1922 bis 1924 zur Periode 1925 bis 1929 vollzogen, in der Zweiten Republik erreichte die Eskalation wirtschaftlicher Konflikte in den Perioden 1946 bis 1954 und 1961 bis 1966 nur die erste Stufe.) Die Zunahme des gesamtgesellschaftlichen Konfliktpotentials führt jedoch wahrscheinlich aufgrund der bisherigen hohen organisatorischen Stabilität noch zu keinem wesentlichen Wandel der Rahmenbedingungen politischer Gewaltanwendung. Eine weitere leichte Zunahme von gewaltsam ausgetragenen Konflikten in den Erscheinungsformen der ersten Eskalationsphase und ein Auftreten auch individueller politischer Gewaltanwendung aus persönlicher Verzweiflung verändern die Konfliktstruktur noch nicht grundlegend (siehe Konflikt-Verursachungsmuster 2).

3. Dies ist erst bei einem Fortschreiten der Krise zu erwarten. Wie die historische Erfahrung nahelegt, dürfte schon unterhalb einer gesamtgesellschaftlichen Rate von 10 Prozent langdauernder Arbeitslosigkeit die Schwelle liegen, bei der eine weitere wirtschaftliche Austragung der steigenden Spannungen unmöglich wird. Verstärkte innerbetriebliche Disziplinierung der Arbeitenden, Resignation der aus dem Arbeitsprozeß Ausgeschiedenen, organisatorische Schwächungserscheinungen der Gewerkschaften führen zu einer starken Blockierung von Streiks. Die Konflikte verlagern sich von der wirtschaftlichen Ebene auf die politische. Dabei kann es durchaus zu Perioden scheinbarer und oberflächiger Stabilisierung kommen. Bei den am stärksten unter den Krisendruck geratenen Gruppen zeigen sich verstärkte Anzeichen von Privatisierung, politisch-sozialer Apathie, Rückzug aus den bestehenden organisatorischen Bindungen. Innerhalb der großen Interessenverbände und Parteien setzen Zerfallstendenzen und Flügelkämpfe einen Mechanismus der Außenabgrenzung zwecks Erhöhung der internen Kohäsion in Gang. Nonkonforme und dissidente politische Gruppen organisieren sich militanter und können auf ein wohlwollendes Umfeld von Sympathisierenden rechnen. Sie sind geradezu dazu prädestiniert, als Träger von Gewalt in hochorganisierter Form aufzutreten. Auch in bestehenden politischen Organisationen kann es leicht zur Herausbildung militanter, systematisch auf die (natürlich defensiv verstandene) Gewaltanwendung orientierter

Gruppen und Formationen kommen, deren Bestehen mit innerer Logik zur Konfrontation mit konkurrierenden Richtungen und der Staatsgewalt drängt. Österreich stünde dann wieder in einer Situation wie etwa zu Ende der zwanziger Jahre (siehe Konflikt-Verursachungsmuster 3).

4. Die auf der Ebene politisch-gewaltsamer Konflikte ablaufende Eskalation der Kampfereignisse und -mittel läßt die bisherigen konfliktregelnden Mechanismen rasch zusammenbrechen. Die akute politische Krise führt entweder zu Autoritätsverfall, anomischen politischen Zuständen, zu "Doppelherrschaft", zu einem Wildwuchs paramilitärischer Organisationen, zum Entstehen und lawinenartigen Anwachsen politischer Protestbewegungen und zu hoher epidemischer Gewaltsamkeit. Wahrscheinlicher in der Zweiten Republik erscheint jedoch, daß das politische System einen Ausweg in Machtverlagerung zu den staatlichen Exekutivfunktionen, durch "Ordnungs"-Regierungen (Einparteienherrschaft oder Konzentrationsregierung), im geregelten Abbau der politischen Freiheiten, durch polizeistaatliche Maßnahmen, soziale und ideologische Zwangsintegration und Auferlegung wirtschaftlicher Lasten sucht. Als die unwahrscheinlichste Lösung erscheint ein gewaltsamer Machtwechsel und ein offener gesellschaftlicher Systemwandel.

(1978)

ANMERKUNGEN

(1) Für zahlreiche anregende Diskussionen zum Thema dieses Beitrags bin ich Bernd Marin (Wien) zu aufrichtigem Dank verpflichtet; ebenso Gerhard Arminger und Hermann Denz (Univ. Linz), die mir bei den statistischen Problemen fachliche Hilfe leisteten. Hilfreiche Hinweise verdanke ich auch William Kennedy (Colchester, England), Reinhard Mann (Köln), Dieter Ruloff (Schlieren, Schweiz), Manfred Schmidt (Konstanz), Fritz Weber (Wien) und Paul Whitely (London). Die notwendigen Berechnungen konnte ich mit Computern an der Universität Linz und an der University of Essex durchführen. Weitere materielle Unterstützung wurde meiner Arbeit von seiten der Alexander von Humboldt-Stiftung (Bonn-Bad Godesberg) und des Instituts für Konfliktforschung (Wien) zuteil. Eine Vorstudie zu diesem Beitrag habe ich unter dem Titel "Formen und Intensität politisch-sozialer Konflikte in der Ersten und Zweiten Republik" auf den Symposium "Deux fois l'Autriche: Après 1918 et après 1945", Rouen, 8. bis 12. November 1977, vorgelegt (in: Austriaca. Cahiers universitaires d'information sur l'Autriche, numéro spécial 3, Rouen 1979, 437-468).
(2) Siehe A. Braun, Thesen zur Soziologie des Streiks, in: F. Fürstenberg, (Hg.), Industriesoziologie II. Die Entwicklung der Arbeits- und Betriebssoziologie seit dem Zweiten Weltkrieg, Darmstadt 1974, 212; Th. Pirker, Streik, in: W. Bernsdorf, (Hg.), Wörterbuch der Soziologie, Bd. 3, Frankfurt a. M. 1972, 834 ff.

(3) Zur Begriffsbestimmung siehe W. Fuchs u.a. (Hg.), Lexikon zur Soziologie, Opladen 1973, 247; K.-D. Knodel, Der Begriff der Gewalt im Strafrecht, München 1962, 3; G. Botz, Gewalt in der Politik. Attentate, Zusammenstöße, Putschversuche, Unruhen in Österreich 1918 bis 1938, München 1983, 10. Ich folge hier nicht dem an sich wissenschaftlich-geschichtlich fruchtbaren, jedoch nicht operationalisierbaren Konzept der "strukturellen Gewalt" von L. Dencik, Plädoyer für eine revolutionäre Konfliktforschung in: D. Senghaas, (Hg.), Kritische Friedensforschung, Frankfurt a.M. 1971, 256, und J. Galtung, Gewalt, Friede und Friedensforschung, in: ebenda, 57.

(4) L.S. Coser, Conflict: Social Aspects, in: D.A. Sills, (Hg.), International Encyclopedia of the Social Sciences, Bd. 3, New York 1968, 323; L.S. Coser, Theorie sozialer Konflikte, Neuwied 1972, 142 ff., 178 ff.; vgl. auch R. Dahrendorf, Konflikt und Freiheit. Auf dem Weg zur Dienstklassengesellschaft, München 1972, 23 ff.; H.J. Krysmanski, Soziologie des Konflikts. Materialien und Modelle, Reinbek bei Hamburg 1971, 7 ff; D. Senghaas, Konflikt und Konfliktforschung, in: Kölner Zeitschrift für Soziologie und Sozialpsychologie 21, 1969, 35 ff.

(5) Vgl. etwa G. Rudé, The Crowd in History. A Study of Popular Disturbances in France and England 1730-1848, New York 1964; H.D. Graham u. T.R. Gurr (Hg.), The History of Violence in America: Historical and Comparative Perspectives, New York 1969; C. Tilly, L. Tilly, u. R. Tilly, The Rebellious Century 1830-1930, Cambridge, Mass. 1975; A.M. Ross u. P. Hartmann, Changing Patterns of Industrial Conflict, New York 1960; E. Shorter u. C. Tilly, Strikes in France 1830-1968, London 1974.

(6) Quellenbasis für die erforderlichen Streikvariablen ist: Th. Tomandl, Streik und Aussperrung als Mittel des Arbeitskampfes, Wien 1965, 34; Wirtschaftsstatistisches Handbuch 1945-1969, 11, Wien 1970 und 19, Wien 1977. In den Korrelations- und Regressionsanalysen habe ich Zahlen für Streiktage insgesamt und (gewerkschaftlich anerkannte) Streikende verwendet, die auf die Zahl der unselbständig Beschäftigten bezogen waren. Die durchschnittliche Streikdauer stellt ohnehin eine Maßzahl dar, die um die wechselnden Beschäftigtenzahlen korrigiert ist.

(7) Eigene Erhebung, siehe G. Botz, Gewalt in der Politik, 305; nähere methodologische Ausführung im Kapitel III dieses Bandes.

(8) Datenbasis für das reale BNP auf der Basis von 1937 (gewichtete Berechnung nach Wirtschaftszweigen) und für die jährliche Wachstumsrate des Volkseinkommens A. Kausel, N. Nemeth u. H. Seidel, Österreichs Volkseinkommen 1913 bis 1963, in: Monatsberichte des österreichischen Instituts für Wirtschaftsforschung, Sonderheft 14, Wien 1965, 38 (1920 bis 1963, eigene Schätzung für 1919); eigene Berechnung für die Jahre 1955 bis 1975 nach: Österreichs Volkseinkommen im Jahre 1963 (bis 1975), Beilagen zu Statistische Nachrichten, Jg. 20 ff., Neue Folge (jeweils Heft 2 und 3), Wien 1965 ff; Statistisches Handbuch für die Republik Österreich, NF 28, Wien 1977.

(9) Quellen hiezu siehe in Anmerkung 6 und 8 sowie: Wirtschaftsstatistisches Jahrbuch, Jg. 1 ff., 1924 ff., Wien 1925 ff. Schätzung der vorgemerkten Arbeitslosen der Jahre 1919 und 1920 unter Heranziehung der unterstützten Arbeitslosenzahlen und Annahme ihres 1919 bis 1929 gleichbleibenden Verhältnisses. Wichtige methodische Einwände gegen die offiziellen Arbeitslosenstatistik bei: K.W. Rothschild, Arbeitslosigkeit in Österreich 1955 bis 1975, Linz 1977, 10 ff., 69 ff.

(10) Quellenbasis für Gewerkschaftsmitglieder: F. Klenner, Die österreichischen Gewerkschaften. Vergangenheit und Gegenwartsprobleme, Bd. 2, Wien 1953, 1097; Wirtschaftsstatistisches Jahrbuch 1931/32, H. 8, Wien 1933, 163; Arbeit und Wirt-

schaft 31, 1977, 7, und für unselbständig Beschäftigte: A. Kausel, N. Nemeth u. H. Seidel, Volkseinkommen, 44; Statistisches Handbuch NF 27, 1976. Die "gelben" oder "neutralen" Heimwehr-abhängigen Gewerkschaften der ausgehenden zwanziger Jahre können hier mit ihren rund 45 000 Mitgliedern vernachlässigt werden.

(11) Näheres dazu in den Kapiteln XI und III in: B. Marin (Hg.), Wachstumskrisen in Österreich, Band 2: Szenarios, Wien 1979.

(12) In Anlehnung an: N. J. Smelser, Theorie des kollektiven Verhaltens, Köln 1972, vor allem 36 ff. T. R. Gurr, Rebellion. Eine Motivationsanalyse von Aufruhr, Konspiration und innerem Krieg, Düsseldorf 1972, vor allem 21 f. und 31 f. Zu einer umfassenden Kritik der Theorie und Methodik dieser Ansätze siehe: E. Zimmermann, Soziologie der politischen Gewalt, Stuttgart 1977; P. Waldmann, Strategien politischer Gewalt, Suttgart 1977, 28 f.

(13) Allgemein siehe dazu die Literatur in Kapitel XI dieses Bandes (Anm. 20)

(14) Diese Aussagen beruhen auf der Betrachtung der einfachen Produkt-Moment-Korrelationen. Das Problem der Signifikanz spielt in diesem Fall streng genommen keine Rolle, da es sich bei der Zeitreihe 1919 bis 1937 nicht um ein Sample, sondern beinahe um die Grundgesamtheit des gesamten Zeitraums der Ersten Republik handelt. Die Verwendung der 95-prozentigen Wahrscheinlichkeitsschwelle (Koeffizienten mit geringerer Signifikanz stehen in *Tabelle 14* in eckiger Klammer) erfolgt hier nur, um zwischen starken und schwachen Korrelationen zu differenzieren.

(15) Schwache, d. h. mit einer Signifikanz von unter 90 Prozent assoziierte β-Koeffizienten und ganz schwache Koeffizienten (mit weniger als 50 Prozent Signifikanz) sind in den folgenden Diagrammen der Deutlichkeit halber in Klammern gesetzt bzw. ganz weggelassen (Werte siehe *Tabelle 14*). Im übrigen gilt das in Anmerkung 26 (s. unten) Gesagte auch für die Pfadkoeffizienten (*beta − s*). Zur Methode siehe allgemein: K. Holm, (Hg.), Die Befragung 5, München 1977, 7 ff.

(16) Vgl. H. Kaelble u. H. Volkmann, Konjunktur und Streik während des Übergangs zum organisierten Kapitalismus in Deutschland, in: Zeitschrift für Wirtschafts- und Sozialwissenschaften 92, 1972, 541.

(17) T. R. Gurr, A Causal Model of Civil Strife: A Comparative Analysis Using New Indices, in: The American Political Science Review 62, 1969, 1113 ff. Zu meinem eigenen Modell vgl. Kapitel III und XI dieses Bandes.

(18) Die Verwendung des um 1 vermehrten dekadischen Logarithmus der jährlichen Gewaltopferzahlen in der Regressionsgleichung anstelle der Rohwerte ist auch aus einem immanent statistischen Grund notwendig. Die Regressionsanalyse ist, soll sie korrekte Ergebnisse erbringen, unter anderem auch an die Linearität des untersuchten Zusammenhanges gebunden.

(19) Eine Regressionsgleichung der abhängigen Variablen Gewaltopfer (abgekürzt O_t) mit Wirtschaftswachstum und Arbeitslosigkeit ergibt die standardisierten Werte:

$$O_t = 0,0063\,W_t + 0,594\,A_t$$

Beide *beta*-Koeffizienten und die gesamte Gleichung sind jedoch auf dem 90 Prozent-Wahrscheinlichkeitsniveau nicht signifikant und erklären nur 30 Prozent der Varianz der Gewaltopfer.

(20) Vgl. M. Jahoda, P. F. Lazarsfeld u. H. Zeisel, Die Arbeitslosen von Marienthal, 2. Aufl., Allensbach 1978, 58 ff., 93 f.

(21) Ein "friktioneller" und der saisonale Typ der Arbeitslosigkeit (siehe: K. W. Rothschild, Arbeitslosigkeit, 20 ff.) spielen daneben praktisch keine Rolle.

(22) Dieser Wert ergibt sich aus dem Vergleich der in Anm. 19 wiedergegebenen Gleichung mit einer Gleichung, die anstelle von O_t jedoch O_{t+1} (abgekürzt für zeitverzögerte Gewaltopfer) verwendet:

$$O_{t+1} = 0,048\,W_t + 0,678\,A_t$$

Diese Regressionsgleichung ist nunmehr bereits signifikant und erklärt 51 Prozent der Varianz von O_{t+1}.

(23) Siehe dazu die *Graphik 1* auf Seite 15 dieses Bandes sowie die Darstellungen in: G. Botz, Gewalt, 254.

(24) Vgl. allgemein: C. Tilly, Revolution and Collective Violence, in: F.I. Greenstein u. N.W. Polsby, (Hg.), Handbook of Political Science, Bd. 3: Macropolitical Theory, Reading, Mass. 1975, 515.

(25) Exekutivbeteiligung (als "dummy variable" für 1919, 1920 und 1934 mit 1 kodiert) erklärt, zusammen mit den Zahlen der vorgemerkten Arbeitslosen in eine multiple Regressionsgleichung eingebracht, fast 75 Prozent der gesamten jährlichen Schwankungen der (log.) Werte der Variable "Gewaltopfer" zwischen 1918 und 1934. Auf Exekutivbeteiligung entfallen dabei 42 Prozent, auf Arbeitslosigkeit 33 Prozent. Näheres und methodologische Probleme siehe Kapitel III, Anhang F. dieses Bandes.

(26) Die angegebenen Regressionskoeffizienten sind wegen ihrer besseren Vergleichbarkeit standardisiert. Da es sich bei Exekutivbeteiligung (E_{t+1}) um eine "externe" Variable in dem Pfaddiagramm handeln würde, die aus theoretischen wie statistischen Gründen (Dummy-Variable) nicht sinnvoll mit den übrigen Variablen in Beziehung zu setzen ist, ist auch eine Pfadanalyse auf dieser Stufe nicht mehr angebracht. Die Zusammenhänge der erklärenden Variablen untereinander sind schon durch das Diagramm 4 und die Gleichungen in Anm. 19 und 22 geklärt worden.

(27) Literatur dazu siehe die in Anm. 13 genannten Arbeiten, sowie vor allem K. Gutkas, A. Brusatti u. E. Weinzierl, Österreich 1945-1970. 25 Jahre Zweite Republik, Wien 1970; E. Weinzierl u. K. Skalnik, (Hg.), Österreich. Die Zweite Republik, 2 Bde., Graz 1972; E. Bodzenta (Hg.), Die österreichische Gesellschaft. Entwicklung – Struktur – Probleme, Wien 1972; K.W. Mayer, Die Sozialstruktur Österreichs, Wien 1970; E. März, Probleme der österreichischen Politik, Bd. 1, Wien 1968; H. Fischer, (Hg.), Das politische System Österreichs, Wien 1974; vgl. auch K.D. McRae (Hg.), Consociational Democracy. Political Accomodation in Segmented Societies, Toronto 1974; K.L. Shell, Jenseits der Klassen? Wien 1969; R. Knoll u. A. Mayer, Österreichische Konsensdemokratie in Theorie und Praxis, Wien 1976.

(28) P.N. Stearns, Strike Movements in 1912: A Comparative Assessment, in: Internationale Tagung der Historiker der Arbeiterbewegung 1972 (VIII. Linzer Konferenz), ITH-Tagungsbericht 6, Wien 1974, 186; E. Shorter u. C. Tilly, The Shape of Strikes in France, 1830-1960, in: Comparative Studies in Society and History 13, 1971, 66 ff.

(29) H. Volkmann, Modernisierung des Arbeitskampfs? in: Probleme der Modernisierung in Deutschland. Sozialhistorische Studien zum 19. und 20. Jahrhundert, Opladen 1978, 110.; 166 f.

(30) Siehe dagegen jedoch: B. Marin, Gewaltsamer Protest und Gewalteskalation. Fallstudie zur Konfliktdynamik zwischen illegalen Manifestanten und Polizei am 2. Oktober 1975 vor dem "Iberia-"Büro in Wien (institutsinterner Forschungbericht, Institut für Konfliktforschung, Wien 1976); und R. Gruber u. M. Hörzinger, "...

bis der Preistreiberpakt fällt." Der Massenstreik der österreichischen Arbeiter im September/Oktober 1950, Wien 1975.

(31) O. Bauer, Die österreichische Revolution, in: ders., Werkausgabe, Bd. 2, Wien 1976, 783 ff.

(32) G. Sartori, Parties and Party Systems. A Framework for Analysis, Bd. 1, Cambridge 1976, 344 ff.; derselbe, The Typology of Party Systems. Proposals for Improvement, in: E. Allardt, u. St. Rokkan (Hg.), Mass Politics. Studies in Political Sociology, New York 1970, 332.

(33) Coser, Conflict, 134 ff.

(34) Vgl. vor allem: B. Marin u. M. Wagner, Wachstumskrisen in Österreich, Bd. 1, Wien 1979, 127-173; ebenda, Bd. 2, 1-77.

(35) Für die Erste Republik siehe G. Botz, Gewalt, 327 ff.

(36) C. Offe, "Krise des Krisenmanagements": Elemente einer politischen Krisentheorie, in: M. Jänike (Hg.), Herrschaft und Krise. Beiträge zur politikwissenschaftlichen Krisenforschung, Opladen 1973, 206 f.

(37) Siehe: Polizei und Öffentlichkeit. Zur Lage der Wiener Sicherheitswache. Ergebnisse einer Untersuchung des Instituts für Höhere Studien und Wissenschaftliche Forschung unter Leitung von H. Steinert (maschinschriftlich vervielfältigt), Wien 1972, vor allem Bericht 7.

(38) Siehe vor allem: W. Neugebauer, Aktuelle faschistische Strömungen in Österreich, in: Zeitgeschichte 4, 1977, 282 f.; F. Keller, Rechtsradikalismus in Österreich (maschinschriftlich vervielfältigt), Wien 1973, 42 ff.; H. Haas, Neofaschismus in Österreich, in: Die Republik 3, 1973, 8-17; W. Hacker (Hg.), Warnung an Österreich. Neonazismus: Die Vergangenheit bedroht die Zukunft, Wien 1966.

(39) H. Schnetzinger, Dimensionen rechtsradikaler Ideologie in Österreich nach dem 2. Weltkrieg, Diplomarbeit, Linz 1978, Teil B/3.

(40) A. Pellinka, Bürgerinitiativen – gefährlich oder notwendig?, Freiburg 1978.

(41) Literatur dazu: B. Marin, Gewaltsamer Protest, sowie G. Botz, Gewalt, 141 ff. sowie Kapitel III dieses Bandes; C. A. Gulick, Österreich von Habsburg zu Hitler, Bd. 2, Wien 1948, 467 ff.

(42) E. Schmid u. A. K. Konecny, "Heil Borodajkewycz!" Österreichs Demokraten im Kampf gegen Professor Borodajkewycz. Eine Dokumentation, Wien 1966; ähnlichen Verlauf zeigen viele Gewaltfälle in der Ersten Republik, etwa die Tötung des Mödlinger Gemeinderates Müller am 20. Mai 1925 und die Entwicklung vom Gauparteitag der Wiener NSDAP bis zum Simmeringer Zusammenstoß im Oktober 1932 (siehe: G. Botz, Gewalt in der Politik, 102 f., 200-206).

(43) Nachbemerkung 1987: Diese Szenarios sind vor fast 10 Jahren geschrieben worden. Vieles, was damals bedeutungsvoll schien, hat seinen Stellenwert verändert, vieles (insbesondere Strukturelles) gilt allerdings auch in der zweiten Hälfte der achtziger Jahre noch immer. Manche für politisch-soziale Konflikte relevante Erscheinungen, die Ende der siebziger Jahre in ihrer künftigen Bedeutung erkennbar wurden, sind unterdessen mehr oder weniger ins Zentrum des Interesses gerückt. Dies gilt in erster Linie für die alternativen und ökologischen Bewegungen, die einen festen Platz im politischen System auch Österreichs erlangt haben dürften. Das gilt für die rascher fortgeschrittenen Aufweichungstendenzen der traditionellen politisch-sozialen Großgruppen und "Lager", was erstmals seit Jahrzehnten in Österreich einen grundlegenden Wandel des Parteien- und Konfliktsystems möglich erscheinen läßt. Zu einem zentralen Ereignis der Konfliktgeschichte Österreichs in den achtziger Jahren wurde

die Hainburger Au-Besetzung im Dezember 1984, doch auch die stürmischen Demonstrationen vor der Oper im Februar 1987 signalisierten mögliche Konfliktfälle entlang dieser neuen gesellschaftlichen (auch generationsspezifischen) Trennlinie. Nicht überraschend war eigentlich 1986 das Wiederaufleben deutschnationaler Protestpotentiale, wobei der "Fall Waldheim" ein entscheidender Katalysator gewesen sein dürfte. Aber auch die traditionellen Peripherie-Zentrum-Konflikte und die betrieblichen Arbeitskonflikte sind noch lebendig. So scheint sich das künftige Konfliktfeld Österreichs, teils aus neuen, teils alten Elementen zusammenzusetzen. Dennoch sollte nicht die Langlebigkeit politischer und gesellschaftlicher Grundstrukturen übersehen werden, die das hier vorgelegte Konfliktmodell nicht so rasch außer Kraft setzen dürften.

XIII.

VON DER ERSTEN ZUR ZWEITEN REPUBLIK: KONTINUITÄT UND DISKONTINUITÄT

Kontinuität und Diskontinuität bedingen einander im historischen Denken. (1) Wie sich die lange Dauer von gesellschaftlichen und mentalen Strukturen durch das Fehlen von Brüchen und Phasen beschleunigten Wandels auszeichnet, so markieren Diskontinuitäten in der historischen Entwicklung immer auch die Grenzzonen von unterschiedlichen Kontinuitäten. In diesem Sinne kann Michel Foucault schreiben:

"Für die Geschichte in ihrer klassischen Form war das Diskontinuierliche gleichzeitig das Gegebene und das Undenkbare: das, was sich in der Art der verstreuten Ereignissen (Entscheidungen, Zufälle, Initiativen, Entdeckungen) bot; und was durch die Analyse umgangen, reduziert und ausgelöscht werden mußte, damit die Kontinuität der Ereignisse erscheinen konnte." (2)

Der ununterbrochene geschichtliche Strom von Ereignissen und Handlungen mit ihren jeweiligen Ursachen und Folgen wies in der traditionellen Historiographie keine Kontinuitäten auf, bestenfalls Zäsuren und epochale Zusammenhänge. Kontinuitäten hätten das Prinzip der Unwiederholbarkeit des Geschichtlichen in Frage gestellt. Aber auch Diskontinuitäten, die als solche mit dem historischen Entwicklungsdenken unvereinbar waren, waren in diesem Sinne kaum vorstellbar. Mit den Worten Alexander Gerschenkrons:

"Denn 'veränderungslose Geschichte' ist ein Widerspruch in sich und das Fehlen von Wandel ist ebenso destruktiv für Geschichte wie es Wandel sein würde, der so beständig, so rasch und vor allem so tiefgreifend fortschritte, daß es unmöglich wäre, erkennbare Beziehungen zwischen den aufeinanderfolgenden Momenten herzustellen." (3)

Die historistische Sichtweise ist zwar an sich im Rückgang (auch unter österreichischen Fachhistorikern), doch scheint mir ihre besondere

Unangemessenheit dann offenkundig, wenn das Bestehen der Zweiten Republik – genauer ihrer Entstehung – staatsoffiziell zum Thema von Jubiläumsgeschichtsschreibung gemacht werden soll. 1945 ist aber für das neue Österreich keine Stunde Null, wie es die gängige Zahlenmystik der runden Jahreszahlen eigentlich suggerieren möchte. 1945 ist aber auch nicht ohne weiteres einbindbar in den geschichtlichen Fluß der Ereignisse, dann hätten ja die historischen Gedenkstunden und Medienereignisse keine Legimität mehr. Mir scheint, daß der Großteil der Zweiten-Republik-Feiern im Jubiläumsjahr 1984/85 von einer irgendwie gegebenen Kontinuität der Zweiten mit der Ersten Republik – eben als Österreich und als hievon umgrenzte Bevölkerung – ausgehen, daß ihr Grundtenor jedoch lauten wird: vom Bürgerkrieg zur Sozialpartnerschaft; die Zweite Republik ist nicht die Erste; wie viel haben wir Österreicher nur aus unserer Geschichte gelernt! (4) Diese Jubiläums-Historiographie weist dreierlei Merkmale auf:

Erstens: Die Geschichtsschreibung über die Zweite Republik hat kaum schon eigenständige Fragestellungen und Themenbereiche entwickelt, die an ihrem Gegenstand bearbeitet werden sollen; sie steht vielmehr noch ganz im Bann der Geschichtsforschung über die Erste Republik, deren Forschungsinteressen selbst wieder von der damals, während ihrer Durchbruchsphase in den sechziger und siebziger Jahren, unreflektiert wahrgenommen jeweiligen Gegenwart bestimmt waren. Schlagwortartig gesagt: *die Zweite Republik als Negativfilm der Ersten.*

Zweitens: Die siebenjährige Periode des NS-Herrschaft in Österreich und des Anschlusses werden in ihrer gesellschaftlichen, vom Negativen wie Positiven ausgehenden Prägekraft für die Zweite Republik weitgehend ausgeklammert; wo man Kontinuitätslinien zieht, werden die Jahre zwischen 1938 und 1945 übersprungen, da sie – so die lange vorgetragene staatshistoriographische Meinung – überhaupt nicht zur "österreichischen Geschichte" gehören. Dies ist im übrigen der tiefere Grund, warum die Greuel der NS-Zeit an Österreichs Schulen immer noch so *wenig echte Aufarbeitung* finden, trotz aller Bemühungen um Aufklärung über Nationalsozialismus und Neonazismus.

Drittens: Ist schon das Ausblenden von zeitlich übergreifenden Strukturen und durchgehenden Prozessen eine Konsequenz der immer noch dominanten politik- und ereignisbezogenen Sichtweise, so können die in großer Zahl erscheinenden Bücher und Sammelbände, die Fernseh- und Fundfunksendungen, Gedenkreden usw. umso weniger über diese Schatten springen: inhaltlich weisen sie, sofern von Historikern stammend, stark anekdotische Züge auf – dem kommt ja eine mißverstandene, modisch gewordene Alltagsgeschichte (5) entgegen – und sie sind stark dokumentenbezogen, d. h., wo die Historiker, wie etwa in der Innenpolitik- oder Diplomatiegeschichte, plötzlich Zugriff auf Archivalien bekommen, die im herkömmlichen Sinn interpretiert "etwas hergeben", dort stellen sie auch ihre "Funde" (6) entsprechend heraus und im übrigen beklagen sie die zweifelsohne schlechte Quellenlage. (7)

Da die historischen Quellen eben nicht aus sich selbst "sprechen", sondern erst bestimmter Fragestellungen bedürfen, möchte ich in der weiteren Folge nicht in erster Linie Ergebnisse ins Detail gehender Forschung ausbreiten, vielmehr möchte ich versuchen, das ganz formal gestellte Thema Diskontinuität/Kontinuität in einigen Fragestellungen zu konkretisieren, die möglicherweise von empirischen Untersuchungen aufgegriffen – und vielleicht verworfen – werden können. Hauptsächlich möchte ich hier folgenden drei Fragestellungen nachgehen:

1. Wo können Elemente der Kontinuität in der staatspolitisch betonten Diskontinuität zwischen den beiden Teilperioden der österreichischen Republikgeschichte und den sieben Jahren NS-Diktatur ausgemacht werden?

2. Wie kontinuierlich ist überhaupt die Geschichte der Zweiten Republik, die so häufig idealtypisch als nach 1945 jahrzehntelang erstarrter Block gesehen wird?

3. Inwiefern lassen sich Kontinuitätslinien zwischen der Ersten und Zweiten Republik auf längerfristige gesellschaftliche Strukturen und Trends zurückführen?

Dabei stellt sich die Frage Foucaults: "Wie soll man die verschiedenen Begriffe spezifizieren, die das Denken der Diskontinuität gestatten – als Schwelle, Bruch, Einschnitt, Wechsel, Transformation." (8)

Die Frage als Antwort nehmend, kann, korrespondierend damit, unter Kontinuität folgendes verstanden werden (9):
– "ahistorische" Konstanz der Strukturen (10),
– Konstanz der Entwicklungsrichtung,
– Periodizität der Ereignisse
– Gleichbleiben der Veränderungsrate von Wandlungsprozessen,
– Konstanz des Verursachungsgefüges von Veränderungen.
Was somit für eine bestimmte Sichtweise als Diskontinuität erscheint, kann für eine andere als Kontinuität erkennbar werden und umgekehrt.

Dazu kommt, daß Diskontinuitäten auf verschiedenen politisch-sozialen Ebenen nicht notwendigerweise zusammenfallen, sodaß die Ebenen der Analyse jeweils zu trennen und anzugeben sind. Das zu zeichnende Bild muß ein differenziertes und konkretes sein (11), sonst blieben Kontinuität und Diskontinuität allzuleicht Leerformeln.

1.

Die erste, hier zu erörternde Frage lautet: Wie lassen sich Kontinuität und Diskontinuität zwischen der Ersten und Zweiten Republik genauer bestimmen?

Ich möchte mich der Lösung dieses Problems von zwei Seiten annähern, einmal auf einer eher makrohistorischen, gesamtgesellschaftlichen Betrachtungsebene, das andere Mal von einer eher "meso"-geschichtlichen, auf politische Klassendifferenzierungen und den Erlebnishorizont einzelner Sozialschichten und -klassen abhebenden Zugangsweise.

Auf der gesamtgesellschaftlichen Betrachtungsebene läßt sich unsere Problemstellung deutlicher, als lange statistische Daten-Aufzählungen es könnten, durch ein gewiß sehr unpräzises und im Grunde auch unzulässiges Was-wäre-gewesen-wenn-Gedankenexperiment zuspitzen: Wie hätte die österreichische Wirtschafts- und Gesellschaftsentwicklung (12) nach 1945 ausgesehen, hätte es das Zwischenspiel von Faschismus und Autoritarismus (mit oder ohne Zweiten Weltkrieg) nicht gegeben? Wäre die wirtschaftliche Stellung Österreichs dann ebenso stark wie heute? Wäre es zur Ausbildung der Sozialpartnerschaft und einer auch im internationalen Vergleich so hervorragend stabilen Demokratie gekommen?

Die meisten dieser Fragen suggerieren eine Antwort im Umfeld von "eher nein". Für die Wirtschafts- und Gesellschaftsentwicklung werden von historisch orientierten Sozialwissenschaftern wie Erich Bodzenta, Kurt Rothschild, Maria Szecsi und Eduard März Argumente angeführt (13), die folgende These belegen können: 1938 erfolgte sehr wohl ein Strukturbruch bzw. eine grundlegende Verstärkung älterer gesellschaftsgeschichtlicher Tendenzen in Österreich, aber – und hierauf kommmt es mir in diesem Zusammenhang besonders an – diese Strukturveränderungen setzten sich mehr oder weniger kontinuierlich über das Jahr 1945 hinaus fort.

Ich zähle nur kurz einige solche Momente auf: Zunächst erfolgte mit dem "Anschluß" des Jahres 1938 eine aufgrund der gegebenen österreichischen Situation unerwartete Stimulierung der Wirtschaft, hinter der die ganze wirtschaftlich-militärische Expansions- und Aufrüstungspolitik des Dritten Reiches stand. (14) Schlagartig endete damit die verhängsnisvolle, deflationistische österreichische Wirtschaftspolitik der Zwischenkriegszeit.

"Dadurch setzte auf gewissen Gebieten ein Gründungsfieber ein, wie es aus der zögernden Investitionshaltung des österreichischen Unternehmers und nach den langen Jahren der Wirtschaftsstagnation auf österreichischem Boden nur sehr langsam erwachsen wäre." (15)

So gravierend die Entnahme des beträchtlichen Gold- und Devisenschatzes der österreichischen Nationalbank und des "Arisierung" genannten Raubes jüdischen Eigentums waren, so sehr zogen die ungenutzten Arbeitskraftreserven, das niedrige Lohnniveau, die Bodenschätze und die Verfügbarkeit land- und forstwirtschaftlicher Rohprodukte deutsches Kapital nach Österreich. Dies führte zu einer starken Überfremdung der "ostmärkischen" Wirtschaft und dies wiederum erwies sich auf mittlere Sicht sogar als Basis, auf der eine der wichtigsten wirtschafts- und gesellschaftspolitischen Säulen der Zweiten Republik aufgebaut werden sollte: die Sozialisierung der Grundstoff-, Geld- und Energiewirtschaft. (16)

Eine weitere Folge des wirtschaftlichen "Anschlusses" 1938 für Österreich war, daß schon in der Expansionsphase des Dritten Reiches neue Großbetriebe gegründet und aufgebaut wurden, die kein Kleinstaat in dieser Dimension aus seiner inneren Wirtschaftskapazität heraus so rasch in Angriff hätte nehmen können: Ausbau der Erdölförderung, der Eisen- und Stahlindustrie, der Wasserkräfte, der chemischen Industrie usw. Zwar dienten viele dieser Großbetriebe "nicht der Entfaltung der organisch und historisch gegebenen Wachstumsbedingungen ..., sondern den besonderen Interessen der deutschen Wirtschaftsführung." (17) Aber die einmal geschaffenen Produktionsanlagen, selbst wenn sie bei Kriegsende nur halbfertig oder weitgehend zerstört waren, die geschaffene Infrastruktur und der Facharbeiterstamm bildeten den Boden auf dem eine weitere grundlegende Nachkriegsentscheidung über die österreichische Wirtschaft und Gesellschaft der Zweiten Republik erfolgen konnte: die Entscheidung über den vollen Wiederaufbau der Schwerindustrie und die Fortführung anderer riesiger Investitionsvorhaben nach 1945. Ohne einen dritten, von außen kommenden gesellschaftspolitisch noch weitertragenden Impuls, ohne den Marshall-Plan, wären allerdings diese Vorhaben sicher nicht im tatsächlichen Umfang realisierbar gewesen. (18)

Parallel mit dem Industrialisierungsschub zwischen 1938 und 1945 erfolgte eine Westorientierung der österreichischen Wirtschaft, eine Weiterentwicklung der spezifisch auf die Kriegsbedürfnisse zugeschnittenen Fremdenverkehrswirtschaft und eine Impulsgebung zur landwirtschaftlichen Mechanisierung und Produktionssteigerung. Zusammen mit anderen Faktoren bewirkte die relative Westverlagerung der wirtschaftlichen Gewichte zwischen 1934 und 1951 einen Rückgang des Bevölkerungsanteils der drei östlichen Bundesländer von 54,5 Prozent auf 47,5 Prozent und umgekehrt ein leichtes Wachstum in Kärnten und in der Steiermark (1,8 Prozent) bzw. ein starkes Wachstum (5,2 Prozent) der westlichen Bundesländer. (19)

Nicht nur soziologisch, sondern auch wahlpolitisch wie hinsichtlich des wachsenden Föderalismus sind diese Tendenzen im weiteren Verlauf der Zweiten Republik wirksam geworden. In diesem Sinne ist der These Ernst Hanischs von der "Entprovinzialisierung der Provinz" zuzustimmen; "der strukturelle Gegensatz von Provinz und Metropole, von Stadt und Land, wurde stärker eingeebnet." (20) Die damit angesprochenen Säkularisierungsprozesse und Tendenzen in Richtung auf eine gesellschaftlich-kulturelle Teilmodernisierung bedeuten allerdings hier wie auch bei Hanisch keineswegs eine Billigung des damit verbundenen "völkischen" und kleinstädtisch-bäuerlichen Provinzialismus.

Auf einen weiteren unbeabsichtigten Effekt, der zu einem Niveausprung der wirtschaftlichen Entwicklung von der Ersten über die NS-Zeit zur Zweiten Republik beitrug, werde ich später noch zurückkommen: ich meine hier die Überwindung der Idee von der Nicht-Lebensfähigkeit Österreichs, einer Erbschaft der Gründungskonstellation der österreichischen Republik von 1918/19.

Bei Berücksichtigung all dieser auch vom heutigen Österreichbewußtsein positiv zu bewertenden Strukturveränderungen, soll nicht vergessen werden, mit welch ungeheurer Grausamkeit die NS-Diktatur die sogenannten "Rassenfeinde" und die politischen Gegener verfolgte und sie mit bürokratisch und industriell perfekten Methoden ermordete. Es sei auch nicht vergessen, daß die österreichischen Militärtoten des Zweiten Weltkrieges nahezu eine Viertelmillion erreichten, übersehen seien auch nicht das Leid und die Not der Hinterbliebenen, Verwundeten und Bombengeschädigten, auch nicht die Strapazen und der Entwurzelungsschock des Millionenheeres der Flüchtlinge und Vertriebenen, von denen ein Teil auch in Österreich blieb und was eine zusätzliche Aufbrechung traditioneller Gesellschaftsstrukturen bewirkte.

Es wäre ethisch und methodisch unzulässig, Gewinn und Verlust für Österreich im Zeitraum 1938-1945 strikt gegeneinander aufzuwiegen. Dennoch ist dem schon zitierten Kurt Rothschild zuzustimmen, wenn er resümiert:

"Die Anschluß- und Kriegswirtschaft hatte somit nicht unmittelbar den Ausbau des österreichischen Wirtschaftspotentials zur Folge, dazu waren die negativen Seiten der Okkupationspolitik und insbesondere die Auswirkungen des Krieges zu umfassend. Wohl aber versetzte die kriegswirtschaftliche Expansions- und Gründerpolitik der österreichischen Nachkriegswirtschaft einen Stoß, der ... in einem 'Sprung', einer Diskontinuität in grundlegenden strukturellen Merkmalen der österreichischen Wirtschaft, in Erscheinung tritt." (21)

Die Fragestellung dieses Abschnitts – Kontinuität oder Diskontinuität über 1938 und 1945 hinweg – sei hier noch einmal, nunmehr von einem individuumsnäheren Blickpunkt, aufgegriffen.

Ereignisgeschichtlich, und somit auch stark aus der Perspektive der Miterlebenden, betrachtet, waren die einzelnen Stadien des ”Anschluß”-Rummels ein nicht alltägliches Vorkommnis (22), erst recht nicht das für viele Regionen Österreichs besonders bittere Kampfgeschehen und Chaos des Kriegsendes. (23) Jede Gemeinde-, Kirchen- und Schulchronik dürfte darüber berichtet haben. Auch der Abtritt der obersten NS-Elite war ein ebenso politisch einschneidender Prozeß wie ihr pseudorevolutionärer Machtantritt sieben Jahre zuvor. Ebenso einschneidend waren die Kontinuitätsbrüche im Denken der Verfassungsjuristen, also auf dem Gebiet des Staatsrechts: Ende der Souveränität 1938, Wiederaufleben 1945. Oder gab es eine Schicht von Österreich, die unter einer brutalen Decke deutscher Okkupation weiterlebte, wie nach 1945 auf völkerrechtlichem Gebiet theoretisch heftig diskutiert wurde? (24)

Schon die Strukturen der ins Alltagsleben der Österreicher eingreifenden territorialen Verwaltungsgliederung waren in der Tat so sehr in den Gewohnheiten der Menschen, in den Verkehrswegen, in den kleinen und großen Kompetenz-Pfründen der verschiedenen Bürokratien und im Denken der österreichischen NS-Führer verankert, daß sie 1938 von den Berliner Zentralinstanzen nur marginal verändert werden konnten. Dieselbe Beharrungskraft zeigte sich wieder 1945, nur mit umgekehrtem

Vorzeichen, sodaß selbst relativ geringfügige Eingriffe des NS-Regimes noch jahrelang aufrecht erhalten blieben, bis man etwa die Rückgliederung von Landesteilen und Bezirken durchführen konnte oder wollte.

Natürlich waren die Eingriffe in die Verwaltungsorganisation, die aus der Logik der herrschaftspolitischen Integration, auch aus jener der bürokratischen Effizienz heraus erfolgten, oft gravierend, vor allem bei den Wiener Zentralbehörden, die in der Tat schwer vereinbar mit der deutschen NS-Herrschaft waren und deshalb aufgelöst wurden. Aber unterhalb der obersten Entscheiungsebene, die außerdem schon vor 1938 autoritär-hierarchisch strukturiert gewesen war, blieben die herrschaftstechnisch so bedeutenden Verwaltungskörper der Länder-Reichsgau-Verwaltungen, der Polizei, des Militärs, der Eisenbahnen, Arbeitsämter, Gerichte etc. überraschend stabil. (25) Ich meine damit weniger ihre Detailorganisation und die schriftlich festgelegten Regeln, sondern vielmehr die Grundprinzipien ihres Funktionierens, manchmal aber selbst die verwaltungsrechtlichen und organisatorischen Details.

Genau dasselbe läßt sich aus Studien über die ersten Jahre nach 1945 für die westlichen Besatzungszonen – in der sowjetischen Besatzungszone war nur mehr zur Schau gestellte Meinungsänderung notwendig – herauslesen. Überraschend reibungslos wurden in der alltäglichen politischen und wirtschaftlichen Verwaltungstätigkeit so einschneidende Systembrüche, selbst militärische Katastrophen größten Ausmaß (im Sinne traditioneller Kriegsführung) bewältigt. Und im Dienste des alltäglichen Überlebens mußte es wohl so sein. So grundlegend können sich also die meisten der 1933/34 autoritär überformten österreichischen Verwaltungsstrukturen aus der Sicht des Betreuten und Verwalteten von jenen der NS-Bürokratie nicht unterschieden haben und diese wiederum nicht von den provisorischen Verwaltungsstellen, Besatzungs-Kommandanturen und Bundes-Behörden unmittelbar nach 1945. Dies gilt allerdings nur mit einer ganz bedeutenden Einschränkung:

Für diejenigen, die als kulturell-religiöse, nationale oder politische Systemabweicher, also als Juden, Zigeuner, Kommunisten, katholische Aktivisten usw., in das Räderwerk der Kontroll-Maschinerie gerieten, waren die Unterschiede sehr wohl entscheidend, oft über Leben und Tod. (26) Nur, wie groß war der Anteil der Bevölkerung, der davon direkt betroffen war, 10 Prozent, 20 Prozent? Die Mehrzahl der Österreicher lebte in partieller Anpassung, partieller Resistenz und mit viel Indifferenz über all die politischen Systembrüche hinweg.

Es ist daher nicht sonderlich überraschend, daß etwa in der Wiener Stadtverwaltung im "Zäsur"-Jahr 1938 kaum 10 Prozent aller Bediensteten aus politischen Gründen entlassen wurden, inklusive der aus sogenannten "rassischen" Gründen Entlassenen. (27) 1945 wurden nochmals etwa 7,5 Prozent der Berufstätigen in ganz Österreich mindestens zeitweise vom Dienst enthoben, immerhin 100 000 öffentliche Bedienstete und 70 000 Beschäftigte in der Privatwirtschaft. (28) Dennoch: das politische Kleid wurde gewechselt, der Beamte blieb häufig gleich über längere Frist. Wie sagte ein ÖVP-Gemeinderatsabgeordneter 1946:

"Wie war es im Jahre 1918, 1938, 1945? Der Amtsvorstand ist gekommen, hat seine Leute versammelt, hat ihnen mit mehr oder weniger Anteilnahme mitgeteilt, daß eine andere Staatsform herrsche, und hat ihnen den Eid abgenommen. Und die Leute sind wieder an ihre Arbeit gegangen." (29)

Dies ist auch das eigentliche Problem der aus längerfristiger Perspektive nur mäßig erfolgreichen Entnazifizierung, nicht so sehr ein Problem des mangelnden politischen Willens vor allem auf österreichischer Seite. Wäre es 1945 zu einem wirklich einschneidenden verwaltungspolitischen Bruch gekommen, dann hätte wohl die geänderten bürokratischen Verfahrensregeln und Sachkenntnisse dazu geführt, daß der Neuaufbau der Verwaltung nicht auf die Fachkenntnisse und Routine der Beamten zurückgreifen hätte können, ja, darauf nicht geradezu notwendigerweise hätte zurückgreifen müssen. Dem Urteil von Dieter Stiefel ist daher in dieser Hinsicht zuzustimmen: "Letztlich war die Entnazifizierung ein Spiegelbild – oder vielleicht besser ein Zerrbild – der Nazifizierung. Sie versuchte, das rückgängig zu machen, was der Nationalsozialismus erreicht hatte." (30) Zugegebenermaßen war der Umfang der Entnazifizierung in den einzelnen Berufszweigen und Regionen recht unterschiedlich. Insgesamt aber, so scheint mir, wenn man die in beiden Zäsurjahren radikal "gesäuberten" höheren Positionen ausnimmt, kann in beiden Fällen keineswegs eine umstürzende personelle Auswechselung der Bürokratie erfolgt sein.

Auf der Ebene der politischen, administrativen und kulturellen Führungsgruppen, weniger bei den wirtschaftlichen Eliten, überwiegt dagegen sowohl 1938 wie 1945 die Diskontinuität. Schon wenn man das höhere Alter der Vor-1938-Eliten aller politischen Gruppierungen berücksichtigt, aber auch wenn man die hohe Rate von Emigration und Vernichtung in den Reihen dieser Aktivisten bedenkt, dann wird deutlich, wie sehr der Bruch der politischen Stile zwischen der Ersten und Zweiten Republik kollektivbiographisch wirksam gewesen sein muß. (31) Dasselbe gilt auch für die kulturellen Eliten, wo die tragende Rolle des altösterreichisch geprägten Judentums durch die physische Massenvernichtung jäh beendet wurde. Auch hier konnte es kein Anknüpfen an die Tradition der Ersten Republik geben.

Wir wissen bis heute viel zu wenig über die sozialpsychologischen und politischen Folgen all der politischen Systembrüche und soziographischen Diskontinuitäten innerhalb der politischen, kulturellen und wirtschaftlich bestimmenden Schichten Österreichs. Dennoch bestehen gute Gründe für die Annahme eines Lernprozesses unter den späteren österreichischen Führungsgruppen der Zweiten Republik als Folge der Regimewechsel und der damit einhergehenden politischen Verfolgung. Die reichhaltige Literatur über die Entstehung der Idee der "Großen Koalition" und der sozialpartnerschaftlichen Zusammenarbeit auf der "Lagerstraße von Dachau" liefert erdrückende Beweise hiefür, allerdings eben nur für jene österreichischen politischen Eliten, die in KZs wie Dachau interniert und dezimiert wurden. Mit Recht betonen Rainer Nick und Anton Pelinka die Bedeutung eines solchen Lernprozesses für die Entstehung des Elitenkonsenses, der grundlegend für das Funktionieren der Sozialpartnerschaft in der Zweiten Republik wurde. (32)

Doch wie verhielt sich die breite Masse der Parteianhänger, der alt- und neumittelständischen Schichten? Von seiten der Geschichtswissenschaft gibt es auch hiezu bisher keine empirischen Befunde, obwohl sich gerade die Methoden der Mündlichen Geschichte zur Nachzeichnung der subjektiven Erfahrungsinhalte von machtfernen Unter- und Mittelschichten besonders eignen würden. Nur die empirische Sozialforschung liefert erste Anhaltspunkte (33): Man kann demnach drei Alterskohorten (oder Generationen) von Österreichern unterscheiden, je nachdem sie entweder schon um den Ersten Weltkrieg oder vor und während des Zweiten Weltkrieges oder schließlich im ersten Jahrzehnt der Zweiten Republik aufgewachsen sind. Generell weisen diese drei Altersgruppen noch stark die allgemeinen Merkmale jener Periode auf, in der sie jeweils politisch sozialisiert wurden, also ins Erwachsenenalter übertraten: ideologische Politisierung bei den Ältesten, direkt- und verbandspolitische Partizipationstendenzen bei der jüngeren Generation. Über die mittlere, faschismusgeprägte Generation schreibt ein IFES-Forschungsbericht:

"Die politisch 'enttäuschte' und durch böse Erfahrungen 'vorsichtig' geworde-
nen Generation der heute Sechzigjährigen zeigt ein deutliches Partizipationsde-
fizit bei den schlechter Gebildeten und den Arbeitern – in dieser Generation
wurden die unteren Sozialschichten deutlich stärker entmutigt, sich politisch
zu engagieren." (34)

In Zusammenschau mit der gerade auch unter dieser Generation stärker ausgeprägten Autoritarismusneigung könnte somit erklärbar werden, wie die Ausbildung der Sozialpartnerschaft politisch-psychologisch
funktionierte: eine "aufgeklärte", konsensorientierte politische Führungs-
schicht der Zweiten Republik findet volle Gefolgschaft bei den sozialen und bildungsmäßigen Unter- und Mittelschichten; sie kann bruch-
los an deren entpolitisierenden Erfahrungen und autoritären Haltungen
anknüpfen. Die hohe Wahl- und Organisationsteilnahme dieser Alters-
gruppe wäre dann nicht Ausfluß besonderer demokratischer Reife, sondern Skepsis an den Zusicherungen unserer demokratischen politischen
Führungsgruppen, abweichende Meinungen und geheimes Protestverhalten nicht sanktionieren zu können und zu wollen. Die Diskontinuität auf
der Ebene des politischen Systems und der politischen Eliten korrespondierte dann mit einer starken Kontinuität der politischen Grundeinstel-
lung auf seiten der machtfernen Massen, die noch aus der Zeit zwischen
1934/38 bis 1945 stammt. Beides scheint für das Funktionieren der gegenwärtigen Sozialpartnerschaft konstitutiv zu sein.

2.

Ich wende mich nun der zweiten Frage dieses Beitrags zu: Wie kontinuierlich ist überhaupt das Gesellschafts- und politische System der Zweiten
Republik? Liegen nicht innerhalb des Zeitraumes von 1945 bis zur Gegenwart Wandlungsphasen, die einschneidender zu bewerten sind als die
zuerst erörterte Anschluß- und Weltkriegsperiode? Im allgemeinen wird
die Zweite Republik, zum Unterschied von der Vorkriegszeit, als Periode
beschreiben, die u. a. folgende Merkmale aufweist:

– stabile parlamentarische Demokratie,
– Sozialpartnerschaft,
– kaum politische Gewalt und wenige Streiks,
– hohes Wirtschaftswachstum,

– keine abrupten gesellschaftlichen Veränderungen,
– gefestigtes Österreichbewußtsein usw.

Zweifelsohne ist das politische System der Zweiten Republik durchgehend von einer hohen Stabilität gekennzeichnet (35): Die durchschnittliche Regierungsdauer liegt mit 28 Monaten nahe der theoretisch möglichen Obergrenze und ist damit mehr als dreimal so lang wie in der Zwischenkriegszeit, die Stärkeverhältnisse im Parlament schwanken nicht gravierend, der Konzentrationsindex des Parteisystems, d. h. der Anteil der beiden stärksten Parlamentsfraktionen ist nahezu durchgehend sehr hoch. (Nur die Nationalratswahlen 1945 und 1949 fallen etwas aus der Reihe; die eine Wahl ist noch von der Ausnahmesituation des Kriegsendes geprägt, die andere steht bemerkenswerterweise noch auf halbem Weg zum Wählerverhaltensmuster der Ersten Republik); auch die Rekrutierung der Nationalratsabgeordneten erfolgte relativ kontinuierlich, nur um das Jahr 1966 zeichnete sich ein bemerkenswerter Generationsbruch im Parlament ab. (36) Schließlich ist auch die Verfassung der Republik – bekanntlich aus der Ersten Republik übernommen – kaum in Frage gestellt und keinen grundlegenden Änderungen unterworfen gewesen.

Die Regierungsformen haben allerdings auch im Nachkriegsösterreich beträchtlich variiert: Drei-Parteien-Konzentrationsregierung, "Große Koalition", Einparteienregierungen, einschließlich einer Minderheitsregierung, Kleine Koalition. Solche Schwankungen der Regierungskonstellation sind im übrigen in jeder gefestigten Demokratie selbstverständlich und keine Katastrophe, wie gelegentlich noch bis heute in Österreich verkündet wird. Sie haben auch praktisch-politisch geringe Bedeutung, da ihnen ja die Sozialpartnerschaft unterliegt.

Die Sozialpartnerschaft ist bekanntlich ein im heutigen Österreich besonders stark ausgeprägtes Modell kooperativer, nicht konflikthafter Entscheidungsfindung, die die meisten wirtschafts- und gesellschaftspolitischen Fragen betrifft und zwischen paritätisch zusammengesetzten Vertretern gegensätzlicher Wirtschaftsinteressen bzw. deren Verbänden ausgehandelt wird. Sie basiert auf freiwilliger Bereitschaft der Kontrahenten, bestimmte formale Verfahren und wirtschafts- und verteilungspolitische Grundsätze auch ohne Vorliegen eines schriftlich niedergelegten Regelsystems einzuhalten. Sie gilt zu Recht als die zentrale gesellschaftlich-politische Institution der Zweiten Republik. (37)

Hier interessiert die Sozialpartnerschaft zunächst nur insofern, als sie sich als Indikator für das grundlegende innenpolitische Konfliktlösungsmodell anbietet. Dabei fällt auf, daß die wichtigste Teilinstitution der Sozialpartnerschaft, die "Paritätische Kommission für Preis- und Lohnfragen", erst 1957 aufgrund des Raab-Böhm-Abkommens von 1956 geschaffen wurde; seither machte sie einen weiteren Ausbau durch. (38)

Zuvor allerdings waren wechselnde Versuche zu kooperativer Wirtschafts- und Sozialpolitik zwischen der Seite der Lohnabhängigen und der Unternehmerseite erfolgt, und in der Wiederaufbauphase hatte diese Kooperationsform, die vor allem vom ÖGB getragen wurde, wohl beträchtliche Erfolge bei der Ankurbelung der Wirtschaft und bei der Eindämmung der Inflation erzielt. Doch nach dem Auslaufen des 5. Lohn- und Preisabkommens und der Überwindung der Stabilisierungskrise 1953 hatte es eine Zeitlang den Anschein, "als würden die Wirtschaftsverbände – ähnlich der Entwicklung in den meisten anderen westeuropäischen Ländern – in ihre klassische Rolle autonomer Interessenvertretungen zurückfallen." (39)

Es frägt sich, ob die zur Frühgeschichte der Sozialpartnerschaft vorliegenden Befunde ausreichen, im Jahre 1957 einen Kontinuitätsbruch festzusetzen oder ob man nicht eher von einer Ausformungsphase der Sozialpartnerschaft bis 1957 sprechen und davon das voll entwickelte, sich selbst allerdings ständig modifizierende System sozialpartnerschaftlicher Konfliktlösung abheben sollte. Die Annahme einer ungebrochenen Kontinuität der Zweiten Republik auf dieser Betrachtungsebene setzt jedenfalls eine sehr starke historische Generalisierung voraus.

Dasselbe gilt im übrigen auch für die weithin konstatierte Gewalt- und Streikfreiheit der Zweiten Republik. Die späten vierziger Jahre und der kommunistische "Oktoberstreik 1950" waren keineswegs gewaltfrei. Die gesellschaftlich-politischen Erschütterungen durch NS-Diktatur und Zweiten Weltkrieg waren noch keineswegs sofort überwunden. Auch das Ausmaß und die Härte der Streikbewegungen in der bis Mitte der fünfziger Jahre dauernden Konsolidierungsphase der Zweiten Republik knüpfen noch eher an das Muster der Arbeitskämpfe in der Ersten Republik an; erst danach, ja sogar erst Mitte der sechziger Jahre, bildete sich die für die österreichische Gesellschaft der siebziger und achtziger Jahre so typische, verschwindend geringe Streikrate aus. (40) Auch dieser Befund spricht dafür, vorsichtiger zu verfahren, wenn die gesamte Zweite Republik generell als konfliktarm bezeichnet wird.

Es würde hier zu weit führen, die Strukturwandlungen im Bereich der Gesellschaft und Wirtschaftsentwicklung nach 1945 auch nur umrißhaft nachzuzeichnen. (41) Im allgemeinen kann man aber durchaus den Schluß ziehen, daß die Zweite Republik unter bestimmten Gesichtspunkten in drei Teilperioden untergliedert werden kann:

Zunächst ist eine *Aufbau- oder Restaurationsphase* bis etwa Mitte der fünfziger Jahre auszunehmen, die eher von den unmittelbaren Nachkriegsfolgen gezeichnet ist und die trotz eines stürmischen Wirtschaftswachstums noch zu keinen tiefgreifenden Wandlungen der Sozialstruktur geführt hatte; vielmehr waren etwa die Proportionen der Sozialklassen und Wirtschaftssektoren seit der Weltwirtschaftskrise von 1934 über alle Anschluß- und Kriegs-Erschütterungen hinweg erstaunlich konstant geblieben. In dieser Phase wurden allerdings die meisten innenpolitischen, gesellschafts- wie wirtschaftspolitischen Weichen für die spätere Entwicklung gestellt. Nicht zuletzt erfolgte gegen Ende dieses Zeitraumes auch die außenpolitische und neutralitätspolitische Verankerung der Rahmenbedingungen der Zweiten Republik. (42)

Anschließend daran, wiederum getragen von einer ungemein günstigen Wirtschaftsentwicklung, schließt sich eine Art *Konsolidierungsphase* der Zweiten Republik an, die jedoch aus ihrer eigenen Dynamik heraus zu einer Phase beschleunigten gesellschaftlichen Wandels wurde.

Und schließlich wird in den späten sechziger Jahren parallel zu manchen westeuropäischen Ländern ein deutlicher Wandel der Wertstrukturen wirksam, der schlagwortartig mit "stiller Revolution", "zweiter Säkularisierung" oder mit "Postmoderne" bzw. "post-industrielle Gesellschaft" umschrieben wird. (43) Konkret äußert sich dies etwa in einem Rückgang der asketischen Leistungseinstellung, zunehmender "hedonistischer" Lockerung der Lebensführung, vermehrtem Interesse an politischer und wirtschaftlicher Mitbestimmung usw. (44)

Es scheint, als wäre es erst mit einer 20jährigen Verzögerung zur Überwindung jener Ideologien und Werthaltungen gekommen, aus denen die konflikthafte Zuspitzung der Zwischenkriegszeit und das Umsichgreifen der Faschismen heraus erfolgt waren. Ich meine, daß diese Veränderungen im sogenannten geistigen Überbau erst jenen historischen Wendepunkt ermöglicht haben, den Fritz Fellner nicht nur unter Bezugnahme auf den Beginn der sozialistischen Regierungsperiode im Jahre 1970 konstatiert hat. (45)

Und erst in diese allerjüngste Vergangenheit fällt auch die breite Durchsetzung eines neuen Nationalgefühls der Österreicher. Wie Felix Kreissler gezeigt hat, bekannten sich 1956 bei Meinungsumfragen erst 49 Prozent zur österreichischen Nation, nach 1970 aber 74 bis 86 Prozent der Befragten. (46) Auch hinsichtlich der nationalen Identitätsfindung der Österreicher lag, wenn man von den politischen Führungsgruppen absieht, für eine Minderheit der österreichischen Bevölkerung 1945 ein Moment des Kontinuitätsbruchs vor. Erst im Laufe der politischen und wirtschaftlichen Erfolgsserie der Zweiten Republik festigte sich das neue Österreich-Bewußtsein zu der heute gerade unter den jüngeren Generationen schon feststellbaren Selbstverständlichkeit.

Zusammenfassend kann die zweite Frage meines Beitrages dahingehend beantwortet werden, daß die Zweite Republik insgesamt einen über den engen politischen Bereich hinausgehenden Kontinuitätscharakter aufweist, jedoch wiederum innerhalb dieser Periode von Diskontinuitäten und Entwicklungsflexuren gekennzeichnet ist, die nicht einfach außer Acht gelassen werden können, vor allem wenn es auch um eine vorsichtige, prognostisch verwendbare Fortschreibung ihrer Entwicklungstendenzen geht.

3.

Damit wende ich mich der dritten Fragestellung zu, der Frage nach den längerfristigen gesellschaftsgeschichtlichen Zusammenhängen, in die eingebettet die Zweite Republik gesehen werden kann. Man kann als sicher annehmen, daß die gesellschaftliche Entwicklung der Zweiten Republik in säkulare Wandlungsvorgänge, die mit Schlagworten wie "Modernisierung", "Säkularisierung" oder gesamtgesellschaftliche Organisierung umschrieben werden, eingebunden ist. Auch die Entwicklung der jährlichen Wirtschaftswachstumsraten verweist auf solche längerfristige Zusammenhänge. Die Sonderstellung der Zweiten Republik im bisherigen wirtschaftlichen Entwicklungszusammenhang wird dadurch eindrucksvoll illustriert. Während die jährlichen Wirtschaftswachstumsraten im heutigen österreichischen Gebiet zwischen 1870 und 1913 im Durchschnitt knapp 1,5 Prozent betragen hatten, stagnierte die österreichische Wirtschaft in der darauffolgenden Krisenperiode bis 1950 (durchschnittlicher jährlicher Zuwachs nur 0,2 Prozent). In den darauffolgenden eineinhalb Dekaden sprang die Wachstumsrate auf im Durchschnitt 5,2 Prozent, in der Periode von 1965 bis 1980 blieb sie mit 4,3 Prozent fast ebenso hoch. (47) Österreichs Wirtschaft weist damit eine Wachstumssequenz auf, die sie von westeuropäischen Nationalökonomien abhebt und eher dem deutschen Wachstumsmuster zuordnet, dieses in der letzten Phase jedoch sogar quantitativ übertrifft.

Welches der drei Erklärungsmodelle, das mit einem solchen quantitativen Befund vereinbar ist, von der zukünftigen Entwicklung bestätigt werden wird, muß hier natürlich offen bleiben. Hier wäre erstens jenes Erklärungsmodell zu nennen, das die ganz andersartige wirtschaftliche Entwicklung nach 1945 mit einem grundlegenden Strukturbruch in Verbindung setzt (48), der die Zweite Republik – abgesehen von der jeweiligen internationalen Einbindung – von allen anderen Perioden der Wirtschaftsgeschichte abhebt. Diese Argumentation wird vor allem in der österreichischen Diskussion durch den Hinweis auf die oben schon skizzierten Diskontinuitäten in der Wirtschafts- und Gesellschaftsentwicklung Österreichs am Ende des Zweiten Weltkrieges gestützt. Ohne auf die Argumentation im einzelnen eingehen zu wollen, erscheint dieser Ansatz in seiner Annahme einer weiterhin überdurchschnittlich hohen Wachstumsrate doch allzu unsicher, wenngleich das bis heute so hervorragende Abschneiden der österreichischen Wirtschaft im internationalen Vergleich diese These zu stützen scheint.

Zweitens wird vor allem mit dem westdeutschen Befund ein Erklärungsansatz in Verbindung gebracht, der die Theorie der Rekonstruktionsperiode genannt wird. (49) Er ist auch ohne weiteres auf Österreich übertragbar. Danach habe der wirtschaftliche Wachstumsprozeß die Tendenz, nach kurz- oder mittelfristigen Stockungen längerfristig wieder zu dem säkularen Wachstumspfad zurückzukehren. Im Falle der Österreich so gravierenden Folgen des Ersten und Zweiten Weltkrieges sei die Stagnation zwischen 1913 und 1950 durch ein besonders rasches Wachstum danach wieder kompensiert worden, ein Phänomen, das in den achtziger Jahren der Zweiten Republik auslaufe und vom längerfristigen Normalwachstum geringfügigeren Ausmaßes abgelöst werde. (50)

Das dritte Erklärungsmodell ist die Theorie der Kondratieffschen Wellen oder der "langen Wellen wirtschaftlicher Entwicklung" Joseph Schumpeters. (51) Demnach erfolge industriewirtschaftliches Wachstum nicht kontinuierlich, sondern in rund fünfzigjährigen Schwingungen. – Diese Wachstumsschübe seien langfristige Reaktionen auf technologische Innovationen, erhöhte Investitionstätigkeit, Kreditausweitung und ähnliche innerökonomische Impulse; ein eindeutiger empirischer Nachweis hiefür ist trotz mancher sonstiger Plausibilität bisher allerdings nicht gelungen. (52) Für das langfristige Wirtschaftswachstum Österreichs würde dieses Modell bedeuten, daß die Stagnationsphase in der Zwischenkriegszeit (Weltwirtschaftskrise) mit einem Wellental, die ausnehmend günstige Wirtschaftsentwicklung der Zweiten Republik mit einem Wellenberg zusammenfällt und daß um 1975 der Wendepunkt eines 1945 einsetzenden neuen Kondratieffschen Zyklus anzusetzen sei.

Ohne dem letztgenannten Erklärungsmodell prinzipiell einen Vorzug geben zu wollen, erscheint gerade wegen der gesamtgesellschaftlichen Schlußfolgerungen die Theorie der "langen Wellen" in unserem Zusammenhang relevant. Wenn man bedenkt, welche gravierende politischsozialen Rückwirkungen frühere Kondratieffsche Wellentäler gehabt haben, ergeben sich natürlich auch entsprechende Erwartungen für die Zukunft. So ist es möglich, die "Große Depression" zu Beginn des letzten Viertels des 19. Jahrhunderts mit dem zweiten Kondratieffschen Zyklus und die Zwischenkriegskrise des 20. Jahrhunderts teilweise mit der Abschwungphase des dritten "Kondratieffs" zu parallelisieren. (53) Beide Perioden gingen mit verstärkten wirtschaftspolitischen Konflikten und dem Vordringen zwangshafter Regelungsmechanismen der Arbeitsbeziehung einher, sie bewirkten einen konservativ-restaurativen Mentalitätswandel und das Entstehen von radikalen Protestbewegungen und von Sündenbockideologien wie dem Antisemitismus; Demokratie und liberale Bürgerrechte wurden in solchen Phasen meist eingeschränkt. Insgesamt kam es zu einer verschärften organisatorischen Verfestigung der gesamten Gesellschaft.

Es muß, wie schon gesagt, offen bleiben, inwiefern die Phase des geringeren Wirtschaftswachstums und der "alternativen", nicht mehr an quantitativem Wachstum orientierten Werthaltungen, in die wir seit einigen Jahren eingetreten sind, etwa mit einem vierten "Kondratieffschen" Abschwung zusammenfällt. In dem hier geforderten Zusammenhang ist eine solche zyklische Wellentheorie auch insofern von Bedeutung, als Entwicklungsbrüche und Trendwenden, die aus der kurzfristigen Perspektive als Diskontinuitäten erscheinen, auf einer höheren, auf der langfristigen Betrachtungsebene, als Kontinuität in der Geschichte erkennbar werden.

Das Stichwort von der organisatorischen Verfestigung der gesellschaftlichen Prozesse leitet zu einem anderen, damit zum Teil konkurrierenden

Modell einer längerfristigen historischen Verankerung politisch-sozialer Charakteristika der Zweiten Republik über. Die vorhin skizzierte sozialpartnerschaftliche Durchorganisierung nahzu des gesamten Politik- und Wirtschaftssektors wird nämlich in jüngster Zeit vor allem von westeuropäischen und amerikanischen Sozialwissenschaftern mit dem Konzept vom Korporatismus und Neokorporatismus in Verbindung gebracht. (54) Österreich gilt in diesem Zusammenhang keineswegs als Sonderfall, vielmehr nur als ein Land, in dem die Erscheinungen korporatistischer Verfestigung von Politik und Institutionen besonders stark ausgeprägt sind.

Ganz allgemein können diese korporatistischen Strukturen definiert werden als solche Organisationsformen des Politikbereichs und der Wirtschaft, die von gesellschaftlichen Modellvorstellungen ausgehen, bei denen nicht Individuen oder soziale Klassen je nach ihrer zahlenmäßigen Stärke, sondern Verbände und sonstige Großgruppen in einem feststehenden Paritätsverhältnis konsensorientiert – nicht konflikthaft – zusammenwirken. (55) Variabel bleibt dabei das Ausmaß, in dem der Staat in diesen gesellschaftlichen Konfliktlösungsmechanismus eingebunden ist, und in welchem Ausmaß oder ob überhaupt eine zwanghafte Integration der potentiellen Konfliktpartner ins System erfolgt.

Im einen Fall handelt es sich um Erscheinungen des *spätfeudalen Korporatismus* seit der konservativen Ära Taaffe der Habsburgermonarchie bzw. um den *halbfaschistischen Korporatismus* der Dollfuß-Schuschnigg-Diktatur, im anderen Fall geht es um Modellvorstellungen, die sowohl dem Rennerschen *Kriegssozialismus* als auch den Otto-Bauerschen Sozialisierungskonzepten nach dem Ersten Weltkrieg nahekommen, jedoch erst im Neokorporatismus der *Sozialpartnerschaft* der Zweiten Republik ihre höchste Ausbildungsstufe erlangt haben. (56) Das Oszillieren korporatistischer Erscheinungsformen zwischen dem liberalen und dem autoritären Pol über mehr als 100 Jahre österreichischer Gesellschaftsgeschichte hinweg könnte – dies sei hier als erste Hypothese gewagt – mit den vorhin erwähnten "langen Wellen der Wirtschaftsentwicklung" in Verbindung gebracht werden. Die in Österreich offensichtlich nicht nur in der Zweiten Republik, sondern auch in früheren Epochen immer wieder besonders markante Stärke korporatistischer Strukturen und Tendenzen müßte dann noch zusätzlich im Sinne einer Art Theorie des österreichischen Sonderwegs des gesellschaftlichen Modernisierungsprozesses – analog zur deutschen Gesellschaftsgeschichte (57) – erklärt werden.

Inwiefern es sich bei dieser in Österreich und Deutschland besonders in Erscheinung tretenden Tendenz zur Durchorganisierung von Politik und Ökonomie um die Vorboten allgemeiner Entwicklungstendenzen kapitalistischer Gesellschaften handelt, muß eher bezweifelt werden. Denn die Austromarxisten haben diese Tendenzen zwar schon am Beginn des 20. Jahrhunderts konstatiert und in der Theorie vom "organisierten Kapitalismus" verallgemeinert (58), doch seither ist es immer wieder auch zu Rückbildungen des gesellschaftlichen Organisierungsgrades gekommen, und man muß sich fragen, warum gerade in einem industriell-kapitalistisch relativ rückständigen Land wie Österreich die Entwicklung der kapitalistischen Gesellschaft am weitesten fortgeschritten sein sollte.

Im Zusammenhang mit solchen längerfristigen zyklischen Tendenzen ist zum Abschluß noch einmal auf die Entwicklung des Österreich-Bewußtseins zurückzukommen. Denn unbeschadet des Prozesses der Nationswerdung der Österreicher in der Zweiten Republik lassen sich im österreichisch-deutschen Verhältnis "Pendelbewegungen" feststellen, die verblüffende langfristige Perspektiven eröffnen können. Der amerikanische Sozialwissenschafter Peter Katzenstein hat hiezu ein kommunikationstheoretisches Modell entwickelt (59), das bedauerlicherweise in Österreich immer noch zu wenig rezipiert wurde. Danach lasse sich in einer kulturell einheitlichen Region, die im vorliegenden Fall Österreich und Deutschland umfasse, eine wechselnde Intensität politischer Koordination zwischen Österreich und Deutschland feststellen. Nach einem konflikthaften österreichisch-deutschen Beziehungsverhältnis zwischen 1848 und 1870 sei es zu einer zunehmenden Aufgabe politischer Autonomie dem Deutschen Reich gegenüber gekommen. Ihren Höhepunkt habe diese Entwicklung in den Anschlußbestrebungen der Zwischenkriegszeit gefunden, die Niederlage des Dritten Reiches habe den erzwungenen "Anschluß" ad absurdum geführt. Nach 1945 trat daher wieder eine wachsende politische Auseinanderentwicklung ein, trotz des Weiterbestehens vieler Verbindungslinien auf gesellschaftlichem und kulturellem Gebiet zwischen Österreich und Deutschland. (60)

Die konstatierte Ausbreitung des Österreichbewußtseins wäre dann – so scheint mir – letztlich nur die Erfindung einer nationalen Tradition im Sinne Eric Hobsbawms (61) im Interesse der politischen Autonomie von Deutschland.

Ob diese Implikation annehmbar erscheint oder nicht, das Katzensteinsche Modell wäre die Mühe wert, einmal im Detail hinsichtlich seiner Vereinbarkeit mit den "langen Wellen des Wirtschaftswachstums" überprüft und allenfalls modifiziert zu werden. Es scheint jedenfalls nicht ausgeschlossen, daß die periodenweise unterschiedlichen und komplementären Wachstumsraten von kultureller Kommunikation und ökonomischem Güter- und Leistungsaustausch zwischen Deutschland und Österreich, die bei Katzenstein eine zentrale Rolle spielen, aus den großen Wechsellagen der Wirtschaftsentwicklung abgeleitet werden können. Ein solches Modell der österreichischen Identitätsfindung in der jüngsten Gegenwart hätte den Vorteil, daß es den Quasi-Determinismus säkularer Staats- und Nationsbildungstheorien (62) vermeiden würde und für ein mögliches Umkippen allzu zwangsläufig und linear gesehener Entwicklungstendenzen rechtzeitig die Augen öffnen könnte.

Ich hoffe, daß es damit gelungen ist, ausgehend von einer recht formalen Geschichtskonzeption, die Geschichte der Zweiten Republik auf unterschiedlichen Betrachtungsebenen soweit nach Kontinuitäten und Diskontinuitäten aufzuschlüsseln, daß ihre inhaltliche Komplexität besser erfaßbar wird als durch die Ausschließlichkeit· eines einzigen Strukturierungsprinzips, sei es im Sinne einer Diskontinuität im Verhältnis zu allen vorhergehenden Perioden, sei es im Sinne des Konstatierens einer langfristigen Kontinuität.

Die abschließende Hauptthese dieses Beitrages ist, daß unbeschadet einer je nach Teilgebiet unterschiedlich zu beantwortenden Gewichtung von Kontinuität und Diskontinuität in der österreichischen Geschichte des 20. Jahrhunderts, die historische "Wasserscheide" nicht einfach mit den Jahren 1938 oder 1945 zu fixieren ist. Vielmehr knüpfte die Zweite Republik nach 1945 zunächst in einem weitaus stärkeren Maße kontinuierlich an längerdauernde Tendenzen während der Zwischenkriegszeit an, vor allem aber ist sie auch stärker als gemeinhin angenommen an die Periode des Zweiten Weltkriegs angebunden. Erst in den fünfziger und sechziger Jahren kam ihr eigenständiger politisch-gesellschaftlicher Charakter, der sie in der Tat stark von der Ersten Republik unterscheidet, zur vollen Ausformung.

(1984)

Anmerkungen

(1) Es handelt sich hier um das Manuskript eines Vortrages zur Ringvorlesung der Universität Salzburg "40 Jahre Zweite Republik, 30 Jahre Staatsvertrag" am 3. Oktober 1984.

(2) Michel Foucault, Archäologie des Wissens, Frankfurt a. M. 1973, 17.

(3) Alexander Gerschenkron, Continuity in History and Other Essays, Cambridge, Mass. 1968, 12.

(4) Vgl. etwa Erika Weinzierl und Kurt Skalnik (Hg.), Österreich. Die Zweite Republik, Bd. 1, Graz 1972, 9-16 (Vorwort); Erika Weinzierl mit Peter Hofrichter, Österreich. Zeitgeschichte in Bildern 1918-1975, 2. Aufl., Wien 1975, 7; Gerhard Botz, Formen und Intensität politisch-sozialer Konflikte in der Ersten und Zweiten Republik. Ein komparativer Versuch zu Streik und politischer Gewalt in Österreich 1919 bis 1975, in: Austriaca. Cahiers universitaires d'information sur l'Autriche, numéro spécial 3, Rouen 1979, 437-468; Rainer Nick und Anton Pelinka, Bürgerkrieg – Sozialpartnerschaft, Wien 1983, 13 ff.

(5) Josef Weidenholzer, Mündliche Geschichte – kritischer Forschungsansatz oder politische Fluchtdroge? in: Gerhard Botz u. Josef Weidenholzer (Hg.), Mündliche Geschichte und Arbeiterbewegung, Wien 1984, S.46 ff. Jürgen Kocka, Zurück zur Erzählung? Plädoyer für historische Argumentation, in: Geschichte und Gesellschaft 10, 1984, 395-408; Klaus Tenfelde, Schwierigkeiten mit dem Alltag, ebenda, 385 ff.

(6) Andeutungsweise zum Prozeß der Quellenproduktion siehe Gerhard Botz, Neueste Geschichte zwischen Quantifizierung und "Mündlicher Geschichte", in: Geschichte als demokratischer Auftrag. Karl R. Stadler zum 70. Geburtstag, Wien 1983, 19 f.

(7) Zu Beispielen aus der (durchaus fruchtbaren) Durchbruchsphase der wissenschaftlichen Zeitgeschichtsschreibung über die Erste Republik in den siebziger Jahren und über den heutigen Stand der Forschungen über die Zweite Republik siehe: Peter Malina und Gustav Spann, Bibliographie zur österreichischen Zeitgeschichte 1918-1978, Wien 1978 (mit Nachtrag 1978-1980), 13, 22 f. bzw. 6.

(8) Foucault, Archäologie, 13.

(9) Siehe Gerschenkron, Continuity, 21 ff.

(10) Es ist auch in Österreich fast schon überflüssig, in diesem Zusammenhang zu verweisen auf Fernand Braudel, Geschichte und Sozialwissenschaften – Die "longue durée", in: Hans-Ulrich Wehler (Hg.), Geschichte und Soziologie, Köln 1972, 189-215; Emmanuel Le Roy Ladurie, Writing the History of the Climate, in: ders., The Territory of the Historian, Brighton, Sussex 1982, 287-291.

(11) Vgl. M. Rainer Lepsius, Die Bundesrepublik Deutschland in der Kontinuität und Diskontinuität historischer Entwicklungen, Einige methodische Überlegungen, in: Werner Conze und M. Rainer Lepsius (Hg.), Sozialgeschichte der Bundesrepublik Deutschland, Stuttgart 1983, 11-19; Kurt Steiner, Tradition and Innovation in Austria, Cliche and Reality, in: Kurt Steiner (Hg.), Tradition and Innovation in Contemporary Austria, Palo Alto, Cal. 1981, 1-18.

(12) Vgl. hierzu ansatzweise: Emmerich Talos, Staatliche Sozialpolitik in Österreich. Rekonstruktion und Analyse, Wien 1981, 5 ff., 307 ff.

(13) Erich Bodzenta und Linus Grond, Die soziale Wirklichkeit von heute, in: Otto Schulmeister (Hg.), Spectrum Austriae, Wien 1957, 423-477; Kurt W. Rothschild, Wurzeln und Triebkräfte der Entwicklung der österreichischen Wirtschaftsstruktur, in: Wilhelm Weber (Hg.), Österreichs Wirtschaftsstruktur gestern – heute – morgen,

Bd. 1, Berlin 1961, 1-158, besonders 98 ff; Edward März und Maria Szecsi, Austria's Economic Development, 1945-1978, in: Kurt Steiner (Hg.), Modern Austria, Palo Alto, Cal. 1981, 123-141. Vgl. auch Norbert Schausberger, Österreich. Der Weg der Republik 1918-1980, Graz 1980, 71 ff.

(14) Norbert Schausberger, Rüstung in Österreich 1938-1945, Wien 1970; ders., Der wirtschaftliche Anschluß Österreichs 1938, in: Österreich in Geschichte und Literatur 15, 1971, 249-273.

(15) Rothschild, Wurzeln, 100; vgl. auch Felix Butschek, Die österreichische Wirtschaft 1938 bis 1945, Wien 1978; Gustav Otruba, Österreichische Wirtschaft im 20. Jahrhundert, Wien 1968, 29 ff.

(16) Eduard März und Fritz Weber, Verstaatlichung und Sozialisierung nach dem Ersten und Zweiten Weltkrieg – eine vergleichende Studie, in: Austriaca. Cahiers universitaires d'information sur l'Autriche, numéro spécial 3, Rouen 1979, 85-120, vor allem 97 ff.; Edmond Langer, Die Verstaatlichung in Österreich, Wien 1966, 34 ff.

(17) Rothschild, Wurzeln, 101.

(18) März und Szecsi, Development, 124 ff.

(19) Peter Findl und Heimold Helczmanovski, The Population of Austria, Wien 1977, 153 ff.

(20) Ernst Hanisch, Nationalsozialistische Herrschaft in der Provinz. Salzburg im Dritten Reich, Salzburg 1983, 13.

(21) Rothschild, Wurzeln, 107.

(22) Siehe Gerhard Botz, Wien vom "Anschluß" zum Krieg, 2. Aufl., Wien 1980, 51 ff.

(23) Manfried Rauchensteiner, Krieg in Österreich 1945, 2. Aufl., Graz 1984; ders., 1945. Entscheidung für Österreich, Graz 1975.

(24) Fritz Fellner, Die außenpolitische und völkerrechtliche Situation Österreichs 1938, in: Weinzierl u. Skalnik, Österreich, Bd. 1, 53-90; Stephan Verosta, Die geschichtliche Kontinuität des österreichischen Staates und seine europäische Funktion, in: Heinrich Benedikt (Hg.), Geschichte der Republik Österreich, Wien 1954, 603 ff.; Robert E. Clute, The International Legal Status of Austria 1938-1945, The Hague 1963; Waldemar Hummer, Der internationale Status Österreichs seit 1918, in: Hans Peter Neuhold, Waldemar Hummer und Christoph Schreuer (Hg.), Österreichisches Handbuch des Völkerrechts, Bd. 1, Wien 1983, 416 ff.

(25) Vgl. Radomir Luža, Österreich und die großdeutsche Idee in der NS-Zeit, Wien 1977; Gerhard Botz, Die Eingliederung Österreichs in das Deutsche Reich, 2. Aufl. Wien 1976.

(26) Siehe vor allem: Dokumentationsarchiv des österreichischen Widerstandes (Hg.), Widerstand und Verfolgung im Burgenland 1934-1945. Eine Dokumentation, Wien 1979; dass., Widerstand und Verfolgung in Oberösterreich 1934-1945. Eine Dokumentation, 2 Bde., Wien 1982; dass., Widerstand und Verfolgung in Tirol 1934-1945. Eine Dokumentation, 2 Bde, Wien 1984; dass., Widerstand und Verfolgung in Wien 1934-1945. Eine Dokumentation, 3 Bde., Wien 1975; Karl R. Stadler, Österreich 1938-1945 im Spiegel der NS-Akten, Wien 1966; ferner den umfassenden Literaturbericht: Wolfgang Neugebauer, Widerstandsforschung in Österreich, in: Isabella Ackerl u.a. (Hg.), Politik und Gesellschaft im alten und neuen Österreich. Festschrift für Rudolf Neck zum 60. Geburtstag, 2 Bde., Wien 1981, 359 ff.

(27) Margaret Feiler, The Viennese Municipal Service, 1933 to 1955, A Case Study in Bureaucratic Resiliency, phil. Diss., New York Univ. 1964, 195 ff., 202 f.

(28) Dieter Stiefel, Entnazifizierung in Österreich, Wien 1981, 271.

(29) Zit. nach ebenda, 128.

(30) Ebenda; dagegen: Oliver Rathkolb, US-Entnazifizierung in Österreich zwischen kontrollierter Revolution und Elitenrestauration (1945-1949), in: Zeitgeschichte 11, 1984, 302-325; Robert Knight, Britische Entnazifizierung 1945-1949, ebenda, 287-301.

(31) Siehe Herbert Matis und Dieter Stiefel, Der österreichische Abgeordnete. Der österreichische Nationalrat 1919-1979. Versuch einer historischen Kollektivbiographie, Wien o. J. [1982], 27 ff.

(32) Nick und Pelinka, Bürgerkrieg, S 16 f.

(33) Lebensstil und Daseinbewußtsein älterer Menschen, Bd. 2, Analyse und Interpretation, IFES, Wien 1982, 22 ff.; Die ideologisch-kulturelle Integration älterer Menschen. Durchgeführt vom IFES, Hg., Bundesministerium für Wissenschaft und Forschung, Wien 1981, 23 ff.; ähnliche Befunde, jedoch nicht im Sinne "politischer Generationen" Karl Mannheims interpretierend, Leopold Rosenmayr (Hg.), Politische Beteiligung und Wertwandel in Österreich, München-Wien 1980, 51 ff., 155 ff.

(34) Lebensstil und Daseinbewußtsein, Bd. 2, 43; vgl.: Vergangenheits-Bewältigung oder Wie autoritär ist der Österreicher? Ein empirischer Bericht, 2. Teil, IFES, Wien 1978, 82.

(35) Nick u. Pelinka, Bürgerkrieg, passim.

(36) Matis u. Stiefel, Abgeordnete, 30 ff.

(37) Bernd Marin, Die Paritätische Kommission. Aufgeklärter Technokorporatismus in Österreich, Wien 1982; Maria Szecsi, Social Partnership in Austria, in: Steiner, Austria, 185-202. Egon Matzner, Sozialpartnerschaft, in: Heinz Fischer (Hg.), Das politische System Österreichs, Wien 1974, 429-453.

(38) Fritz Klenner, Die österreichischen Gewerkschaften, 3 Bde., Wien 1979, 2006 ff.

(39) Franz Traxler, Evolution gewerkschaftlicher Interessenvertretung. Entwicklungslogik und Organisationsdynamik gewerkschaftlichen Handelns am Beispiel Österreichs, Wien-Frankfurt a. M. 1982, 175.

(40) Ferdinand Karlhofer, "Wilde" Streiks in Österreich, Wien 1983, 32 ff.; vgl. Kapitel XII in diesem Band.

(41) Siehe: Erich Bodzenta (Hg.), Die österreichische Gesellschaft. Entwicklung – Struktur – Probleme, Wien 1972; ders., Änderungen der österreichischen Sozialstruktur in der Ersten und Zweiten Republik, in: Erich Zöllner (Hg.), Österreichs Sozialstrukturen in historischer Sicht, Wien 1980, 155-172; Eduard März, Die Klassenstruktur der Zweiten Österreichischen Republik, in: Probleme der Österreichsichen Politik, Bd. 1, Wien 1968, 67-112; Hertha Firnberg, Wesen und Wandel der Sozialschichtung Österreichs, in: Weber, Wirtschaftsstruktur, Bd. 2, 839-976; Marina Fischer-Kowalski und Josef Bucek (Hg.), Lebensverhältnisse in Österreich. Klassen und Schichten im Sozialstaat, Frankfurt a. M. 1980; Max Haller, Klassenbildung und soziale Schichtung in Österreich. Analysen zur Sozialstruktur, sozialen Ungleichheit und Mobilität, Frankfurt a. M. 1982; Soziale Struktur Österreichs. soziale Schichten, Arbeitswelt, Soziale Sicherheit, Bundesministerium für soziale Verwaltung, Wien 1982.

(42) Siehe vor allem: Gerald Stourzh, Geschichte des österreichischen Staatsvertrages, 1945-1955, Graz 1980; Manfried Rauchensteiner, Der Sonderfall. Die Besatzungszeit in Österreich 1945 bis 1955, Graz 1979; Peter Jankowitsch, Foreign Policy, in: Steiner, Austria, 361-380.

(43) Ronald Inglehart, The Silent Revolution. Changing Values and Political Styles Among Western Publics, Princeton, N. J., 1977; ders., Postmaterialism in an Environment of Insecurity, in: American Political Science Review 75, 1981, 880-900; Samuel H. Barnes und Max Kaase (Hg.), Political Action. Mass Participation in Five Western Democracies, Beverly Hills-London 1979.

(44) Rosenmayr, Beteiligung, 3 ff.; Lebensstil und Daseinbewußtsein, 23; vgl. auch Heiner Meulemann, Wertwandel in der Bundesrepublik zwischen 1950 und 1978, (ungedrucktes Tagungspapier zur) Arbeitstagung "Auswirkungen von sozialem Wandel, Wertwandel und ökonomischen Krisenfaktoren auf das politische System der Bundesrepublik Deutschland" des Arnold-Bergsträsser-Instituts für kulturwissenschaftliche Forschung, Freiburg i. Br., 14.-16. Dez. 1983; Karl Dietrich Bracher, Meinungswandel und politische Kultur in den siebziger Jahren, in: ders., Zeit der Ideologien, Stuttgart 1982, 314 ff.

(45) Fritz Fellner, Tradition und Innovation in Historical Perspective, in: Steiner, Tradition, 29.

(46) Felix Kreissler, Der Österreicher und seine Nation. Ein Lernprozeß mit Hindernissen, Wien 1984, 497.

(47) Anton Kausel, Nandor Nemeth und Hans Seidel, Österreichs Volkseinkommen 1913 bis 1963. Monatsberichte des österreichischen Instituts für Wirtschaftsforschung, 14. Sonderheft, Wien 1965; Anton Kausel, Österreichs Volkseinkommen 1830 bis 1913, in: Geschichte und Ergebnisse der zentralen amtlichen Statistik in Österreich 1829-1979, Wien 1979, 689-720; Traxler, Evolution, 188; vgl. damit Maria Szecsi, Der Lohnanteil am österreichischen Volkseinkommen 1913 bis 1967, Wien 1970; Günther Chaloupek, Die Verteilung der persönlichen Einkommen in Österreich, Wien 1980.

(48) Knut Borchardt, Die Bundesrepublik in den säkularen Trends der wirtschaftlichen Entwicklung, in: Conze und Lepsius, Sozialgeschichte, 26.

(49) Werner Abelshauser, Wirtschaftsgeschichte der Bundesrepublik Deutschland (1945-1980), Frankfurt a. M. 1983, 94 ff.

(50) Vgl. etwa, Ewald Nowotny, Wirtschaft, Arbeit und Gesellschaft 1984-2019, in: Gerhard Bruckmann (Hg.), Die Zukunft Österreichs. Das Leben im Jahr 2019, Wien 1984, 33-41; Helmut Kramer, Wirtschaftliche Strukturen Österreichs bei langsamerem Wirtschaftswachstum, in: Wirtschaft und Gesellschaft 4, 1978, 359-375; dagegen: Bernd Marin und Michael Wagner, Wachstumskrisen in Österreich? Bd.1, Grundlagen, Wien 1979, 24 ff.

(51) Joseph A. Schumpeter, Konjunkturzyklen. Eine theoretische, historische und statistische Analyse des kapitalistischen Prozesses, Bd. 1, Göttingen 1961, 180 f., 314 ff.

(52) Reinhard Spree, Was kommt nach den "langen Wellen" der Konjunktur? in: Wilhelm H. Schröder und Reinhard Spree (Hg.), Historische Konjunkturforschung, Stuttgart 1980, 304-315; Alfred Kleinknecht, Überlegungen zur Renaissance der "langen Wellen" der Konjunktur ("Kondratieff-Zyklen"), in: ebenda, 316-338.

(53) Abelshauser, Wirtschaftsgeschichte, 88 ff.; Hans Rosenberg, Große Depression und Bismarckzeit. Wirtschaftsverlauf, Gesellschaft und Politik in Mitteleuropa, Berlin 1976, 22 ff.; Herbert Matis, Österreichs Wirtschaft 1848-1913. Konjunkturelle Dynamik und gesellschaftlicher Wandel im Zeitalter Franz Josephs I., Berlin 1972, 342 ff.

(54) Philippe C. Schmitter und Gerhard Lehmbruch (Hg.), Trends Toward Corporatist Intermediation, Bevelly Hills-London 1979; Ulrich von Alemann (Hg.), Neo-

korporatismus, Frankfurt a. M. 1981.

(55) Vgl. Philippe C. Schmitter, Still a Century of Corporatism?, in: Schmitter und Lehmbruch, Trends, 13.

(56) Emmerich Talos, Sozialpartnerschaft und Neokorporatismustheorien, in: Österreichische Zeitschrift für Politikwissenschaft 11, 1982, 263-286; vgl. auch Kapitel V in diesem Band.

(57) Geoff Eley, Deutscher Sonderweg und englisches Vorbild, in: David Blackbourn und Geoff Eley, Mythen deutscher Geschichtsschreibung, Frankfurt a. M. 1980, 7 ff.

(58) Rudolf Hilferding, Das Finanzkaptial, 2 Bde., 2. Aufl., Frankfurt a. M. 1968; Heinrich August Winkler (Hg.), Organisierter Kapitalismus, Göttingen 1974; Hans-Jürgen Puhle, Historische Konzepte des entwickelten Industriekapitalismus. "Organisierter Kapitalismus" und "Korporatismus", in: Geschichte und Gesellschaft 10, 1984, 165-184.

(59) Peter J. Katzenstein, Disjoined Partners. Austria and Germany Since 1815, Berkeley 1976, 14 ff.

(60) Katzenstein, Partners, 33 ff.

(61) Eric Hobsbawm und Terence Ranger (Hg.), The Invention of Tradition, Cambridge 1983, 1 ff.; vgl. auch Friedrich Heer, Der Kampf um die österreichische Identität, Wien 1981, 9 ff.

(62) Ernst Bruckmüller, Nation Österreich. Sozialhistorische Aspekte ihrer Entwicklung, Wien 1984; William R. Bluhm. Building an Austrian Nation. The Political Integration of a Western State, New Haven-London 1973.

QUELLENNACHWEIS

I. Formen politischer Gewaltanwendung und Gewaltstrategien in der Ersten Republik, erstmals erschienen in: *Wolfgang J. Mommsen und Gerhard Hirschfeld (Hg.), Sozialprotest, Gewalt, Terror, Klett-Cotta, Stuttgart 1982, 349-380.*

II. Handlungsspielräume der Sozialdemokratie während der "österreichischen Revolution", erstmals erschienen in: *Rudolf Altmüller u. a. (Hg.), Festschrift Mélanges Felix Kreissler, Europaverlag, Wien 1985, 7-20.*

III. Die "Juli-Demonstranten", ihre Motive und die quantifizierbaren Ursachen des Justizpalastbrandes 1927 [überarbeitet]; erstmals (gekürzt) erschienen in: *Rudolf Neck und Adam Wandruszka (Hg.), Die Ereignisse des 15. Juli 1927. Protokoll des Symposiums in Wien am 15. Juni 1977, Verlag für Geschichte und Politik, Wien, und Oldenbourg Verlag, München 1979, 17-59.*

IV. Die Ausschaltung des Nationalrates im Urteil von Zeitgenossen und Historikern (gekürzt), erstmals erschienen in: *Vierzig Jahre danach. Der 4. März 1933 im Urteil von Zeitgenossen und Historikern, Dr. Karl-Renner-Institut, Wien 1973, 31-59.*

V. Der "4. März 1933" als Konsequenz ständischer Strukturen, ökonomischer Krisen und autoritärer Tendenzen, erstmals erschienen in: *Erich Fröschl und Helge Zoitl (Hg.), Der 4. März 1933. Vom Verfassungsbruch zur Diktatur, Verlag der Wiener Volksbuchhandlung, Wien 1984, 13-35.*

VI. Der Aufstandsversuch österreichischer Sozialdemokraten am 12. Februar 1934: Ursachen für seinen Ausbruch und seinen Mißerfolg *(Erstveröffentlichung).*

VII. Der Mythos vom "Februaraufstand" und von Richard Bernaschek *(Erstveröffentlichung).*

VIII. Faschismus und "Ständestaat" vor und nach dem 12. Februar 1934, erstmals erschienen in: *Erich Fröschl und Helge Zoitl (Hg.), Februar 1934. Ursachen, Fakten, Folgen, Verlag der Wiener Volksbuchhandlung, Wien 1984, 17-33.*

IX. Wie es zum "Anschluß" kam. Ein strukturgeschichtlicher Ursachenkatalog für das Jahr 1938, erstmals erschienen in: *Die Jugend. Beiträge zur außerschulischen Bildungsarbeit in Österreich, Jg. 20, Heft 11 (November 1978), 2-10.*

X. Schuschniggs geplante "Volksbefragung" und Hitlers "Volksabstimmung" in Österreich. Ein Vergleich, erstmals erschienen in: *Rudolf Neck und Adam Wandruszka (Hg.), Anschluß 1938. Protokoll des Symposiums in Wien am 14. und 15. März 1978, Verlag für Geschichte und Politik, Wien, und Oldenbourg Verlag, München 1981, 220-243.*

XI. Streik in Österreich 1918 bis 1975. Probleme und Ergebnisse einer quantitativen Analyse, erstmals erschienen in: *Gerhard Botz u. a. (Hg.), Bewegung und Klasse. Studien zur österreichischen Arbeitergeschichte, Europaverlag, Wien 1978, 807-831.*

XII. Politische Gewalt und industrielle Arbeitskämpfe in Wirtschaftskrisen. Versuch einer Extrapolation aus der Geschichte [überarbeitet]; erstmals erschienen in: *Bernd T. Marin (Hg.), Wachstumskrisen in Österreich? Bd. 2: Krisenszenarios, Braumüller, Wien 1979, 260-306.*

XIII. Von der Ersten zur Zweiten Republik: Kontinuität und Diskontinuität, erstmals erschienen in: *Josef Weidenholzer u. a. (Hg.), Perspektiven und Tendenzen in der Sozialpolitik, Europaverlag, Wien 1984, 33-58.*

Verzeichnis der Tabellen und Graphiken im Text

Der Autor

Gerhard Botz, geb. 14. März 1941, Schärding a. Inn, Studium von Geschichte, Geographie und Biologie an der Univ. Wien, 1967 Dr. phil. Univ. Wien; 1968-1979 Assistent an der Univ. Linz, 1976/77 Alexander von Humboldt-Stipendiat in Bochum und Berlin; 1978 Habilitation und 1979 ao. Prof. für Neuere Geschichte und Zeitgeschichte, Univ. Linz; seit 1980 o. Prof. für österreichische Geschichte mit besonderer Berücksichtigung der Zeitgeschichte, Univ. Salzburg; seit 1982 Leiter des Ludwig-Boltzmann-Instituts für Historische Sozialwissenschaft, Salzburg; 1985 Gastprofessor, University of Minnesota, Minneapolis, 1986 und 1987 Gastprofessor, Stanford University.

Buchveröffentlichungen (u.a.): Die Eingliederung Österreichs in das Deutsche Reich, 1972, 1976; Wohnungspolitik und Judendeportation in Wien 1938-1945, 1975; Gewalt in der Politik, 1976,1983; Im Schatten der Arbeiterbewegung, 1977 (gem. mit G. Brandstätter u. M. Pollak); Der 13. März 38 und die Anschlußbewegung, 1978, 1980; Wien vom Anschluß zum Krieg, 1978, 1980; Bewegung und Klasse, 1978 (Mithg.); M. Glas-Larsson, Ich will reden, 1982 (Hg.); Mündliche Geschichte und Arbeiterbewegung, 1984 (Hg. gem. mit J. Weidenholzer); Jews, Antisemitism and Culture in Vienna, 1987 (Hg. gem. mit I. Oxaal u. M. Pollak).

Reinhard Mann
Protest und Kontrolle im Dritten Reich
Nationalsozialistische Herrschaft im Alltag einer rheinischen Großstadt

Studien zur Historischen Sozialwissenschaft, Ludwig Boltzmann Institut für historische Sozialwissenschaft Salzburg, Band 6

1987. 424 Seiten. ISBN 3-593-33882-3

Widerstand gegen die nationalsozialistische Diktatur wird allzu oft unter bloß politischen, handlungstheoretischen oder moralisierenden Aspekten analysiert. Reinhard Mann bestätigt dagegen in seiner auf lokale Zusammenhänge zentrierten Studie über Düsseldorf die These, daß jedwede Art herrschaftswidrigen, nonkonformen Verhaltens gruppenspezifisch ist und gesellschaftlich langfristig relativ konstanten Verhaltensweisen und Handlungsmustern der Akteure in ihren jeweiligen Milieus entspringt und in Wechselwirkung mit den Unterdrückungsinstanzen steht. Das Konzept des politischen Widerstands ist somit gesellschaftsgeschichtlich zur »Resistenz« zu erweitern.

Autor: Reinhard Mann (1948–1981) Historiker, war wissenschaftlicher Angestellter am Institut für angewandte Sozialforschung der Universität Köln. Mitbegründer der Arbeitsgemeinschaft für Quantifizierung und Methoden in der historisch-sozialwissenschaftlichen Forschung, »Quantum e.V.«. Mitherausgeber von »Historical Social Research« (QUANTUM-Information), Köln und »Historisch-sozialwissenschaftliche Forschungen«, Stuttgart. Forschungsgebiete Methoden, Protestverhalten, nationalsozialistisches Herrschaftssystem. Mehrere Buchveröffentlichungen.

Campus Verlag · Myliusstraße 15 · Frankfurt am Main

Aus unserem Programm:

Klaus-Jörg Siegfried
Rüstungsproduktion und Zwangsarbeit im Volkswagenwerk 1939–1945
Eine Dokumentation. Sonderband der »Wolfsburger Beiträge zur Stadtgeschichte und Stadtentwicklung«.
2. Aufl. 1987. 239 Seiten mit 100 Abb. und Faksimiles. ISBN 3-593-33765-7

Richard Albrecht, Willy Brandt, Ralph Giordano, Christoph Kleßmann, Detlev J.K. Peukert, Ger van Roon u.a.
Widerstand und Exil 1933–1945
1986. 300 Seiten. ISBN 3-593-33577-8

Georges Haupt, Janós Jemnitz, Leo van Rossum (Hg.)
Karl Kautsky und die Sozialdemokratie Südosteuropas
Korrespondenz 1883–1938. Quellen und Studien zur Sozialgeschichte
Band 5.
1986. 649 Seiten geb. ISBN 3-593-33528-X

Sigrid Koch-Baumgarten
Aufstand der Avantgarde
Die Märzaktion der KPD 1921. Quellen und Studien zur Sozialgeschichte
Band 6.
1986. 576 Seiten geb. ISBN 3-593-33598-0

Robert Sigel
Die Geschichte der Zweiten Internationale 1918–1923
Quellen und Studien zur Sozialgeschichte Band 7
1986. 215 Seiten geb. ISBN 3-593-33625-1

Alexander Tschajanow
Die Lehre von der bäuerlichen Wirtschaft
Versuch einer Theorie der Familienwirtschaft im Landbau. Reprint der 1923 erschienenen Originalausgabe. Einleitung von Gerd Spittler.
1987. 160 Seiten mit 44 Abb. geb. ISBN 3-593-33846-7

Campus Verlag · Myliusstraße 15 · Frankfurt am Main